KB123419

簡明 新體系 漢文法

簡明 新體系 漢文法

安奇燮 著

머리말

『新體系 漢文法大要—先秦·兩漢 시기』를 내놓은 지가 벌써 여러 해
되었다. 기존 어법서와는 품사 분류에서부터 많은 차이가 있기에 최소
한의 논증이 필요했었다. 그래서 漢文(한문) 학습에 실용하기에는 다소
번다한 점이 있었다. 新體系(신체계)라고 이름 붙인 이유를 이 책을 통해
서 이미 세상에 공표하였기에 이론은 최소화하고 실용에 적합한 간명한
책이 필요하다고 생각해 왔다. 다른 바쁜 일들을 핑계로 차일 피일 하다
가 이제야 새로 쓰게 되었다.

漢文(한문)이라는 말은 古代中國語(고대중국어)를 통칭하는 개념이다.
중국에서 고대중국어를 지칭하는 학술상의 공식 명칭은 古代漢語[고대
한어]이다. 古代(고대)라 이르는 시기도 언어의 변화를 따라 다시 여러
시기로 나눌 수 있다.

중국의 문헌 중에는 口語(구어)와 書面語(서면어)가 일치하지 않은 것
들이 많다. 그래서 양자가 일치하는 경우를 白話文(백화문)이라 하고, 일
치하지 않은 경우를 文言文(문언문)이라 하여 구별한다. 문언문이 많은
주된 이유는 글쓴이들이 변화된 구어에 따라 글을 짓고 기록하는 것이
아니라, 문헌으로 전해오는 오래 전의 구어를 익혀 글을 썼기 때문이다.
그래서 現代(현대)에 이르러 白話文(백화문)이 주된 기록 방식으로 자리
잡기 전까지 오랜 세월 동안 많은 문언문이 존재하게 되었다. 그 가운데

서 先秦(선진)·兩漢(양한)시기의 글들은 대부분 당시의 구어를 기록한 백화문이라고 할 수 있다. 그럼에도 불구하고 고대의 글이면 모두 문언문이라고 일컫기도 하였다. 先秦 시기에는 구어에 가깝게 쓴 글일지라도 후대에 이를 익혀 쓴 글은 변화된 현실의 구어와 멀어지게 되므로 자연히 문언문의 색채를 점차 더 강하게 띠게 된다. 오랜 세월 동안 어휘와 어법 방면에 적지 않은 변화가 있어 왔음에도 불구하고 주로 先秦·兩漢 시기의 문헌을 익혀 글을 써 왔다. 그래서 이 시기의 문헌들을 문언문의 正統(정통)으로 삼는다. 문언문을 주로 古文(고문)이라 일컬어 왔다.

한국에서 사용하는 '漢文'(한문)이라는 말은 中國(중국) 文言文(문언문)과 이것의 語法(어법)에 맞게 韓國(한국)을 비롯한 다른 나라 사람들이 쓴 글까지를 포괄하는 용어이다. 그래서 '漢文'이 지칭하는 시간과 공간의 범위가 넓다. '漢文法'(한문법)은 좁게는 漢語[한어](=中國語) 正統文言文의 어법(語法)을 가리키며, 넓게는 이를 기초로 하는 전체 '文言文語法(문언문 어법)'이라고 할 수 있다.

후대의 문언문은 정통문언문의 어법대로만 쓴 것이 아니라 변화된 당시 구어의 어법을 일부 반영한 경우도 있다. 그래서 이 책의 한문법은 정통문언문이라고 부르는 先秦·兩漢의 문헌을 근간으로 삼아 서술하였다. 지금까지 제공된 대부분의 한문법 관련 서적들은 馬建忠(마건충)이 서구 어법을 모방하여 쓴『馬氏文通』(마씨문통, 1898)의 영향을 많이 받은 것이다. 이 계통의 어법 연구는 역사가 길지는 않지만 지대한 영향을 끼쳤다. 그런데 이 계통의 어법은 중국어의 고립어적인 성질을 제대로 반영하지 못한 결함을 보인다. 그래서 과다 내지 착오에 해당하는 서술들이 적지 않다. 이 책은 고대중국어의 성격에 맞지 않은 어법 기술을 최소화하고자 노력한 결과물이다

이 책을 통하여 독자들이 고대중국어의 어법 규칙이 복잡한 것이 아니라는 것을 깨닫고, 그것을 한문 학습에 실용하여 한문을 좀 더 쉽게 배울 수 있었으면 하는 소망이 간절하다.

2018년
안기섭

차례

Ⅱ. 실사

Ⅲ. 허사(조사)

IV. 문장의 구성

V. 독해 연습

Ⅰ. 한문법의 주요 내용

1. 한문법이란?

한문(漢文)을 간단하게 말하면 고대중국어(古代中國語)이다. 중국어 (中國語)에 대한 공식 학술 명칭은 한어[漢語]이다. 중국어의 어법[1]을 연 구함에 있어서는 고대(古代漢語)·근대(近代漢語)·현대(現代漢語) 등으로 크게 시기 구분을 하고, 고대(古代漢語)는 다시 상고(上古漢語)와 중 고(中古漢語)로 나눈다. 근대(近代漢語) 시기는 대체로 만당(晩唐)·오대 (五代)에서 청대(淸代)까지이며, 중고(中古漢語) 시기는 동한(東漢){=후한 (後漢)}에서 수대(隋代)까지를 중심으로 삼고, 상고(上古漢語) 시기는 선 진(先秦)·진(秦)을 중심으로 삼는다. 각 시기 사이를 과도기로 여긴다.

---

1) 어법(語法)과 문법(文法)이라는 용어를 구별하여 쓰는 경우도 있으나, 보통 같은 개념 으로 사용한다. 지금은 어법이라는 용어를 주로 사용한다. '한문법(漢文法)'이라는 말 은 '한문+문법(또는 어법)'을 줄인 말이다. 습관상 '한문법'을 '한문문법'의 줄인 말로 여긴다. 그러나 '한문문법'과 '한문어법'이 뜻하는 바가 같다. 이 책에서는 '어법'이라는 용어를 사용하기로 한다.

서한(西漢){=전한(前漢)}은 곧 상고와 중고의 과도기에 해당한다. 역대 왕조의 조대(朝代)는 언어 발전상의 시기 구분과 맞아 떨어지지 않으므로 별 의미를 두지 않는다.

언어는 본시 구어(口語, =입말, spoken language)이다. 언어를 문자(文字)로 기록한 형태를 서면어(書面語, =글말, written language)라고 한다. 중국에는 구어와 일치하지 않는 서면어 문헌이 많다. 그래서 구어대로 기록한 것은 백화문(白話文)이라 하고, 구어와 일치하지 않은 것은 문언문(文言文)이라고 한다. 문언문의 역사는 자못 길다. 먼 후대에까지 주진(周秦) 시기를 중심으로 한 고대의 언어를 학습하여 글을 썼기 때문이다.

일반적으로 선진(先秦)·양한(兩漢) 시기의 상고한어를 정통문언문(正統文言文)이라고 한다. '문언문'이라는 명칭은 대다수의 후대의 문헌들이 해당 시기의 구어와 일치하지 않은 데서 붙여진 이름이다. 그러나 우리가 '정통문언문'이라고 일컫는 선진·양한 시기의 문헌 가운데는 당시의 구어를 기록한 백화문이 많다. 정통문언문과 후대에 이를 모방하여 지은 문언문을 고문(古文)이라고도 일러 왔다. 정통문언문에 담긴 어법이 전체 문언문 어법의 기초가 된다. 즉, 고대중국어 어법의 핵심이 된다. 한국(韓國)에서 쓰는 한문(漢文)이라는 말은 중국의 문언문과 이것의 어법에 맞도록 한국을 비롯한 다른 나라 사람이 쓴 글을 포괄하는 개념이다.

이 책은 선진(先秦)·양한(兩漢)의 중국어를 대표로 삼는 정통문언문의 어법을 서술한 것이다. 모든 시기의 문언문은 대체로 이에 의거하여 해독할 수 있다.

어법 용어는 한국에서 사용해 온 것을 기본으로 하였다. 중국 학계에서 사용하는 용어와 다른 경우에는 [ ] 안에 중국에서 사용하는 용어를 병기해 둔다. 중국의 용어를 먼저 쓴 경우에는 한국에서의 용어를 ( ) 안에 표기한다.

2. 어법 분야와 어법 단위

1) 어법 분야와 품사

서구 언어의 어법 이론과 방법에 기초를 둔 어법의 하위 영역은 형태론(形態論, morphology)과 통사론(統辭論, syntax)을 핵심으로 삼는다.[2] 언어에 따라 그 내용에 차이가 있다. 중국에서는 형태론을 '사법[詞法]'이라 이른다. 보통 이를 다시 두 영역으로 나눈다. 단어의 구성 규칙인 조어법(造語法)[구사법(構詞法)]과 단어의 어형 변화 규칙인 구형법[構形法]이 그것이다. 영문법[3]에서의 형태론 영역을 이렇게 수용한 것이다. 그런데 고대중국어에는 단어(單語)의 형태(form) 변화가 없다. 그래서 형태론 영역에는 조어법만 있게 된다. 이것도 현대의 언어학에서는 주로 어휘론이라는 영역을 따로 두어 다룬다. 통사론은 중국에서 '구법[句

---

2) 중국어(中國語)[한어(漢語)] 어법의 하위 영역을 설정하는 방식도 일정치 않다. 서구 언어 어법에서 사용하는 여러 분류 방식을 수용한 때문이다. 중국어는 서구 언어와 성질이 많이 다르기 때문에 그대로 적용하기가 쉽지 않다.

　서구 어법에서도 어법의 하위 분야를 형태론(morphology)과 통사론(syntax)으로만 나누었다가, 음운론(phonology)을 추가하기도 하였으며, 음소론(phonemics)·형태소론(morphemics)·통사론(syntax)으로 나누는 등 몇 가지 방식이 있다.

3) '영어 문법', '영어 어법'에 대해서는 습관상 '영문법'이라 일컬어 왔다. 통상 '영어법'이라고는 하지 않으므로 '영문법'이라 명명한다.

法'이라 이른다. 형태론에서 다룰 만한 것이 없으니 통사론만 남는다. 그래서 일반 어법서의 구성을 보면 품사(品詞, parts of speech)[사류(詞類)]와 통사론[구법(句法)]으로 짜여 있다.

품사를 어법의 하위 영역으로 여기지는 않지만, 어법에서 품사를 나누는 것을 관행으로 여긴다. 품사는 단어의 형태(form)를 다루는 것을 기본으로 삼는 형태론과 문장의 구조 규칙을 기본으로 삼는 통사론과 맞물려 있다. 품사를 나눔에 있어서 형태와 형태 변화 그리고 통사상의 기능을 근간으로 삼고 있으므로 사실 형태론과 통사론은 품사 분류의 방편인 셈이다. 거꾸로 품사를 정해 두고 그것에 의거하여 통사 규칙을 설명하기도 한다.

단어의 본질은 의미에 있다. 모든 단어는 실질적이든 기능적이든 모종의 의미를 지닌 성분이기 때문이다. 의미를 배제하고 단어의 갈래인 품사를 생각할 수는 없지만, 의미에 의해서만 품사 분류를 한다면 어법적인 의의를 갖지 못하게 된다. 그래서 단어의 형태와 형태 변화, 그리고 어순과 형태 변화를 포함한 구조 규칙을 품사 구분의 중요한 근거로 삼는다.

그런데 고대중국어에는 품사 분류의 근거로 삼을 만한 단어의 형태적 차이가 거의 없고, 쓰임을 달리 하여도 단어의 형태에 전혀 변화가 없다. 즉, 영어에서와 같은 통사상의 어형 변화{굴절(屈折)이라고 함}가 없다. 뿐만 아니라 한국어에서와 같은 첨가(添加){=점착(粘着), =교착(膠着)} 성분도 없다. 그럼에도 불구하고 한문에서도 다른 언어와 비슷한 형식의 품사 분류를 하고 있다. 그래서 고대중국어의 품사 분류는, 단어가 어법 기능을 달리 할 때 단어의 형태가 변하는 굴절이 있는 영어나 첨가되는 요소가 있는 한국어의 품사 분류와는 성격이 크게 다르다.

기존의 고대중국어 품사 분류는 사실상 단어의 의미에 의존하고 있는
성격이 강하기 때문에 엄밀한 의미에서 어법적인 분류라고 하기가 어
렵다.

그래서 이 책에서는 고대중국어 품사 분류상의 비어법적(非語法的) 성
격을 최소화하는 데 주력하였다.

품사의 분류는 단어가 지니는 어법 특징에 의해서 하는 것이며, 단어
의 의미(意味, meaning) · 형태(形態, form) · 기능(機能, function){=직능
(職能), [공능(功能)]}의 차이가 곧 어법 특징이다. 이러한 특징이 뚜렷하
고 많을수록 품사 분류가 용이하다. 그런데 의미에 의해 단어의 갈래를
나눈다면 어느 언어에서든 주관성과 자의성을 피할 수가 없다. 말하자
면 단어의 의미는 품사 분류에 있어서는 참고 요소가 될 뿐이다. 고대중
국어는 품사 분류의 근거를 삼을 만한 형태의 유별이 없다. 또 문장 중
에서의 기능이 달라지더라도 단어의 형태에 변화가 없다. 일정한 어순
을 설정해 두고 기능을 정하지만 이 또한 품사를 정하는 결정적 근거가
되지 못한다. 실질적인 의미를 지닌 단어들은 대부분 여러 가지 문장 성
분으로 두루 쓰이기 때문에 문장 성분, 즉 문장 중에서의 기능이 품사의
경계를 가르는 데 결정적인 근거가 되지 못한다. 이러한 성격의 언어를
고립어(孤立語)적인 언어라고 한다.

어법범주를 구성하는 인칭(person), 수(number), 격(case), 성(gender),
시제(tense), 태(voice), 상(aspect), 서법(mood) 등을 나타내기 위해 단
어의 형태가 변하는 것을 굴절(屈折, inflection)이라 하며, 이와 같은 방
법으로 어법 관계를 나타내는 언어를 굴절어(屈折語, inflectional
language)라고 한다. 영어 · 프랑스어 · 독일어 등과 같은 인도-유럽어
족(Indo-European family)의 언어들이 대체로 여기에 속한다. 알타이계

의 여러 언어나 한국어와 같이 낱말의 기본형에 어떤 요소를 첨가함으로써 어법 관계를 나타내는 언어를 첨가어(添加語){=교착어(膠着語)}(agglutinative language)라고 한다. 굴절어나 첨가어와는 달리 굴절하거나 첨가되는 요소가 없이 주로 단어의 어순에 의해서 만으로 어법 관계를 나타내는 언어를 고립어(孤立語, isolating language)라고 한다. 중국어[한어(漢語)]를 비롯한 한장어족(漢藏語族, Sino-Tibetan family)의 언어가 대부분 여기에 속한다.

언어를 이처럼 세 가지로 분류하는 것은 상대적이고 편의적인 구분이다. 각각의 어법범주를 구성하는 굴절이나 첨가 요소를 함께 지닌 언어들도 있다. 개별 언어의 어법을 기술함에 있어서 이러한 관찰법은 매우 유용하며, 특히 고대중국어를 이해하는 데 매우 중요하다. 왜냐하면 현대의 어법 이론들은 주로 굴절어의 어법 연구를 통하여 얻어낸 것들이기 때문이다. 고대중국어가 고립어적인 특징이 강한 언어임에도 불구하고 서구 언어의 품사 분류와 비슷하다는 것은 종래의 품사 인식이 적절하지 못하다는 사실을 알게 해 준다.

2) 어법 단위별 구성 규칙

어법 단위란 어법을 연구하기 위해 설정한 말의 크기의 종류를 가리킨다. 어법 단위를 정하는 기본 틀은 어느 언어에서나 동일하다. 서구 언어의 어법에서 사용한 개념을 사용하고 있기 때문이다.

① 형태소(形態素)(morpheme, [어소(語素), 사소(詞素)]), ② 단어(單語)(word, [사(詞)])[4], ③ 구(句)(phrase, [사조(詞組), 단어(短語)]), ④ 문

---

4) 단어(單語)를 중국에서는 '사[詞]'라고 한다. 한국에서도 품사를 일컫거나 단어의 구

장(文章)(sentence, [구자(句子)])이 그것이다. 이 가운데 단어가 중심 단위가 된다. 실제 대화의 단위는 문장이지만 문장을 구성하는 기본 재료는 단어이기 때문이다. 구는 둘 이상의 단어가 하나의 문장 성분으로 기능할 때를 설명하는 방편으로 설정한 것이다. 형태소는 단어를 구성하는 의미 요소가 둘 이상인 경우가 있기 때문에 설정된 개념이다. 중국어는 단어의 형태 변화가 없는 고립어적인 성질 때문에 단어의 구성을 잘 이해하면 구와 문장의 규칙도 비교적 간단함을 알 수 있다. 문장 성분 부여와 어순의 설정이 분석의 중요 기준이 된다.

(1) 단어

① 단어의 구성

단어(單語, 낱말, word, [사(詞)])는 고정된 독음(讀音)과 특정한 의미(意味)를 지닌 문장(文章) 구성 단위이다. 독립적으로 운용되는 문장 구성의 최소 단위이다.

한자(漢字)는 대체로 표의성(表意性)이 강한 문자(文字)이다. 그래서 일정 부분 단어의 의미 또는 의미 유형을 알게 해 준다. 모든 문자의 기본 기능은 말소리를 기록하는 데 있다. 낱낱의 한자가 한 음절(音節)의 음을 통째로 나타낸다. 하나하나의 음소(音素)를 나타내는 문자를 사용하여 둘 이상의 문자로 하나의 음절을 나타내는 한국어의 한글과는 그 성질이 매우 다르다. 그래서 한자는 그것의 독음(讀音) 외에 그것의 형체(形體)를 중시한다. 한자가 나타내는 발음 외에 단어의 뜻을 짐작할

성을 분석할 때는 '사(詞)'를 붙여서 명명한다. '명사(名詞)·동사(動詞)·형용사(形容詞)·부사(副詞)', '단음절사(單音節詞)·복음절사(複音節詞)·단순사(單純詞)·합성사(合成詞)' 등이 그것이다.

수 있게 고안된 것들이 있어서이다. 또 개별 한자는 대부분 일정한 의미
를 갖는다. 이것들을 한자의 '음(音)·형(形)·의(義)'라고 압축하여 일컫
는다.

　대부분의 한자는 '天(천)·行(행)·溫(온)·五(오)·寸(촌)·皆(개)·
我(아)·噫(희)·也(야)·於(어)·而(이)' 등과 같이 실질적(實質的) 또는
기능적(機能的)인 의미를 지니고 하나의 단어로 쓰인다. 단어를 구성하
는 음절의 수가 하나이므로 이것들은 단음절사(單音節詞)라고 명명한다.
이에 대해 두 글자로 구성된 것은 복음절사(複音節詞)라고 한다. '逍遙
(소요)·衣服(의복)·先生(선생)·將軍(장군)·月蝕(월식)' 등이 그것이다.
'欣欣然(흔흔연)[5]·公孫丑(공손추)[6]' 등과 같이 세 글자로 구성된 것도
있으며, 관직 이름 같은 것에는 네 글자 이상도 있다. 이런 것들은 다음
절사(多音節詞)라고 한다.
　'衣服(의복)·禽獸(금수)·子孫(자손)·先生(선생)·將軍(장군)·招致
(초치)·地震(지진)·童子(동자)·忽然(홀연)·悠悠(유유)' 등은 복음절사
이다. 이들 단어 중의 각각의 字들은 특정의 뜻을 갖는 이들 단어를 구
성함에 있어서 실질적 또는 어법적 의미를 갖는 최소의 단위가 된다. 더
이상 쪼갤 수 없는 이 최소의 어법 단위를 형태소(形態素)라고 한다. 단
음절사는 한 글자이자 최소의 의미 단위인 형태소가 바로 단어의 지위
를 가지고 쓰이는 경우이다. 단어를 구성하는 음절의 수, 즉 한자의 수
를 기준 삼아 단어의 유형을 분류하면 이상과 같다.

<hr>

5) 擧欣欣然有喜色而相告曰.(『孟子·梁惠王下』). (다들 흔연히 기뻐하는 낯빛을 가지
　고 서로 알려 말할 것입니다.)
6) 사람 이름.

그런데 두 글자 이상이 하나의 단어를 구성하지만 각각의 글자들만으로는 의미를 나타내지 못하는 것들이 있다. 의미는 하나이지만 본시 두 음절 이상으로 표현해야 하는 단어들이 있기 때문이다. '參差(참치)·逍遙(소요)·輾轉(전전)·鸚鵡(앵무)' 같은 단어들이 그 예이다. 이들 단어에서 각각의 한자는 개별적으로 뜻을 갖지 못하고 항상 두 글자로 쓰여야만 뜻을 지닌다. 음절을 구성하는 표음(表音) 요소일 뿐 단독으로는 의미 요소가 되지 못한다. 말하자면 두 글자가 의미의 최소 단위인 하나의 형태소인 경우이다. 그래서 '天(천)·行(행)·溫(온)·五(오)·寸(촌)'과 같이 한 글자로 된 단어와 함께 단순사(單純詞){=단순형태소사(單純形態素詞)}라고 명명한다. 하나의 형태소로 구성된 단어라는 뜻이다.

이에 대해 대부분의 두 글자로 된 단어(복음절사)들은 각각의 글자들이 의미를 지니면서 단어의 구성요소가 된다. 이것들은 합성사(合成詞){=합성형태소사(合成形態素詞)}라고 명명한다. 두 개의 형태소로 구성된 단어라는 뜻이다.

그러므로 모든 한자가 다 단어가 되는 것은 아니라는 사실에 유의하여야 한다.

② 복음절사의 구조

위에서 말한 복음절사(複音節詞)를 분류하면 다음과 같다.

단순사(單純詞)와 합성사(合成詞)로 크게 나누고 구성방식에 따라 다시 그 아래에 몇 가지로 나눌 수 있다.[7]

---

7) 명칭 사용에 관해서 말해 둘 것이 있다.
　　이 책에서는 한국식 용어를 중심으로 서술하였다. 중국식 용어와 다른 경우는 [ ] 안에 보충해 두었다. 중국에서 '동사+목적어' 결합을 '동빈식[動賓式]'이라 명명하여

㉑ 단순사(單純詞)

    ㉠ 연면사(連綿詞)

    ㉡ 첩자사(疊字詞)

㉯ 합성사

    ㉠ 중첩식(重疊式)

    ㉡ 부가식(附加式)

    ㉢ 연합식(聯合式)

    ㉣ 수식식(修飾式)[편정식(偏正式)]

    ㉤ 술목식(述目式)[위빈식(謂賓式)]

    ㉥ 보충식(補充式)

    ㉦ 주술식(主述式)[주위식(主謂式)]

각 예를 들면 다음과 같다.

㉑ 단순사

한 글자로 된 단어는 모두 단순사(單純詞)라고 한다. 하나의 형태소가 하나의 단어가 되기 때문이다. 그런데 두 글자로 표기되는 단어 중에도 단순사가 있다. 음절 상으로만 둘이지 각 글자가 따로 의미를 갖지 않고

쓰고 있다. 그런데 고대중국어에서는 형용사도 목적어를 취한다. 지금의 용어대로라면 따로 '형빈식[形賓式]'이 추가되어야 하겠지만, 동사건 형용사건 술어로 쓰인다는 공통점에 따라 둘을 묶어 '위빈식[謂賓式]'이라고 명명해야 할 것이다. 한국식 명명으로는 '술목식(述目式)'이 된다. 중국에서는 '술어(述語)'라는 말 대신 '위어(謂語)'라는 말을 주로 쓰고, '목적어(目的語)'라는 말 대신 '빈어(賓語)'라는 말을 주로 쓴다.

또 중국에서는 '수식식(修飾式)'이라는 말 대신 '편정식[偏正式]'이라는 용어를 주로 사용한다. 수식하는 부분과 수식받는 부분을 함께 일컫는다는 점에서 더 적절한 명칭이지만, 한국식 용어를 쓰기로 한다.

두 글자가 하나의 형태소인 경우이다.

연면사(連綿詞)와 첩자사(疊字詞)라는 이름으로 나눈다. 둘 다 의미상 두 글자를 분할할 수 없다. 쪼개면 뜻을 갖지 못한다.

㉠ 연면사(連綿詞)

연면사(聯綿詞)[8]는 서로 다른 두 글자가 하나의 형태소가 되는 복음절 사이다.

參差(참치)[9] · 邂逅(해후)[10] · 逍遙(소요)[11] · 窈窕(요조)[12] · 輾轉(전전)[13] · 繾綣(견권)[14] · 雎鳩(저구)[15] · 梧桐(오동)[16] 등이 그 예이다.[17]

---

8) '連綿字', '聯綿字' 등으로 명명하기도 한다.

9) 參差荇菜 左右流之.(『詩經 · 周南 · 關雎』)(들쭉날쭉 조아기 풀, 왼쪽 오른쪽으로 그 것을 따라[찾아] 흘러가네.)

10) 邂逅相遇 適我願兮.(『詩經 · 鄭風 · 野有蔓草』)(뜻하지 않게 서로 만났네, 내가 원하 는 것에 이르렀네.)

11) 二矛重喬 河上乎逍遙.(『詩經 · 鄭風 · 清人』)(두 창에 꿩 깃 이중으로 달고 황하 가에 서 노니네.)

12) 窈窕淑女 君子好逑.(『詩經 · 周南 · 關雎』)(아리따운 숙녀여, 군자의 좋은 배필일세.)

13) 悠哉悠哉 輾轉反側.(『詩經 · 周南 · 關雎』)([밤이] 길고도 길구나, 엎치락뒤치락 뒤집 으며 기우네[뒤척이네].)

14) 無縱詭隨 以謹繾綣.(『詩經 · 大雅 · 生民之什 · 民勞』)(거짓말 하고 속이는 사람 멋대 로 하게 내버려둠 없이 하고, 그렇게 해서 뒤엎고 그르치는 사람 삼가소서.)

15) 關關雎鳩 在河之洲.(『詩經 · 周南 · 關雎』)(구욱구욱 징경이, 황하의 모래톱에 있네.)

16) 梧桐生矣 于彼朝陽.(『詩經 · 大雅 · 生民之什 · 卷阿』)(오동나무 자라났네, 저 아침 햇볕에.)

17) 고대 중국에서는 두 글자가 연접되어 있을 때, 두 글자 발음의 상관성에 의해 쌍성(雙 聲)과 첩운(疊韻)이라는 관계를 중시하였다. 한자의 발음을 '성모(聲母)+운모(韻母)+ 성조(聲調)'의 결합으로 분석할 때 성모(聲母)가 같으면 쌍성 관계라 하고, 운모(韻母) 와 성조(聲調)가 모두 같으면 첩운(疊韻) 관계라고 일렀다. '參差(참치), 邂逅(해후)'는 쌍성에 해당하고, '逍遙(소요), 窈窕(요조)'는 첩운에 해당한다. 연면사에는 이러한 구 성을 보이는 단어가 적지 않다. 쌍성과 첩운 관계가 모두 성립하는 단어도 있고, 발음

ⓛ 첩자사(疊字詞)[18]

첩자사는 같은 글자가 중첩된 것이면서 연면사처럼 두 글자가 하나의 형태소가 되는 복음절사이다.

交交(교교)[19] · 湯湯(탕탕)[20] · 夭夭(요요)[21] 등이 그것이다.

㉯ 합성사

합성사(合成詞)는 두 글자가 각각 최소 의미 단위인 형태소가 되는 경우이다. 즉, 둘 이상의 형태소가 결합한 단어라는 뜻이다. 중첩식(重疊式) · 부가식(附加式) · 연합식(聯合式) · 수식식(修飾式) · 술목식(述目式) · 보충식(補充式) · 주술식(主述式) 등 7가지로 나뉜다.

'중첩식'은 동일한 형태소의 결합이므로 글자가 같다. '부가식'은 두 형태소의 관계가 대등하지 않은 경우로서 어근(語根, stem)에 접두사(接頭辭, prefix)나 접미사(接尾辭, suffix)가 부가된 형식이다. 부가식은 파생사(派生詞, =派生語)라고도 한다. 나머지 '연합식 · 수식식 · 술목식 · 보충식 · 주술식' 등 5가지는 두 형태소가 대등한 지위를 갖는 '어근(語根, stem)+어근'의 형식이다. 이 다섯 가지를 복합사(複合詞)라고 통칭하여 중첩식 · 부가식과 구별하기도 한다. 이 다섯 가지는 한문을 이해하는 데 매우 중요하다. 합성사의 핵심을 이룰 뿐만 아니라, 단어와 단

상 이러한 관계가 전혀 없는 단어들도 있다.

처음에는 완전한 쌍성 또는 첩운 관계였을지라도 후에 발음이 변화함에 따라 이러한 관계가 성립하지 않은 것들도 있다. 당시의 음을 정확하게 확정할 수가 없기 때문에 두 글자의 발음이 똑같은 경우뿐만 아니라 서로 비슷한 경우도 여기에 포함시킨다.

18) 첩자사는 첩자(疊字), 첩음(疊音), 복자(複字)라고도 한다.

19) 交交黃鳥 止于棘.(『詩經 · 秦風 · 黃鳥』)(꾀꼴꾀꼴 꾀꼬리, 대추나무에 머물러 있네.)

20) 淇水湯湯 漸車帷裳.(『詩經 · 衛風 · 氓』)(기수 강물 물결쳐서 수레 휘장 적시네.)

21) 桃之夭夭 灼灼其華.(『詩經 · 周南 · 桃夭』)(복숭아 무성하네, 화사하다 그 꽃.)

어의 결합인 구(句)의 구조를 분석하는 데도 그대로 적용되기 때문이다.

㉠ 중첩식(重疊式)

두 글자가 중첩되는 것만 가지고 보면 외형상으로는 단순사에 속하는 첩자사(疊字詞)와 같아 보이지만, 두 글자가 모두 형태소의 지위를 가지므로 합성사에 든다. 첩자사와 구별하기가 쉽지 않다. 한 글자가 단독(단음절의 단순사)으로 쓰여 같은 범주의 뜻을 나타내는 경우가 있음을 알아냄으로써 '어근+어근'의 결합으로 여긴다. 같은 형태소가 중첩된 것이므로 한 글자의 단어일 때보다 의미가 강하다.

悠悠(유유)[22] · 惴惴(췌췌)[23] · 遲遲(지지)[24] · 怛怛(달달)[25] · 皎皎(교교)[26] 등이 그 예이다.

㉡ 부가식(附加式)

어근이 되는 형태소에 접두사나 접미사가 부가된 형식은 의미의 핵심이 어근에 있다. 그러므로 부가요소인 접두사나 접미사는 의존요소이다.[27]

---

22) 莫往莫來 悠悠我思.(『詩經 · 邶風 · 終風』)(감도 없고 옴도 없으니, 그지없네 나의 생각[시름].)

23) 臨其穴 惴惴其慄.(『詩經 · 秦風 · 黃鳥』)(그 묘혈[무덤]에 임하자 두렵고 두려워서 부르르 떨었네.)

24) 遲遲吾行也.(『孟子 · 萬章下』)(더디디 더디게 내가 간다.)

25) 無思遠人 勞心怛怛.(『詩經 · 齊風 · 甫田』)(먼 데 사람 생각할 것 없네. 마음 수고만 안달복달.)

26) 皎皎白駒 食我場苗.(『詩經 · 小雅 · 鴻鴈之什 · 白駒』)(희디흰 망아지가 내 밭의 곡식 싹을 먹네.)

27) 중국에서는 부가 요소인 접사(接辭)를 사철[詞綴]이라고 한다. 이 가운데 접두사는 '전철(前綴)' 또는 '사두[詞頭]'라고 하며, 접미사는 '후철[後綴]' 또는 '사미詞尾]'라고

弟子(제자)·童子(동자)·忽然(홀연)·率爾(솔이) 등은 '어근+접미사'의
결합에 해당하며, 阿母(아모)·疇昔(주석) 등은 '접두사+어근'의 결합에
해당한다.

부가식 단어는 선진(先秦) 시기에는 드문 편이며, 한대(漢代)에도 적
게 보인다.

■ 복합사(複合詞)

연합식·수식식·술목식·보충식·주술식의 구분은 기본적으로 두
형태소 간의 의미관계에 의한 것이며, 일정 부분 결합 순서도 고려한 것이
다. 배열순서가 같더라도 서로 다른 방식으로 이해되는 경우들이 있
다. 이럴 때는 문장에 함께 쓰인 다른 어휘들과의 상관관계도 참고한다.

단어인가 구인가를 판단하기가 어려운 경우가 적지 않다. 양자의 사
이에 있거나 두 가지를 겸한다고 볼 수 있는 경우도 있다.

㉢ 연합식(聯合式)

연합식은 두 형태소의 의미가 평등하게 합성된 형식으로서 결합된 두
형태소의 의미가 같거나 비슷한 경우, 성질상 비슷한 경우, 의미가 서로
상대되는 경우 등이 있다.

衣服(의복)[28]·恭敬(공경)[29]·禽獸(금수)[30]

한다.

28) 夫人蠶繅 以爲衣服.(『孟子·藤文公下』)(부인은 누에치고 실을 뽑아서 옷을 만든다.)
29) 恭敬之心 人皆有之.(『孟子·告子上』)(공경하는 마음은 사람 모두가 그것을 가지고
   있다.)
30) 君子之於禽獸也 見其生不忍見其死.(『孟子·梁惠王上』)(군자는 금수에 대해서 그
   산 것을 보고는 그 죽은 것을 차마 보지 못합니다.) *본시 '禽'은 날짐승을, '獸'는 들짐

社稷(사직)³¹⁾ · 子孫(자손)³²⁾

男女(남녀)³³⁾

㉣ 수식식(修飾式) [편정식(偏正式)]

수식식은 앞 형태소의 의미가 뒤 형태소의 의미에 종속되는 형식이다. 뒤 형태소의 의미가 중심이자 피수식 성분이 되고, 앞 형태소는 이를 수식하는 성분이 된다. 중국에서는 이러한 종속과 중심의 관계를 '偏(편)'과 '正(정)'이라고 표현하고 있다.

布衣(포의)³⁴⁾ · 嚆矢(효시)³⁵⁾ · 先生(선생)³⁶⁾ · 不穀(불곡)³⁷⁾ 등이 그 예이다.

승을 뜻하는데, 둘을 가리지 않고 쓴 경우는 '동물'을 가리키게 되므로 하나의 단어로 여기는 것이다.

31) 諸侯不仁 不保社稷.(『孟子·離婁上』)(제후가 어질지 못하면 나라[사직]를 보존하지 못한다.) *본시 '社'는 땅 귀신을 뜻하고 '稷'은 곡식 신을 뜻하는데 둘을 합하여 '나라(국가)'를 상징하는 단어를 만든 경우이다.

32) 苟爲善, 後世子孫必有王者矣.(『孟子·梁惠王下』)(진실로 선한 일을 한다면 후세의 자손들 중에서 반드시 왕 노릇하는 사람이 있게 될 것입니다.) *'아들'과 '손자'를 따로 가치지 않은 경우에는 하나의 단어로 취급한다.

33) 飮食男女 人之大欲之存焉.(『禮記·檀弓』)(음식과 남녀관계[성생활]는 사람의 커다란 욕망이 거기에 있다.) *'男女'가 남자와 여자를 뜻하는 경우는 두 단어이지만, '남녀 사이에 있는 것' 즉 '성생활'을 뜻하는 단어가 된 것이라 여기고 있다.

34) 人主之行與布衣異.(『呂氏春秋·行論』)(군주의 행동은 평민과 더불어 비교해서 다르다.) *문자 그대로는 '베 옷'이다. 벼슬하지 않은 평민은 베옷을 입으므로 '평민'을 뜻하게 된 것이다

35) 仁義之不爲桎梏鑿枘也, 焉知曾史之不爲桀跖嚆矢也?(『莊子·在宥』)(인의가 차꼬와 수갑, 구멍과 자루가 되지 못하는데, 어디 曾參(증삼)[仁人]과 史魚(사어)[義人]가 桀王(걸왕)[폭군]이나 盜跖(도척)[도적]의 시작이 되지 못함을 알겠는가?[않는다고 할 수 있겠는가?]) *본시 '嚆'는 '울다, 울리다(→ 소리 내다)'는 뜻이고 '矢'는 '화살'을 뜻한다. 합하여 '우는(소리 내는) 화살'이라는 뜻인데, 전쟁의 시작을 알리기 위하여 소리가 나도록 깃을 단 화살을 가리켰다. 그러던 것이 '시작(처음)'이라는 뜻의 단어가 된 것이다.

ⓜ 술목식(述目式)[위빈식(謂賓式)]

술목식은 마치 앞의 형태소가 술어이고, 뒤의 형태소가 목적어[빈어(賓語)]인 것 같은 결합 형식이다.

將軍(장군)[38] · 執事(집사)[39] · 用事(용사)[40] 등이 그 예이다.

ⓑ 보충식(補充式)

보충식은 마치 앞의 형태소가 술어라면 이것이 의미의 중심이 되고 뒤의 형태소가 이것의 의미를 보충해 주는 것과 같은 결합 형식이다. 보충식의 단어는 先秦(선진) 시기에는 극히 드물게 보이고, 漢代(한대) 이후 점차 증가되어 왔다. 단어로 보아야 할지 구로 보아야 할지가 그다지 분명치 않은 경우가 많다.

---

36) 先生何爲出此言也?(『孟子·離婁上』)(선생님께서는 무엇 때문에 이 말을 내시는 것입니까?)

37) 楚王饗之日: 公子若反晉國 則何以報不穀?(『左傳·僖公二三年』)(초나라 왕이 그를 대접하면서 말했다. 공자께서 진나라로 돌아갈 것 같으면 곧 무엇으로 짐에게 보답하겠소?) * '不穀'은 '선하지 못한 사람'이라는 뜻으로 제후가 자기를 낮추어 일컫는 말이다.

38) 魯欲使愼子爲將軍.(『孟子·告子下』)(노나라가 愼子(신자)로 하여금 장군이 되게 하고 싶어 했다.) * 각각 한 단어로 쓰일 경우, '將'은 '거느리다'를, '軍'은 '군대(군사)'를 뜻하여 '군대를 거느리다'가 되지만, '군대를 거느리는 사람'인 '장군'을 뜻하게 되므로 하나의 단어로 취급한다.

39) 王總其百執事 以奉其社稷之祭.(『國語·吳語』)(왕이 그의 백관을 거느리고 그 사직의 제사를 받들었다.) * '執'은 '잡다, 맡다'를 뜻하며 '事'는 '일'을 뜻하여 '일을 맡다'가 되는데, '將軍'이 '군대를 거느리는 사람'인 '장군'을 뜻하듯이, '執事'는 '일을 맡은 사람'인 '집사'를 뜻한다. 그래서 직책의 이름으로 쓰이면 하나의 단어가 되는 것이다.

40) 今秦太后穰侯用事, 高陵涇陽佐之.(『戰國策·秦策三』)(지금 진나라는 태후와 양후가 섭정하고, 고릉군과 경양군이 그를 보좌하고 있습니다.) * '用'은 '쓰다' 즉 '힘쓰다'를 뜻하며 '事'는 '일'인데 일 중에서도 나랏일을 가리킨다. 그러므로 '나랏일에 힘쓰다'가 되는데, 왕위에 있지 않은 사람이 비정상적으로 나랏일을 맡는 것을 뜻하므로 '섭정하다'는 뜻의 단어로 취급한다.

招致(초치)[41]

㉧ 주술식(主述式) [주위식(主謂式)]

주술식은 두 형태소의 관계가 주어 뒤에 술어[謂語(위어)]가 따르는 것과 같은 결합 형식이다. 주술식도 先秦(선진) 시기에는 극히 드물게 보이며, 兩漢(양한) 시기에도 드물게 보이는 형식의 단어이다.

地震(지진)[42], 月蝕(월식)[43] 등이 그 예이다.

두 글자의 결합이 하나의 單語(단어, word) 구실을 하는가, 한 글자씩 각기 단어의 역할을 하는 句(구, phrase)인가를 분간하기 어려운 경우가 적지 않다. 단어와 구의 경계를 가를 수 있는 형태 표지가 없기 때문이다. 처음에는 구로 쓰였지만 후대에 단어로 발전한 경우를 많이 발견할 수 있다. 순전히 문맥과 의미 내용에 의거하여 구분할 수밖에 없다. 문

---

41) 是時齊有孟嘗君, 趙有平原君, 魏有信陵君, 方爭下士 招致賓客 以相傾奪.(『史記·春申君列傳』)(이때에 제에는 맹상군이 있고, 조에는 평원군이 있으며, 위에는 신릉군이 있어 가지고 바야흐로 아래 장부[下士]들을 다투어 모으고 빈객을 초치하여 서로 빼앗는 데 힘을 기울였다.)
 * 보충식의 경우는 '招致'(불러 이르게 하다→초치하다)의 경우처럼 단어로 여길 것인가, 구로 여길 것인가를 분별하기 어려운 경우가 많다.
42) 陽伏而不能出, 陰迫而不能烝, 於是有地震.(『國語·周語上』)(양이 엎드려 있으면서 나오지 못하고, 음이 압박하여 김을 내지 못하게 한다. 이에 지진이 있다.) * 주술식의 경우도 단어와 구의 구별이 쉽지 않다. '地震'의 경우 당시에 이미 '지진'이라는 지구과학적인 현상을 명명하는 하나의 단어로 쓰였는지를 확언할 수 없다. '땅이 진동하다(진동함)'라는 구로 여겨도 의미가 통하기 때문이다. 게다가 주술식으로서 '땅이 진동하다'인가, 수식식으로서 '땅의 진동'인가를 확정할 근거도 사실 없다.
43) 延壽又取官銅物 候月蝕鑄作刀劍鉤鐔.(『漢書·韓延壽傳』)(연수가 또 관에서 구리로 만든 기물을 취하여 월식 때를 기다려서 여러 가지 칼을 주조해서 만들었다.) * '地震'의 경우처럼 구인지 단어인지를 확정하기가 쉽지 않다. '달이 가리워지다(←달이 갉아먹히다)'인지 '달이 가려지는 현상'인지를 정하는 문제이기 때문이다.

장 중의 쓰임이 관건이 되지만 단어인지 구인지를 분간하는 데는 어법 상의 한계가 있다. 중간 단계가 있기 때문이다.

두 개의 구성 부분이 독립성을 가지고 쓰인 경우는 구이고, 두 개의 구성 부분이 독립성을 갖지 못하고 긴밀하게 결합하여 하나의 특별한 의미(추상적 또는 구체적인 새로운 의미)를 나타내는 경우는 단어로 여기는데, 이 또한 한계가 있다. '先河'의 경우를 예로 들어 보기로 한다. "三王之祭川也 皆先河而後海 或源也 或委也, 此之謂務本."(『禮記·學記』) 중의 '先河'는 제사를 지냄에 있어서 '하천에 먼저 하다'라는 뜻을 지녀 두 단어이지만, 후대에 창시자 또는 창도자를 가리키는 단어로 발전하였기 때문에 문맥을 잘 살펴야 한다. 오늘날까지 자주 쓰이는 '蛇足(사족)'(수식식), '矛盾(모순)'(연합식) 등도 같은 예이다.

③ 품사

㉮ 품사 분류의 근거와 방법

품사(品詞)라는 용어는 'parts of speech'를 번역한 것이다. 중국에서는 사류[詞類]라고 번역하여 쓰고 있다. 품사는 단어의 갈래이다.

일반적으로 말하는 품사 분류의 기준은 단어의 쓰임상의 특징이다. 품사성(品詞性)[=사성(詞性)]이라고 바꾸어 말할 수가 있다. 의미는 모든 단어가 다 가지고 있는 것이므로 특징 곧 차이는 단어의 형태와 그 변화 및 기능에 있다. 따라서 이러한 특징이 많지 않은 언어일수록 품사 분류의 의의가 희석된다. 어법성이 떨어진다는 뜻이다. 그리고 모든 단어의 경계를 확연하게 나눌 수는 없다. 형태 성분이나 구조 성분이 별로 없는 언어는 품사를 세분할수록 방편적인 것이 되고 만다. 해당 언어의 본래 면목에서 멀어지기 때문이다.

형태나 통사상(구문상)의 기능 경계가 분명치 않으면 품사를 나누는
의미가 크지 않다. 그러므로 형태나 기능상의 특징이 두드러지는 언어
에 의거하여 마련한 품사 분류 방식을 그렇지 않은 언어에 그대로 적용
하는 것은 바람직하지 않다.

종래의 중국어 품사 분류는 명사(名詞)·동사(動詞)·형용사(形容
詞)·{수사(數詞)·양사(量詞)}·부사(副詞)·대사(代詞)·개사(介詞)(=전
치사(前置詞))·연사(連詞)(=접속사(接續詞))·조사(助詞)·감탄사(感歎
詞) 등으로 나누는 것을 대표적인 예로 삼을 수 있다.

명칭만 가지고 보면, 영어의 품사 분류에 '조사'를 추가하고 '수사'와
'양사'를 품사의 종류로 세운 것이 된다. 중국어는 영어와 흡사한 언어가
아님에도 불구하고 이러한 외형을 갖추게 되었다. 이는 기본적으로 서
구 언어에서의 품사 분류 방식을 여과 없이 수용한 결과이다. 외견상 두
언어의 품사 분별이 거의 일치하는 것처럼 보이지만 내용은 크게 다르
다. 단어의 형태와 기능의 차이를 중시하여 철저하게 분류하면 이와 다
르게 된다.

지금까지 행해진 품사 분류의 내용을 가지고 보면, 중국어의 일반적
인 품사 분류는 대체로 영어의 각 품사에 속하는 단어들과 의미상 대응
되는 부류의 집합이라고 할 수 있다. 조사(助詞)는 영어에 이와 유사해
보이는 것이 전혀 없는 것이어서 따로 추가한 것이다.

중국에서는 예로부터 실질적인 의미를 갖는 단어와 실질적인 의미를
갖지 않는 단어가 있다고 생각해 왔다. 이것이 어느 시기에 이르러 '實'
(실)과 '虛'(허)라는 말로 표현되었다. 그런데 '실(實)·허(虛)' 개념의 사
용이 저마다 자의적이다. 각자의 두뇌 속에 저장된 추상적 개념이기 때
문이다. 그러다가 『馬氏文通』(마씨문통, 1898)이 서구 어법을 원용하여

고대중국어 어법(語法) 책을 쓰면서 이를 구체화하였다. 영어의 경우와 흡사하게 나눈 여러 가지 품사를 '實字'(실자)와 '虛字'(허자)라는 이름으로 양대별(兩大別) 했다. 뒤에 이를 계승하여 '字'(자)를 '詞'(사)로 바꾸어 '實詞'(실사)·'虛詞'(허사)로 명명해서 쓰고 있다.

『馬氏文通』(마씨문통)의 품사 분류는 고대중국어의 어법 특징을 제대로 살펴서 쓴 것이라고 할 수 없다. 영어에 없는 '조자(助字)[→조사(助詞)]'를 제외하면 대체로 영어의 품사 분류 틀에 짜 맞춘 것이라고 할 수 있다. 이 책의 분류가 고대중국어와 현대중국어에 모두 기본 틀로 계승되었다. 그리하여 대체로 '명사(名詞)·동사(動詞)·형용사(形容詞)·수사(數詞)·양사(量詞)·부사(副詞)·대사(代詞)'는 실사(實詞)에 귀속시키고, '개사(介詞)(=전치사(前置詞))·연사(連詞)(=접속사(接續詞))·조사(助詞)·감탄사(感歎詞)'는 허사(虛詞)에 귀속시켰다. 이 가운데 부사(副詞)에 대해서는 실사로 여기는 사람도 있고 허사로 여기는 사람도 있다. 다른 품사에 대해서도 허·실을 달리 보는 경우가 있다. 일반적으로 허사(虛詞)에 대한 정의는 실질적인 의미를 갖지는 않으나 일정한 어법 관계를 나타내는 단어라고 여기는 관점을 출발점으로 삼고 있다.

필자는 옛 사람들이 단어를 '실(實)'과 '허(虛)' 두 가지로 나누어 인식했던 것이 가장 적절한 고대중국어의 품사 인식에 해당한다고 여기고 있다. 물론 한 걸음 더 나아가 나눌 수 있는 여지는 있다.

이 책에서도 기존의 품사 분류 명칭을 다 버리지는 않았다. 이해를 돕기 위해서 종래의 분류방식을 바탕으로 삼되 최대한 고대중국어의 실제 성격에 부합되도록 하였다. 이 책에서는 우선 명사(名詞)·동사(動詞)·형용사(形容詞)·부사(副詞)·대사(代詞)·감탄사(感歎詞){이상 실사류(實詞類)}와 조사(助詞){허사류(虛詞類)} 등 7가지로 나눈 다음, 명사·동사·형용사 구분은 방편상의 구분일 뿐 고대중국어의 성격에 부합되지 않으므로 대부분 한 가지로 통합하여 인식해야 함을 밝혔다. 그 이유와 한계에 대해서 약간의 설명이 필요할 것 같다.

　기존의 고대중국어 품사 분류는 주로 의미상의 분류라는 사실에 주목할 필요가 있다. 형태도 형태의 변화도 없음에도 불구하고 하나의 단어에 여러 가지 품사를 부여한 것은 타당하지 않다고 여긴다.

　이 책에서는 실사류에서 수사(數詞)와 양사(量詞)를 취소하고, 명사(名詞)의 한 종류로 귀속시켰다. 허사류에서는 개사(介詞){=전치사(前置詞)}와 연사(連詞){=접속사(接續詞)}를 취소하였다. 종래 개사로 분류했던 단어들은 동사와 조사에 나뉘어 귀속된다. 연사로 분류했던 것들은 부사·명사·동사·대사 및 조사에 나뉘어 귀속되거나 단어가 아닌 구(phrase)에 귀속된다. 개사와 연사를 취소하고 대부분 실사류에 귀속시킨 것은 주로 이들 단어에 대한 실(實)·허(虛) 판단을 종래와 달리 하였기 때문이다. 그리고 감탄사(感歎詞)를 지금까지 허사류로 여겨왔으나 필자는 이를 실사류에 귀속시켰다. 감탄사는 독립 성분으로서 문장의 앞에 놓여 여러 가지 감정을 표출함으로써 의미를 전달한다. 따라서 감탄사를 허사로 여기는 것은, '허사'에 대해 실질적인 의미를 갖지 않으며 이에 따라 독자적으로 문장 성분이 될 수 없다고 정의한 것에 부합되지 않기 때문이다. 즉, 감탄사는 문장 밖의 독립 성분이지 의존 성분이 아니다. 그래서 실사류에 귀속시켰다.

　이상과 같이 품사를 나누었지만 실사류의 품사 구분에는 여전히 문제 삼을 점이 있다. 엄격하게 말하면, 고대중국어의 대부분의 실사류 단어들은 명사·동사·형용사의 구분(경우에 따라서는 부사도 여기에 포함됨)

의 구분을 할 수 없기 때문이다. 품사 구분이 비교적 용이한 여러 언어
의 각 품사에 속하는 단어들과 고대중국어의 의미를 대응시켜 나누면
비슷한 품사 분류가 나오게 된다. 그렇게 하면 고대중국어도 명사·동
사·형용사 등이 명확하게 나뉘는 것처럼 보인다. 그러나 언중들이 동
일한 형태의 단어를 쓰면서 여러 가지 품사가 있다거나 의미가 여러 가
지라고 생각했을 리가 만무하다. 언어의 본질은 소리에 의미가 결합되
어 있다는 것이다. 같은 소리로 표현되는 하나의 단어가 서로 다른 단어
로 여겨지는 여러 품사를 갖는다는 것은 불가능하다.

   말하자면 한국어의 '밥'이라는 단어를 '밥'이라는 명사도 되고, '밥을
먹다'를 뜻하는 동사도 되고, '밥 같다'를 뜻하는 형용사도 되며, '밥처
럼, 밥으로' 등을 뜻하는 부사도 된다고 하는 것과 같다. 형태가 하나이
며 사용상 기능에 따른 형태의 변화도 없는데 여러 품사를 부여하는 것
은 어법적 의의가 없다. 형태의 차이가 없고 기능에 따른 형태의 변화도
없기 때문에 관념상의 의미의 갈래일 따름이다.

   그래서 이 책에서 명사·동사·형용사를 나눈 것은 일종의 방편적 성
격을 갖는다. 이들 세 가지 부류에 나누어 귀속시킨 절대 다수의 단어들
이 셋으로 확연하게 분류할 수 있도록 쓰이고 있지 않기 때문이다. 다시
말해서, 이들 품사를 구분할 만한 형태를 갖춘 소수의 예를 제외하면,
현대의 여러 언어의 품사 분류, 특히 영어의 품사 분류를 참고하여 고대
중국어를 이해하는 데 편의를 도모할 뿐인 방편으로서의 성격을 띤다.
고대중국어는 절대 다수의 실사류 단어가 품사를 나눌 만한 형태나 기
능상의 특징을 구비하고 있지 않다. 기본적으로는 명사·동사·형용사
로 나눌 수 없다고 말하는 것이 옳다. 그러므로 이러한 갈래는 대체로
분석상의 '필요'일 뿐이다. 그런데 이렇게 나누는 이유는 현대중국어나

한국어 · 영어 같은 다른 언어에 의해서 고대중국어 개별 문장의 의미를 설명하기가 쉽지 않다는 데 있다고 할 수 있다. 품사 분류가 잘 되는 언어의 품사 구분을 이용하여 설명하면 문장의 의미를 이해하기가 쉽기 때문이다. 그러므로 고대중국어의 실사류를 명사 · 동사 · 형용사로 나누는 것은 이들 각 품사가 서로 다른 형태의 단어에 의해 표현되거나 기능을 달리하는 언어에서의 구별에 편승한 의미상의 구분에 지나지 않는다. 품사의 경계가 분명한 언어에서의 각 품사의 경계에 의거한 의미상의 대응 관계를 따른 것이라고 할 수 있다.

　　물론 고대중국어에는 하나의 한자로 표기하지만 발음을 달리함으로써 다른 품사성을 나타내는 단어들이 있다. 비록 수가 극히 적지만 발음의 차이는 중요한 형태의 차이이므로 품사 분류가 가능한 소수 예외에 해당한다.[44] 그러나 대부분의 실사류는 형태에 아무런 변화 없이 여러

---

44) 예를 들면 다음과 같다.
- 衣 :
  豈曰無衣 與子同.『詩經 · 秦風 · 無衣』[平聲] (옷, 웃옷)
  어찌 옷이 없다 하리오? 님과 더불어 도포를 한 가지로 입으리.
  衣敝縕袍 與衣狐貉者立而 不恥者其由也與!『論語 · 子罕』[去聲] (입다)
  헤진 솜옷을 입고서 여우와 담비 가죽옷을 입은 사람과 더불어 서 있어도 부끄러워하지 않을 사람은 由(유, 子路[자로])이리로다!
- 好 :
  不如叔也洵美且好.『詩經 · 鄭風 · 叔于田』[上聲] (좋다 → 아름답다)
  叔(숙)이 실로 아름답고 또 좋음과 같지 못하네.
  我有嘉賓 中心好之.『詩經 · 雅 · 彤弓』[去聲] (좋아하다)
  내게 좋은 손님 있어 속마음으로 그를 좋아하네.
- 雨 :
  有渰萋萋 興雨祈祈.『詩經 · 小雅 · 大田』[上聲] (비)
  구름 있어 뭉게뭉게, 비를 일으켜 부슬부슬.
  雨我公田 遂及我私.『詩經 · 小雅 · 大田』[去聲] (비가[를] 내리다)
  우리 공전에 비 내리고, 나아가 우리 사전에도 미치네.

가지 기능을 한다.

고대중국어에는 단어에 형태 표지가 거의 없다. 그래서 다른 언어에서와 같이 품사를 나누고자 하면 균일한 어법적 근거를 마련할 수가 없다. '一'자의 쓰임을 통해서 확인할 수 있다.

ⓐ 一生二.[45]

一은 二를 낳는다.

ⓑ 以一服八.[46]

하나를 가지고 여덟을 복종시키다.

ⓒ 一朝而獲十.[47]

• 數 :

號物之數謂之萬, 人處一焉. 『莊子 · 秋水』[去聲] (수)

사물의 수를 불러 그것을 만이라 이르는데, 사람은 그 가운데 하나를 차지한다.

歸而飲至 以數軍實. 『左傳 · 隱公五年』[上聲] (세다, 헤아리다)

(종묘로) 돌아와 음연하는 일이 이르며, 군실(무기 등)을 센다.

吾數諫王, 王不用, 吾今見吳之亡矣. 『史記 · 伍子胥列傳』[入聲] (자주, 누차)

내가 왕에게 자주 간언했으나, 왕이 쓰지 않아서 내가 오늘 오나라가 망하는 것을 보게 되었다.

위의 예에서 '衣'는 성조가 平聲일 때는 '옷'을, 去聲일 때는 '(옷을) 입다'로 구별된다. 이는 '명사(옷)'와 '동사(입다)'를 구별할 수 있는 근거이다. '好'는 上聲일 때는 '형용사(좋다)', 去聲일 때는 '동사(좋아하다)'로 나눌 수 있다. '雨'는 上聲일 때는 '명사(비)'로, 去聲일 때는 '동사(비가 내리다)'로 나눌 수 있다. '數'는 '雨'와는 거꾸로 去聲으로 발음될 때가 '명사(수)'이며 上聲으로 발음 될 때가 '동사(세다)'이다. '자주(누차)'를 뜻하는 경우는 入聲으로 발음되면서 '부사'로 여길 수 있는 경우인데, 이 경우는 성조만 다른 것이 아니라 그 밖의 음도 다르다.[한국한자음으로는 '삭'이다.]

발음의 차이로 문장 중에서의 기능을 달리하므로 품사 분별의 기준으로 삼을 수가 있는 경우들이다. 즉, 형태를 달리하여(발음의 차이) 의미를 구분한 예이다.

45) 道生一, 一生二, 二生三, 三生萬物.(『老子 · 第四十二章』)

46) 海內之地 方千里者九, 齊集有其一 以一服八 何以異於鄒敵楚哉 蓋亦反其本矣.(『孟子 · 梁惠王上』)

한[하루] 아침에 열[열 마리]을 잡았습니다.

ⓓ 一失其位 不得列於諸侯.[48]

한 번[일단] 그 자리를 잃자 제후의 열에 들지 못했다.

ⓔ 孰能一之?[49]

어느 사람이 그것[天下]을 하나로 할(통일할) 수 있겠소?

예문 중의 '一'은 형태의 차이가 전혀 없다. 결론부터 말하자면 종합성을 띤 하나의 단어로서 하나의 품사를 부여해야 한다.

그런데 일정한 어순을 정하고 문장 성분(기능)[주어(主語)·술어(述語)·목적어(目的語)·보어(補語)·관형어(冠形語)·부사어(副詞語)]을 부여하면, ⓐ는 주어, ⓑ는 목적어, ⓒ은 관형어, ⓓ는 부사어, ⓔ는 술어로 쓰였다. 영문법에서의 기능과 품사의 대응 관계만을 원용하여 품사를 설정할 수 있다면, ⓐ와 ⓑ는 명사, ⓒ는 형용사, ⓓ는 부사, ⓔ는 동사에 가깝다. 이런 방식으로 정하면 '一'이 동일한 형태를 지닌 하나의 단어임에도 불구하고 명사·동사·형용사·부사를 다 지니는 것이 된다.[50] 이렇게 한다면 거의 모든 실사류는 다종의 품사를 갖는 것으로 묘사된다. 이것이 고대중국어의 품사 분류가 될 수 있겠는가?

형태의 차이가 없는데 지금까지 무엇을 가지고 품사를 정해왔는가?

---

47) 吾爲之範我馳驅 終日不獲一 爲之詭遇 一朝而獲十.(『孟子·藤文公下』)

48) 蔡·許之君 一失其位 不得列於諸侯.(『左傳·成公二年』)

49) 孰能一之?(『孟子·梁惠王上』)

50) 영어의 경우는 품사를 나눌 수 있는 형태의 차이가 분명한 경우가 많다. 예를 들면, kind(형용사)↔kindly(부사)↔kindness(명사), happy(형용사)↔happily(부사)↔happiness(명사), beauty(명사)↔beautiful(형용사)↔beautify(동사), danger(명사)↔dangerous(형용사)↔dangerously(부사), live(동사)↔life(명사), think(동사)↔thought(명사), identify↔identification 등이다.

ⓐ, ⓑ, ⓒ는 순전히 의미에 의거하여 '수사(數詞)'라는 품사를 따로 세웠다. 수사이면서 주어·목적어·관형어로 두루 쓰인다고만 말한다. 고대 중국어에서 '수'를 나타내는 단어들은 그 쓰임이 명사와 특별히 다르지 않다. 그래서 이 책에서는 의미상으로 실사류의 품사를 명사·동사·형용사·부사·대사·감탄사로 나누고 명사(名詞)에 귀속시켰다. ⓓ는 기능상 부사어(부사성 수식어)로 쓰인 예이다. 같은 방식으로 수사이면서 부사어로 쓰였다고 하면 ⓐ, ⓑ, ⓒ와 일관성을 갖게 될 것이다. 그런데 문장 중에서의 의미를 천착하여 '일단'을 의미하므로 부사라고 정하는 사람도 있다.

언중들이 '一'이라는 단어가 어떤 때는 '하나'를 뜻하고, 어떤 때는 '일단'을 뜻한다고 생각하며 두 단어로 여겼을까? ⓓ의 경우도 '한 번'으로서 역시 '하나'라는 뜻에 포함되며 문맥이 그러할 따름이 아니겠는가? 그래서 많은 사람들은 부사라고 하지 않고 수사의 쓰임의 하나라고만 말한다. 그런데 '수'를 나타낸다는 이유만으로 수사를 품사의 하나로 독립시킨다는 것은 어법적 의의를 갖지 못한다.

ⓔ '孰能一之' 중의 '一'에 대해서는 '之'(앞 문장의 '天下'를 가리킴)를 목적어로 수반하였으므로 의미를 '통일하다(← 하나로 하다)'로 파악하고 술어이며 동사라고 한다. 이는 통사상의 기능에 의거한 일관성 있는 품사 규정이 아니다. 기능에 의한 것이라면 다른 예들도 모두 각기 다른 품사를 부여해서 ⓒ '一朝而獲十' 중의 '一'은 형용사이며 ⓓ '一失其位' 중의 '一'은 부사라고 해야 할 것이기 때문이다. 당시 언중들은 분명코 ⓔ의 '一'을 앞의 것들과 다르게 생각하지 않았을 것이다. 전후 어휘와의 맥락에 의해 '하나로 하다'라는 의미가 전달되었을 따름이지 품사를 달리하는 다른 단어로 인식했을 리가 없다.

ⓔ를 동사로 여기는 것은 전적으로 지금 우리들이 현대중국어나 다른

언어의 품사 분류에 의거하여 고대중국어를 이해하는 방편일 따름임을 알게 해 준다. 다른 언어로 설명해야 하기 때문에 품사가 분별되는 언어에서의 표현 방식에 맞추어 품사를 정한 결과이다.

고대한어의 본질을 가지고 말하면, 명사·동사·형용사를 나눌 수 없다는 증거에 해당한다. 의미에 다름이 있다고 할 수가 없다. 따라서 실제로는 공통된 하나의 성질을 지닌다고 설명하는 것이 옳다.

상술한 바와 같이 쓰임에 따른 단어의 형태 변화나 부가 요소도 없는데, 통사 관계를 주로 인접한 단어들과의 의미 관계에 의해 관찰함으로써 품사를 부여해 온 때문에 하나의 형태를 지닌 단어가 여러 개의 품사를 갖는다고 설명하게 되었다. 일정한 어순을 설정하고 통사 관계를 파악하기는 하지만, 하나의 어순이 한 가지 의미 관계만을 나타내지 않는 경우도 적지 않다.

품사 분류가 가능한 표지를 지닌 극소수의 단어들을 제외하면, 명사·동사·형용사는 하나의 명칭으로 이것들을 총괄하는 것이 고대중국어에 맞는 품사 분류가 될 것이다.[이 명칭을 그대로 활용하여 명명한다면 품사의 주류는 '명동형사(名動形詞)'가 될 것이다. 더 세분할 때는 '명동사(名動詞), 명형사(名形詞), 동형사(動形詞)' 등의 명칭이 필요할 수도 있다.] 셋을 합칭할 경우에는 부사와의 경계가 문제가 될 수 있다. 동일한 형태로 기능상 부사어로만 쓰이지 않는 단어들이 있기 때문이다.

이 책에서 명사·동사·형용사를 나눈 부분은 다른 책들과 마찬가지로 품사상 고대중국어의 특징을 제대로 반영하지 못한 부분이다. 다만 내용 설명을 통해서 이 문제를 해결하고자 하였다.

어쨌든 실사류의 어휘는 대부분 명사·동사·형용사를 나눌 수 없는 종합적 성질을 지니고 있음을 알고 있어야 한다. 허사류의 품사 구분은 지금까지 영어의 전치사(preposition)와 접속사(conjunction)에 대응되는 품사의 존재를 인정하여 '조사(助詞)'와 함께 '개사(介詞)'(=전치사)·'연사(連詞)'(=접속사)라는 이름으로 구분해 왔다. 그러나 상고(上古)의 중국어에 전치사·접속사는 없다. 대부분 실사에 귀속시키면 되고, 어떤 것은 조사로 보면 된다. 조사(助詞)의 종류에 대한 인식에도 문제가 있다. 어기조사(語氣助詞)와 음절조사(音節助詞) 및 구조조사(構造助詞)로 나누고 있는데, 구조조사로 여길 수 없는 것들이 있다.

㉰ 품사 분류의 실제

실사류의 품사를 나누면 서로 다른 품사가 동일한 기능을 갖는다고 설명하게 된다. 현재의 품사 분류의 한계를 가장 잘 보여 준다. 기존의 품사 분류 명칭과 분류에 따라 살펴보기로 한다.

▶관형어(형용사성 수식어)+명사(피수식어)

[楚人](초나라 사람), [奇貨](기이한 재화), [亡卒](죽은 병졸), [百獸](온갖 짐승), [吾家](내 집)

관형어로 쓰인 '楚·奇·亡·百·吾'를 차례로 '명사·형용사·동사·수사·대사'로 분류해 왔다.

▶부사어(부사성 수식어)+동사(피수식어)

[相好](서로 좋아하다), [急攻](급히 공격하다), [兼愛](겸하여 사랑하다), [南征](남쪽으로 출정하다)

부사어로 쓰인 '相·急·兼·南'을 차례로 '부사·형용사·동사·명사'로 분류해 왔다.

▶ **부사어(부사성 수식어)+형용사(피수식어)**

[尙早](아직 이르다), [日稀](날로 드물어지다)
부사어로 쓰인 '尙·日'을 차례로 '부사·명사'로 분류해 왔다.

▶ **술어(동사, 형용사)+목적어**

[拱手]([두] 손을 맞잡다), [貪生](살기를 탐하다), [多才](재주가 많다), [易老](늙기 쉽다)
동사의 목적어인 '手·生'은 각각 '명사·동사'로, 형용사의 목적어인 '才·老'는 각각 '명사·형용사'로 분류해 왔다.

▶ **술어+보어**

[捕得](잡아 얻다→잡아내다), [推高](밀어 올려서 높아지게 하다.)
보어 '得'은 동사, '輕'은 형용사로 분류해 왔다.

▶ **주어+술어**

[吾見](내가 만나다), [功高](공이 높다), [夫子聖人](선생님은 성인이시다)
술어 '見·高·聖人'은 차례로 '동사·형용사·명사'로 분류해 왔다.

'[南征](남쪽으로 출정하다), [日稀](날로 드물어지다)'에서처럼 명사가 부사어로 쓰이는 예는 매우 흔하다. 다음 예 중의 '法, 兄' 등도 명사가 부사어로 쓰인다고 설명한다. 이는 고대중국어의 품사 분류가 기능에 의한 것이 아님을 말해 주는 두드러진 증거이다.

[法] 失期, 法皆斬. 『史記·陳涉世家』
기일을 놓치면 법으로[법에 따라] 모두 참수된다.

[兄] 吾得兄事之. 『史記·項羽本紀』
나는 그를 형처럼 섬길 수 있다.

이것들을 부사라고는 하지 않는다. 그럼에 불구하고 "孰能一之?"(어느 누가 그것[天下]를 하나로 할[→통일할] 수 있겠소?) 중의 '一'을 동사라고 하는 것처럼 "黔敖左奉食右執飲."(『禮記·檀弓』)(검오가 왼쪽에는 먹거리를 받쳐 들고 오른쪽에는 마실 거리를 들고 있었다.) 중의 '食, 飲'은 각각 '먹을 것'과 '마실 것'을 뜻하는 명사라고 한다. 동사가 명사로 활용되었다고 하는 예이다. 현대 언어에 비추어 문장의 의미를 헤아리고 그에 따라 품사를 정한 것이다. 현대중국어에는 이러한 쓰임이 없기 때문이다. 다음의 '燭·目·前' 등은 명사가 동사로 활용되었다고 하는 예이다.

火燭一隅. 『呂氏春秋·土容』
불이 한 모퉁이(구석)를 비추었다(← 촛불노릇을 했다).

范增數目項王. 『史記·項羽本紀』
범증이 자주 항왕에게 눈짓을 했다.

相如視秦王無意償趙城 乃前曰: 璧有瑕, 請指示王. 王授璧.

『史記·廉頗藺相如列傳』
상여는 진나라 왕이 조나라에 (15개의) 성으로 보상해 줄 뜻이 없다고 보고 곧 앞으로 나아가 말했다. 玉(寶玉)에 흠이 있어 왕께 삼가 가리켜 보여 드리겠습니다. 왕이 옥을 주었다.

단어의 이상과 같은 쓰임은 고대중국어 중에 허다하다. 어떤 품사가 먼저이고 이로부터 다른 품사로 전용되었다고 말할 수 있는 근거는 없다.

다음은 '사동(使動)'(사역)이라고 설명하는 예이다.

縱江東父老憐而王我, 我何面目見之? 『史記·項羽本紀』
비록 강동의 부로들이 나를 불쌍히 여겨 왕으로 삼는다(왕이 되게 한다) 할지라도 내가 무슨 면목으로 그들을 보겠는가?

工師得大木, 則王喜. …… 匠人斲而小之, 則王怒. 『孟子·梁惠王下』
공사(백공의 우두머리)가 큰 나무를 얻으면 곧 왕께서 기뻐하실 것입니다. …… 목공이 그것을 깎아서 작아지게 한다면 곧 왕께서 화를 내실 것입니다.

'王'은 본시 명사인데 '~이 되게 하다'라는 의미가 추가되어 있으니 '사동' 의미를 나타내는 동사라고 한다. '小'는 본시 형용사인데 역시 '사동'의 의미를 나타내는 동사라고 한다.

다음은 '의동(意動)'이라고 설명하는 예이다.

叟不遠千里而來, 亦將有以利吾國乎? 『孟子·梁惠王上』
노인장께서 천리를 멀다 여기지 않고 오셨으니 역시 장차 우리나라를 이롭게 할 것이 있겠군요?

孔子登東山而小魯 登泰山而小天下. 『孟子·盡心上』
공자께서 동산에 오르셔서는 노나라를 작다고 여기셨으며, 태산에 오르셔서는 천하를 작다고 여기셨습니다.

寶珠玉者, 殃必及身. 『孟子·盡心下』
주옥을 보배로 여기면, 재앙이 반드시 몸에 미칩니다.

'遠'과 '小'는 본시 형용사이고, '寶'는 본시 명사인데 모두 '의동' 용법의 동사로 쓰였다고 설명한다. 사실 명사·동사·형용사를 미리 나누고 그것에 맞추어 문맥을 살펴 정한 것이라고 할 수 있다. '사동'과 '의동'이라는 말은 현대중국어나 다른 언어에는 이런 뜻을 나타내는 다른 표현법이 갖추어져 있기 때문에 이에 의거하여 문의(文意)를 인지하는 방편일 따름이다. 두 가지 이상의 상이한 품사성을 지니고 있다고 말할 수는 없다. 이러한 품사 부여 방식은 고대중국어의 성격에 관한 한 본질적인 설명이 되지 못한다. 해당 문장의 뜻을 현대의 언어로 풀이하는 것은 어쩔 수 없지만, 이들 단어의 본래 면목은 아닌 것이다. 한 덩어리의 성질을 가지고 있어서이지 한 단어가 품사를 달리하면서 여러 가지 뜻을 가지고 있다고 할 수는 없다. 한국어의 경우를 생각해 보면 이해가 쉬울 것이다.

다음은 형용사가 명사로 쓰였다고 하는 예이다.

泛愛衆而親仁. 『論語 · 學而』
널리 뭇 사람(→ 대중)을 사랑하고 어진 사람을 가까이 하는 것이다.

將軍身被堅執銳 伐無道 誅暴秦. 『史記 · 陳涉世家』
장군께서는 몸에 견고한 것(→ 갑옷)을 입으시고 날카로운 것(→ 무기)을 들고서 무도함을 치고 포악한 진나라를 베셨습니다.

‘衆’·‘仁’·‘堅’·‘銳’ 등이 본시 형용사인데 명사로 활용되었다는 것이 지금까지의 설명이다. 그러나 이들 단어의 한 덩어리로서의 성질이 본시 그러한 것이며, 당연히 품사의 선후도 없다. 한국어를 가지고 말하자면, ‘仁’은 ‘어질다’·‘어짊’(‘인’)·‘어진 사람’·‘어진 행위’ 등을 다 나타낼 수 있는 것이다. 필요에 따라서는 ‘어질다고 여기다’·‘어질게 하다’는 의미의 문맥에도 쓰이는 것이다. 그러니 이러한 언어의 품사를 나눈다는 것은 방편일 따름이다. 이러한 단어들에서는 근본적으로 형용사와 명사를 가를 수가 없다. 나누면 이런 부류는 모두 형용사와 명사를 겸하며, 동사까지 겸하기도 한다고 말해야 할 것이다.

동사이면서 용법을 달리한다고 여기는 예도 있다.

中心好之, 曷飮食之? [曷=何不] 『詩經·唐風·有杕之杜』
속마음으로 그를 좋아하는데 뭐로(→ 어찌) 그를 마시게 하고 먹게 하지 않겠는가?

使趙不將括則已, 若必將之, 破趙軍者必括也. 『史記·廉頗藺相如列傳』
조나라로 하여금 括(괄)을 장군으로 삼지 않게 한다면 곧 그만이지만 꼭 그를 장군으로 삼을 것 같으면 조나라의 군대를 부서지게 하는 사람은 반드시 괄이 될 것입니다.

'飮'과 '食' 자체에는 '마시게 하다'와 '먹게 하다'는 의미를 구별케 하는 징표가 없다. 앞뒤에 쓰이는 말에 따라 전체 문의가 결정되는 것이다. '飮'·'食'이 이리 되었다 저리 되었다 하는 것이 아님을 알 수 있다.
'破'는 '부수다'인데 사역의 의미를 나타내어 '부서지게 하다'가 된다는 것이다. '부서지게 하다'는 곧 '부수다'와 같다. 그러므로 소위 '사동'이라는 것도 '타동'의 일부일 따름이다. 고대중국어는 자동과 타동 및 수동의 구별이 없다. 전후하여 쓰인 말들과의 관계에 의하여 파악되는 이러한 문맥을 동사의 기능이라고 말할 수는 없다. 어느 경우이건 한 가지로 설명할 수 있어야 할 것이다. 그래서 의미상 '동사'로 분류할 수 있는 어휘들의 전체 성질은 자동·타동(사동·의동 포함)·수동(피동) 등의 경계를 나눌 수 없는 통합적인 것, 바꾸어 말한다면 중립적인 것이다. 전후하여 쓰인 단어들과의 의미 맥락에 의해 전체적으로 파악되는 문맥일 따름이다. 이렇게 다양하게 쓰인다는 사실을 뒤집어 보면 나뉘어 있는 것이 아니라 종합적인 성질을 가지고 있다는 사실을 알 수 있다.
실사류의 분류를 당연시하는 입장에서는 이것들이 품사의 겸유(兼有)이며 고대중국어 단음절 단어의 원활한 품사의 활용을 보이는 예라는 등의 설명을 가한다. 그러나 이는 현대중국어나 다른 언어에 이러한 통합적인 쓰임이 없음으로 말미암아 현재적인 관점에서 정한 것임을 알수 있다. 고대중국어의 진정한 품사가 아니라 이해(해독, 해석)상의 방편인 것이다.

이 책에서도 명사·동사·형용사를 하나로 묶는 새로운 용어를 아직 확정하지 못하여, 이같이 나누었기에 '방편적'이라는 사실을 거듭 강조하는 것이다. 이러한 고대중국어 어휘의 종합적 색채에 의거하여 잠정적으로 품사명을 정한다면 실사류는 '명동형사(名動形詞){명사·동사·형용사로 나누지 않고 하나로 아우르는 임시 명칭임}·대사(代詞)·부사(副詞)' 등과 같은 틀을 취해야 할 것이다.

실사류 안에서 대사는 의미상 다른 실사를 대신한다는 의미에서 구분해내고, 부사는 기능상 오직 부사어(副詞語)[=상어(狀語)]만 되는 단어라고 정의함으로써 구분해 낼 수가 있다. 그래서 실사와 허사의 둘로 나누는 데서 한 걸음 더 나아갈 수 있는 분류는 '名動形詞·代詞·副詞·感歎詞(이상 실사)·助詞(허사)'로 나누는 것이 될 것이다. 근본적으로 하나의 종합적 의미를 가지고 있지만 이 책에서는 이해를 쉽게 하기 위하여 방편적으로 '명사·동사·형용사'를 나누었다. 단어의 기능의 차이에 따라 단어의 형태가 다르거나 서로 다는 표현 방식이 갖추어져 있는 현대의 여러 언어에서의 구별에 대응시킨 것이라고 여기면 된다.

부사를 실사의 한 종류로 따로 세웠지만 '名動形詞'와 경계를 가리기 어려운 한계가 있다. 의미상 명사·동사·형용사로 나누고 비교해보면 경계 짓기 어려운 경우가 발생하기 때문이다.

㉬ 합음의 표기

두 글자를 이어서 읽었을 때 다른 한 글자와 음이 같으면 한 글자로

표기하는 경우가 있다. 합음(合音) 표기이다. 서로 다른 두 단어로 나누
어 이해해야 하므로 이를 겸사[兼詞]라고 한다. 두 단어를 겸했다는 뜻
이다. 합음사(合音詞)라고 명명하는 것이 더 낫다.

諸 = 之+於(于) (代詞+語氣助詞[강조])
　　投諸渤海之尾殷土之北.『列子·湯問』
　　그것을 발해의 끝과 은토의 북쪽에 던져 버리겠소.

　 = 之+乎 (代詞+語氣助詞[의문])
　　文王之囿方七十里, 有諸?『孟子·梁惠王上』
　　문왕의 원지(園地)가 4방 7십리였다는데 그런 일이 있었습니까?

　　雖有粟, 吾得而食諸?『論語·顔淵』
　　비록 곡식이 있다 한들 내가 그것을 얻어먹겠는가?

耳 = 而+已 (助詞[강조]+動詞)
　　直不百步耳, 是亦走也.『孟子·梁惠王上』
　　단지 백 보가 되지 않고 말았지(→ 않을 따름이지)[단지 백 보를 달아나지 않고
　　말았지] 이 역시 달아난 것입니다.

叵 = 不+可 (副詞+形容詞)
　　布目備曰: 大耳兒最叵信.『後漢書·呂布傳』
　　呂布(여포)가 劉備(유비)에게 눈짓을 하면서 말했다. 귀 큰 자식이 가장 믿을 수
　　없소.

曷 = 何+不 (代詞+副詞)
　　中心好之, 曷飲食之?『詩經·唐風·有杕之杜』
　　속마음으로 그를 좋아하는데 어찌[← 무엇 때문에, ← 뭐로] 그를 마시게 하고
　　먹게 하지 않겠는가?

盍 = 何+不 (代詞+副詞)
　　顔淵季路侍. 子曰: 盍各言爾志?『論語·公冶長』
　　안연과 계로가 모시고 있었다. 선생님께서 말씀하셨다. 어찌하여[← 무엇 때문
　　에, ← 뭐로] 각기 너희들의 뜻을 말하지 않느냐?

'然' 같은 단어들까지 겸사(兼詞)로 여기는 사람들이 있으나, 합음(合音)이 아닌 이들 단어는 겸사로 볼 수 없다. 고대중국어의 어휘 가운데는 다른 두 단어로 풀이할 수 있는 종합적 의미를 갖는 단어가 상당수 있다. 이것들의 의미를 다른 두 단어의 결합으로 바꾸어 표현할 수 있을 따름이지, 두 단어의 존재를 조건으로 하여 대체물로 만들어진 단어가 아니다. 예를 들면 다음과 같다.

然 = 如此 (動詞+代詞)[51]

人人皆以我爲好士, 然, 故士至. 『荀子·大略』

사람마다 내가(나를) 장부를 좋아한다고 여긴다. 그렇다. 까닭에 장부들이 이른다(→ 모여든다).

'焉'을 '於之'(또는 '於是[此]')로 풀이하고 겸사로 여기는 것도 잘못이다. '焉'은 '之'와 같은 의미 범주('그(것), 그(것)들')에 속하는 대사(代詞)이다. '之'보다 어세가 강한 단어로 파악된다. 그리고 '於'는 전치사[=개사(介詞)]가 아니다. 어기조사(語氣助詞)이다. '焉'에 '於'의 뜻이 내포되어 있는 것이 아니다. '之'나 '焉'은 '於' 없이 앞의 술어와 얼마든지 '술목(述目)' 구조를 구성하여 여러 가지 의미 관계를 나타낸다. 그러므로 이는 '於(전치사[=개사])+之'가 아니며 따라서 합음사도 아니다. '焉'이 단

---

51) '然'과 비슷한 의미로 쓰이는 '若·云·爾'에 대해서도 '然'과 똑같이 '如+此'(動詞+代詞)를 대신하는 겸사로 여겨왔는데 잘못이다. 이 역시 겸사가 아니라 다른 단어에 의한 풀이일 따름이다.

以若所爲求若所欲猶緣木而求魚也. (『孟子·梁惠王上』)

(이와 같은 하는 바(행동)를 가지고 이와 같은 하고자 하는 바(욕망)를 추구하는 것은 나무를 좇아서 물고기를 찾는 것과 같습니다.)

上曰: 吾欲云云. (『漢書·汲黯傳』)

(임금이 "나는 이렇게 이렇게 하고 싶소."라고 말했다.)

독으로 '之'보다 강한 의미를 지니고 쓰인다. 다음 예에서 '死於虎'의 수
동(=피동) 의미는 '於'에 의해 나타나는 것이 아니다. '死虎'·'死之'·'死
焉'만으로 수동 의미는 완벽하게 표현되는 것이 고대중국어이다. '於'는
뒷말을 강조하는 어기조사이다.

昔者吾舅死於虎, 吾夫又死焉, 今吾子又死焉. 『禮記·檀弓』
접때 저의 시아버지가 호랑이한테 죽임을 당했고, 저의 남편이 또 그것한테 죽
임을 당했는데, 이제 저의 아들이 또 그것한테 죽임을 당했습니다.

(2) 구

구(句, phrase, [사조(詞組), 단어(短語)])는 둘 또는 둘 이상의 단어가
일정한 어법 관계에 따라 결합된 문장 구성의 단위이다. 구 단위도 하나
의 단어가 단독으로 문장 성분이 되는 경우처럼 문장 성분이 된다.

구에는 '실사+실사'의 결합과 '허사+실사'의 결합이 있다. '실사+실
사'의 결합은 연합구조(聯合構造)·수식구조(修飾構造)·술목구조(述目
構造)·보충구조(補充構造)·주술구조(主述構造) 등 다섯 가지로 나눌 수
있다. 보충구조는 술보구조(述補構造)라고 명명할 수도 있다. 이들 다섯
가지 결합 방식은 두 구성 부분의 실질적인 의미 관계에 의하여 경계 짓
고 이름 지은 것이다. 문장 분석을 위해 설정한 어순이 이들 구조 유형
을 구별하는 데 도움이 되는 경우도 있다.

이들 결합 구조(관계)는 단어의 구성 형식 중 합성사(合成詞)의 주류를
이루는 다섯 가지 복합사(複合詞)의 결합방식인 연합식(聯合式)·수식식
(修飾式)·술목식(述目式)·보충식(補充式)·주술식(主述式)과 대체로 상
관을 이룬다. 구성 요소 간의 의미 관계에 의해 설정한다는 공통점이 있
기 때문이다. 구조방식에 대한 명칭은 단어의 경우와 구의 경우를 구별

하기 위해 단어는 '~식(式)'으로 명명하고 구는 '~구조(構造)'로 명명하였다. 이렇게 구성된 구를 연합구(聯合句)·수식구(修飾句)·술목구(述目句)·보충구(補充句){또는 술보구(述補句)}·주술구(主述句)라고 부른다.

'구조(構造)'를 중국에서는 '결구[結構]'라고 한다. '수식(修飾)'은 '편정[偏正]'이라 하고, '술목(述目)'은 주로 '동빈[動賓]'이라 하고, '주술(主述)'은 '주위[主謂]'라고 한다. 이에 따르면 구 구조의 명칭이 '聯合結構·偏正結構·動賓結構·補充結構·主謂結構'가 된다. '動'은 '동사(動詞)'를 줄인 것이고 '賓'은 '빈어[賓語]' 즉 '목적어(目的語)'를 줄인 것이다. 동사와 형용사를 구별하게 되면, 고대중국어에서 목적어를 수반할 수 있는 단어는 동사에 그치지 않고 형용사를 포함한다. 그래서 중국식으로는 '動賓'이 아니라 '謂賓'{=술목(述目)}이라고 써야 할 것이다.

이 다섯 가지 구조 외에 '所'字構造('소'자구조)라는 것을 설정할 수 있다. 일반적으로 이 형식 중의 '所'자를 허사로 보기 때문에 '허사+실사'의 결합 형식이 된다. '所'자를 허사로 분류하는 가장 큰 이유는 이 구조 중의 '所'자가 단독으로는 문장 성분이 되지 못한다고 보는 데 있다. '所'字는 뒤따르는 부분과 결합할 때, 위의 다섯 가지 구조들의 구성 부분이 상호 대등한 의미 지분을 가지고 결합하는 것과는 달리 하나의 구조 형식을 결정하는 어법적 기능을 한다고 여겨 왔다. '所'字구조 전체의 의미를 결정하는 핵심은 뒤에 놓이는 실사의 중심 어휘이다.

이 외에 '者'字構造('자'자구조)와 '介賓'構造('개빈'구조){=전목구조(前目構造), 전치사구}를 설정하여 실사와 허사가 결합된 구 형식으로 여겨 왔었다. 그러나 이 책에서는 이들 두 가지 형식을 제외한다. '者'의 경우는 명사성의 구(句)를 구성하는 구조조사(構造助詞, =[결구조사(結構助詞)])로 보지 않고 어기조사로 여기기 때문에 '者'字構造를 설정하지 않는다.

'介賓'構造는 '介詞[개사](=전치사)'의 존재를 인정하지 않기 때문에 설정하지 않는다.

① 연합구조

연합구조(聯合構造)는 결합된 단어들 간의 의미 관계가 대체로 수평적인 구조이다. 두 부분 간의 세부적인 의미 관계의 차이에 따라 이를 다시 등립(等立)·대비(對比)·선택(選擇)·점층(漸層)·동격(同格)·선후(先後) 등으로 나누어 볼 수 있다. 등립(等立)·대비(對比)·선택(選擇)의 경우는 상호 위치를 바꾸어도 뜻이 통한다. 쌍방의 의미 관계에 의존하여 분류하는 것이므로 어떠한 어법적인 차이가 있는 것은 아니다.

주의할 점은 다른 구조와의 경계 구분이 어려울 때가 있다는 사실이다. 특히 수식구조(修飾構造)와의 구별이 그러하다. 어순이 서로 다르지 않고 구조 관계를 구별해 주는 어법적 표지가 없기 때문이다. 문맥을 잘 살펴서 정할 수밖에 없다. 양자의 구분은 다분히 관념적이며 논리적인 성격을 띤다. 문맥의 도움을 받아도 가르기 어려운 경우들이 있다. 다섯 가지 구조(관계)의 설정이 어법적인 기능 성분을 필요조건으로 하지 않는다는 사실에 유의하여야 한다. 고대중국어의 본질 속성이 그렇게 되어 있다.

天地之間 其猶橐籥歟!? 楚簡本 『老子』
(우리 몸의) 하늘과 땅 사이는 풀무와 같으리니!?

顏淵季路侍. 『論語·公冶長』
안연과 계로가 모시고 있었다.

楚越之地 地廣人希 飯稻羹魚. 『史記·貨殖列傳』
초나라와 월나라의 땅은 땅이 넓고 사람은 드물어 쌀로 밥을 짓고 물고기로 국을 끓인다.

其下四者 乃仁義禮智之德. 『中庸』

그 아래의 넷은 곧 인·의·예·지의 덕이다.

吏二縛一人詣王. 『晏子春秋·內篇雜下』

관리 둘이 한 사람을 묶어가지고 왕 앞에 이르렀다.

左師觸龍願見太后. 『戰國策·趙策』

좌사(관직명)인 촉룡이 태후를 뵙기를 원했다.

項王則夜起飮帳中. 『史記·項羽本紀』

항왕은 곧 밤에 일어나 막장 안에서 술을 마셨다.

絶知棄辯, 民利百倍. 楚簡本『老子』

앎을 끊고 언변을 버리면 백성의 이로움이 백배가 된다.

其一人 專心致志. 『孟子·告子上』

그(그 가운데) 한 사람은 마음을 오로지하고 뜻을 다한다.

■ 구성 부분 사이에 조사(助詞) 또는 부사(副詞)가 끼어 있는 경우

▶ 而(어기조사)

聽其言而觀其行. 『論語·公冶長』

그 말을 듣고 그 행동을 본다.

美而艷. 『左傳·桓公一年』

아름답고도 요염하다.

狙公賦芧曰: 朝三而暮四. 衆狙皆怒. 『莊子·齊物論』

저공이 도토리를 주면서 말했다. 아침은 셋이고 저녁은 넷이다. 뭇 원숭이들이 다 화를 냈다.

上古之世 人民少而禽獸衆. 『韓非子·五蠹』

상고의 세상은 사람은 적고 금수가 많았다.

▸且(부사)

不義而富且貴 於我如浮雲. 『論語·述而』

의롭지 않은데도 부유하고 또(게다가) 귀하기까지 한 것은 나에게는 뜬구름과 같다.

仁且智, 夫子旣聖矣. 『孟子·公孫丑上』

어질고 또(게다가) 지혜로우셔서 선생님은 이미 성스럽게 되셨다.

다른 어법 책에서는 접속사[연사(連詞)]의 존재를 인정하고 있다. 그래서 '以'·'且'·'而'나 '與'·'及' 등을 연합구조를 형성하는 연결 요소로 보아왔다. 그러나 이 책에서는 고대중국어에 접속사가 존재하였다고 보지 않는다. '與'·'及'·'以' 등은 동사로, '且'는 부사로, '而'는 조사로 봄이 옳다. 접속사로 여겨 왔던 것들은 동사·부사·대사 및 조사에 나누어 귀속시켰다. 두 단어로 나누어 보아야 하는 것들도 있다.(예: '於是'·'是故' 등)

종래 '以'·'且'·'而' 등은 동사나 형용사(또는 句)를 연결하는 접속사로, '與'·'及' 등은 명사와 명사(또는 句)를 연결하는 접속사로 서술해 왔다(예: 矛與盾). 이것들은 연합 관계를 나타내는 동질의 접속사가 아니라 구체적인 의미나 기능이 각기 다르다. 뒤에서 자세히 설명한다.

② 수식구조

수식구조(修飾構造)는 뒤에 놓이는 중심이 되는 부분과 앞에 놓여서 이를 수식 또는 제한하는 부분으로 구성된 구조이다. 중심 부분을 중심어(中心語)(=被修飾語)라 하고, 수식 또는 제한하는 부분을 수식어(修飾語)라 한다. 항상 '수식어+중심어'의 어순을 취한다. 실사를 의미상 명사·동사·형용사로 나누고 수식구조를 나누어 보면 다음과 같다.

■ 중심어가 의미상 명사 또는 명사 중심의 구인 경우

楚人爲小門于大門之側而延晏子. 『晏子春秋 · 內篇雜下』

초나라 사람들이 대문 옆에 작은 문을 만들어서 안자를 맞이하였다.

得天下英才而敎育之三樂也. 『孟子 · 盡心上』

천하의 영재를 얻어 그들을 가르쳐서 기르는 것이 세 번째 즐거움이다.

丹所報先生所言者 國之大事也, 願先生勿泄也. 『史記 · 刺客列傳』

단이 알려온 바와 선생께서 말씀하신 바는 나라의 대사이니 선생께서는 누설하는 일이 없으시기 바랍니다.

鄙賤之人不知將軍寬之至此也. 『史記 · 廉頗藺相如列傳』

비천한 사람이 장군께서 그놈(저)을 관용하신 것이 여기까지 이른 줄을 알지 못했습니다.

四戰之後 趙之亡卒數十萬, 邯鄲僅存. 『史記 · 張儀列傳』

네 번 싸운 후에 조나라의 죽은 병사는 수십만이었으며, 한단(지명)만 단지(겨우) 남았다.

千里之行 始於足下. 『老子 · 第六十四章』

천리를 가는 것도 발아래서(아래로부터) 시작된다.

三人行, 必有我師焉. 『論語 · 述而』

세 사람이 가면 반드시 그 가운데 나의 스승이 있다

問曰: 周公何人也? 『孟子 · 公孫丑下』

물어 말했다. 주공은 무슨(어떤) 사람입니까?

縱江東父老憐而王我 我何面目見之? 『史記 · 項羽本紀』

비록 강동의 부로들이 나를 불쌍히 여겨 왕으로 삼는다 할지라도 내가 무슨 면목으로 그들을 보겠는가?

相如曰: 五步之內相如請得以頸血濺大王矣. 『史記 · 廉頗藺相如列傳』

상여가 말했다. 다섯 걸음 안에서 상여가(제가) 삼가 목의 피를 대왕에게 뿌려버릴 수 있습니다.

今媼尊長安君之位而 封之以膏腴之地 多予之重器而 不及今令有功於國. 『戰國策 · 趙策』

지금 마마께서는 장안군의 지위를 높이시고 그를 봉함에 기름진 땅을 써서 하시고 그에게 귀중한 기물을 많이 주셨으나, 오늘에 이르도록 나라에 공이 있게 하시는 못하셨습니다.

중심어를 '명사'와 '동사·형용사·부사'로 대비시키는 서구 어법 기술에서는 명사성 성분을 수식하는 수식어는 문장 성분상 관형어(冠形語)[정어(定語)]라 하고, 동사성, 형용사성, 부사성 성분을 수식하는 수식어는 부사어(副詞語)[상어(狀語)]라고 한다.

관형어와 중심어 사이에는 관형어를 강조하는 어기조사(語氣助詞) '之'가 쓰이기도 한다. 종래 이를 관형어의 표지로 여겨왔으나 잘못이다. '之'가 조사(助詞)로 쓰일 때의 기능을 둘로 나누어, 명사성 성분을 수식하는 말 뒤에 오는 '之'는 명사를 수식하는 어법 표지라고 여겨서 구조조사(構造助詞)라 하고, 주어와 술어 사이에 쓰인 '之' 또한 명사구를 만드는 구조조사라고 하였으며, 나머지는 앞 말을 강조하는 어기조사(語氣助詞)라고 해왔다. 그러나 필자가 연구한 바로는 모두 어기조사(語氣助詞)이다. '之'에 구조성의 기능이 없다. 뒤에서 상세히 설명한다.

■ 중심어가 의미상 동사·형용사 및 동사성·형용사성의 구인 경우

大巧若拙, 大成若詘, 大直若屈. 楚簡本『老子』

크게 교묘하면 서투른 것 같고, 크게 언변이 좋으면 어눌한 것 같으며, 크게 곧으면 굽은 것 같다.

故不登高山 不知天之高也 不臨深谿 不知地之厚也『荀子·勸學』

까닭에 높은 산에 오르지 않으면 하늘이 높다는 것을 알지 못하고, 깊은 골짜기에 임하지 않으면 땅이 두텁다는 것을 알지 못한다.

夫齊與吳將戰, 彼戰而不勝, 越亂之必矣.『史記·仲尼弟子列傳』

대저 제나라가 오나라와 더불어 장차 전쟁을 하려 하는데, 저들이 싸워서 (오나라가) 이기지 못하면 월나라가 오나라를 어지럽힐 것이 틀림없다.

秦王大喜 傳以示美人及左右. 『史記·廉頗藺相如列傳』

진왕이 크게 기뻐하며 (그것[옥]을) 전하여 미인들에게 보여주고 좌우 신하들에게까지 미치게 했다

趙太后新用事, 秦急攻之. 『戰國策·趙策』

조나라 태후가 새로 섭정하자, 진나라가 급히 그(그 나라)를 공격하였다.

墨氏兼愛, 是無父也. 『孟子·藤文公下』

묵씨는 겸하여 사랑하자는데, 이는 아비가 없는 것이다.

失期, 法皆斬. 『史記·陳涉世家』

기일을 놓치면 법에 따라 모두 참수된다.

我未見力不足者. 蓋有之矣, 我未之見也. 『論語·里仁』

나는 아직 힘이 넉넉하지 못한 경우를 보지 못했다. 아마도 그것이(그런 경우가) 있겠지만, 나는 아직 그것을 보지 못했다.

吾嘗爲鮑叔謀事而 更窮困. 『史記·白起王翦列傳』

나는 일찍이 포숙을 위해 일을 꾀하다가 더욱 곤궁해졌다.

有朋自遠方來, 不亦說乎? [說=悅] 『論語·學而』

친구가 먼 곳으로부터 찾아오면 또한 기쁘지 않겠는가?

仁且智 夫子旣聖矣. 『孟子·公孫丑上』

어질고 또(게다가) 지혜로우셔서 선생님은 이미 성스럽게 되셨다.

■ 수식어 뒤에 조사 '而'가 따르는 경우

부사어와 중심어의 사이에는 연합구조의 경우와 마찬가지로 앞 말을 강조하는 어기조사 '而'가 쓰이기도 한다.

傭者笑而應曰: 若爲傭耕 何富貴也? 『漢書·陳勝項籍傳』

머슴이 웃으면서 대답하여 말했다. 너는 밭갈이에 고용된 사람인데 뭐로(→ 어떻게) 부귀해지겠는가?

以若所爲求若所欲 盡心力而爲之 後必有災. 『孟子·梁惠王上』

이와 같은 하는 바(→ 행동)를 가지고 이와 같은 하고자 하는 바(→ 욕망)를 추구하면
심력을 다하여 그것을 할지라도 뒤에 반드시 재앙이 있습니다.

夫功者難成而易敗, 時者難得而易失也. 『史記·淮陰侯列傳』

대저 공이란 이루기는 어려워도 그르치기는 쉬우며, 때란 얻기는 어려워도 잃기는 쉽다.

非其位而居之曰貪位. 『史記·商君列傳』

그(→ 자기의) 자리가 아닌 데도 거기에 있는 것을 자리를 탐한다고 한다

人不知而不慍 不亦君子乎? 『論語·學而』

남이 알아주지 않아도 성내지 않는다면 또한 군자답지 않겠는가?

子曰: 力不足者 中道而廢. 今女畫. 『論語·雍也』

선생님께서 말씀하셨다. 힘이 넉넉하지 못하면 중도에서 그만두는데, 지금 너는 (여기까
지 밖에 못한다고) 금을 그었다

의미상 동사성을 띠는 구가 수식구조인가 연합구조인가를 분별하기
어려운 경우가 있다. 문맥에 따른 상호 의미 관계에 의해서 파악해야 하
기 때문이다. 연합구조는 의미상 상호 대등한 관계를 지칭하고, 수식구
조는 앞말이 뒷말에 종속된다고 여겨지는 관계를 모두 포괄하여 지칭하
므로 모호한 경우가 왕왕 있다.

명사 또는 명사성의 구가 술어가 될 때도 그 앞에 부사어가 올 수
있다.

萬乘之國弑其君者 必千乘之家. 『孟子·梁惠王上』

만승(천자)의 나라에서 그 군주를 시해하는 경우는 반드시 천승(제후)의 가문입니다.

此 則寡人之罪也. 『孟子·公孫丑下』

이것은 곧 과인의 죄입니다.

③ 술목구조

술목구조(述目構造)는 술어와 목적어(目的語)[빈어(賓語)]가 결합된 구조이다. 이 구조의 술어 자리에는 의미상 동사 또는 형용사가 놓인다. 술어와 목적어 간에는 여러 가지 의미 관계가 존재한다. 고대중국어에서 의미상의 동사뿐만 아니라 의미상의 형용사도 목적어를 수반하는 경우가 있다. 그래서 술어 자리에 놓이는 모든 단어를 포괄할 수 있는 명칭으로 '술목구조'를 취하였다. 중국식으로 용어를 만든다면 '위빈결구[謂賓結構]'가 될 것이다.

■ 의미상의 동사+목적어

술목구조는 대부분 '동사+목적어'로 구성되어 있다.

至虛 恒也. 守中 篤也. 楚簡本『老子』
비어있음(비운 상태)에 이르면 항상성이 유지되며, 가운데(안정된 상태, 중)를 지키면 도탑다(굳건하다).

絶知 棄辯, 民利百倍. 楚簡本『老子』
앎을 끊고 언변을 버리면 백성의 이로움이 백배가 된다.

三王之祭川也, 皆先河而後海. 『禮記·學記』
세 왕이 내에 제사를 지냄에는 다 강에 먼저 하고 바다를 뒤에 하였다.

景公飮酒. 『晏子春秋·內篇雜上』
경공이 술을 마셨다.

聽其言而觀其行. 『論語·公冶長』
그 말을 듣고 그 행동을 본다.

三人行, 必有我師焉. 『論語·述而』
세 사람이 가면 반드시 그 가운데 나의 스승이 있다.

文武之道未墜於地在人. 『論語·子張』

문왕과 무왕의 도는 아직 땅에 떨어지지 않았다. 사람에게 달려 있다.

拘禮之人不足與言事, 制法之人不足與論變. 『商君書·更法』

예에 속박을 당하는 사람은 더불어 일을 말하기에 부족하고, 법에 제약을 받는 사람은 더불어 변화를 논하기에 부족하다.

國一日被攻 雖欲事秦 不可得也. 『戰國策·齊策』

나라가 어느 날 공격을 입으면(→ 당하면) 비록 진나라를 섬기고자 할지라도 이룰 수가 없습니다.

其一人 專心 致志. 『孟子·告子上』

그(그 가운데) 한 사람은 마음을 오로지하고 뜻을 다한다.

寡人願安承教. 『孟子·梁惠王上』

과인은 편안하게 가르침을 받기를 원합니다.

小人殉財 君子殉名. 『莊子·盜跖』

소인은 재물을 위해 죽고 군자는 이름을 위해 죽는다.

氷水爲之而寒於水. 『荀子·勸學』

얼음은 물이 그것이 되었지만 물보다 차갑다.

國人望君如望慈父母焉. 『左傳·哀公十六年』

나라 사람들이 임금을 우러러보는 것이 자애로운 부모를 우러러보는 것과 같습니다.

文公如齊. 『左傳·成公三年』

문공이 제나라로 갔다.

城不入, 臣請 完璧 歸趙. 『史記·廉頗藺相如列傳』

성이 들어오지 않으면 신이 삼가 벽옥을 온전하게 하여 조나라로 돌아오게 하겠습니다.

楚越之地 地廣人希 飯稻 羹魚. 『史記·貨殖列傳』

초나라와 월나라의 땅은, 땅은 넓고 사람은 드물어 쌀로 밥을 짓고 물고기로 국을 끓인다.

公子行數里. 『史記·魏公子列傳』

공자가 여러 리(里)를 갔다.

술어의 목적어가 의문대사(疑問代詞)일 때는 보통 목적어가 술어의 앞에 놓인다. 목적어의 도치라고 한다.

之二蟲又何知?『莊子·逍遙游』
그 두 벌레가 또 무엇을 알겠는가?

何由知吾可也?『孟子·梁惠王上』
무엇으로 말미암아 내가 할 수 있다는 것을 아셨소?

王問: 何以知之?『史記·廉頗藺相如列傳』
왕이 물었다. 무엇을 가지고(→어떻게) 그것을 알았는가?

今戰而勝之, 齊之半可得, 何爲止?『史記·淮陰侯列傳』
지금 싸워서 그를 이기면 제나라의 반은 얻을 수가 있는데 무엇 때문에 그만두십니까?

沛公安在?『史記·項羽本紀』
패공은 어디 계시오?

居惡在? 仁是也. 路惡在? 義是也. 居仁由義, 大人之事備矣.

『孟子·盡心上』
거처는 어디에 있겠습니까? 인이 그것입니다. 길은 어디에 있겠습니까? 의가 그것입니다. 인에 살고(인을 거처로 삼고) 의로 말미암으면(의를 따라 행하면) 대인의 일이 갖추어지게 됩니다.

술어 앞에 '不'·'未'·'莫' 등의 부정어가 있고 목적어가 대사(代詞)일 때도 목적어가 술어 앞에 놓인다. 이 역시 목적어의 도치에 해당된다.

不患人之不己知 患不知人也.『論語·學而』
남이 자기를 알아주지 않는 것을 걱정하지 않으며 (자기가) 남을 알아주지 못하는 것을 걱정하는 것이다.

我未見力不足者. 蓋有之矣, 我未之見也.『論語·里仁』
나는 아직 힘이 넉넉하지 못한 경우를 보지 못했다. 아마도 그것이(그런 경우가) 있겠지만, 나는 아직 그것을 보지 못했다.

三歲貫女, 莫我肯顧. 『詩經·魏風·碩鼠』

3년 동안 당신을 섬겼는데도 나를 돌아보려 한 경우가 없었네.

어떤 술어는 그것의 의미에 따라 각종 구를 목적어로 취한다.

臣聞[昔湯武以百里昌 桀紂以天下亡]. 『戰國策·楚策』

신은(저는) 옛날 탕왕과 무왕은 백리를 가지고도 창성하였으나 걸왕과 주왕은 천하를 가지고도 망했다고 들었습니다.

得[天下英才]而 敎育之 三樂也. 『孟子·盡心上』

천하의 영재를 얻어 그들을 가르쳐서 기르는 것이 세 번째 즐거움이다.

寡人願[安承敎]. 『孟子·梁惠王上』

과인은 편안하게 가르침을 받기를 원합니다.

我聞[忠善以損怨] 不聞[作威以防怨]. 『左傳·襄公三十一年』

나는 정성되고 선량하여 원망을 덜어낸다고는 들었으나 위세를 지어서 원망을 막았다고는 듣지 못했습니다.

吾矛之利於物無[不陷]也. 『韓非子·難一』

내 창의 날카로움은 사물에 대해서 뚫지 못하는 것이 없다.

王如知此 則無[望民之多於隣國]也. 『孟子·梁惠王上』

왕께서 이를 아실 것 같으면 백성이 이웃나라보다 많기를 바랄 것이 없으십니다.

■ 의미상의 형용사+목적어

술목구조에는 다음 예와 같이 '형용사+목적어'로 구성된 경우도 있다.

視素保樸 少私 寡欲. 楚簡本 『老子』

본바탕을 중시하고 질박함을 보존하며, 사사로움을 적게 하고(← 사사로움이 적고) 욕심을 줄이는(← 욕심이 적은) 것이다.

子曰: 足食 足兵 民信之矣. 『論語·顏淵』

선생님께서 말씀하셨다. 먹을 것이 넉넉하고 병장기가 넉넉하며 백성들이 그를 신뢰하
는 것이다.

烏孫多馬, 其富人至有四五千匹馬. 『史記·大宛列傳』

오손 지방은 말이 많아서, 그 가운데 부유한 사람은 4, 5천 필의 말을 소유하는 데 이르
렀다.

家富良馬 其子好騎. 『淮南子·人間訓』

집에 좋은 말이 많아서 그의 아들이 타기를 좋아했다.

其爲人也 堅中而廉外 少欲而多信. 『韓非子·十過』

그 사람됨이 중심은 견고하고 밖은 청렴하며, 욕심은 적고 미더움이 많다.

夫功者難成而易敗, 時者難得而易失也. 『史記·淮陰侯列傳』

대저 공이란 이루기는 어려워도 그르치기는 쉬우며, 때란 얻기는 어려워도 잃기는 쉽다.

孔子罕稱命 蓋難言之也. 『史記·外戚世家』

공자가 명을 일컬음이 드물었던 것은 아마도 그것을 말하기 어려워서였을 것이다.

商也好與賢己者處. 『說苑·雜言』

상은 자기보다 어진 사람과 더불어 지내기를 좋아했다.

往者不可諫, 來者猶可追. 『論語·微子』

간 것은 탓할 수 없고, 올 것은 아직 좇아 갈 수 있다.

술목구조를 굳이 나눈다면 '동목구조(動目構造)'와 '형목구조(形目構造)'의 둘로 명명하여 가를 수 있을 것이다. '可諫'·'足食'의 결합도 '易失'·'難言'과 다를 바 없다. 의미상의 형용사가 목적어를 취할 경우도 목적어의 성질과 관계없이 '多馬·富良馬·堅中·賢己' 등과 마찬가지로 모두 '형용사+목적어'의 결합에 해당된다.

④ 보충구조

보충구조(補充構造)는 중심 부분인 술어(述語) 뒤에 바로 연접되는 단어{보어(補語)}가 앞 술어의 의미를 보충 설명해 준다고 여겨지는 구조이다. 앞 술어가 의미하는 내용의 결과를 나타낸다.

名尊地廣以至王者 何故? 戰勝者也. 『商君書·畫策』

이름은 높아지고 땅은 넓어져서 왕(왕의 지위)에 이르는 것은 무슨 까닭입니까? 싸워 이겨서입니다.

能捕得謀反賣城踰城敵者一人. 『墨子·號令』

모반하여 성을 팔아서 적에게 성을 넘겨준 한 사람을 잡아낼 수 있었다.

太甲顚覆湯之典刑. 『孟子·萬章上』

태갑이 탕왕의 전장과 형법을 넘어뜨려 엎어버렸다.

玉變爲石, 珠化爲礫. 『論衡·累害』

옥이 변하여 돌이 되고, 구슬이 변하여 자갈이 된다.

今諸侯王皆推高寡人. 『漢書·高帝紀』

지금 여러 후와 왕들이 다 과인을 높이 밀어 올렸소.

漢氏減輕田租. 『漢書·王莽傳』

한나라가 전조를 줄여 가볍게 하였다.

의미상의 동사·형용사가 보어에 충당된다.

종래 보충구조에 '전치사[개사]+목적어'(전치사구[介賓詞組]) 형식의 결합이 술어 뒤에 놓이는 경우를 설정하여 '개빈보어[介賓補語]'(=전치사구 보어)라 하고, '술어+개빈보어'를 보충구조의 하나로 여겨왔다. 그런데 이 책에서는 전치사의 존재를 부정하므로 이 형식이 없다. 필자는 종래 전치사로 여겨 온 단어 가운데 '於(于)'는 조사로 여긴다. 동사에서 허화된 전치사라고 여겨온 '爲·以·與·由·自' 등은 모두 동사로 간주한다.

⑤ 주술구조

주술구조(主述構造)는 앞부분은 서술의 대상인 주어에 상당하고 뒷부분은 서술부, 즉 술어부분(술부(述部))에 상당하는 구조이다. 중국에서는 술어를 '위어[謂語]'라 명명하고 이 구조를 '주위결구[主謂結構]'라 명명하는 사람이 가장 많다.

> 吾見亦罕矣. 『孟子·告子上』
> 내가 만나는 것 또한 드물게 되었다.
>
> 國人望君如望慈父母焉. 『左傳·哀公十六年』
> 나라사람들이 임금님을 우러러 보는 것이 자애로운 부모님을 우러러 보는 것 같습니다.
>
> 氷水爲之而寒於水. 『荀子·勸學』
> 얼음은 물이 그것이 되었지만 물보다 차갑다.
>
> 以相如功大 拜爲上卿. 『史記·廉頗藺相如列傳』
> 상여가 공이 크다는 것을 가지고 상경(上卿)에 제수되었다.
>
> 君美甚. 徐公何能及君也? 『戰國策·齊策』
> 당신이 잘생긴 것이 훨씬 더합니다(→ 당신이 훨씬 잘생기셨습니다). 서공이 뭐로(→ 어찌) 당신에게 미칠 수 있겠습니까?
>
> 北山愚公者年且九十面山而居. 『列子·湯問』
> 북산의 우공은 나이가 장차 구십이며 산을 마주 대하고 살았다.

고대중국어에서는 모든 실사류의 단어가 술어가 될 수 있다. 주술구조의 구에 사용된 술어 부분도 마찬가지이다. 술어로 쓰인 경우는 실사류의 의미상의 분류에서 부사를 제외하고 동사·형용사·명사가 술어부분의 중심이 되는 경우가 대부분이다.

주술 관계는 간단한 것이든 복잡한 것이든 독립시키면 대부분 문장(文章)이 될 수 있지만, 문장의 한 성분이 될 따름인 경우는 구(句)의 지위를 갖는다. '주어+술어'의 결합인 주술구조는 문장 구성의 기본 요소를 갖춘 형식이다. 그런데 중국어에서는 구(phrase)가 되든 문장(sentence)이 되든 양자를 구별하는 형태 표지가 없다.

주술구조의 주어와 술어부분 사이에 조사 '之'가 놓이는 경우가 있다. 조사 '之'는 앞말을 강조하므로, 이 경우는 앞의 주어가 강조된다. '美之爲美[52]·荊國之爲政[53]·民之多於隣國[54]·强秦之爲漁父[55]·王之不智[56]·汝之不惠[57]' 등이 그 예이다. '之'가 쓰이건 쓰이지 않건 간에 주술구조는 문장의 한 성분이 될 수 있다. 어법 단위상 구로 취급된다.

주술구조의 주어와 술어 사이에 쓰인 조사 '之'에 대해 종래 '명사구'를 만드는 구조조사로 여겨왔다. 그러나 의미상의 동사·형용사가 단독으로 쓰일 때나 '之'가 없는 주술구의 형식으로 쓰일 때나 얼마든지 주어·목적어에 충당될 수 있으므로 '之'를 '명사구'를 만드는 구조조사(構

---

52) 天下皆知美之爲美也, 惡已.(楚簡本『老子』)(천하[세상] 사람들이 다 아름다움이 아름다움이 된다고 안다면[→아름다운 것이 아름다운 것이라고 여긴다면] 나쁘고야[나쁜 것이고야] 만다.

53) 荊國之爲政 有似於此.(『呂氏春秋·察今』)(형나라가 정치를 함에는 이와 비슷한 것이 있다.)

54) 王如知此則無望民之多於隣國也.(『孟子·梁惠王上』)(왕께서 이것을 아실 것 같으면 곧 백성들이 이웃나라보다 많기를 바랄 것이 없으십니다.)

55) 臣恐强秦之爲漁父也 故願王之熟計之也.(『戰國策·燕策』)(신은 강한 진나라가 어부가 될까[어부지리를 할까] 두렵습니다. 까닭에 왕께서 그것을 숙고하시기를 원합니다.)

56) 無或乎王之不智也.(『孟子·告子上』)(왕이 지혜롭지 못한 것을 의아하게 여길 것이 없습니다.)

57) 甚矣 汝之不惠.(『列子·湯問』)(심하오, 당신이 지혜롭지 못함은.)

造助詞)라고 할 수 없다. "國人望君如望慈父母焉."(『左傳·哀公十六年』)
(나라사람들이 임금님을 우러러 보는 것이 마치 자애로운 부모를 우러러 보는
것과 같습니다.)에서 주어가 되는 '國人+望君' 사이에 '之'를 쓰지 않았
고, "吾不忍其觳觫若無罪而就死地."(『孟子·梁惠王上』)(나는 그것이 벌벌
떠는 것이 죄가 없는데도 死地에 나아가는 것 같음을 견디지[차마 보지] 못하
겠다.)에서 '忍'의 목적어로 쓰인 '其觳觫+若無罪而就死地.'의 사이에도
'之'를 쓰지 않았다는 사실은 '之'에 구조조사의 기능이 없다는 것을 알
게 해 준다.

조사 '之'의 기능에 대해서는 뒤의 허사의 쓰임에서 상세히 설명한다.

⑥ '所'자구조

'所'자구조('所'字構造)는 의미상의 동사 또는 동사성의 구 앞에 '所'자
가 놓여 명사성의 구를 구성하는 구조이다. 통상 '所'자를 명사성의 구를
구성하는 표지로 여기고 있다. 조사 안에서 '구조조사(構造助詞)'로 분류
한다. 조사(助詞)는 허사로 여기므로 '所'자구조 중에 쓰인 '所'자도 허사
로 취급된다. 이 책에서 허사와 실사의 결합으로 구성된 구는 '所'자구조
뿐이다. '所'자의 품사성과 기능에 대해서는 새로운 해법을 찾을 수도 있
으나 잠시 종래의 견해를 따른다.

江海所以爲百谷王 以其能爲百谷下. 楚簡本 『老子』
강과 바다가 온갖 계곡의 왕이 되는 바(→ 이유)는 그것들이 온갖 계곡의 아래가 될 수
있음을 가지고서이다.

[人希見生象也而 得死象之骨, 按其圖以想其生也.] 故諸人之所以意想
者皆謂之象也. 『韓非子·解老』
[사람들은 살아있는 코끼리를 보는 경우가 드물어서 죽은 코끼리의 뼈를 얻어 그 그림을

그리고 그것으로 그것이 살아있을 때를 생각하였다.] 까닭에 모든 사람들이 마음으로 생각한 바는 다 그것을 '象'이라 이른다.

人善其所私學以非上之所建立. 『史記 · 秦始皇本紀』

사람들은 그가 사사로이 배운 바를 잘 해서 그것을 가지고 임금님께서 세운 바를 비방합니다.

和氏璧天下所共傳寶也. 『史記 · 廉頗藺相如列傳』

화씨의 옥은 천하가 함께 전하는 바의 보물입니다.

彊秦之所以不敢加兵于趙者 徒以吾兩人在也. 『史記 · 廉頗藺相如列傳』

강한 진나라가 감히 조나라에 군대를 보내어 침략하지 못하는 바(까닭)는 오직 우리 두 사람이 있음으로써 입니다(→ 있기 때문입니다).

'所'자의 여러 가지 용례는 조사의 항에서 더 자세히 보기로 한다.

■ 句의 構造 分析例

다음은 이상과 같이 설정한 구 구조 관계를 적용하여 문장의 구조를 안에서부터 단계적으로 분석한 예이다.

得 天下 英才 而 教 育 之　　三 樂 也. 『孟子 · 盡心上』

수식	술+보+목	수식
술목		
수식		
(주부)	+	(술부)

천하의 영재를 얻어 그들을 가르쳐서 기르는 것이 세 번째 즐거움이다.

以 若 所 爲 求 若 所 欲 猶 緣 木 而 求 魚 也. 『孟子・梁惠王上』

이와 같은 하는 바[→행동]를 가지고 이와 같은 하고자 하는(바라는)
바[→욕망]를 추구하는 것은 나무를 좇아[→올라가서] 고기를 구하는(찾
는) 것과 같습니다.

(3) 문장

① 문장 성분

문장(文章, sentece, 구자[句子])[58]은 말의 실제 사용 단위이다. 이 文
章을 기본 단위로 하여 의사소통을 한다. 다른 복합어를 구성할 때는
'문(文, 구[句])'이라는 말만 붙여 쓴다. 예를 들면 '긍정문(肯定文)', '부정
문(否定文)' 등과 같이 쓴다.

문장을 분석하기 위해 마련한 기본 도구가 '문장 성분'이다. 문장 구

---

58) 어법상 '문장(文章)'은 '한 가지 짜인 생각을 나타내는 말'로 정의되며, 통사(統辭)・
문(文)・월・문사(文辭) 등으로도 일컫는다. 중국에서는 '문장'을 '구자[句子]' 또는 '구
[句]'라고 한다. 문장의 구성 규칙을 다루는 분야가 '통사론(syntax, 統辭論)'인데, 한
국에서는 문장론(文章論)・구문론(構文論)・문론(文論)・월갈 등으로도 일컬었다. 중
국에서는 문장을 '句子(~句)'라 하고, 통사론을 뜻하는 용어로 '구법[句法]'이라는 말
을 사용한다.

조 분석에는 주어(主語)·술어(述語)[위어(謂語)]·목적어(目的語)[빈어(賓語)]·보어(補語)·관형어(冠形語)[정어(定語)]·부사어(副詞語)[상어(狀語)] 등 6가지 성분을 설정한다. 문장 밖에서 독립적으로 사용되는 감탄사는 '독립어'(독립성분)라고 할 수 있다. 이를 포함시키면 문장 성분은 7가지가 된다.

주어와 술어를 핵심 성분으로 삼고, 그 다음이 목적어와 보어이며, 또 그 다음이 관형어와 부사어이다. 관형어와 부사어는 수식 성분이다. 이 둘로 나누지 않고 수식 성분 하나로 묶어 설명할 수도 있다. 명사·동사·형용사를 나누지 않는다면 그렇게 할 수 있다.

문장은 일반적으로 서술의 대상인 주어부분{주부(主部)}과 이 주어를 서술하는 술어부분{술부(述部)}으로 크게 나눌 수 있다. "鄙賤之人不知將軍寬之至此也."(『史記·廉頗藺相如列傳』)(비천한 사람이 장군께서 그놈[이놈, → 저]을 관용하신 것이 여기까지 이른 줄을 알지 못했습니다.)에서 '鄙賤之人'은 주어부분이며, '不知將軍寬之至此'는 술어부분이다.

주어부분이 둘 이상의 단어로 구성된 수식구조의 구인 경우는 주어부분의 중심어만을 주어라고 하여 '주어부분'과 구별한다.

술어부분은 두 가지 이상의 성분에 의해 구성되는 경우가 대부분이다. 그래서 술어부분의 핵심만을 술어라고 일컫는 것이 보통이다. 위 예문의 경우 '人'이 바로 주어부분의 중심어인 주어이며, '知'는 술어부분의 핵심인 술어이다. 주어부분과 술어부분 중에서 핵심이 되는 주어와 술어 이외의 것들은 여타 성분이 된다.

ⓐ **주어+술어**

始皇 悅. 『史記·秦始皇本紀』
始皇이 기뻐하였다.

ⓑ 주어+술어+목적어

王 授 璧. 『史記·廉頗藺相如列傳』
왕이 옥을 주었다.

ⓒ 주어+술어+목적어1+목적어2

王 賜 晏子 酒. 『晏子春秋·內篇雜下』
왕이 안자에게 술을 내렸다.

趙氏 求 救 於 齊. 『戰國策·趙策』
趙나라가 齊나라에 구원을 청했다.

ⓓ 주어+술어1+목적어+술어2+목적어

曾子 以 斯 言 告 於 子游. 『禮記·檀弓』
曾子가 이 말을 (가지고서) 子游에게 알렸다.

ⓔ (주어)+술어+보어

[名尊地廣以至王者 何故?] (∨) 戰 勝 者 也. 『商君書·畫策』
[이름은 높아지고 땅은 넓어져서 왕(왕의 지위)에 이르는 것은 무슨 까닭입니까?]
싸워 이겨서입니다.

주어+술어+보어+목적어

太甲 顚 覆 湯 之 典 刑. 『孟子·萬章上』
태갑이 탕왕의 전장과 형법을 넘어뜨려 엎어버렸다.

ⓕ 관형어+주어+부사어+술어

太后 之 色 少 解. 『戰國策·趙策』
太后의 안색이 다소 풀렸다.

관형어+주어+부사어+술어1+술어2

衆 狙 皆 起 而 怒. 『列子·黃帝』
뭇 원숭이들이 다 일어나 화를 냈다.

ⓐ는 주어와 술어, 이 두 가지 핵심 성분만으로 구성된 文章이다.
술어는 흔히 연대 성분이라고 할 수 있는 목적어 및 보어를 수반한다.
ⓑ는 술어인 '授'가 목적어 '璧'을 수반하였다. ⓒ의 앞 예는 '賜'가 두
개의 목적어 '晏子'와 '酒'를 수반한 예이다. 뒤 예는 '求'가 '救'와 '齊'를
목적어로 취하고 있는데, 목적어 '齊'를 강조하기 위하여 어기조사(語氣
助詞) '於'를 쓴 예이다.

ⓓ의 경우 '以'는 '斯言'을, '告'는 '子游'를 각각 목적어로 취하여 두 개
의 술부가 연접되어 있다. 의미상 앞의 술부 '以斯言'이 뒤의 술부 '告子
游'를 수식하는 구조이다. '於'는 목적어 '子游'를 강조하는 어기조사
이다.

ⓔ의 '勝'과 '覆'은 각각 '戰'과 '顚'의 결과를 보충 설명해주는 보어이
다. '湯之典刑'은 目的語이다.

수식 성분인 관형어와 부사어가 쓰이는 경우가 많다.
ⓕ의 앞 예에서 '太后'는 주어인 '色'을, '少'는 '解'를 수식하고 있다.
뒤 예에서 '衆'은 '狙'를, '皆'는 '起而怒'를 수식하고 있다. '太后'나 '衆'과
같이 의미상의 명사를 수식하는 성분을 관형어(冠形語, =형용사성 수식
어)[정어(定語)]라 하고, '少'·'皆'와 같이 의미상의 동사나 형용사(구 포
함) 또는 다른 부사를 수식하는 성분은 부사어(副詞語, =부사성 수식어)
[상어(狀語)]라고 한다. '太后'와 '衆'은 관형어, '少'와 '皆'는 부사어이다.
수식어를 관형어와 부사어 두 가지로 나눈 것은, 명사와 동사·형용

사·부사를 나누기가 비교적 용이한 서양 언어의 문장 성분 분석 방식을 그대로 취한 것이다. 그래서 명사가 술어가 되는 문장이 있는 고대중국어에서는 명사 앞에도 부사어가 놓인다고 말하게 된다. 실사류의 품사를 의미에 따라 다시 나누지 않으면 굳이 수식어를 둘로 나눌 필요는 없다. 사실 이렇게 하는 것이 고대중국어의 성질에 더 부합된다고 할 수 있다.

고대중국어에서는 어순상 수식어가 피수식어(중심어)의 앞에 놓인다.

일반적으로 핵심 성분인 주어(또는 주어부분)와 술어(또는 술어부분)가 문장의 성립 요건이다.

여섯 가지 문장 성분을 사용하여 "鄙賤之人不知將軍寬之至此也."의 주어부분과 술어부분을 분석해 보기로 한다. 주어부분(주부)에서 '鄙賤'은 주어 '人'을 수식하는 관형어이다. 술어부분(술부)에서 '知'는 술어이고 '將軍寬之至此'는 '知'의 목적어이며, '不'은 술어인 '知'를 수식하는 부사어가 된다.

'知'의 목적어인 '將軍寬之至此'는 다시 주어부분인 '將軍寬之'와 술어부분인 '至此'로 분석된다. 그리고 이 목적어 중의 주어부분인 '將軍寬之'는 주어[將軍]+술어[寬]+목적어[之]로, 술어부분은 술어[至]+목적어[此]로 각각 분석된다.

이 문장의 문장 성분을 밖에서부터 단계적으로 분석한 도식을 보이면 다음과 같다.

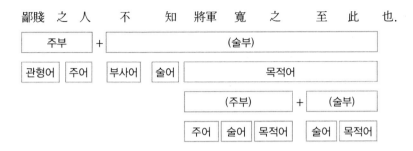

비천한 사람이 장군께서 그놈[이놈, →저]을 관용하신 것이 여기까지 이른 줄을 알지 못했습니다.

● 6가지 文章 성분과 5가지 통사구조(句구조)의 관계

실사의 결합인 5가지 구 구조는 연합 · 수식 · 술목 · 보충 · 주술이다. 이 가운데 수식 · 술목 · 보충 · 주술은 전체 문장 성분 가운데서 두 가지 씩만을 1 : 1로 지적해 낸 형식에 해당한다. 이 네 가지 구조는 문장 성분과 평행하다. 연합구조는 한 덩어리로서 한 가지 문장 성분이 된다. 이 가운데 주술구조는 문장 성립의 요건이기도 하다. 그래서 구(phrase)로 간주되는 경우와 문장(sentence) 또는 절(clause, 節)로 간주되는 경우가 다 있다.

앞에서 든 예문에 의해 문장 성분과 어순의 관계를 정리하면 다음과 같다.

ⓐ 주어+술어

ⓑ 주어+술어+목적어

ⓒ 주어+술어+목적어1+목적어2

ⓓ 주어+술어1+목적어+술어2+목적어

ⓔ (주어)+술어+보어

　　주어+술어+보어+목적어

ⓕ 관형어+주어+부사어+술어

　　관형어+주어+부사어+술어1+술어2

② 문장의 분류

㉮ 단문과 복문

영문법에서처럼 문장을 단문(單文)과 복문(複文)으로 나누는 것은 한 번의 '주어+술어'로 완성된 문장과 '주어+술어'의 결합이 두 번 이상 반복되어 문장이 완성된 경우를 구분하기 위해 만든 개념이다. 영어는 접속사와 술어의 굴절 변화가 있는 언어이므로 구별이 비교적 용이하다. 두 번 결합된 경우를 기본으로 한다.

고대중국어 어법에서도 이를 원용하여 쓰고 있으나 문장 구성 방법에 많은 차이가 있는 관계로 그 구분이 혼란스럽다. 중국식 용어로는 각각 '단구[單句]'(=단문)와 '복구[複句]'(=복문)라고 한다. 복문을 구성하는 각각의 '주어+술어'를 명명하는 말은 '절(節, clause)'이다. 중국에서는 '분구[分句]'라고 한다. 고대중국어에는 '주어+술어' 형식이 '주술구조'의 구{=주술구(主述句)} 단위로 쓰이기도 하기 때문에 주의를 요한다.

앞의 '문장 성분' 항에서 분석 예로 든 문장들은 모두 단문이다.(ⓐ~ⓕ) 다음은 복문의 예이다.

趙太后新用事, 秦急攻之. 『戰國策·趙策』
조나라의 태후가 새로 섭정하자, 진나라가 급히 조나라를 공격하였다.

往者不可諫, 來者猶可追. 『論語·微子』
간 것은 탓할 수 없고, 올 것은 아직 좇아 갈 수 있다.

夫子知之矣, 我則不知. 『左傳·昭公十年』
선생님이 그걸 아시고, 나는 곧 알지 못합니다.

昔者吾舅死於虎, 吾夫又死焉, 今吾子又死焉. 『禮記·檀弓下』
접때 저의 시아버지가 호랑이한테 죽임을 당했고, 저의 남편이 또 그것한테 죽임을 당했
는데, 이제 저의 아들이 또 그것한테 죽임을 당했습니다.

하나의 문장 안에 몇 개의 주술구조가 포함되어 있든 간에 하나의 주
술구조에 다른 하나의 주술구조가 연이어 쓰여 구조상 대등한 지위를
지니면 복문이다. 그러나 주술구조일지라도 그것이 문장의 어느 성분,
즉 주어·목적어·술어 등에 충당되었을 때는 이 주술구조가 구의 지위
밖에 갖지 못하므로 단문이다.

ⓐ 國人望君 如望慈父母焉. 『左傳·哀公十六年』
나라사람들이 임금을 우러러보는 것이 자애로운 부모를 우러러보는 것과 같습니다.
[國人望君: 주어]

ⓑ 氷 水爲之而 寒於水. 『荀子·勸學』
얼음은 물이 그것이 되었지만 물보다 차갑다.
[水爲之: 복수 술어 중의 하나]

ⓒ 臣聞 昔湯武以百里昌 桀紂以天下亡. 『戰國策·楚策』
신은[저는] 옛날 탕왕과 무왕은 백리를 가지고도 창성하였으나 걸왕과 주왕은 천하
를 가지고도 망했다고 들었습니다.
[昔湯武以百里昌 桀紂以天下亡: 두 개의 주술구가 연합된 목적어]

위의 예들도 모두 단문이다. '國人+望君'·'水+爲之'·'昔湯武以百里
昌+桀紂以天下亡' 등은 모두 주어부분과 술어부분을 갖추고 있어서 독
립시키면 문장이 되지만, 위의 각 문장 안에서는 단지 문장의 한 성분이
될 따름이다. 그래서 주술구조의 '구'의 지위를 갖는다. 이들은 문장 안

에서 주어·술어·목적어로 쓰였을 따름이다. ⓐ의 주술구 '國人望君'은 술어부분인 '如望慈父母'의 주어이며, ⓑ의 주술구 '水爲之'는 주어 '氷'을 설명하는 두 술어부분 가운데 하나이고, ⓒ의 주술구 '昔湯武以百里昌 桀紂以天下亡'은 술어인 '聞'의 목적어이다.

단문과 복문의 구별은 문장의 길고 짧음에 있지 않다.

㉔ 주술문과 비주술문

문장 중에는 주어부분이 없거나 술어부분이 없는 것도 있다. 어느 하나가 생략되었다고 볼 수 없는 경우이다. 그래서 주어와 술어가 모두 갖추어져 있거나 어느 하나가 일정한 조건 하에 생략된 문장은 주술문(主述文)[주위구(主謂句)]이라 하고, 보충할 수 없는 경우는 비주술문(非主述文)[비주위구(非主謂句)]라고 명명한다.

다음 예는 단문에서 주어가 없는 경우이다.

三年春不雨夏六月雨. 『左傳·僖公三年』
3년 봄에 비가 내리지 않았다. 여름 6월에 비가 내렸다.

술어인 '雨' 앞에 보충할 수 있는 주어는 없다.('三年春'과 '夏六月'은 부사어로 친다.) 이러한 문장에는 통상 주어가 없다.

다음 예는 복문 중의 뒤의 절에 주어가 없는 경우이다. 술어만 있다.

金玉盈室, 莫能守也. 楚簡本 『老子』
금과 옥이 집을 가득 채우면 지킬 수 있는 사람이 없다.

다음 예는 복문 중의 뒤의 절에 술어가 없는 경우이다. 주어만 있다.

蔓草有不可除, 況君之寵弟乎? 『左傳·隱公元年』

덩굴풀도 제거할 수 없는 것이 있는데, 하물며 임금의 총애하는 아우는요?

中材以上且羞其行, 況王者乎? 『史記·彭越列傳』

중간 재능 그것을 가지고 그 위이어도(→ 중간 재능 이상이어도) 또한 그러한 행위를 부끄러워하는데 하물며 왕은요?

㉮ 기본 문형

여러 가지 기준에 따라 문장을 분류할 수가 있는데, 그 가운데서도 기본 문형(文型)[구형(句型)]을 설정하는 것을 중시한다. 이것은 술어의 구성 내용에 의한 분류이다. 술어부분의 중심이 되는 술어의 의미에 의거하여 방편적으로 품사를 정하고 동사술어문(動詞述語文)·형용사술어문(形容詞述語文)·명사술어문(名詞述語文)의 셋을 설정한 다음, 여기에 주술구가 한 덩어리로 술어 역할을 하는 주술술어문(主述述語文)을 추가함으로써 네 가지로 나눈다. 중국식 용어로는 동사위어구[動詞謂語句]·형용사위어구[形容詞謂語句]·명사위어구[名詞謂語句]·주위위어구[主謂謂語句]라고 한다. 이것을 고대중국어의 기본 문형으로 삼고 있다.

동사술어문·형용사술어문·명사술어문이라는 구분 자체가 고대중국어에서 부사를 제외한 거의 모든 실사가 술어로 쓰일 수 있다는 특징을 잘 보여준다. 술어를 구성함에 특별한 형태나 형식을 필요로 하지 않기 때문에 '주술구'도 술어의 자리에만 놓이면 그대로 술어가 된다.

주어·술어·목적어·보어·관형어·부사어 등 여섯 가지 문장 성분 가운데 수식 성분인 관형어와 부사어는 문형을 나누는 데는 사용하지 않는다.

아래에서 이 네 가지 문형의 구체적인 내용을 차례로 살피기로 한다.

㉠ 동사술어문

■ 주어+술어

晏子 至. 『晏子春秋·內篇雜下』
안자가 이르렀다.

太后 之 色 少 解. 『戰國策·趙策』
태후의 안색이 다소 풀렸다.

■ 주어+술어, 주어+술어

本 立 而, 道生. 『論語·學而』
근본이 서야, 길이 생긴다.

■ 주어+술어+목적어

王 授 璧. 『史記·廉頗藺相如列傳』
왕이 옥을 (건네) 주었다.

子貢 問 君子. 『論語·憲問』
자공이 군자를(군자에 대해서) 물었다.

冉子 退 朝. 『論語·子路』
염자가 조정에서 물러났다.

文公 如 齊. 『左傳·成公三年』
문공이 제나라로 갔다.

臣 恐 强 秦 之 爲 漁父 也. 『戰國策·燕策』
신은 강한 진나라가 어부가 될까(어부지리를 할까) 두렵습니다.

■ 주어+술어+목적어1+목적어2

王 賜 晏子 酒. 『晏子春秋·內篇雜下』
왕이 안자에게 술을 내렸다(→ 대접했다).

趙 求 救 於 齊. 『戰國策 · 趙策』
조나라가 제나라에 구원을 청했다.

■ 주어+{술어1+목적어}+{술어2+목적어}

曾子 以 斯 言 告 於 子游. 『禮記 · 檀弓』
증자가 이 말을 (가지고서) 자유에게 알렸다.

'以'와 '告' 둘 다 술어이다. 두 술어의 연접이다. 이 예는 두 술어 모두 목적어를 취하고 이다. '斯言'은 앞의 술어 '以'의, '子游'는 뒤의 술어 '告'의 목적이다.

廉頗 以 勇氣 聞 於 諸侯. 『史記 · 廉頗藺相如列傳』
염파는 용기로써(용기가 있다는 것을 가지고) 제후들에게 이름이 알려졌다.

두 술어 '以'와 '聞'이 각각 '勇氣'와 '諸侯'를 목적어로 취하였다. '於'는 뒤에 오는 말을 강조한다.

■ 주어+{술어1+目的語1+目的語2}+{술어2+목적어}

楚人 爲 小 門 于 大 門 之 側 而 延 晏子. 『晏子春秋 · 內篇雜下』
초나라 사람들이 대문 옆에 작은 문을 만들어서 안자를 맞이하였다.

'爲'와 '延'이 중심 술어이다. 두 개의 술어부분으로 구성되어 있다. '爲'는 '小門'과 '大門之側'을 '목적어1+목적어2'로 취하고 있다. '延'은 '晏子'를 목적어로 취하였다. 앞 술어부분이 의미상 뒤 술어부분의 부사어(=부사성수식어)가 되어 두 술어부분 간의 관계는 수식 관계이다.

고의적으로 바로 '대문(큰 문)' 옆에 '소문(작은 문)'을 만들었기 때문에

'대문 옆'을 강조할 언어 환경이 된다. 그래서 語氣助詞 '于'로 강조하였다. '于'는 '於'와 표기만 다를 뿐 기능이 같은 어기조사이다. 관형어인 '大門'은 '側'을 강조하므로 어기조사 '之'를 사용하였다.

■ 주어+술부1[술어1+목적어+술어2+목적어]+
　술부2[술어1+목적어+술어2+목적어]

橘 生 淮 南 則 爲 橘 生 于 淮 北 則 爲 枳. 『晏子春秋 · 內篇雜下』
귤은 회수의 남쪽에서 자라면 곧 귤이 되지만, 회수의 북쪽에서 자라면 곧 탱자가 된다.

'生淮南則爲橘 生于淮北則爲枳' 전체가 술어부분이다. 의미상 크게 '生淮南則爲橘'과 '生于淮北則爲枳' 두 부분으로 나뉜다. 각각 그 안에 다시 술어를 두 개씩 내포하여 '生+淮南'(술어+목적어)과 '爲+橘'(술어+목적어)의 연접, '生+(于)+淮北'(술어+[于]+목적어)과 '爲+枳'(술어+목적어)의 연접으로 분석된다. 두 개의 술부 간의 관계는 의미상 연합관계이고, 각 술부의 두 구성 부분 간의 관계는 의미상 수식 관계이다. '則'은 부사이다. '于'는 역시 강조의 어기조사이다.

■ 주어+술어+보어+목적어

太 甲 顛 覆 湯 之 典 刑. 『孟子 · 萬章上』
태갑이 탕왕의 전장과 형법을 넘어뜨려 엎어버렸다.

陳 余 擊 走 常 山 王 張 耳. 『史記 · 張丞相列傳』
진여가 상산왕 장이를 쳐서(공격하여) 달아나게(패주케) 하였다.

今 諸 侯 王 皆 推 高 寡 人. 『漢書 · 高帝紀』
지금 여러 후와 왕들이 다 과인을 높이 밀어 올렸소.

첫 번째 문장은 '覆'이 보어이고 '典刑'은 목적어이다. 두 번째 문장은 '走'가 보어이고 '常山王張耳'가 목적어이다. 세 번째 문장은 '高'가 보어이고 '寡人'이 목적어이다.

■ 주어+술어1+겸어+술어2

余 命 女 生 子 [名 虞, 余 與 之 唐]. 『史記·晉世家』

내 (너의) 여자에게 명하여 자식을 낳게 하고 이름을 우(虞)라 할 것이며, 내 그에게 당을 (唐의 땅을) 주리라.

[∨] 使 其 喜 怒 哉! 『列子·黃帝』

그것들로 하여금 좋아하게도 하고 화내게도 하였도다!

魏 安釐王 使 將軍 晉鄙 救 趙. 『戰國策·趙策』

위나라의 안리왕이 장군 진비를 시켜서(진비로 하여금) 조나라를 구원하게 하였다.

[∨] [取 瑟 而 歌] 使 之 聞 之. 『論語·陽貨』

(거문고를 취하여 노래 불러서) 그로 하여금 그것을 듣게 하였다.

하나의 주어에 두 개의 술어가 연접된 형식에서 앞의 술어(술어1)가 목적어를 취할 때, 뒤 술어(술어2)의 의미상의 주어가 바로 앞의 목적어인 것으로 여겨지는 경우가 있다. '술어1'의 목적어가 '술어2'의 주어를 겸한다고 여겨 '겸어[兼語]'라는 명칭을 부여하여 술어의 다른 연접 형식과 구별한다. 이런 문장을 '겸어식[兼語式]'이라 명명하고 여타의 연접 형식은 '연동식[連動式]'이라 명명한다.

첫 번째 문장에서는 맨 앞 술어부분 중의 '女'가 겸어이고, 두 번째 문장에서는 '其'가 겸어이며, 세 번째 문장은 '將軍晉鄙'가 '겸어'이다. 네 번째 문장은 두 개의 술어부분 가운데 뒤의 술어부분이 겸어식에 해당한다. '使' 뒤의 '之'가 겸어이다.

겸어식 문장은 사역의 의미를 나타내는 경우가 대부분이지만 그렇지 않은 경우도 같은 형식에 든다.

楚 人 謂 乳 穀 謂 虎 於菟. 『左傳·宣公四年』
초나라 사람들은 젖을 '穀(누)'라 이르고 호랑이를 '於菟(오도)'라고 이른다.

[雖曰未學,] 吾 必 謂 之 學 矣. 『論語·學而』
……, 나는 반드시 그를 배웠다고 이를 것이다.

[仲子生而] 有 文 在 其 手. 『左傳·隱公元年』
중자는 나면서 그의 손에 무늬를 가지고 있었다.

첫 번째 문장은 술어부분이 '謂+乳+穀'와 '謂+虎+於菟'의 둘로 구성되어 있다. 두 부분 모두 겸어식으로서 '乳'와 '虎'가 겸어에 해당한다.

두 번째 문장은 복문 중의 뒤 절(節)이 겸어식이다. '謂'의 목적어 '之'가 겸어이다.

세 번째 문장은 술어부분의 일부가 겸어식이다. '有'의 목적어 '文'이 겸어이다.

ⓛ 형용사술어문

■ 주어+술어

水土 異也. 『晏子春秋·內篇雜下』
수토[풍토]가 달라서입니다.

沛公 黙然. 『史記·項羽本紀』
패공이 잠자코[묵묵히] 있었다.

天下苦秦 久矣. 『史記·陳涉世家』
천하가 진나라에게 괴로움을 당한 것이(당한 지가) 오래되었다.

다음은 복문을 구성하는 일부 절이 형용사술어인 예이다.

擧 世 皆 濁, 我 獨 淸, 衆人皆醉, 我 獨 醒. 『屈原·漁父辭』
온 세상이 다 탁한데 나만 홀로 맑고, 많은 사람이 다 취해 있는데 나만 홀로 깨어 있소.

이상의 예에서 '異'·'黙然'·'久'·'濁'·'淸' 등이 의미상의 형용사술
어이다.

■ 주어+술어+목적어

秦 王 之 國 危 於 累卵. 『史記·范雎蔡澤列傳』
진왕의 나라는 누란(알을 포개놓은 것)보다 위험합니다.
[* '累卵'은 '危'의 목적어이고, '於'는 이 목적어를 강조하는 어기조사임.]

其 爲 人 也 堅 中 而 廉 外 少 欲 而 多 信. 『韓非子·十過』
그 사람됨이 중심은 견고하고 밖은 청렴하며, 욕심은 적고 미더움이 많다.

크게 '堅中而廉外'와 '少欲而多信'의 두 술어부분으로 나눌 수 있다.
각각은 다시 두 개씩의 술부로 구성되어 있다. 사이의 '而'는 앞 말을 강
조하는 어기조사이다. '堅中', '廉外', '少欲', '多信'은 모두 '형용사술어+
목적어' 형식이 된다.

人 固 有 一 死, 或 重 於 泰山, 或 輕 於 鴻毛. 『司馬遷·報任安書』
사람에게는 본디 한 번의 죽음이 있는데, 어떤 것은 태산보다도 무겁고 어떤 것은 기러
기 털보다도 가볍다.

복문을 구성하는 일부 절에 형용사술어가 쓰인 경우이다. '重+(於)+
泰山', '輕+(於)+鴻毛'는 '형용사술어+목적어' 형식이다.

ⓒ 명사술어문

■ 주어+술어

夫 管子 天下 之 才 也. 『國語·齊語』

대저 관자는 천하의 인재이다.

夫子 聖人 也. 『莊子·德充符』

선생님은 성인이시다.

藺相如 者 趙 人 也. 『史記·廉頗藺相如列傳』

인상여는 조나라 사람이다.

農 天下 之 本. 『史記·孝文本紀』

농사는 천하의 근본이다.

天下 者 高祖 天下. 『史記·魏其武安侯列傳』

천하는 고조의 천하이다.

此 則 寡人 之 罪 也. 『孟子·公孫丑下』

이것은 곧 과인의 죄입니다.

回 也 非 助 我 者 也. 『論語·先進』

안회(顏回)는 [말이지] 나를 돕는 사람이 아니다.(돕는 것이 아니다.)

此 誰 也? 『戰國策·齊策』

이는(→ 이 사람은) 누굽니까?

孝 弟 也 者 其 爲 仁 之 本 與! 『論語·學而』

효도와 우애는 (아 거) 인을 행하는 근본일 진저!

하나의 명사성 단어가 술어가 되기도 하고 구를 이루어 술어부분을 구성하기도 한다. 주어의 뒤에는 어떤 것을 판단하고자 한다는 어기를 나타내는 '也'나 강조의 어기조사 '者'가 놓이기도 하고 두 가지가 나란히 쓰이기도 한다. 문장의 끝에 '也'를 써서 전체 판단을 강조하기도 한다.

"此則寡人之罪也."처럼 '則'(즉)과 같은 부사가 술어부분을 수식하기도 한다.

"回也 非助我者也." 중의 '助我者'에 대해서는 종래 '者'를 명사구를 만드는 구조조사(構造助詞)로 여겨 명사구 술어라고 하였다. 그러나 '者'에 구조조사의 기능이 없다고 본다. 고대중국어에서는 의미상 동사성 또는 형용사성을 띠는 단어(單語)나 구(句)가 '者'를 쓰지 않고도 얼마든지 명사성의 의미를 전달하기 때문이다. '生'만으로도 '산 사람'·'삶'·'생명' 등을 나타낼 수 있고, '好學'은 '배우기를 좋아하다'를 나타내기도 하고 '배우기를 좋아하는 사람'을 나타내기도 한다. '助我'만으로 '돕다'와 '돕는 사람'을 다 나타내는 것이 고대중국어의 특징이다. 고대중국어에서 '者'는 언제나 강조의 기능을 하는 어기조사이다. "農者天下之本."이라고 말하면 '農'이 강조되는 것과 똑같다. 그러므로 "回也 非助我者也."는 "回(顔回)는[안회는 말이지] 나를 돕는 것이 아니다."로 번역해도 되며, "回는 나를 돕는 사람이 아니다."로 번역해도 된다. 고대중국어에는 이를 구분해 주는 표지가 없다.('者'의 기능에 대해서는 뒤의 조사편에서 상세히 설명한다.)

聖人 非 所 與 熙 也. 寡人 反 取 病 焉. 『晏子春秋·內篇雜下』
성인은 더불어 희롱할 바가 아니다. 과인이 반대로 그에게 괴롭힘을 받았다(당했다).

위 예는 복문 중의 앞 절이 명사술어문 형식이다. '所+與熙'는 '所'자 구조로서 명사성을 띠고 술어로 쓰였다고 보면 된다.

ⓒ 주술술어문
■ 주어+주술술어(='주어+술어'의 구)

大上 [下知有之]. 楚簡本 『老子』

큰 위(윗사람)는 아래(아랫사람)가 그가 있다는 것만 아는 것이다.

君子之交 [淡 若水]. 『莊子 · 山木』

군자의 사귐은 담담하기가 물과 같다.

是 仁 義 用 於 古 而 不 用 於 今 也. 『韓非子 · 五蠹』

이는 인과 의가 옛날에는 쓰였으나 오늘날에는 쓰이지 않은 것이다.

'下+知+有之'는 주어인 '大上'을 설명하는 술어이며, '淡+若+水'는 주어인 '君子之交'를 설명하는 술어로서, 모두 '주어+술어+목적어' 형식이다. 크게 보면 '주어부분+술어부분(이들 예는 [술어+목적어]로 구성됨)'의 구성으로서 술어로 쓰였다. 맨 아래 문장은 주어 '是'의 술어부분인 '仁義+用於古而不用於今'이 '주어부분+술어부분'으로 구성되어 있다.

氷 水 爲 之 而 寒 於 水. 『荀子 · 勸學』

얼음은 물이 그것이 되었지만 물보다 차다.

北山 愚公 者 年 且 九 十 面 山 而 居. 『列子 · 湯問』

북산의 우공은 나이가 장차 90인데 산을 마주 대하고 살았다.

위의 예는 주술구조의 구가 복수 술어부분 중의 하나로 쓰인 경우이다. 앞 문장은 '氷'이 주어이고 술어부분은 '水爲之'[주어+술어+목적어]와 '寒於水'[술어+(於)+목적어]의 둘인데, 앞의 '水爲之'가 '주술술어'에 해당한다. 뒤 문장은 '北山愚公'이 주어부분이고 '年且九十'[주어+(부사)+명사성 술어]과 '面山而居'[술어+목적어+(而)+술어]가 술어부분이다. 앞의 술어부분이 '주술술어'에 해당한다.

4가지 문형 분류에 사용된 품사를 동사 · 형용사 · 명사로 나누는 것이 방편상의 분류라는 점을 의식하고 있으면 고대중국어의 특징을 보다 잘 이해할 수 있다. 다른 문장에서 얼마든지 다른 품사성을 확인할 수 있기 때문이다. 고대중국어의 실사는 대체로 명사·동사·형용사를 아우르는 종합성의 품사성을 지니고 있다고 말할 수 있다.

그래서 명사·동사·형용사를 나누고 나면 동사술어문·형용사술어문·명사술어문의 구분이 한계를 드러내 보일 때가 많다.

直 不 (∨) 百 步 耳, 是 亦 走 也. 『孟子·梁惠王上』

단지 백 보를 달아나지 않고 말았지(않았을 따름이지), 이 역시 달아난 것입니다.

[* 생략된 성분이 있음을 표시하는 (∨) 자리에는 '走'가 생략되었다고 봄.]

위 문장은 "이것이(이 사람이) 역시 달아납니다."를 뜻하지 않고, "이것(백 보를 달아난 것) 역시 달아난 것(달아남)입니다."를 뜻한다. '달아나다'가 아니고 '달아남'을 의미하여 전체 문장이 판단을 나타내고 있으니 '명사술어문'이라고 해야 할 것이다. 판단을 나타내는 문장의 술어가 의미상 명사성의 단어만을 중심으로 구성되는 것이 아니다. 의미상의 동사성·형용사성 중심의 술어 내지 술어부분도 얼마든지 명사성의 의미를 나타낸다. 이것은 실질적인 의미를 지닌 단어들이 동사성·형용사성·명사성을 따로따로 구비하고 있는 것이 아니라 하나로 뭉뚱그려져 있음을 의미한다. 동사·형용사·명사를 나누는 것이 방편적인 것이라고 말할 수 있는 이유의 하나이다.

다음 예를 보자.

是 使 民 養 生 喪 死 無 憾 也. 『孟子·梁惠王上』

이것이 백성들로 하여금 산 사람을 부양하고 죽은 사람을 장사지냄에 유감이 없게 하는 것입니다.

'使民無憾'이 술어부분의 핵심이다. 이것만 가지고 보면 '백성들로 하

여금 유감이 없게 하다'인데, 주어 '是'가 지시하는 앞말이 뜻하는 바에 따라 문맥을 명확하게 하면, "'이것이(이렇게 하는 것이)' '백성들로 하여 금 유감이 없게 하는 것(없게 함)'입니다."를 뜻한다. 그렇다면 의미상 명 사성의 구이니 '명사술어'로 간주해야 할 것이다. 그런데 이 예는 앞의 "直不百步耳, 是亦走也."와는 달리 "이것이 유감이 없게 합니다."로 인 식해도 문맥이 통한다. 이렇게 보면 동사성 구가 된다. 동사성 구인지 명사성 구인지를 분별하게 해 주는 표지가 없기 때문에 문맥에 의거하 여 분별하는 수밖에 없는데, 당장에 동사술어문과 명사술어문의 경계가 모호해진다. 이 역시 실사류 단어의 품사성이 나뉘어 있지 않고 종합되 어 있음을 말해 준다.

'養生喪死'는 '[술어+목적어]+[술어+목적어]'의 이른바 동사성의 구인 데, 이 문장에서는 그대로 부사어(=부사성 수식어)로 쓰였다. 문장 성분 (기능)이 달라져도 형식이 변하지 않는다. 단어의 의미와 어순 그리고 문맥의 언어라는 특징이 잘 드러난다. 요컨대 실사류의 품사 구분이 기 본적으로 의미에 의한 것이기 때문에 네 가지 기본 문형도 방편성의 것 이라고 할 수 있다. 술어의 의미 내용을 가지고 기본 문형을 설정한다면 어법상으로는 '주어부분+술어부분'의 구성이라는 큰 틀만 있다.

'동사술어문·형용사술어문·명사술어문'을 '단어 술어문'이라고 통 합하고 여기에 주술구조의 구가 술어에 충당되는 형식을 '구 술어문'이 라고 하여 양분하는 것이 고대중국어의 특징에 더 부합된다고 할 수 있다.

주어부분이나 술어부분의 다양한 구성도 품사에 의해 나눌 것이 아니 라 주어·술어·목적어·보어 등의 문장 성분에 의해서 분류함만으로 충분하다. 어법적 의의 면에서는 이것이 고대중국어의 성격에 맞는다.

● 이상의 문장 분류 외에도 문장의 용도에 따라 평서문(平敍文)[진술구(陳述句)]·의문문(疑問文)[의문구(疑問句)]·감탄문(感嘆文)[감탄구(感嘆句)]로 나눌 수 있다. 고대중국어에서는 의문문 가운데 사실 여부를 묻는 경우는 일반적으로 문장 끝에 의문을 나타내는 어기조사(=의문 어기조사)를 사용하며, 의문의 소재인 의문대사(疑問代詞)(=의문사)가 있는 의문문에는 의문어기조사를 사용하는 경우도 있고 사용하지 않은 경우도 있다. 감탄문도 문장의 끝에 감탄을 나타내는 어기조사를 사용한다.

종래 다른 언어에서의 분류를 모방하여 '기사구[祈使句]'라는 것을 추가하여 용도에 의한 분류를 네 가지로 해 왔다. 이는 '명령문(命令文)'과 '기원문(祈願文)'의 형식이 있는 언어에서의 두 내용을 포괄하여 일컫는 명칭이다. 그런데 고대중국어에는 이것을 전달하는 형식이 따로 없다. 평서문과 형식이 동일하고 문맥에 의해 인지할 수 있다. 그래서 표현 자체는 중립적인 성질을 띤다. 청원을 뜻하는 단어들이 쓰이기도 하나 대체로 중립적이다. 부정의 경우 '不'이나 '無'류의 단어를 사용하는데 명령·금지 등을 나타내는 전용의 부사가 아니다. '不 ~'은 부사적으로 번역한다면 '아니(안)(~한다)'가 될 것이며, 동사적·형용사적으로 번역한다면 '~하지 않는다'가 될 것이다. 어느 경우이건 평서문과 같다. 명령·금지·기원 등의 표현 형식이 따로 있지 않으니 문맥에 의해 전달된다. 형식으로 보아 중립적으로 표현한다고 할 수 있다. '無' 또한 언제나 '없다'는 뜻을 가져서 '~할 것이 없다'는 식으로 명령·금지·기원 등이 역시 중립적로 표현된다. 그러므로 형식은 평서문과 같다. 따로 세울 것이 없는 것이다.

● 술어의 내용에 착안해서는 주어부분과 술어부분의 결합이 나타내

는 의미 관계를 판단·서술·묘사 등으로 나누어 이해하기도 한다. 주로 술어가 명사성이냐 동사성이냐 형용사성이냐와 관련이 있는데 관념적 분류일 따름이어서 어법상의 의의는 없다.

● 또 긍정문(肯定文)[긍정구(肯定句)]과 부정문(否定文)[부정구(否定句)]으로 나눌 수 있다.

'不·非·未' 등이 대표적인 부정어로 쓰인다. 이것들을 품사상 부사로 여기고 있다. '無'류 동사는 '有'와 대립되는 개념어인데 부정어로 여기기도 하였다. '無'는 '有'와 상대해서 부정의 의미를 내포하는 단어일 뿐 부정 '부사(副詞)'로 여길 수는 없다. 언제나 '없다'의 뜻을 지닌다.

● 그 밖에 주어부분과 술어부분의 관계를 능동이냐 수동(피동)이냐로 구별하기도 한다. 이 역시 수동 표지가 있는 언어를 모방해서 설정한 것이다. 능동문(能動文)[주동구(主動句)]과 수동문(受動文)[피동구(被動句)]가 그 명칭이다. 그런데 고대중국어에는 능동의 문형을 변형시키거나 다른 전문 표지를 사용하여 수동 의미를 전달하는 언어가 아니다. 능동 의미를 전달할 때와 똑같은 형태로 쓰여 문맥에 의해 수동 의미를 나타낸다. 이 경우 역시 어법 형식상으로 철저하게 중립적이다. 단어의 의미도 본시 중립적이라는 사실을 잘 보여준다. 단어의 본래 의미가 '입음·당함' 등을 뜻하는 것들이 일부 있다. 이것들이 사용되면 수동 의미가 명확하게 드러날 뿐이지 어법상 수동문의 형식 표지는 아니다.

Ⅱ. 실사

1. 품사 분류의 성격 및 명사·동사·형용사·부사· 대사·감탄사의 구분

■ 품사 분류의 성격

고대중국어의 실사류는 명사(名詞)·동사(動詞)·형용사(形容詞)·부사(副詞)·대사(代詞)·감탄사(感歎詞)로 나누어 볼 수 있다. 실사류를 나누는 근거는 주로 의미이다. 한마디로 의미의 갈래라고 할 수 있다. 이것들을 나누는 기준도 균등하지 않다.

우선 명사(名詞)·동사(動詞)·형용사(形容詞)의 구분은 다분히 직관성의 관념적 구분이다. 고대중국어의 본질 속성에 따르면, 극소수의 단어에서만 품사의 분화가 보이기 때문에 이것들을 제외하면 명사·동사·형용사를 한 가지 품사명으로 묶어도 무방하다.

명사·동사·형용사를 나눈 데는 단어의 형태와 쓰이는 방식의 차이

및 기능의 경계가 비교적 분명한 서구 언어, 특히 영어에서의 분류 목록
이 큰 영향을 미치고 있다. 부사(副詞)의 설정도 그러하다. 부사는 기본
적으로 동사와 형용사를 수식하는 성분으로서 다른 단어들과 쓰임의 경
계가 뚜렷한 데 근거하여 설정된 것이다. 부사어(=부사성 수식어)라는 한
가지 기능만 갖는다. 그런데 고대중국어는 상황이 다르다. 다른 품사로
분류한 명사·동사·형용사·대사도 문장 성분상 부사처럼 부사어로 쓰
이기 때문이다. 대사(代詞)는 명사·동사·형용사·부사를 비롯하여 구
(句) 이상의 큰 어법 단위까지 대신하여 가리키는 단어이다. 감탄사는
문장 밖에서 독립적으로 기능하므로 다른 문장 성분과 어법 관계는 맺
지 않는다.

의미에 근거한 실사류 품사 분류의 성격은 문장 성분(=문장 중에서의
기능)을 통해서 보면 명확하게 드러난다.

명사(名詞): 주어·목적어·관형어·부사어·술어
동사(動詞): 술어·관형어·부사어·보어·주어·목적어
형용사(形容詞): 술어·관형어·부사어·보어·주어·목적어
부사(副詞): 부사어
대사(代詞): 부류별로 약간씩 다르다. 의미상 명사성의 것이 가장 많고, 의
　　　문을 나타내는 의문대사(疑問代詞)의 경우에는 명사성·형용사성·부
　　　사성을 종합적으로 가진 것도 있다.
감탄사(感歎詞): 문장의 앞에 놓이는 독립 성분이므로 독립어라고 명명할
　　　수 있다.

문장 안에서 단어가 상호 관련을 맺으며 갖는 기능이란 앞에서 서술
한 바와 같이 '주어·술어·목적어·보어·관형어·부사어' 등의 성분

이름으로 정해진다. 위에 열거한 바와 같이 전체적으로 보면 명사·동사·형용사의 기능이 비슷하다. 명사가 보어로 쓰이지 않는 차이는 의미의 구분에 있다.

대사라 이르는 품사는 다른 단어나 구 또는 문장 및 단락이 뜻하는 구체적인 내용을 대신하여 가리키는 말로 정의된다. 명사·동사·형용사·부사 등에 의하여 관념화 할 수 있는 모든 말이나 이것들이 구성하는 더 넓은 의미 내용을 대신한다.

부사만이 부사어라는 단 하나의 기능과 대응시킬 수 있는 품사가 되어, 서구 언어 중의 부사의 어법적 기능과 대체로 비슷하다. '부사성 수식어'라는 개념으로 기능을 정한 품사이기 때문에 고대중국어에서도 '부사 : 부사어'라는 '1 : 1' 대응 관계가 유일하게 성립한다. 다만 다른 품사들도 부사어가 될 수 있기 때문에 분별상 왕왕 혼란이 발생한다.

기능 면에서 동사·형용사는 여섯 가지 기능을 다 지니므로 의미를 제외하면 어법상 특별한 차이가 없다. 명사·대사도 기능상으로는 동사·형용사에 매우 근접해 있다. 명사·동사·형용사를 구별하는 어법적인 의의가 드러나지 않는 부분이다.

지금까지의 품사 분류에서는 수사와 양사도 품사의 하나로 여겨왔었다. 그런데 수사는 의미상 '一·二·三·十·百·千·萬·億' 등 수를 나타내는 단어로, 양사는 수를 헤아리는 데 사용되는 계산의 단위를 나타내는 단어로 정의한 것이다. 현대중국어의 양사의 쓰임과는 큰 거리가 있다. 양사의 기능 범위는 일반 명사류에 비해 다소 좁다. 수를 나타내는 단어이건 양을 나타내는 단어이건 명사의 의미 갈래로 보면 된다.

다시 강조하거니와 실사류 전체 어휘에 관한 한, 의미상의 분류라는 성격이 강하므로 형태나 기능상의 어법적 특징에 의거하여 나눈 다른

언어에서의 분류와는 성격이 크게 다르다. 특히 명사·동사·형용사의
구별은 독해상의 의미에 의거한 '방편적' 분류라고 할 수 있다.

고대중국어의 어법 특징을 문장 성분만으로 설명한다면 여분에 해당
하는 많은 설명들을 덜어낼 수 있을 것이다. 수식어를 관형어(冠形語)와
부사어(副詞語)로 나누는 것은 큰 의미가 없다. 명사 또는 명사에 상당
하는 어구를 수식하는 말을 가리켜 관형어라 하고, 동사·형용사 또는
다른 부사 및 술어가 되는 다른 단어나 구를 수식하는 말을 가리켜 부사
어라고 한 데 따른 것이다. 그런데 수식어로 쓰일 때 '명사'와 '동사·형
용사·부사' 간에 기능상의 대립이 명확하지 않다. 그러므로 양자를 그
냥 '수식어(修飾語)' 하나로 묶어 설명하는 것만으로도 충분하다. 동사·
형용사·명사로 나눌 때 이 세 가지가 다 거의 모든 문장 성분으로 쓰이
기 때문이다. '所'자를 사용한 구를 제외하고는 문맥을 통해서만 명사
성·동사성·형용사성의 인식이 가능하다. 명사·동사·형용사를 문장
안에서의 기능 차이에 의해서는 경계 지을 수가 없다. 그래서 각 품사의
정의 또한 주로 의미에 의존하여 할 수밖에 없는 것이다.

○ 명사: 의미상 사람·사물 및 각종 개념의 명칭을 뜻한다고 여겨지는 단어
이다. 보어를 제외한 각종 문장 성분으로 쓰인다. 다른 언어와 비교할
때 동사·형용사처럼 직접 술어로 쓰일 수 있다는 것이 가장 두드러지
는 특징이다. 실사류를 명사·동사·형용사로 나누면 한 단어를 명사
가 동사·형용사에도 속한다고 말하게 된다. 그 역도 성립한다.
○ 동사: 의미상 동작·행위 등 유형의 활동·변화·유무·존재·출현·소멸·
가능·의지·소망·필요·심리·지각·관계 등을 뜻하며 서술성을 지닌
다고 여겨지는 단어이다. 여섯 가지 문장 성분에 두루 쓰인다. 현대의
언어로 이해할 때, 하나의 단어가 두 가지 이상의 의미를 갖는 것으로

풀이되는 경우가 많아서 분류상 혼란이 적지 않다. 의미상 명사를 겸
한다고 말하게 되는 경우가 매우 많고, 형용사와 경계가 분명하지 않
은 경우도 적지 않다.

○ 형용사: 의미상 삼라만상의 형상·성질, 동작·행위·변화의 상태, 가능·당
위·의지 등을 묘사하는 단어이다. 동사와 마찬가지로 여섯 가지 문장
성분에 두루 쓰인다. 현대의 언어로 이해하면 형용사도 명사를 겸하
는 경우가 매우 많다.

○ 부사: 의미상 정도, 범위 및 상호 관계, 시간 및 빈도, 정태(情態) 및 추
측, 부정 및 응대, 반문, 관계, 전환 등을 나타내며 부사어로 쓰이는
단어이다. 오직 부사어로만 쓰이는 단어로 범위를 제한하면 품사와
기능 간에 유일하게 1 : 1 대응 관계가 성립하는 품사가 된다.
기능이 '부사성의 수식'이므로 허사로 볼 수 없다. 실질적인 의미가
있어야 수식 기능을 가질 수 있기 때문이다. 그러므로 실사로 여겨야
옳다. 의미상 명사·동사·형용사와 겹치는 단어들이 많아서 그 경계
를 가르기 어려운 경우가 많다. 그래서 이런 경우는 다른 품사의 경우
처럼 둘 이상의 품사를 겸한다고 설명해 왔다.

○ 대사: 의미상 다른 단어나 구 또는 문장 및 단락을 대신하여 사람·사
물·장소·시간·행위·성질·상태·방식·원인·이유·수량 등을 대신하
는 단어이다. 단어에 따라 기능 범위에 약간의 차이가 있다.

○ 감탄사: 놀람·슬픔·분노·질책·감탄·탄식·칭찬·허락 등 각종의 감탄
을 나타내는 단어이다. 문장의 앞에 놓여 독립적으로 의미를 전달하
기 때문에 뒤 문장의 다른 성분과 어떠한 어법상의 관계를 갖지 않는
'독립어'라고 할 수 있다. 독립적으로 의미를 전달하므로 실사로 간주
한다.

요컨대 고대중국어의 실사류를 명사·동사·형용사·부사·대사·감
탄사로 나누고 보면, 부사와 감탄사를 제외하고는 '품사'와 '기능'(문장

성분) 간의 대응 관계에 차이가 거의 없다. 그래서 의미상의 분류라고
할 수 있고, 이러한 분류는 어법상의 의의가 적으므로 방편적인 분류라
고 말하게 된다.

■ 명사·동사·형용사의 구분과 한계

현재 의미상으로 명사·동사·형용사를 나누고 있으나 다분히 관념
상의 구분인 관계로 한계가 있다. 문제점이라고 할 수 있다.

ⓐ 弟子入則孝 出則弟[=悌] 謹而信 汎愛衆而 親仁 行有餘力則以學文.

『論語·學而』

제자들은 (집에) 들어가서는 곧 효성스러워야(효도해야) 하고, (밖에) 나가서는 곧 우
애하는 것이다(=해야 한다). 삼가하여 미더워야 하고 널리 대중(뭇 사람)을 사랑하되
어진 이를 가까이 하는 것이다(=하라). (이를) 실행하고 남은 힘이 있거든 곧 그것으
로 글을 배우는 것이다(=배우라).

ⓑ 其爲人也 孝弟而 好犯上者 鮮矣. 不好犯上而 好作亂者 未之有也.
君子務本, 本立而, 道生. 孝弟也者 其爲仁之本與! [弟=悌]

『論語·學而』

그 사람됨이 효성스럽고 우애하는데도 위(윗사람)를 범하기 좋아하는 경우는 드물다.
위를 범하기 좋아하지 않는데도 혼란 짓기를 좋아하는 경우는 아직 있지 아니 하였
다. 군자는 근본에 힘쓴다. 근본이 서야, 길이 생긴다. 효성스럽고 우애하는 것[비교:
효도와 우애은 (말이지) (아 거) 仁을 행(실천)하는 근본일진저!

먼저 '孝'와 '弟'의 품사 부여부터 생각해 보기로 한다. 현대의 중국 사
람들이 품사를 정하는 방식과 유사하게 ⓐ와 ⓑ의 '孝·弟'를 한국어의
대응 번역어를 통해서 이해해 보기로 한다. ⓐ의 경우 '효성스럽다·우
애스럽다'로 풀이하면 '형용사'이고 '효도하다·우애하다'로 풀이하면
'동사'가 된다. ⓐ에서는 술어로 쓰였고 ⓑ에서는 앞의 '孝·弟'는 술어

로, 뒤의 '孝·弟'는 주어로 쓰였다. 이때 뒤의 경우는 형용사 또는 동사
로 여겨 '효성스러움·효도하기·우애스러움·우애하기' 등으로 번역하
고 이해해도 문맥이 통한다. 동사·형용사도 주어나 목적어로 쓰인다고
말하는 고대중국어의 품사 분류 틀 속에서 그렇다. 그런데 보통은 뒤의
'孝·弟'를 아주 자연스럽게 '효도·우애'로 번역한다. 이때는 명사(추상
명사)가 되는 것이다. 이 경우 역시 문맥이 통한다. 아무런 어법 표지가
없다. 순전히 전체 문장의 의미에 의해 자의적·직관적으로 나눈 것임
을 알 수 있다.

　다음은 '仁'의 경우이다. ⓑ의 '仁'도 '孝'·'弟'의 경우와 마찬가지이
다. 명사(추상명사)로 여겨 번역하면 추상적인 덕목으로서의 '인'이 되
고, 형용사로 여겨 번역하면 '어질다'가 된다. 이 경우는 형용사가 목적
어로 쓰인 것이니 '어짊'(한국어에서 형용사의 명사형임)으로 풀이할 수 있
다. "孝弟也者 其爲仁之本與!"['孝·弟'는 '仁'을 행하는(실천하는) 근본일진
저!] 중의 '孝·弟'와 '仁'의 품사는 어느 것으로 정해야 하는 것인가?
ⓐ의 '仁'의 경우는 '衆'과 더불어 형용사로 여기면 각각 '어질다'와 '많
다'가 된다. 그런데 문맥상 '어짊'과 '많음'으로 풀이하면 뜻이 통하지 않
는다. 그래서 현대의 중국 사람들은 각각 '어진 사람'과 '대중(많은 사람)'
으로 이해하여 명사라고 한다. '仁'과 '衆'이 이번에는 명사 중에서도 일
반(보통)명사가 되는 것이다. '仁'이 현대의 언어로 '어질다고 여기다'·
'어질게 하다'라고 이해해야 할 문맥에 쓰이면 동사라고 할 것이다.

　그래서 지금까지 형용사나 동사를 넘어 명사가 되고 추상명사와 일반
명사를 넘나들며, 동사일 때는 여러 쓰임이 존재한다고 설명해 왔다. 이
는 사실상 명사·동사·형용사의 경계가 없다는 것에 다름 아니다. 또
언중들의 머릿속에 이처럼 복잡한 것으로 저장되어 있을 수도 없다. 한

국어를 빌려 '仁'의 경우를 설명한다면 '어질다'의 어간인 '어질'이 나타
내는 모든 개념을 '仁' 하나로 나타내어 '어질다'(어짊)·'인'·'어진 사
람'·'어질다고 여기다'·'어질게 하다' 등을 모두 전달한다고 할 수 있다.

현재 사용하고 있는 관념상의 구분에 따르면 ⓐ'親仁' 중의 '親'은 '친
하다, 가깝다'를 뜻하는 형용사가 아니라 '친하게 지내다, 가까이하다'를
뜻하는 동사가 된다. '어버이' 또는 '친척·가까운 사람' 내지는 '친밀'을
뜻한다고 여겨지면 명사라고 한다. 이는 이러한 구분을 고대에는 하지
않고 썼기 때문에 '親'의 품사가 여러 개라고 할 수 없음을 말해 준다.

종래와 같이 품사를 나눈다면 대부분의 실사류 어휘들이 명사·동
사·형용사 내지 그 이상의 품사를 겸한다고 말하게 되니 이는 품사가
없다는 말이나 다름이 없다.

현대의 여러 언어로 이해하는 방편은 될 수 있겠지만 고대중국어의
본질 속성에 맞는 품사의 분류, 즉 어법의 '기술(description)'에는 해당
하지 않는다.

지금의 분류 명칭을 원용하여 초기의 실사류 품사성을 표현한다면 '名
動形副詞'가 될 것이다. 이러한 상태로부터 품사가 분화해 온 과정은 아
마도 '名動形詞'·'名動詞'·'名形詞'·'動形詞'·'名副詞'·'動副詞'·'形
副詞' 등의 명칭으로 설명할 수 있는 단계를 거쳐 차차로 '名詞'·'動
詞'·'形容詞'·'副詞' 등의 경계가 나뉘는 단어가 많아지는 것이 될 것이
다. 그러나 이러한 변화가 거의 동시에 이루어지거나 모든 단어에 평행
하게 적용되는 것은 아니다.

품사 분류의 한계는 다음의 문장을 통해서도 쉽게 발견할 수 있다.

ⓒ **君子病無能焉 不病人之不己知也**. 『論語·衛靈公』
　군자는 능력(비교: 잘함, 잘하는 것)이 없는 것을 괴로워하지 남이 자기를 알아주지

않는 것을 괴로워하지 않는다.

ⓓ 主忠信. 『論語·學而』

정성스러움과 미더움(비교: 정성과 신의)을 주로 삼는다.

ⓒ에서 '無'의 목적어인 '能'은 '능력'이라고 풀이하면 명사이고, '잘하다 / 능력이 있다'의 명사형인 '잘함(잘하는 것)'으로 보면 동사가 된다. '病'은 이 문장에서 '병으로 여기다(→괴로워하다)'로 풀이되니 동사이고, '無能'은 이것의 목적어이다. '病' 역시 문장에 따라 '병으로 여기다(→괴로워하다, 아파하다)' 외에도 '괴롭다'·'아프다'·'병(괴로움)' 등으로 풀이된다. ⓓ '主忠信' 중의 '主'는 '주로 삼다(위주로 하다, 주인이 되게 하다)'로 풀이되므로 동사로 여기는 예이다. '주인'으로 풀이되면 명사로 여긴다. 고대중국어에 '能'·'病'·'主' 등에 명사·동사의 분별이 있을 리가 없다. 한국어에서와 같은 구별 표지가 없는데 서로 다른 품사를 지녔다고 하는 것은 어법적인 설명이 되지 못한다.

종합해 보면, 고대중국어에는 단어 자체에 품사성을 가를 표지가 없고, 의미상의 동사의 경우 자동·타동·수동(=피동) 등의 구별도 없고, 타동에 속하는 의동·사동의 구별 표지도 없음을 알 수 있다.

다음은 고대중국어 실사류 단어의 품사 인식상의 혼란을 잘 이해할 수 있는 한 편의 글이다.

孟子見梁惠王. 王曰 叟不遠千里而來 亦將有以利吾國乎? 王何必曰利? 亦有仁義而已矣. 王曰何以利吾國, 大夫曰何以利吾家, 士庶人曰何以利吾身, 上下交征利而, 國危矣. 萬乘之國弑其君者 必千乘之家, 千乘之國弑其君者 必百乘之家. 萬取千焉 千取百焉 不爲不多矣, 苟爲

後義而先利 不奪不饜. 未有仁而遺其親者也 未有義而後其君者也. 王亦曰仁義而已矣 何必曰利?『孟子·梁惠王上』

…… "노인장께서 천리를 멀다 여기지(하지) 않으시고 오셨으니 역시 장차 내 나라를 이롭게 할 것이 있겠군요?" "왕께서는 뭐 꼭 이롭게 하는 것[비교: 利, 이로움, 이익]을 말씀하십니까? 역시 어질게 함과 의롭게 함[비교: 仁(어짊)과 義(의리, 정의)]이 있고 맙니다(그뿐입니다). 왕께서 무엇을 가지고 내 나라를 이롭게 할까를 말하고, ……, …… 말하여, 상하(위와 아래)가 번갈아 이롭게 하는 것을(이롭게 하기를) 취한다면, 나라가 위태로워질 것입니다. …… 만약에 의롭게 하는 것을 뒤로 하고 이롭게 하는 것을 앞세운다면 빼앗지 않고는 만족하지 못합니다. 어진데도 그 어버이를 버린 경우는 아직 있지 아니 하였으며, 의로운데도 그 군주를 뒤로 한 경우는 아직 있지 아니하였습니다. ……."

'遠'은 '멀다고 여기다(하다)'를 뜻하는 동사로, '利'·'先'·'後'는 각각 '이롭게 하다'·'앞세우다'·'뒤로 하다'를 뜻하는 동사로 여겨온 단어들이다.

지금처럼 품사를 나누는 한, '王何必曰利'와 '先利' 중의 '利'는 '이/이익', '이로움'으로 이해할 수도 있다. 인식 여하에 따라 명사로 정할 수도 있고 형용사로 정할 수도 있음을 보이는 예이다. '仁'·'義'는 명사와 형용사 중 도대체 어느 쪽인가? 윗글에서는 '利'와의 균형도 살펴야 하지 않겠는가?

사정이 이러하니 고대중국어의 동사·명사·형용사를 나누는 내부 근거가 있다고 볼 수 없다. 대부분의 자주 쓰이는 단어들이 아 품사도 되고 저 품사도 된다고 말할 수는 없다. 한 단어에 둘 이상의 품사를 부여하여 어떤 것이 먼저이고 어떤 것이 나중이라고 말할 수 있는 근거도 없다.

현대중국어·한국어·영어 등으로 풀이할 때 각각 어떤 품사의 단어로 번역되는 것일 따름이지, 고대중국어 자체에서 여러 가지 품사를 따로따로 지니고 있는 것이 아니다.

기능의 차이에 따른 형태 표지가 없는 언어는 이것들이 갖추어진 언어에 비해 어법체계가 더 간단한 만큼 해당 언어 사용자에게는 상대적으로 더 쉬운 언어라야 할 것이고 어법 서술도 그만큼 간단해야 할 것이다. 그래서 하나의 단어가 둘 이상의 개별 품사를 지니고 있는 것이 아니라 품사 미분화의 상태로서 종합적인 성격을 지닌다고 말하게 된다.

2. 품사와 문장 성분

1) 품사와 기능의 관계

우리가 사용하고 있는 문장 성분이라는 말은 단어나 구가 문장 중에서 갖는 기능을 뜻한다. 이는 영어의 기본 문형 및 기능의 명칭과 밀접한 관계가 있다. 기본 문형을 설정함에 주어·술어·목적어·보어라는 4개의 성분명을 사용한다. 여기에 수식어인 관형어와 부사어를 보태서 문장의 성분을 분석한다.

영어에서 술어가 되는 품사는 오직 동사뿐이기 때문에 기능에 의해서 다른 품사와 경계 짓기가 용이하다. 영어의 품사 분류에서는 단어의 '의미'가 부차적인 요소이다. 주어와 목적어가 될 수 있는 단어는 명사와 대명사 또는 이에 상당하는 형식을 갖춘 구 또는 절이다. 영어에서 명사·대명사라는 품사는 문장 성분상 기본적으로 주어와 목적어로 쓰인다는 대응 관계를 보인다. 형용사와 명사는 결코 술어가 되는 일이 없다. 영어 어법 체계에서 형용사는 관형어나 보어만 된다. 명사·대명사는 주어·목적어 외에 보어가 되기도 하는데 'be'동사의 후속 성분을 보어라고 명명한 데 따른 것이다. 명사도 관형어가 되지만 대부분 형태 표지를 사용한다. 대명사가 관형어가 될 때는 단어의 형태가 변한다. 부사는 오직 부사어만 된다. 영어의 경우는 이처럼 품사와 기능 간에 대체로 대응 관계가 분명하다.

동사가 주어나 목적어로 쓰이려면 'V+ing' 또는 'to+V' 같은 형태를 필요로 한다. 같은 의미 범주에 드는 단어일지라도 명사와 형용사 간에, 명사와 동사 간에 명확한 형태를 구비한 경우가 많다.(주로 접미사 등의 어형에 의함) 전체 어휘가 다 그렇지는 않지만 단어의 형태와 형태 변화가 품사 구분을 가능하게 해 준다. 그래서 단어의 형태에 차이가 없는 경우에도 형태와 기능이 명확한 경우를 기준 삼아 품사의 경계를 나누고 있다. 이 밖에도 명사의 수(數)를 구별케 해주는 '-(e)s', 대명사의 격(格, case) 변화, 시제(時制, tense)를 구별해주는 동사의 굴절이나 조동사의 존재, 상(相, aspect)을 나타내주는 'have+과거분사', 수동(受動, passive)을 나타내주는 'be+과거분사' 등 많은 변화 표지가 있다. 그래서 영어의 품사 분류는 기본적으로 '단어의 형태와 그 변화 및 기능에 의하여' 행해질 수 있었다.

그런데 고대중국어는 단어 간의 품사를 구별할 수 있는 형태가 거의 없으며, 품사와 기능 간에 엄격한 대응 관계가 없다. 그럼에도 불구하고 품사를 나누고 있기 때문에 어법적인 분류로서의 성격이 매우 약하다.

현행의 품사 분류와 문장 성분(=기능) 분류에 따르면 고대중국어에서는 동사 외에 형용사·명사도 술어가 된다. 목적어의 자리에는 명사·대사 외에 동사·형용사도 놓인다. 동사·형용사는 보어의 자리에도 온다. 관형어에는 명사·동사·형용사·대사가 모두 쓰일 수 있다. 부사어에는 부사만 쓰이는 것이 아니라 명사·동사·형용사·대사도 쓰인다.

품사를 기준 삼아 말하자면, 동사·형용사는 술어·목적어·보어·주어·관형어·부사어 등 6가지 문장 성분에 다 쓰일 수 있으며, 명사 역시 보어를 제외하고 주어·목적어·술어·관형어·부사어에 두루 쓰인다. 오직 부사만이 부사어와 1 : 1의 대응 관계를 갖는다.

그러므로 고대중국어의 품사 분류는 이러한 품사 분류가 가능한 언어에서의 대응표현에 맞춘 의미상의 분류라고 말할 수 있다. 실사류에 관한 한, 하나의 단어가 둘 이상의 품사를 갖는다고 말하는 것은 구분이 가능한 다른 언어의 품사에 기준한 의미 인식상의 방편일 따름인 것이다. 그렇게 설명하면 쉽게 이해되기 때문에 이러한 품사 분류를 사용하고 있다고 여기면 된다. 요컨대 고대중국어와는 다른 현대 언어 사용자의 편의를 위한 것이라고 할 수 있다.

2) 고대중국어 문장 성분과 품사의 대응 양상

이제 문장 성분과 실사류 품사 간의 대응 관계를 구체적으로 살핌으로써 앞에서 설명한 품사 분류의 성격을 확인해 보기로 한다.

(1) 주어

▶ 명사 [狙公] [朝] [暮] [狙]

狙公賦芧曰: 朝三而暮四. 衆狙皆怒. 『莊子·齊物論』

저공이 도토리를 주면서 말했다. 아침은 셋이고 저녁은 넷이다. 뭇 원숭이들이 다 화를 냈다.

▶ 명사 [一] [十] [百] [千] [萬]

一可以勝十, 十可以勝百, 百可以勝千, 千可以勝萬, 萬可以勝天下矣.

『戰國策·秦策』

하나가 열을 이길 수 있고, 열이 백을 이길 수 있으며, 백이 천을 이길 수 있고, 천이 만을 이길 수 있으며, 만이 천하를 이길 수 있다.

▶ 동사 [食] [寢]

食不語, 寢不言. 『論語·鄕黨』

먹음에는(먹을 때는) 얘기 하지 않으셨고, 잠자리에 들어서는(잠자리에 들었을 때는) 말을 하지 않으셨다.

▶ 형용사 [小] [寡] [弱]

小固不可以敵大, 寡固不可以敵衆, 弱固不可以敵强. 『孟子梁王上』

작은 것은 본디 큰 것을 대적할 수 없고, 적은 것은 본디 많은 것을 대적할 수 없으며, 약한 것은 본디 강한 것을 대적할 수 없습니다.

▶ 대사 [吾]

吾得兄事之. 『史記·項羽本紀』

나는 그를 형처럼 섬길 수 있다.

(2) 목적어

▶ 명사 [酒]

景公飮酒. 『晏子春秋·內篇雜上』

경공이 술을 마셨다.

▶ 동사 [食]

不違農時, 穀不可勝食也. 『孟子·梁惠王上』

농사 때를 어기지 않으면 곡식은 이루 다 먹어낼(← 먹기를 이겨낼) 수가 없습니다.

▶ 형용사 [厚]

愼終追遠, 民德歸厚矣. 『論語·學而』

마침(장례)을 신중하게 하고 먼 조상을 추념하여 제사 지내면, 백성들의 덕이 두터운 데로 돌아가게 된다.

▶ 대사 [之]

虎求百獸而食之. 『戰國策 · 楚策』
호랑이가 온갖 짐승을 구해서 그것들을 잡아먹었다.

(3) 술어

▶ 명사 [聖人]

夫子 聖人也. 『莊子 · 德充符』
선생님은 성인이시다.

▶ 명사 [三]

君子道者三, 我無能焉. 『論語 · 憲問』
군자의 도는 셋인데, 나는 그 가운데서 잘하는 것이 없다.

▶ 동사 [見]

君子之於禽獸也 見其生不忍見其死. 『孟子 · 梁惠王上』
군자는 금수에 대해서 그 산 것을 보고는 그 죽은 것을 차마 보지 못합니다.

▶ 동사 [圍] [知]

秦晉圍鄭, 鄭旣知亡矣. 『左傳 · 僖公三十年』
秦나라와 晉나라가 鄭나라를 포위하자 鄭나라는 벌써 망하게 되리라는 것을 알았다.

▶ 형용사 [潔] [芳]

其志潔 其稱物芳. 『史記 · 屈原列傳』
그의 뜻이 고결하다. 까닭에 그가 사물을 일컫는 것도 향기롭다.

▶ 형용사 [久]

天下苦秦久矣. 『史記·陳涉世家』

천하가 진나라에게 괴로움을 당한 것이(당한 지가) 오래되었다.

▶ 형용사 [默然]

沛公默然. 『史記·項羽本紀』

패공이 잠자코(묵묵히) 있었다.

▶ 대사 [何]

春者何? 歲始也. 『公羊傳·隱公元年』

봄이란 무엇입니까? 해의 시작입니다.

▶ 대사 [誰]

子之師誰邪? 『莊子·田子方』

당신의 스승은 누구십니까?

(4) 보어

▶ 동사 [殺]

涉閒不降楚 自燒殺. 『史記·項羽本紀』

섭한은 초나라에 항복하지 않고 스스로 불에 타서 죽었다.

▶ 동사 [育]

得天下英才而敎育之 三樂也. 『孟子·盡心上』

천하의 영재들을 얻어서 그들을 가르쳐 기르는 것이 세 번째 즐거움이다.

▶ 형용사 [高]

今諸侯王皆推高寡人. 『漢書·高帝紀』

지금 여러 후와 왕들이 다 과인을 높이 밀어 올렸소.

▸형용사 [輕]

漢氏減輕田租. 『漢書·王莽傳』
한나라가 전조를 줄여 가볍게 하였다.

(5) 관형어

▸명사 [泰山]

孔子過泰山側. 『禮記·檀弓』
공자께서 태산 옆을 지나셨다.

▸명사 [管仲]

管仲之器小哉! 『論語·八佾』
관중의 그릇은 작구나!

▸동사 [亡]

四戰之後 趙之亡卒數十萬, 邯鄲僅存. 『史記·張儀列傳』
네 번 싸운 후에 조나라의 죽은 병사는 수십만이었으며, 한단(지명)만 겨우 남았다.

▸동사 [餘]

行有餘力 則以學文. 『論語·學而』
행하고 남은 힘이 있으면 곧 그것을 써서 글을 배우는 것이다[=배우라].

▸형용사 [窈窕]

窈窕淑女君子好逑. 『詩經·周南·關雎』
아리따운 정숙한 여자는 군자의 좋은 배필이네.

▸형용사 [高] [深] [嚴] [重]

雖有高城深池嚴法重刑 猶不能禁也. 『漢書·食貨志上』

비록 높은 성, 깊은 못, 엄한 법, 무거운 형벌이 있을지라도 오히려 금할 수가 없습니다.

▸대사 [吾]

吾矛之利 於物無不陷也. 『韓非子·難一』

내 창의 날카로움은(내 창이 날카롭기는) 사물에 대해서 뚫지 못하는 것이 없다.

▸대사 [我]

三人行, 必有我師焉. 『論語·述而』

세 사람이 가면 반드시 그 가운데 나의 스승이 있다.

(6) 부사어

▸명사 [人]

豕人立而啼. 『左傳·莊公八年』

돼지가 사람처럼 서서 울었다.

▸명사 [始] [兄]

王陵者故沛人 始爲縣豪, 高祖微時兄事陵. 『史記·陳丞相世家』

왕릉은 옛 패현 사람으로 처음에는 (그) 현의 호협이었는데, 한 고조가 미천하였을 때 왕릉을 형님처럼 섬겼다.

▸명사 [故]

臣恐强秦之爲漁父也 故願王之熟計之也. 『戰國策·燕策』

신은 강한 진나라가 어부가 될까[어부지리를 할까] 두렵습니다. 까닭에 왕께서는 그것을 숙고하시기 바랍니다.

▸ 명사 [四]

齊王四與寡人約 四欺寡人. 『史記·蘇秦列傳』

제의 왕이 네 번 과인과 더불어 약속을 하고 네 번 과인을 속였다.

▸ 동사 [跪]

良業爲取履 因長跪履之. 『史記·留侯世家』

張良은 기왕에 (노인을) 위해서 신을 가져왔기에 그에 따라 길게(윗몸을 곧게 세우고) 꿇어 앉아 그에게 신을 신겨 주었다.

▸ 형용사 [高]

毛羽未成, 不可以高飛. 『史記·蘇秦列傳』

털과 깃이 아직 완성되지 않으면 높이 날 수가 없다.

▸ 형용사 [新] [急]

趙太后新用事, 秦急攻之. 『戰國策·趙策』

조나라의 태후가 새로 섭정하자 진나라가 급히 그 나라를 공격하였다.

▸ 부사 [乃]

怠慢忘身, 災禍乃作. 『荀子·勸學』

태만은 몸을 잊게 하여, 재화(재앙과 화)가 곧 생긴다.

▸ 부사 [將] [必]

國將亡, 本必先顚而後枝葉從之. 『左傳·閔公元年』

나라가 장차 망하려 하면 뿌리가 반드시 먼저 무너지고 뒤에 지엽이 그것을 따른다.

▸ 대사 [斯]

季文子三思而後行, 子聞之曰: 再斯可矣. 『論語·公冶長』

계문자는 세 번 생각한 뒤에 행동하였다. 선생님께서 그것을 들으시고 말씀하셨다. 두 번이면 이것으로 된다.

동사·형용사는 여섯 가지 문장 성분에 두루 쓰여 성분 간의 경계가 없음이 확인된다. 명사는 보어를 제외하고 다른 성분에 두루 쓰이므로 기능상 동사·형용사와 비슷하다. 부사만이 부사어와 1 : 1의 대응 관계를 보임이 확인된다.

요컨대 문장 성분을 중심으로 말하면 부사 외에는 품사와 기능 간에 엄격한 대응 관계가 없다. 따라서 고대중국어 어법에서 품사를 통사론의 기초로 삼는 것은 엄격한 의미에서 어법적인 의의가 거의 없다고 말하게 된다.

대다수의 단어가 명사·동사·형용사 또는 이 가운데 두 가지 품사성을 갖는다고 서술한다는 것은 곧 단어 자체에 이러한 구별이 없음을 의미한다. 그래서 이 책에서도 명사·동사·형용사를 나누고는 있지만 일종의 방편이라고 말하는 것이다.

3. 품사 인식상의 특별한 방편

고대중국어에서 실사류의 품사는 대체로 종합적인 성질을 띠므로 명사·동사·형용사로 나누는 것은 일종의 방편에 지나지 않음을 강조하였다. 그런데 명사·동사·형용사로 나누는 데 그치지 않고 문맥상 내부적인 의미 관계를 설명하기 위해 다른 방편을 추가한다. 둘 이상의 품사를 겸하여 가질 뿐 아니라 그 안에서 다시 특수한 용법으로 쓰인다고 보는 것이다. 사동(使動)과 의동(意動)이라고 일컫는 것이 그것이다. 이를 단어의 활용이라고 설명해 왔다.

먼저 단순히 의미상 품사를 겸한다고만 말해도 될 것을 굳이 활용이라고 강변하는 예들을 보자.

■ 명사 : 동사

▶ 일반 동사 의미

[字] [名]

○ 명사

大夫沒矣, 則稱謚若字. 『禮記·玉藻』

대부가 죽으면 시호나(시호와) 자 같은 것으로(을) 일컫는다(시호나 자 같은 것으로 호칭한다).

北冥有魚, 其名爲鯤. 『莊子·逍遙遊』

북명에 물고기가 있는데 그것의 이름은 곤(鯤)이라고 한다.

○ 동사

未知其名, 字之曰道, 吾强爲之名曰大. 楚簡本 『老子』

아직 그것의 이름을 알지 못한다. 그것에 글자를 부여해서 '道'라고 말하련다. 나는 억지로 그것을 위해 이름을 지어 크다(위대하다/큰 것)고 말하련다.

[目]

○ 명사

國人莫敢言 道路以目. 『國語·周語上』

나라 사람들이 말을 감히 하는 일이 없이 도로에서 눈을 썼다(사용했다)[→ 눈으로 말했다].

○ 동사

布目備曰: 大耳兒最叵信. 『後漢書·呂布傳』

呂布(여포)가 劉備(유비)에게 눈짓을 하면서 말했다. 귀 큰 자식이 가장 믿을 수 없소.

范增數目項王. 『史記·項羽本紀』

범증이 자주 항왕에게 눈짓을 했다.

[燭]

○ 명사

夜書, 火不明, 因謂持燭者曰: 擧燭. 『韓非子·外儲說上』

밤에 편지를 쓰는데, 불이 밝지 않았다. 그래서 촛불을 잡은 사람에게 일러 "촛불을 들어 올려라."라고 말했다.

○ 동사

火燭一隅. 『呂氏春秋·土容』

불이 한 구석을 비추었다.

水靜則明燭鬚眉 平中準 大匠取法焉. 『莊子·逍遙遊』

물이 고요하면 곧 수염과 눈썹을 밝게 비추며, 평평함이 수평에 맞으면 큰 목수가 그것을 본보기로 취한다.

[將]

信曰: 陛下不能將兵而 善將將. 『史記·淮陰侯列傳』

한신(韓信)이 말했다. 폐하께서는 군대를 거느리지는 못하지만 장군을 거느리기를 잘하십니다(→ 잘 거느리십니다, ← 장군에 대한 장군 노릇을 잘하십니다).

* 의미상의 명사용과 동사용이 한 문장에서 술어와 목적어로 쓰임

명사인 '字'·'名'·'燭'·'目'·'將' 등의 품사가 동사로 전용되었다고 설명해 온 예들이다. 그러나 명사와 동사 중 어느 것이 먼저였는지를 정할 수도 없을 뿐만 아니라, 사람들이 명사인 단어를 필요에 따라 동사로 '활용(活用)'했다거나 '전용(轉用)'했다는 것은 있을 수 없는 일이다. '燭'

의 경우를 가지고 말하자면, '촛불처럼 비춤'과 '촛불, 비추어 주는 것'을 하나로 표현하였으니 두 개의 뜻과 두 개의 품사를 갖지 않고 공통되는 하나의 개념과 두 성질이 뭉뚱그려진 한 가지 품사를 가지고 있다고 보아야 할 것이다. 보통 사람은 이렇게 이해하기가 쉽지는 않을 것이다.

다음은 동사로 활용됨과 동시에 '~라고 여기다(하다)'를 뜻하는 의동(意動)과 '~하게 하다'를 뜻하는 사동(使動)을 추가로 나타낸다고 설명해 온 예들이다.

▸ 의동 의미

寶珠玉者, 殃必及身. 『孟子·盡心下』
주옥을 보배로 여기면, 재앙이 반드시 몸에 미칩니다.

不如吾聞而藥之也. 『左傳·襄公三十一年』
내가 들어서 그것을 약으로 여김만 같지 못합니다.

▸ 사동 의미

縱江東父老憐而王我, 我何面目見之? 『史記·項羽本紀』
비록 강동의 부로들이 나를 불쌍히 여겨 왕으로 삼는다 할지라도 내가 무슨 면목으로 그들을 보겠는가?

齊威王欲將孫臏. 『史記·孫子列傳』
제나라 위왕이 손빈을 장군으로 삼기를 바랐다(삼고 싶어 했다).

이러한 의미 또한 추가로 나타내어진 활용이 아니라 하나로 내재되어 있는 의미가 문맥을 통해서 인지되는 것이라고 할 수 있다. 동사로 여겨 온 단어에 자동·타동(의동·사동 포함)·수동 등의 구별이 없이 중립적으로 사용되는 이치와 같다.

公若曰: 爾欲吳王我乎? 遂殺公若. 『左傳·定公十年』

공약이 말했다. 당신은 나를 오나라 왕처럼 되게 하기를(피살되게 하기를) 바랍니까(=오나라 왕처럼 만들고 싶습니까)? 마침내 공약을 죽였다.

毋金玉爾音. 『詩經·小雅·白駒』

그대의 명성을 금옥처럼 여길 것이 없네.

사동 의미를 전달하는 문장 중의 '吳+王'이나 의동 의미를 전달하는 문장 중의 '金+玉'은 어법 단위상 한 '단어'가 아니라 각각 수식구조와 연합구조의 '구'이다.

■ 동사 : 명사

마찬가지 방식으로 다음 예는 동사인 '먹다'와 '마시다'가 명사인 '먹을 것'과 '마실 것'으로 전용되었다고 설명해 온 예이다.

黔敖左奉食 右執飲. 『禮記·檀弓』

검오가 왼쪽에는 먹을 것을 받쳐 들고 오른쪽에는 마실 것을 들고 있었다.

■ 동사 : 동사

다음은 동사이면서 사동 의미가 추가되었다고 설명해 온 예이다.

▶ 사동 의미

使趙不將括則已, 若必將之, 破趙軍者必括也. 『史記·廉頗藺相如列傳』

조나라로 하여금 괄(括)을 장군으로 삼지 않게 한다면 곧 그뿐이지만 꼭 그를 장군으로 삼을 것 같으면 조나라의 군대를 부숴버리는(부서지게 하는) 자는 반드시 괄이 될 것입니다.

欲辟土地 朝秦楚 莅中國而 撫四夷也. 『孟子·梁惠王上』

토지를 열고(넓히고) 진나라 초나라로 하여금 조견(조공)하게 하며 나라 가운데 임하여 四夷(사방의 오랑캐)를 어루만지기를 바라십니다.

■ 형용사 : 명사

다음은 형용사가 명사로 활용되었다고 설명해 온 예이다.

泛愛衆而親仁. 『論語·學而』

널리 뭇 사람을 사랑하고 어진 사람을 가까이 하는 것이다[=하라].

將軍身被堅執銳 伐無道 誅暴秦. 『史記·陳涉世家』

장군께서는 몸에 견고한 갑옷을 입으시고 날카로운 무기를 들고서 무도함을 치고 포악한 진나라를 베셨습니다.

■ 형용사 : 동사

다음은 형용사가 동사로 활용됨과 동시에 의동이나 사동 의미가 추가되었다고 설명해 온 예이다.

▶ 사동 의미

工師得大木, 則王喜. …… 匠人斲而小之, 則王怒. 『孟子·梁惠王下』

공사(백공의 우두머리)가 큰 나무를 얻으면 곧 왕이 기뻐하실 것입니다. …… 목공이 그것을 깎아서 작아지게 한다면 곧 왕께서 화를 내실 것입니다.

▶ 의동 의미

大, 小之, 多易必多難. 楚簡本『老子』

큰데도(큰일인데도) 그것을 작게 여기거나, 쉽게 여김이 많으면 반드시 어려움이 많아진다.

孔子登東山而 小魯 登泰山而 小天下. 『孟子·盡心上』
공자는 동산에 올라서는 노나라를 작다고 하였으며, 태산에 올라서는 천하를 작다고 하였다.

이상과 같은 분별은 거꾸로 각 단어가 품사성의 분화 없이 종합성을 지닌 채 쓰였음을 말해 준다.

4. 명사·동사·형용사의 의미 유형

1) 명사의 분류

의미상의 명사는 일반명사·추상명사·고유명사·시간명사·방위명사·수명사·양명사 등으로 나누어 볼 수 있다. 이 또한 의미를 세분한 것일 따름이기 때문에 사람에 따라 다를 수 있다. 종래의 품사 분류에서 수(數)나 양(量)을 뜻하는 수명사(數名詞)·양명사(量名詞)를 수사(數詞)와 양사(量詞)로 격상시켜 다른 실사류와 대등한 위치를 차지하게 해왔지만, 고대중국어에서는 따로 세울 만한 어법상의 이유가 없다. 명사의 하위 부류에 넣으면 된다. 명사류를 나누는 특별한 어법적 의의는 없다.

■ 일반명사

'士·君·君子·日·山·樓·刀·杯·衣·茶·鳥·魚·身·口·詩·畵' 등 사람이나 사물의 이름을 포괄한다. 이것들도 동사성·형용사성을 띠는 용례를 가질 수 있다. 명사성·동사성·형용사성을 한 덩어리로서 종합성의 것이라고 생각하지 못했기 때문에 이러한 분류들이 나오게 된 것이라고 생각하면 된다.

■ **추상명사**

'智·仁·勇·道·廉' 등 추상적인 개념을 뜻하는 단어이다. 용례를 가지고 보면 형용사성을 겸한 것으로 여겨지는 경우가 가장 많은 부류로서 동사성을 띠며 쓰이기도 하므로 분류상 형용사·동사를 겸하게 된다.

■ **고유명사**

'孔丘·老子·黃帝·殷·唐·泰山·匈奴' 등 특정의 구체적인 명칭이다. 의미상 동사성이나 형용사성을 보이는 예가 극히 드물 수밖에 없는 부류이다.

■ **시간명사**

'歲·年·日·春·夕·晝·夜·今·古' 등 시간을 뜻하는 단어이다.

흔히 문두에도 놓여 부사어가 되기 때문에 어떤 단어들은 명사성의 것인지 부사성의 것인지를 가리기 어려운 경우가 있다. 다음 문장 중의 '須臾'가 한 예이다. 어느 경우이든 명사류로 보면 된다.

西門豹曰: 諾, 且留待之須臾. 『史記·滑稽列傳』
{목적어로 쓰임}
서문표가 말했다. 좋소. 다시 또 머물러 그들을 잠시 기다립시다.

須臾豹曰: 廷掾起矣! 『史記·滑稽列傳』
{부사어로 쓰임}
잠시 후에 서문표가 말했다. 정연(관직 명)은 일어나라!

■ 방위명사

'東·南·上·左·前·後·內·外·側' 등 방위와 관계되는 단어이다.
반드시 방위만을 뜻하지는 않는다. '上·前·後'처럼 시간이나 다른 개
념을 나타내기도 하기 때문에 이 같은 하위분류도 적절하지 않음을 알
수 있다. 문장 중에서의 쓰임을 보아야 알 수 있다. 중성의 것이라고 보
면 된다.

■ 수명사

종래 '수사(數詞)'라는 독립 품사명을 부여해 온 것들이다. 의미상 형
용사성을 겸하지만 명사의 한 부류에 둔다. '一·十·百·千·再[1]' 등 수
를 뜻하는 부류이다. 수를 뜻하는 말은 단독으로 또는 다른 명사와 더불
어 기수(基數)·서수(序數)·분수(分數)·개수(概數, =어림수) 등을 나타
낸다.

각 자릿수 사이에 '有'를 사용하는 표현법도 있다. '有'는 의미상의 동
사이다.

吾十有五而志于學. 『論語·爲政』
나는 열하고 다섯이 있고서(열다섯에) 학문에 뜻을 두었다.

서수는 '第十八'처럼 기수 앞에 '第'를 더하여 나타내기도 한다. 年·
月·日 등의 순서를 나타내는 데는 '第'를 쓰지 않는다.

分數는 '分'을 쓴 경우도 있고 쓰지 않는 경우도 있다. '五分三'은 '다

---

1) 季文子三思而後行. 子聞之曰: 再斯可矣.(『論語·公冶長』)(계문자는 세 번 생각한
뒤에 행동하였다. 선생님께서 그것을 들으시고 말씀하셨다. 두 번이면 이것으로 된다.)

섯으로 나누어 셋이다'가 되고, '五三'는 '다섯에 셋이다'가 된다. 어휘를 덜 쓰고 더 쓰는 차이이고 의미 내용은 결국 같다.

　나뉘는 대상을 밝혀 말할 때는 '分'의 목적어로 취한다. '分'이 쓰이건 쓰이지 않건 간에, 분모의 뒤 또는 '分+목적어' 뒤에는 어기조사 '之'가 쓰여 나뉘는 수가 강조되기도 한다.

　　故關中之地 於天下三分之一. 『史記·貨殖列傳』
　　까닭에 관중의 땅은 천하에서 셋으로 나누어 하나(3분의 1)이다.

　　方今大王之兵衆不能十分吳楚之一. 『史記·淮南衡山列傳』
　　바야흐로 지금 대왕의 병력은 오·초(오·초의 병력)를 열로 나누어 하나도 되지 못합니다.(→ 오·초를 합친 것의 10분의 1도 못됩니다.)

　　先王之制 大都不過參國之一. 『左傳·隱公元年』
　　선왕의 법제에서는 큰 도읍이 세 나라에서 하나를 넘지 않았다.

　　中五之一, 小九之一. 『左傳·殷公元年』
　　가운데 것은 다섯에 하나이며, 작은 것은 아홉에 하나이다.

　　丁壯者引弦而戰, 近塞之人 死者十九. 『淮南子·人間訓』
　　장정들은 활시위를 당기며 싸웠는데 변방에 가까운(가까이 살던) 사람들은 죽은 경우가 열에 아홉이었다.

　어림수는 '三四'·'七八'처럼 근접한 수를 연용하거나 '幾'(몇)·'幾何' (얼마) 등을 사용하여 나타낸다. 숫자의 앞·뒤에 '許'·'所'·'幾'·'數'· '餘'·'可'·'不滿'·'不過'·'不下' 등을 사용하기도 한다. 예를 들면 다음과 같다.

　　昔亡父賜書四千許卷. 『後漢書·烈女傳』
　　접때 돌아가신 아버지께서 책 4천여 권(4천 권쯤)을 주셨습니다.

其巫 老女子也 已年七十 從弟子女十人所.『史記·滑稽列傳』

그 무당은 늙은 여자로서 이미 나이가 70이었으며, 따르는 제자가 여자 10명 정도(가량, 쯤)였다.

鵬之背不知其幾千里也.『莊子·逍遙遊』

붕새의 등은 그것이 몇천 리인지를 모른다.

絕學亡憂. 唯與訶相去幾何？ 楚簡本『老子』

배움을 끊으면 근심할 것이 없다. 생각하는 것은 꾸짖는 것과 비교하면 서로의 거리가 얼마나 되는가?

夫行數千里而救人者 此國之利也.『戰國策·魏策』

대저 수천 리를 가서 사람을 구원하는 것(구한다면), 이는 나라의 이익입니다.

初張蒼父長不滿五尺, 及生蒼, 蒼長八尺餘.『史記·張丞相列傳』

처음 장창의 아버지는 (키가) 다섯 자도 차지 못했는데, 장창을 낳게 되어서는 장창은 여덟 자 남짓 되었다.

大王之卒 悉之不過三十萬.『戰國策·韓策』

대왕의 병졸은 그것을 다 해도 30만을 넘지 못합니다.

■ 양명사

종래 양사(量詞)라는 품사명으로 독립시켜 왔던 부류이다. 사물의 수량을 헤아리는 뜻을 갖는다. 의미 내용에 따라 사물의 단위를 나타내는 경우(명량[名量], =물량[物量])와 동작·행위의 단위를 나타내는 경우(동량[動量])로 나누기도 한다. 도량형(度量衡)의 단위가 대부분이다.

▸ 길이·넓이: 尺·寸·丈(10尺)·雉(10尺의 폭으로 30尺 길이의 성벽 면적)·仞(8尺)·里·畝·頃 등.
▸ 부피·무게: 龠(1/10合, 黍 1,200알의 분량)·合·升·斗·豆(4升)·區(16升=1斗6升)·釜(6斗4升)·鍾(6斛4斗[8斛,10斛])·庾(16斗)·斛(10斗)·秉(16斛)·[黍]·豆(16黍)·銖(6豆=1/24냥)·兩·斤·鎰(24냥)·鈞(30근)·

擔(100근) 등.

‣ 횟수: 次·陣 등.

‣ 일반: 乘·匹·頭·卷 등.

수나 양을 나타내는 말은 다른 명사류보다 더 자주 '수+양'의 형태로 짝지어 쓰이기 마련이다.

몇 가지 예를 보면 다음과 같다.

今王之地方五千里. 『戰國策·楚策』

지금 왕의 땅은 사방 오천 리입니다.

烏孫多馬, 其富人至有四五千匹馬. 『史記·大宛列傳』

오손 지방은 말이 많아서, 그 가운데 부유한 사람은 4, 5천 필의 말을 소유하는 데 이르렀다.

一龠 容千二百黍 重十二銖. 『漢書·律曆志』

1약(龠)은 천 이 백 서(黍)의 용량이고 12수(銖)[1수=1/24냥]의 무게이다.

子曰: 與之釜. 請益. 曰: 與之庾. 冉子與之粟五秉. 『論語·雍也』

선생님께서 말씀하셨다. 그에게 1부(6말 4되)를 준다(주어라). 더 주기를 청했다. 말씀하셨다. 그에게 1유(16말)를 준다(주어라). (그런데) 염구는 그에게 곡식 5병(80섬)을 주었다.

一簞食 一豆羹 得之則生 弗得則死. 『孟子·告子上』

한 광주리의 밥과 한 말의 국은 그것을 얻으면 곧 살고 얻지 못하면 곧 죽는다.

2) 동사의 분류

동사를 의미에 따라 다시 나누면 개념상 동작·행위·변화, 유무(有無)·존재, 심리·지각, 가능·의지, 관계 등을 뜻하는 무리로 나누어 이해할 수 있다. 의미에 따라 나누는 것이기에 경계를 나누는 것이 억지스러운 경우들이 적지 않다.

■ 동작·행위·변화

'來·走·坐·出·過·笑·立·興·攻·食·敎·使·令·見·聽·問·語·得·求·成·變' 등과 같이 기거동작·행위 및 변화를 뜻하는 부류이다.

■ 유무(有無)·존재

'有·無'는 있고 없음을 뜻한다. 주어가 사람이 아닌 경우도 많아서 문장 전체의 의미를 주관적 임의적으로 이해하는 경우가 많다. 주어가 장소를 나타내는 말일 때 특히 그러하다. 이 경우 존재를 나타낸다고 한다. 그러나 이러한 인식은 '有·無'가 지닌 의미의 본질이 아니라, 함께 쓰인 어휘에 의해 우리가 주관적으로 판단해낸 논리적 인식일 따름이다. 따라서 그냥 '有無'라고 히는 것이 정확한 표현이다.

'在'는 존재의 의미를 지닌 단어이다.

이 부류에는 출현이나 소멸 등을 나타내는 단어들을 함께 귀속시킬 수도 있다.

■ 심리·지각

'喜·惡·怒·恐·恨·憂' 등은 각종 심리 또는 감정을 뜻하는 단어이다. '思·知·忘·惑·悔' 등은 지각을 뜻한다. 이 부류도 경계가 분명하지는 않다. 동작·행위·변화류에 넣어둔 '見·聽' 등도 이에 가깝기 때문이다.

■ 가능·의지·당위

가능을 뜻하는 '能', 의지를 뜻하는 '欲'·'願' 등이 이에 해당된다. 지금까지 '可'·'足' 등의 가능류와 '肯'·'敢' 등의 의지류, '宜'·'當'·'應' 등의 당위류를 함께 포괄하여 '능원동사(能願動詞)' 또는 '조동사(助動詞)'라고 명명해 왔다. 그런데 의미에 의해 동사와 형용사를 나누기로 한다면 '可'·'足'·'肯'·'敢'·'宜'·'當'·'應' 등은 형용사에 넣어야 마땅하다. 고대중국어에는 조동사가 없다. 기능면에서 일반 동사 내지 형용사와 쓰임에 차이가 없다.

이 부류에 드는 동사나 형용사는 흔히 다른 동사(또는 형용사)[구 포함]를 목적어로 취하는데, '有'·'無'·'在'나 심리·지각을 나타내는 동사도 이러한 쓰임을 보인다. 그 밖의 품사성을 지닌 단어를 목적어로 수반하기도 한다.

■ 관계

판단 관계를 뜻하는 경우의 '爲·是', 유사 내지 상동(相同)을 뜻하는 '如·若·似·猶·類', 호칭을 뜻하는 '稱·曰·謂·爲' 등이 이 부류에 속한다.

이상과 같이 지금까지 주로 해 온 분류 방식은 어법상 별 의미를 갖지 못한다는 사실에 유의하여야 한다.

3) 형용사의 분류

형용사의 하위분류도 관념에 의해 더 나눈 것이기 때문에 어법적인 의의는 없다. 이 책에서는 크게 성질을 나타내는 것과 상태를 나타내는 것 그리고 가능·의지·당위를 뜻하는 것으로 나누었다. 의성어·의태어 등도 의미상 형용사에 든다.

명사와의 경계는 전적으로 관념의 산물이기 때문에 거의가 명사를 겸한다고 말할 수밖에 없다. 동사와의 관계도 비슷하다. 술어와 관형어·부사어가 다 되는 것이 있는 반면 의미로 인하여 어느 성분으로는 쓰이지 못하는 것도 있다. '성질·상태·가능·의지·당위'라는 개념 역시 관념상의 구분이기 때문에 양 쪽에 드는 단어들이 있게 된다.

■ 성질

'重·強·明·賢·眞·善·精·美·巧·清·溫·甘·雅'등과 같이 주로 성질을 형용하는 데 쓰이는 것들이다.

■ 상태

'大·多·衆·高·長·曲·直·厚·遠·紅·綠·深·廣'등의 단음절사도 있고, '交交·坎坎·蕭蕭'같은 의성어를 비롯한 '揚揚·赫赫·綿綿·蒼蒼·湯湯'·'參差·憔悴·彷徨·逍遙'등의 쌍음절 단순사, '黙然·欣然·茫茫然·堂堂乎·申申如·率爾·沃若'등 합성사로서 부가식(附加式)의 파생사가 있다.

'大義·曲解·直言·深靑'등의 경우에는 '大·曲·直·深'이 성질을 나타낸다. 어떤 단어와 결합되어 쓰이느냐에 따라 달라지므로 성질과 상태로 구분하는 어법상의 의의는 없다.

품사 분류가 의미상의 분류이기 때문에 '仁·義·禮·智·勇·廉·大·小·強·弱'등을 비롯한 많은 단어들을 형용사와 명사를 겸하며, 때로는 동사와도 겸한다고 말해 왔다.

■ 가능·의지·당위

'可·足·敢·肯·當·宜·應' 등이 이 부류에 속한다. 의미상 가능(可能)·의지(意志, =의원[意願])·당위(當爲)로 나누어 볼 수 있다. 각종 단어나 구를 목적어로 수반하는 경우가 많다.

◗ 형용사와 목적어

고대중국어에서는 형용사도 목적어를 수반하는 경우가 있다. 가능·의지·당위를 뜻하는 형용사가 이끄는 '可+求'·'足+食'·'敢+問'·'當+立' 등도 '형용사+목적어' 형식이다. 다른 의미류인 '多+馬·少+言·難+成·易+老·賢+己' 등과 같다. '동사+목적어'의 결합과 '형용사+목적어'를 묶어 '술어+목적어'구조(술목구조)라고 보면 된다.

視素保樸 少私 寡欲. 楚簡本『老子』
본바탕을 중시하고 질박함을 보존하며, 사사로움을 적게 하고(← 사사로움이 적고) 욕심을 줄이는(← 욕심이 적은) 것이다.

夫功者難成而易敗, 時者難得而易失也. 『史記·淮陰侯列傳』
대저 공이란 이루기는 어려워도 그르치기는 쉬우며, 때란 얻기는 어려워도 잃기는 쉽다.

烏孫多馬, 其富人至有四五千匹馬. 『史記·大宛列傳』
오손 지방은 말이 많아서, 그 가운데 부유한 사람은 4, 5천 필의 말을 소유하는 데 이르렀다.

商也好與賢己者處. 『說苑·雜言』
상은 자기보다 어진 사람과 더불어 지내기를 좋아했다.

足下必欲誅無道秦 不宜踞見長者. 『史記·高祖本紀』
당신께서 꼭 무도한 진나라를 베기를 바라신다면, 걸터앉아 윗사람을 접견하심은 마땅치 않습니다.

5. 동사적 쓰임과 특징

의미상의 동사는 문장 중에서 술어·주어·목적어·보어·관형어·부사어 등 여섯 가지 성분으로 두루 쓰인다. 술어가 되는 빈도가 가장 높다. 이때 부사 또는 다른 부사어의 수식을 받을 수 있다. 의미상의 형용사도 여섯 가지 성분으로 두루 쓰이는 것은 동사와 마찬가지이다. 의미상의 명사는 보어를 제외한 다섯 가지 성분으로 두루 쓰이고, 술어가 될 때 일부 부사의 수식을 받을 수 있다.

명사·동사·형용사는 편의상 나누고 있지만 종합성을 띤다는 사실을 유념할 필요가 있다.

1) 고대중국어 동사의 기본 성질

고대중국어에서는 의미상 동사로 쓰일 때 자체에 자동(自動)·타동(他動)[사동(使動)·의동(意動) 포함]·수동(受動)[피동(被動)]의 구별이 없다. 바꾸어 말하면 하나의 단어가 이러한 용어들로 구별할 수 있는 뜻을 따로따로 나누어 지니고 있지 않다. 그러므로 이것들을 한 단어가 지니는 서로 다른 의미로 여길 수 없다. 중립적이다. 하나의 의미를 지닐 뿐으로서 문맥에 의해 전체 문장의 뜻이 전달 될 따름이다.

■ 자동·타동의 개념

서양 언어에서는 목적어의 유무에 의해 동사를 자동사와 타동사로 구분한다. 서양 언어에서 자동사로 분류되는 단어류의 의미를 따라서 자동과 타동을 따지는 것은 고대중국어의 어법상 아무런 의의를 지니지 못한다. 고대중국어에는 동사 자체에 자동과 타동의 구별이 없기 때문이다. 같은 동사가 문맥에 따라 자동 의미를 전달하기도 하고 타동 의미를 전달하기도 한다. 더구나 문맥상 자동 의미를 나타낼 때도 목적어를 취할 수 있다. 일부 형용사도 목적어를 취한다.

그래서 고대중국어는 목적어의 범위가 매우 넓다. 술어와 목적어의 결합은 다른 요소의 도움이 없이 거의 모든 의미 관계를 전달한다. 또 목적어를 동반하지 않는다고 해서 모두 자동사라고 할 수도 없고, 목적어를 동반한다고 해서 모두 타동사라고 할 수도 없다.[2]

주의할 점은 동사와 목적어 사이에 다른 단어가 놓이는 경우 '동사/형용사+목적어'의 관계를 해치지는 않는다는 사실이다. '於[于]'가 목적어 앞에 놓여 이를 강조하기도 하며, 의문의 어기를 나타내는 '乎'가 동사·형용사의 뒤에 쓰이기도 한다.

술어와 목적어의 의미 관계 유형에 대해서는 뒤에서 상세히 설명한다.

먼저 서구 언어의 '자동(自動)' 개념에 해당하는 단어의 쓰임을 보기로 하자.

子路拱而立. 『論語·微子』
자로가 두 손을 맞잡고 서 있었다.

列子入 泣涕霑襟以告壺子. 『莊子·應帝王』
열자가 들어가서 울어 눈물이 흘러서 옷깃을 적셔가지고 (그래 가지고) 호자에게 알렸다.

---

2) 중국어의 동사를 서구 언어의 자동사와 타동사처럼 분류하는 경우, 이들을 각각 '불급물동사(不及物動詞)'와 '급물동사(及物動詞)' 또는 '내동사(內動詞)'와 '외동사(外動詞)'라고 명명하기도 한다.

위 예에서 '立'과 '入'은 목적어를 수반하지 않았다.

다음은 유사류의 단어이면서 목적어를 수반한 경우이다.

子入太廟 每事問. 『論語·八佾』

선생님께서 태묘에 들어가시자 일마다 물으셨다.

孔子欲居九夷. 『論語·子罕』

공자께서 구이의 땅에 머물기를 바라셨다(머물고 싶어 하셨다).

文公如齊. 『左傳·成公三年』

문공이 제로 갔다.

孟子自范之齊. 『孟子·盡心上』

맹자가 범으로부터 제로 갔다.

위의 예 중 '入'·'居'·'如'·'之'는 의미상 자동류에 들지만 모두 목적어를 수반하였다. 술목구조 중의 목적어의 범주가 서구 언어의 것과 크게 다름을 쉽게 알 수 있는 예들이다. 목적어가 강조되는 문맥일 때는 조사 '於'(于)가 쓰인다.

王立於沼上. 『孟子·梁惠王上』

왕이 못 가에 서 있었다.

段入於鄢. 『左傳·隱公元年』

단이 언으로 들어갔다.

夫子至於是邦也, 必聞其政. 『論語·學而』

선생님께서 이 나라에 이르시면 반드시 그 정치를 물으신다.

다음은 서구 언어에서 '타동(他動)'의 의미류에 해당하는 예들이다.

景公飮酒. 『晏子春秋·內篇雜上』
경공이 술을 마셨다.

子貢問君子. 『論語·憲問』
자공이 군자를(군자에 대해서) 물었다.

타동의 의미를 나타낸다고 해서 반드시 목적어를 수반하는 것도 아니
다. 문맥에 의존하여 쓰지 않기도 한다.

冉有曰: 夫子欲之, 吾二臣者皆不欲(∨)**也**. 『論語·季氏』
염유가 말했다. 선생님께서는 그것을 하고 싶어 하시나 저희 두 신하는 모두 [그것을]
하고 싶지 않습니다.

고대중국어에서 술어와 목적어의 결합이 나타내는 의미의 범위가 매
우 넓다. 영어에서와 같은 전치사도 없고 한국어에서와 같은 후치사(토
씨=조사)도 없다. '술어+목적어'의 결합만으로 각종의 의미 관계를 전달
한다.

■ 사동·의동의 개념

앞에서 설명한 바와 같이 사동(使動)과 의동(意動)은 타동류에 드는
단어의 의미 인식상의 한 방편이다. '사동(使動)'은 동사가 '~하게 하다'
라는 의미를 아울러 전달하는 경우를, '의동(意動)'은 '~라고 여기다(생
각하다)'는 의미를 아울러 전달하는 경우를 설명하는 용어이다.

사동과 의동의 의미 전달하는 데 특별한 형식이 없는 것 또한 고대중
국어 어법의 중요한 특징의 하나이다. 목적어의 수반 여부에 관계없이
얼마든지 사동 또는 의동 의미를 나타낼 수 있다. 다음은 자동·타동의
경계뿐만 아니라 사동의 구별도 단어 내부에 있지 않음을 쉽게 알게 해

주는 예이다.

[立] [入] [達]

▸자동 의미

子路拱而 立. 『論語·微子』
자로가 두 손을 마주 잡고 서 있었다.

三過其門而 不入. 『孟子·滕文公上』
세 번 그의 문(→ 문 앞)을 지났으나 들어가지 않았다.

▸타동으로서의 사동 의미

入其社稷之臣於秦. 『戰國策·秦策』
그의 사직지신[나라의 안위와 존망을 한 몸에 맡은 중신]을 진에 들여보냈다.

▸자동 의미와 타동으로서의 사동 의미가 함께 출현함

夫仁者 己欲立而 立人, 己欲達而 達人. 『論語·雍也』
대저 어질면(어진 사람은) 자기가 서고자 하면 남도 서게 하고(=세우고), 자기가 이르고자 하면 남도 이르게 한다.

위 예들은 '立'·'入'·'達'은 문맥에 따라라 자동 의미를 전달하기도 하고, 사동에 속하는 타동 의미를 전달하기도 함을 보여 준다. 다른 동사들도 마찬가지이다. 문맥에 따라 사동 의미를 전달하기도 하고 그렇지 않기도 함은 본시 타동 의미를 갖는다고 여겨온 단어들도 마찬가지이다.

丘也幸. 苟有過, 人必知之. 『論語·述而』
丘(구)는[나는] 행복하다. 만약에 허물(잘못, 과실)이 있으면 사람(남)들이 반드시 그것을 알게 해 준다.

다음은 의동의 예이다. 의미상 형용사 또는 명사를 겸하는 단어들이다.

叟不遠千里而 來, 亦將有以利吾國乎?『孟子·梁惠王上』
노인장께서 천 리를 멀다 여기지 않으시고 오셨으니, 역시 장차 우리나라를 이롭게 할 것이 있겠군요?

孔子登東山而 小魯 登泰山而 小天下.『孟子·盡心上』
공자께서는 동산에 올라서는 노나라를 작다고 여기셨고 태산에 올라서는 천하를 작다고 여기셨습니다.

寶珠玉者, 殃必及身.『孟子·盡心下』
주옥을 보배로 여기면, 재앙이 반드시 몸에 미칩니다.

蘇秦曰: 嗟乎! 貧窮則父母不子 富貴則親戚畏懼.『戰國策·秦策』
소진이 말했다. 아! 빈궁해지면 곧 부모도 자식으로 여기지 않고, 부귀해지면 곧 친척들도 두려워한다.

■ 수동 의미의 전달

고대중국어에서는 수동(受動)[=피동(被動)]의 의미 또한 특별한 형식에 의하지 않고 동사의 의미와 문맥에 의해 전달된다. 뒤에 오는 목적어가 행위자[=시사자(施事者)]가 된다. 뒤에서 자세히 설명한다.

怠慢忘身, 災禍乃作.『荀子·勸學』
태만은 몸을 잊게 하여, 재화(재앙과 화)가 곧 만들어진다(지어진다, 생긴다).

拘禮之人 不足與言事, 制法之人 不足與論變.『商君書·更法』
예에 속박을 당하는 사람은 더불어 일을 말하기에 부족하고, 법에 제약을 받는 사람은 더불어 변화를 논하기에 부족하다.

信而見疑 忠而被謗 能無怨乎?『史記·屈原列傳』
미더운데도 의심하는 것을 보고(→ 의심을 받고) 정성스러운데도 비방을 입는다면(→

받는다면) 원망이 없을 수 있겠습니까?

身死國亡 爲天下笑. 『戰國策·秦策』

몸은 죽고 나라는 망하여 천하가 비웃는 꼴이 되었다.

國一日被攻, 雖欲事秦 不可得也. 『戰國策·齊策』

나라가 어느 날 침공을 입으면(→ 당하면) 비록 (그때 가서) 진나라를 섬기고자 하여도 그럴 수가 없습니다.

假令僕伏法受誅, 若九牛無一毛, 與螻蟻何以異? 『司馬遷·報任安書』

가령 저로 하여금 법에 복종하여 죽임을 받게(당하게) 한다면, 아홉 마리의 소에서 한 터럭이 없어지는 것과 같을 것이니, 땅강아지나 개미와 더불어 (비교하여) 무엇으로(어떻게) 다르겠습니까?

聖人非所與熙也, 寡人反取病焉. 『晏子春秋·內篇雜下』

성인은 더불어 희롱할 바가 아니다. 과인이 반대로 그에게 괴롭힘을 받았다.

고대중국어에는 의미상의 동사가 수동을 나타내는 형식 표지가 없이 수동 의미를 전달한다. 해당 단어의 의미와 다른 단어와의 문맥 관계에 의해서이다.

2) 가능·의지·당위류 단어

가능·의지·당위의 의미 범주에 드는 단어들의 쓰임도 일반 동사류·형용사류와 기본적으로 같다. 다른 술어의 목적어가 되기도 하고, 다른 단어나 구를 목적어로 취하기도 한다. 의미상의 한 갈래일 뿐 조동사성(助動詞性)은 없다.

먼저 단어를 목적어로 취한 예를 보자.

[能]

非曰能之 願學焉. 『論語·先進』

그것을 잘한다고 말하는 것이 아니라 그것을 배우기를 원합니다.

[欲]

姜氏欲之 焉辟害? 『左傳·隱公元年』

강씨가 그것을 하고 싶어 하는데 어디(어떻게) 해를 피하겠는가?

罪莫厚乎甚欲, 咎莫憯乎欲得, 禍莫大乎不知足. 楚簡本『老子』

죄는 욕심이 지나친 것보다 무거운 것이 없고, 허물은 얻기를 바라는 것보다 참담한 것이 없으며, 화는 만족할 줄을 모르는 것보다 큰 것이 없다.

'能'과 '欲'이 '之'를 목적어로 취하기도 하고, '得'과 같은 의미상의 동사를 목적어로 취하기도 한다. 각각 '잘하다·능하다(→할 수 있다)'와 '바라다·하고자 하다·하고 싶다·원하다' 등으로 풀이할 수 있다.

다음은 구를 목적어로 취한 예들이다.

[能]

江海所以爲百谷王 以其能爲百谷下. 楚簡本『老子』

강과 바다가 온갖 계곡의 왕이 되는 바(→ 이유)는 그것들이 온갖 계곡의 아래가 될 수 있음을 가지고서이다.

是以泰山不讓土壤 故能成其大. 『史記·李斯列傳』

이에 그렇게 해서 태산은 토양을 사양하지 않으며 까닭에 그 큼을 이룰 수가 있습니다.

方今大王之兵衆不能十分吳楚之一. 『史記·淮南衡山列傳』

바야흐로 지금 대왕의 병력은 오·초(의 병력)를 열로 나누어 하나도 되지 못합니다. (오·초를 합친 것의 10분의 1도 못 됩니다.)

[願]

左師觸龍願見太后. 『戰國策·趙策』

좌사(관직 이름)인 촉룡이 태후를 뵙기를 원했다.

寡人非此二姬, 食不甘味 願勿斬也. 『史記 · 孫子列傳』

과인은 이 두 여자가 아니면, 먹는 데 맛을 달게 여기지 못하니 베는(참수하는) 일이 없기를 원하오.

丹所報 先生所言者 國之大事也, 願先生勿泄也. 『史記 · 刺客列傳』

단이 알려온 바와 선생께서 말씀하신 바는 나라의 대사이니 선생께서는 누설하는 일이 없으시기 바랍니다.

[欲]

保此道者不欲尚盈. 楚簡本 『老子』

이 道(기운)를 보유한 사람은(보유하게 되면) 오히려 가득 채우기를 바라지 않는다.

宋人請猛獲於衛, 衛人欲勿與. 『左傳 · 莊公十二年』

송나라 사람들이 위나라에 맹획을 청하였으나, 위나라 사람들이 주는 일이 없기를 바랐다.

고대중국어에서는 비단 가능 · 의지를 나타내는 부류뿐만 아니라 다른 부류도 의미에 따라 각종 구를 목적어로 취할 수 있다. 위의 예들은 서구 언어의 조동사처럼 인식할 수 없음을 쉽게 알 수 있게 해준다.[3] 다음은 의미상 형용사 부류의 예이다.

[可]

願上所居宮毋令人知, 然後不死之藥殆可得也. 『史記 · 秦始皇本紀』

임금님께서 묵으시는 바의 宮은 사람들로 하여금 알게 하는 일이 없기를 원합니다. 그렇게 한 뒤에야 죽지 않는 약은 거의[아마] 얻을 수 있을 겁니다.

---

3) 僕欲北攻燕東伐齊 何若而有功?(『史記 · 淮陰侯列傳』)(저는 북으로 연을 치고 동으로 제를 정벌하고 싶은데 무엇과 같이 하면(어떻게 하면) 공이 있겠습니까?)의 경우는 목적어가 되는 술목구 앞에 부사어(부사성 수식어)가 있는 경우이다.

少帝曰: 欲將我安之乎?(『史記 · 呂太后本紀』)(어린 황제가 말했다. 장차 내가 어디로 가기를 바랍니까?)의 경우는 목적어가 되는 주술구 앞에 부사어가 있는 경우이다.

秦兵尚疆, 未可輕. 『史記·留侯世家』

진나라 군사가 아직 강성하니 아직 가벼이 할(→ 가볍게 볼) 수 없습니다.

故察己可以知人 察今可以知古. 『春秋·察今』

까닭에 자기를 살피면 그것으로 남을 알 수 있고, 지금을 살피면 그것으로 옛날을 알 수 있다.

夫子之文章可得而聞也. 『論語·公冶長』

선생님의 글은 얻어서 들을 수 있습니다.[4]

[足]

噫! 斗筲之人 何足算也? 『論語·子路』

아! 변변하지 못한 사람은 뭐로(어떻게) 쳐주기에 족하겠는가?

拘禮之人 不足與言事, 制法之人 不足與論變. 『商君書·更法』

예에 속박을 당하는 사람은 더불어 일을 말하기에 부족하고, 법에 제약을 받는 사람은 더불어 변화를 논하기에 부족하다.

---

4) ▶'得'의 의미 :

"夫子之文章可得而聞也."에서 '得而聞'은 '可'의 목적어로 쓰였다. 이 경우는 자연스럽게 '얻다'로 번역한다. 그런데 '得'이 다른 동사성·형용사성 성분을 목적어로 취하면 '~할 수 있다'로 번역하는 것이 보통이다. 다음 예가 그 중 하나이다.

孔子下 欲與之言, 趨而辟之, 不得與之言.(『論語·微子』) [辟=避] (공자가 내려가서 그와 더불어 말을 하고자 하였으나, 종종걸음으로 그[공자]를 피해버려서, 그와 더불어 말을 하지 못했다[→ 할 수 없었다].)

그러나 '得'의 의미를 여럿으로 나누는 것은 옳지 않다. 대표 번역어를 '얻다'로 삼을 수 있고, 이것의 목적어가 뜻하는 내용에 따라서 문맥에 맞는 번역어를 취할 수 있을 따름이다. '이루다, 달성하다, 해내다' 등을 포함하여 다양하다. 그 가운데 하나가 '~할 수 있다'인데, '得'의 다른 뜻이 아니라 이 경우도 역시 '[~함을] 얻다'에 포함된다고 이해하면 된다. 다른 유사한 단어들과의 경계이기도 하다.

▶'可'의 의미 :

'可'는 문맥에 따라 '옳다, 된다, 좋다(→ 할 만하다, 할 수 있다)' 등으로 풀이할 수 있다. 그러나 '得'과 마찬가지로 하나의 뜻을 가지고 있다고 보아야 한다.

'能'·'可'·'足'·'得' 등을 문맥에 의하여 '가능'이라는 관념에 의해 하나로 묶고, 흔히 '~할 수 있다' 등으로 풀이하고 있지만, 똑같은 의미의 단어로 여길 수는 없다. 각각의 의미에 차이가 있다.

[當]

足下非劉氏, 不當立. 『史記·呂太后本紀』

당신은 유씨가 아니므로 (황제의 자리에) 서는 것이 당치 않습니다.

[宜]

江芊怒曰: 呼! 役夫, 宜君王之欲殺女而立職也. 『左傳·文公元年』

강천이 화를 내며 말했다. 피! 천한 놈아, 군왕께서 너를 죽이고 (태자의) 직위에 세우려 하는 것이 당연하다.

將軍身被堅執銳 伐無道 誅暴秦 復立楚國之社稷 功宜爲王.

『史記·陳涉世家』

장군께서는 몸에 견고한 갑옷을 입고 예리한 무기를 들고서 무도함을 치고 포악한 진나라를 베어 다시 초나라의 사직을 세우셨으니 공은 왕이 되심이 마땅합니다.

　다음은 목적어를 취하지 않은 가능·의지·당위 부류의 예들이다. 이 또한 다른 부류의 단어들과 쓰임상 성질이 같다는 것을 말해 준다.

邂逅相遇 適我願兮. 『詩經·鄭風·野有蔓草』

뜻하지 않게 서로 만났네, 내가 원하는 것에 이르렀네.

己所不欲 勿施於人. 『論語·顔淵』

자기가 하고 싶어 하지 않는 바는 남에게 베풀 것이 없다[⇒ 베푸는(행하는) 일이 없어야 한다, 베풀지(행하지) 말라].

男女之別 國之大節也而 由婦人亂之 無乃不可乎? 『左傳·莊公二十四年』

남녀의 구별은 나라의 큰 범절인데, 부인들로 말미암아 그것을 어지럽힌다면 곧 불가함이 없을는지요(→ 안 되겠지요)?

大臣强諫, 太后不肯. 『戰國策·趙策』

대신들이 강하게 간언해도 태후가 하려 하지 않았다.

　'술어+목적어'의 결합으로 볼 것인가, '부사어+술어'의 결합으로 볼 것인가를 가리는 데 어려움이 있는 경우가 있다. 다음 예를 보자.

赤也惑 敢問. 『論語·先進』

赤(적)은[저는] 의혹이 있어 여쭙기를 감히 합니다.

적은 의혹이 있어 감히 여쭙겠습니다.

喪事不敢不勉. 『論語·子罕』

상사는 힘쓰지 않기를 감히 하지 못한다.

상사는 감히 힘쓰지 않을 수가 없다.

이해를 돕기 위해 위의 예 중 '敢+問'과 '敢+不勉'을 구조 형식에 맞추어 구별하여 풀이해 보기로 한다. 술목구조로 보면 각각 '여쭙기(묻기)를 감히 하다(여쭙는 데 과감하다)'와 '힘쓰지 않기를 감히 하다'로 풀이할 수 있다. 수식구조로 보면 '감히 여쭙다(묻다)'와 '감히 힘쓰지 않다'로 풀이할 수 있다. 대부분 후자의 경우로 여겨 '敢'을 아예 부사로 여기곤 한다. 그러나 다른 단어들과 같이 형용사류에 두어 '술어+목적어' 구조로 보아 무방하다.

의미상 동사성에 가까운 '欲'·'能'·'得' 등이 동사성·형용사성의 단어나 구를 목적어로 취할 때는 술목구조로 보는 데 큰 장애가 느껴지지 않는다. 그런데 형용사성에 가까운 '可'·'足'·'當'·'宜'·'敢' 등에 대해서는 혼란을 느낄 수 있다. 이는 어순이 같아서 의미 관계에 의해서 파악해야 하기 때문에 생기는 혼란이다.

다음은 단독으로 또는 주술구를 이루어 다른 술어의 목적어로 쓰인 예이다. 이것도 조동사로 볼 수 없는 이유의 하나이다.

君子病無能⁵⁾焉 不病人之不己知也. 『論語·衛靈公』

군자는 잘하는 것이 없는 것(→ 할 수 있는 것이 없음)을 괴로워하지 남이 자기를 알아주지 않는 것을 괴로워하지 않는다.

何由知吾可也? 『孟子·梁惠王上』

무엇을 통하여(무엇으로 말미암아) 내가 할 수 있다(된다)는 것을 아셨소?

3) '有'와 '無'류 단어

■ '有'·'無'의 여러 가지 목적어

'有'는 '있다'를 대표삼아 풀이할 수 있고 '있음'을 뜻하며, 이와 상대되는 '無'는 '없다'를 대표삼아 풀이할 수 있고 '없음'을 뜻한다. '有'와 '無'는 의미상의 명사·동사·형용사뿐만 아니라 여러 형식의 구를 목적어로 취한다.

▸ 단어

丘也幸. 苟有過, 人必知之. 『論語·述而』

구(孔子의 이름)(→ 나)는 행복하다. 만약에 허물이 있으면 사람(남)들이 반드시 그것을 알게 해 준다.

水至淸則無魚, 人至察則無徒. 『漢書·東方朔傳』

물이 지극히 맑으면 고기가 없고, 사람이 지극히 살피면 무리(어울릴 사람)가 없다.

自以爲無患 與人無爭也. 『戰國策·楚策』

스스로 걱정할 것이 없다고 여기고 남과 더불어 다투는 일이 없었다.

---

5) '能'을 '능력'을 뜻하는 명사로 여겨 이것의 품사를 나누려 하면, 고대중국어의 쓰임에 비추어 분류상의 한계에 부딪치는 한 예이다. 그래서 동사·형용사·명사의 품사를 하나로 묶어두고자 한 것이다.

▶구

荊國之爲政 有似於此. 『呂氏春秋·察今』

형나라가 정치를 하는 데는 이와 비슷한 것이 있다.

三人行, 必有我師焉. 『論語·述而』

세 사람이 가면 반드시 그 가운데 나의 스승이 있다.

鄭人有欲買履者 先自度其足而置之其坐. 『韓非子·外儲說上』

정나라 사람에 신발을 사고자 한 사람이 있었는데, 먼저 스스로 그의 발을 재서 그것을 그의 자리에 두었다.

四境之內莫不有求於王. 『戰國策·齊策』

사방 경계 안에 임금님께 구하는 것이 있지 않은 사람이 없습니다.

吾矛之利 於物無不陷也. 『韓非子·難一』

내 창의 날카로움은(내 창이 날카롭기는) 사물에 대해서 뚫지 못하는 것이 없다.

■ '有'·'無'가 목적어를 취하고 그 뒤에 다른 술어가 따르는 형식

有 朋 自遠方來, 不亦說乎? [說=悅] 『論語·學而』

친구가 먼 곳으로부터 찾아오면 또한 기쁘지 않겠는가?

無 草 不死 無 木 不萎. 『詩經·小雅·谷風』

죽지 않는 풀이 없고 시들지 않는 나무가 없다.

'有+朋+自遠方來'의 구조를 어순과 형식에 따라 그대로 풀이하면 '친구가 있어(있어 가지고) 먼 곳으로부터 찾아오다'가 된다. 이 형식 중에서도 '有'의 의미와 기능에는 변화가 없지만 이와 같이 풀이하면 어색한 경우들이 있다. 그래서 '有'를 풀이하지 않고 '친구가 먼 곳으로부터 찾아오다'라고 하거나, '어떤 친구가 먼 곳으로부터 찾아오다' 등으로 풀이한다.

'無草不死 無木不萎'에서 '草'와 '木'을 생략하면 '無不死'·'無不萎'가

된다. '無'가 '不死'와 '不萎'를 목적어로 취하는 형식으로 바뀐 것이다. 이때는 앞에서 본 여러 경우처럼 '죽지 않은 것이 없고 시들지 않은 것이 없다' 또는 '죽지 않음이 없고 시들지 않음이 없다'로 풀이할 수 있다.

■ '有'·'無'가 '以' 또는 '以+다른 술어성 성분'을 목적어로 취하는 경우

無以, 則王乎? 『孟子·梁惠王上』

쓸 것이(→ 써서 이야기할 것)[← 왕과 제가 이야기함에 쓸 것이] 없으시다면, 곧 왕 노릇 하는 것은요?[→ 왕 노릇 하는 것은 어떻겠습니까?]

不學詩 無 以言. 『論語·季氏』

시를 배우지 않으면 써서(가지고서) 말을 할 것이 없다.

殺人以梃與刃 有 以異乎? 『孟子·梁惠王上』

사람을 죽임에 몽둥이를 사용하는 것은 칼과(칼을 사용하는 것과) 더불어 비교하면 (가지고서) 다를 것이 있습니까?

故不積頤步 無 以至千里, 不積小流 無 以成江海. 『荀子·勸學』

까닭에 반 걸음을 쌓지(모으지) 않으면 (가지고서) 천 리에 이를 것이 없고, 작은 흐름(물줄기)을 쌓지(모으지) 않으면 (가지고서) 강과 바다를 이룰 것이 없다.

동사 '以'는 흔히 목적어를 수반하지 않는다. '(~을) 써서[→가지고서 →(으)로]'를 뜻한다.

'有'·'無' 이외의 다른 동사나 형용사 뒤에 오는 경우도 동일한 구조이다. '可+以~, 足+以~, 欲+以~' 등이 그것이다. 모두 '동사/형용사+목적어[以+다른 동사 또는 구]'의 형식이다.

■ 금지 내지 권유의 문맥에 쓰이는 '無'류 동사

고대중국어에서는 명령·금지·권유의 문맥을 지니는 문장 형식은 평서문(平敍文)[진술구(陳述句)]과 동일하다. '不'이 쓰인 경우와 마찬가

지로 문맥에 의해 전달된다. "不患人之不己知 患不知人也."(『論語·學而』)
(다른 사람이 자기를 알아주지 않음을 걱정하지 않고[→ 걱정하지 말고], [자기가] 남을 알아주지 못함을 걱정하는 것이다[→ 걱정하라].)의 경우와 같다.

특별한 형식이 따로 없고 평서문의 형식과 같다는 것은 표현이 중립적임을 의미한다. 쉽게 설명하자면 '하지 말라', '해서는 안 된다'는 투로 말하지 않고 '하지 않는 것이다', '할 것이 없다'는 투로 말한다고 할 수 있다. '無' 뒤에 오는 성분은 평서문의 경우와 똑같이 '無'의 목적어이다. 따라서 '不'·'無' 등을 '금지'를 뜻하는 부사로 여기는 것은 잘못이다. 따라서 다음 예들도 모두 중립적으로 풀이하면 된다. '無' 외에 '勿·毋·罔' 등의 '無'류에 속하는 동사들의 쓰임도 마찬가지이다.

無友不如己者 過則勿憚改. 『論語·學而』
자기만 못한 사람과 벗함이(사귀는 일이) 없으며[⇒ 없어야 하며] 지나쳤으면(잘못을 범했으면) 고치기를 꺼려함이(꺼려하는 일이)없는 것이다[⇒ 없어야 한다].

攻其惡 無攻人之惡. 『論語·顔淵』
그(자신의, 나의) 나쁜 점을 치고, 남의 나쁜 점을 치는 일이 없는 것이다[⇒ 없어야 한다].

王如知此 則無望民之多於隣國也. 『孟子·梁惠王上』
왕께서 이를 아실 것 같으면 곧 백성이 이웃 나라보다 많기를 바랄 것이 없으십니다[⇒ 없어야 합니다, 없으소서].

己所不欲 勿施於人. 『論語·顔淵』
자기가 하고 싶지 않은 바는 남에게 베풀 것이 없다[⇒ 베푸는(행하는) 일이 없어야 한다, 베풀지(행하지) 말라].

距關 毋內諸侯. 『史記·項羽本紀』
관문을 막아서 제후들을 [받아]들이는 일이 없도록 한다[⇒ 없도록 해야 한다].

罔罪爾衆. 『書經·盤庚』

너희 무리들로 하여금 죄를 짓게 할 것이 없다[⇒ 죄를 짓게 하는 일이 없어야 한다].

이러한 특징은 다음 예에서처럼 금지의 내용이 다른 술어의 목적어가 될 때 더욱 잘 나타난다.

寡人非此二姬, 食不甘味 願勿斬也. 『史記·孫子列傳』

과인은 이 두 여자가 아니면, 먹는 데 맛을 달게 여기지 못하니 베는(참수하는) 일이 없기를 원하오.

楚人剽疾, 願上無與楚人爭鋒. 『史記·留侯世家』

초나라 사람들은 표독하고 날래므로 임금님께서는 초나라 사람들과 더불어 무기로(무기를 가지고) 싸우는 일이 없으시기 바랍니다.

■ '無'류 동사

'莫·勿·毋·靡·蔑·罔·微·亡' 등도 '無'와 같은 의미를 전달한다. '無'와 같이 '~하는 사람(데, 곳, 것, 경우)이 없다'[또는 '~함이 없다']로 풀이 되는 문맥과 '~할 것이 없다' 문맥에 모두 쓰인다.

다음은 금지의 문맥이 아닌 경우의 예들이다.

罪莫厚乎甚欲, 咎莫憯乎欲得, 禍莫大乎不知足. 楚簡本『老子』

죄는 욕심이 지나친 것보다 무거운 것이 없고, 허물은 얻기를 바라는 것보다 참담한 것이 없으며, 화는 만족할 줄을 모르는 것보다 큰 것이 없다.

禍莫大於輕敵. 『老子·第六十九章』

화는 적을 얕보는 것보다 큰 것이 없다.

宋人請猛獲於衛, 衛人欲勿與. 『左傳·莊公十二年』

송나라 사람들이 위나라에 맹획을 청하였으나 위나라 사람들이 주는 일이 없기를 바랐다.

噫! 子毋讀書遊說 安得此辱乎?『史記·張儀列傳』

아! 당신이 글을 읽고 유세하는 일이 없었더라면 어디 이 욕을 당했겠습니까?

所謂誠其意者毋自欺也.『禮記·大學』

이른바 그 뜻을 정성되게 한다는 것은 스스로를 속이는 일이 없는 것이다.(이른바 그 뜻을 정성되게 하는 사람은 스스로를 속이는 일이 없다.)

物靡不得其所.『史記·司馬相如列傳』

사물은 그 자리를 얻지 않은 것이 없다.

寧事齊楚 有亡而已 蔑從晉矣.『左傳·成公十六年』

차라리 제나라와 초나라를 섬겨 망하는 일이 있고 말지 진나라를 따르는 일이 없을 것이다.

4) 전치사나 접속사로 분류해 왔던 단어류

이 책에는 전치사(前置詞)[개사(介詞)]와 접속사(接續詞)[연사(連詞)]가 없다. 종래 전치사와 접속사로 여겨왔던 단어들은 대부분 실사류에 귀속시켰다. '於(于)'와 '而'는 조사(助詞)이다.

영어 어법에 맞추어 전치사로 여겨왔던 부류는 '於(于)'·'爲'·'以'·'與'·'由'·'自'·'至' 등이 다. 이 가운데 '於(于)'는 조사이고, 나머지는 모두 동사류에 든다. 이들 동사류는 동사와 전치사 양쪽에 귀속시킬 의미나 기능의 차이가 없기 때문이다.

영어 어법에 맞추어 접속사로 분류해 온 단어는 '而'·'與'·'如'·'然'·'爲'·'但'·'雖'·'且'·'況'·'則'·'故'·'斯'·'於是'·'是故' 등이 대표적인 것들이다. 그러나 '而'는 조사이고, '與'·'如'·'然'·'爲' 등은 동사이며, '但'·'雖'·'且'·'況'·'則' 등은 부사이고, '故'는 명사로서 '斯'는 대사로서 문장 성분상 부사어로 쓰이는 경우이다. '於是'·'是故' 등은 두 단어의 결합에 해당한다.

접속사로 여겨온 단어들에 대해서 좀 더 부연하기로 한다.

먼저 '而'에 대해서는 전치사로 여겼던 '於(于)'를 영어의 다수의 전치사가 갖는 기능에 대응시켰듯이, 영어에서 다수의 접속어가 지니는 기능을 두루 지니는 단어로 설명해 왔다. 서로 상반되는 순접(병렬·선후 등)[and]과 전환(역접)[but] 관계를 포함하여 기타 여러 기능을 가진다고 여겨 왔다. 이는 '而'에 문맥 관계 표시 기능이 없다는 것이나 다름없는 설명이다. '而' 이외의 말들이 나타내는 문맥 관계를 '而'의 기능이라고 여겼기 때문에 이런 결과가 나온 것이다. '而'는 앞 말을 강조하는 어기조사(語氣助詞)이다.

'與'는 동사와 전치사에도 귀속시켰다. 그러나 어느 경우이건 한 가지 의미로 쓰인다. 종래의 인식 방법은 한국어의 '~와, ~과'를 영어의 전치사에 대응시키면 'with'가 되고, 접속사에 대응시키면 'and'가 되는 식이다. 양자의 구분은 순전히 '與'와 전후하여 쓰인 말들의 의미 관계와 문맥에 의거하여 영어의 품사에 대응시킨 결과이다. 품사를 나누는 데 그치지 않고 다수의 의미항을 설정해 왔다. 이는 잘못된 어법 기술 태도이다.

'如'는 동사에도 귀속시켜 왔는데, 자세히 보면 문맥이 가정·조건인 경우 영어의 'if'와 대응되므로 이를 따라 접속사로 여긴 것임을 알 수 있다. 이 경우도 동사이다.

'然'도 동사류에 드는데, 전환[=전절(轉折)] 기능을 하는 접속사에도 넣었다. 그러나 이것도 쓰인 문장의 전후 관계가 영어의 'but'과 대응되는 데 따라 정한 것이다. 이 경우 역시 동사이다. 똑같은 기능을 '而'도 갖는다고 설명해 왔으나, 역시 문맥에 의거한 것으로서 '而'에도 접속 기능이 없으므로 옳지 않다.

'爲'도 동사와 전치사에 함께 귀속시킨 단어이다. 성조의 차이로 인해 두 가지로 나뉘지만 두 경우 모두 동사로 봄이 옳다. 영어의 'for'・'because' 등에 대응시키고 영어의 품사에 짜 맞춘 결과이다.

'但'은 부사에도 넣고 있는데 그 구별점이 모호하다. 역시 문맥상 'but'에 해당한다고 여겨 접속사에 넣었던 것이다. 부사로 여기면 된다. '雖'・'且'・'況'・'則' 등은 부사로서 접속 관계를 돕는 준 접속어이지 접속사라고 할 수 없는 것들이다. 영어의 접속사에 대응되는 성분으로 인식하여 그렇게 한 것이다. 예를 들면 '雖'는 영어의 'although'나 'even if'에 대응되므로 접속사로 여겼던 것이다. 그런데 한국어로 번역하면 '비록'이 된다. 한국어에서는 이를 부사라고 한다. 좋은 참고가 된다. 다른 것들은 이를 토대로 접속 성분으로 유추하여 정한 것이다. 품사 상으로 모두 부사로 간주한다. 문장 성분상 부사어가 된다.

'故'는 명사에도 드는데 접속사로 여긴 경우와 의미의 차이가 없다. 명사가 부사어로 쓰인 경우일 따름이다. 영어에서 인과관계를 나타내는 문장 중의 'therefore'와 같은 단어에 착안하여 접속사로 여겼던 것이다. 한국어에서는 '까닭'이라는 명사에 토씨 '~에'를 붙여서 '까닭에'라고 하는 경우와 대응되는데 고대중국어에는 '~에' 같은 어법 표지도 없다.

'斯'가 부사어로 쓰인 경우를 접속사라고 하고 있다. 대사 그대로이면서 문장 성분상 부사어로 쓰인 것이다.

'於是'는 대사 '是' 앞에 강조 기능을 갖는 어기조사 '於'가 놓인 경우이고, '是故'는 '대사+명사'로 분석되는 수식 관계의 구이다.

(1) 爲

■ '爲'의 성조(聲調)가 평성(平聲)인 경우

'爲'가 평성으로 읽혀질 때 그 뜻은 '하다'·'~라고 하다'·'되다'를 대표로 삼아 풀이할 수 있다. 다수의 의미를 지녀서가 아니라 번역의 문제이다. 어느 언어로 번역하느냐에 따라 동원되는 단어의 수가 다를 것임을 생각하면 이해하기가 쉬울 것이다. 한국어로 번역하는 경우 '하다'에는 '만들다'·'행하다' 등으로 번역되는 경우를 포함시킬 수 있으며, '되다'에는 '이다'로 번역되는 경우를 포함사킬 수 있다.

평성의 경우에도 품사 부여의 오류가 있는 예가 있다. 다음 예를 보자. 전치사로 보아온 다음과 같은 예가 있다.

> 爲其來也, 臣請縛一人過王而行. 『晏子春秋·內篇雜下』
> 그가 오게 되면(그가 왔다고 하면, ⇒ 왔을 때), 신들이 한 사람을 묶어가지고 왕 앞을 지나가게 하겠습니다.

종래 위의 '爲'에 대하여 시간을 나타내는 전치사로 여기고, '於(于)'와 같다고 하였다. '爲'는 주술구인 '其來'(그가 오다)를 목적어로 취한 실사로서 '되다'로 풀이된다. '爲+其來'는 '그가 오게 되다'를 뜻하게 된다. 다음의 경우도 같은 방식으로 이해된다.

> 爲其老, 彊忍下取履. 『史記·留侯世家』
> 그가 늙었기에(← 늙은 것(늙음)이 되기에) 억지로 참고 내려가서 신발을 가져다주었다.
> 爲是其智弗若與? 『孟子·告子上』
> 이것이 그의 지혜가 똑같지 못한 것이 되겠는가?

'爲其老'가 문맥상 '늙었기 때문에'라는 관계를 보이고, '爲是其智弗若'은 문맥상 '이것이 그의 지혜가 같지 못한 때문인가?'를 나타낸다고 해서 '爲'가 이유를 나타내는 접속사라고 여겨왔는데 잘못이다. '爲'는 문맥상 '되다'로 풀이할 수 있는 실사이다. '爲'를 접속사로 본 것은 영어의 'because'에 대응시킨 것인데, 이 경우는 "爲是其智弗若與?"라는 접속사절 만으로 술어부분을 이룬다고 보아야 하는 모순까지 드러난다. '是+其智弗若'은 '술어+목적어' 형식으로서 '이것이 그의 지혜가 똑같지 못함이다'를 뜻하며, '爲'는 다시 이 술목구를 목적어로 취함으로써 '爲+是其智弗若' 또한 '술어+목적어'의 결합이 되는 것이다. 그래서 '이것이 그의 지혜가 똑같지 못한 것이 되다'를 뜻한다. '이유'는 순전히 문맥에 대한 인식 수단이다. '與(=歟)'는 감탄과 의문의 어기를 아울러 갖는 어기조사이다.

■ '爲'의 성조가 거성(去聲)인 경우

'爲'가 거성일 때는 '위하다'와 '때문이다'로 풀이할 수 있다.

未報秦施而伐其師 其爲死君乎? 『左傳·僖公三十三年』
아직 진나라가 베푼 것에 보답하지도 않았는데 그 군대를 치는 것은 (아 거) 죽은 임금을 위해서인가요?

'未報秦施而伐其師'가 주어부분이고 '其爲死君'은 술어부분이다. '爲'는 술어이며 '死君'을 목적어로 취하고 있다. '其'는 강조 기능을 하는 어기조사로 쓰였다.

我楚國之爲, 其爲一人行也?『左傳·襄公二十八年』
우리가 (가는 것은) 초나라를 위해서이지 (아 거) 한 사람(왕)을 위해서 가겠습니까?

'楚國之爲'와 '爲楚國'은 무슨 차이가 있는가? '楚國之爲'에 대해서는 두 가지 어법적 이해가 가능하다.

하나는 '楚國+(之)+爲'를 어순 그대로 '주어+술어'의 결합으로 여기는 것이다. '爲'는 동사성 술어가 된다. 고대중국어의 동사의 쓰임에는 자동(수동 포함)과 타동의 구분이 없다. 문맥이다. 따라서 이 경우는 '초나라가 위해지다'로 풀이할 수 있다. '초나라를 위하다'로 풀이할 수 있는 '술어+목적어'의 결합인 '爲+楚國'과 전체 의미 내용은 같다. 어순에 의해 '楚國'을 주어로 삼아 강조하였고 강조의 어기를 나타내는 조사 '之'를 사용한 것이다.

다른 하나는 '爲+楚國'을 기본 어순으로 여기고 이를 기준 삼아 '楚國之爲'는 목적어를 술어 앞으로 도치시킨 형태이며 조사 '之'가 그 표지라고 설명해 왔다. 조사 '之'를 목적어의 도치를 나타내는 격(格) 표지로 여긴 것이다. 도치로 본다고 할지라도 여전히 강조의 기능을 지니는 어기조사이지 구조조사로 볼 수는 없다.

이 두 가지 중에 필자는 '주술구조'를 취하여 '楚國'을 강조한다고 보는 것이 타당하다고 본다. 그래야 조사 '之'의 기능을 일관성 있게 설명할 수 있기 때문이다. 조사 '之'의 기능에 대해서는 뒤의 허사 항에서 자세히 설명한다.

뒤의 '爲+一人'은 술목구조이다. '行'을 수식하는 부사어의 위치에 있다. 거성의 '爲'는 보통 이러한 형식으로 쓰인다. 그런데 '楚國之爲'이나 '爲一人'이나 '爲'를 '위하다'로 풀이하지 않고 '때문이다'로 풀이할 수도 있다. '爲'의 의미가 목적과 이유로 구분되지 않기 때문이다. 두 가지로 나누는 것은 우리의 관념에 의해 문맥을 파악하여 판단한 결과인데, 이예는 그러한 구분을 할 수 없다는 것을 알게 해 준다. 마치 영어의 'for'의 경우와 비슷하다. 이에 짝하여 종래 전치사로 여겨왔다. '위하다, 위하여'나 ' 때문이다, 때문에'의 개념을 영어에 비추어 허사로 여긴 것이다. 그러나 '楚國之爲'이나 '爲楚國' 중의 '爲'는 술어일 수밖에 없다. '楚國之爲' 뒤에 다른 술어가 뒤따르지 않았으므로 단독으로 술어가 되는 것이다. '爲'는 실사이다. 뒤에 피수식어가 없기 때문에 전치사구라고 할 수가 없다. 그러므로 뒤에 다른 술어가 놓여 '爲+○'식이 부사어가 되더라도 '동사+목적어'의 형식으로 간주된다. 거성의 '爲'는 보통 이러한 형식으로 쓰인다.

爲人謀而不忠乎? 『論語·學而』

사람(남)을 위하여 일을 꾀함에 정성스럽지 아니하였는가?

誰爲大王爲此計者? 『史記·項羽本紀』

누가 대왕을 위하여 이 일을 꾀할 사람입니까?

十餘萬人皆入睢水, 睢水爲之不流. 『史記·項羽本紀』

십여만 명이 모두 수수(강 이름)로 들어가, 수수가 그것 때문에 흐르지 않았다.

(2) 以[6]

■ '以'가 단독으로 술어가 되어 목적어를 취하는 경우

三代之得天下也 以仁, 其失天下也 以不仁. 『孟子·離婁上』

(하·은·주[夏殷周]) 3대가 천하를 얻음에는(얻은 것은) 仁을 써서 하였으며(써서였으며), 그 나라들이 천하를 잃음에는(잃은 것은) 不仁을 써서 하였다(써서였다).

---

6) '以'의 쓰임에 대해서는 安孝淨의 「古代漢語 '以'의 품사와 의미에 대한 연구 – 품사·의미상의 일관성을 중심으로–」(서울대학교 석사학위논문, 2016.2.) 참조.

허사인 전치사가 아니고 실사인 동사임이 명확한 출발점으로 삼을 수 있는 예이다. 다른 복잡한 형식의 목적어를 취하여도 마찬가지이다.

江海所以爲百谷王 以其能爲百谷下. 楚簡本『老子』
강과 바다가 온갖 계곡의 왕이 되는 바(→ 이유)는 그것들이 온갖 계곡의 아래가 될 수 있음을 가지고서이다.

吾所以爲此者 以先國家之急而後私讎也. 『史記·廉頗藺相如列傳』
내가 이렇게 하는 바는 국가의 위급함을 우선시하고 사사로운 원한 관계를 뒤로함으로써 입니다.

以相如功大 拜爲上卿. 『史記·廉頗藺相如列傳』
상여가 공이 크다는 것을 가지고(← 써서) 上卿에 제수되었다.

'其+能爲百谷下'와 '相如+功大'는 '주어+술어(주술구)' 형식의 구로서, '先+國家之急而, 後+私讎'는 두 개의 '술어+목적어'가 연합된 구로서 동사 '以'의 목적어가 되고 있는 것이다. 그럼에도 불구하고 문맥이 까닭(이유)을 나타낸다고 하여 영어의 'because'와 'because of'에 대응시켜 접속사로 여겨 왔던 것이다. '以其能爲百谷下'와 '以先國家之急而後私讎'는 앞의 주어를 설명하는 술목구조의 술어부분이고, '以+相如功大'는 뒤의 구와 수식관계를 맺는 술목구조인 것이다. '以其能爲百谷下'와 '以先國家之急而後私讎'가 접속사구 또는 접속사절이라면 이 문장에는 술어가 없거나 접속사구나 접속사절을 술어로 여겨야 하는 기술상의 모순이 발생한다. '以'의 의미는 한 가지이며 나머지는 문맥관계이다.

■ '以'가 단독으로 목적어가 되는 경우

無以, 則王乎? 『孟子·梁惠王上』
쓸 것(→ [왕과 제가 이야기함에] 쓸 것)이 없으시다면, 곧 왕 노릇 하는 것은요(것에 대해서는요, → 왕 노릇 하는 것은 어떻겠습니까)?

何其久也? 必有以也. 『詩經·邶風·旄丘』
뭐로(어째서) 거 오래 걸리는가? 필시 까닭(← 써서 할 것, 오래 걸리는 데 쓰이는 것)이 있을 것이다.

앞의 예에 대해서는 '以'를 동사로서 '無'의 목적어라고 보면서 뒤의 예는 '까닭'이라는 문맥이 있다고 하여 명사라고 이해하는 방식을 취해왔다. 그러나 그렇지 않다. 앞의 예와 뜻과 쓰이는 형식이 똑같다. 공통되는 뜻은 '쓰다, 써서 하다'이고 목적어로 쓰였기 때문에 한국어로 '쓸 것(쓸 데, 써서 할 데)' 등으로 풀이할 따름이다. 결과적으로 문맥이 '쓸모' 내지 '까닭'을 나타내기도 하는 것인데 이것만을 취해서 '까닭(이유)'을 뜻하는 명사라고 하는 것은 이치에 맞지 않다. 현대중국어에는 이런 쓰임이 없다고 해서 그렇게 이해하는 것 같지만 여러 가지 품사 부여만이 능사가 아니다. 어법 규칙도 단어의 뜻도 될 수가 없음을 알 수 있다.
　목적어를 취하는 다음 예들을 보면 그 쓰임에 대한 이해 방식이 일관되어야 한다는 것을 더욱 명확하게 이해할 수 있다.

■ '以'가 목적어를 취하여 부사어가 되는 경우

ⓐ **曾子以斯言告於子游.** 『禮記·檀弓』
증자가 이 말을 가지고(써서)(→ 을) 자유에게 알렸다.

ⓑ **以德報怨 何如?** 『論語·先進』
덕으로 원한을 갚는다면(갚는 것은) 무엇과 같습니까(→ 어떻습니까)?

ⓒ **以子之矛陷子之盾, 何如?** 『韓非子·難勢』
당신의 창을 가지고(→ 창으로) 당신의 방패를 뚫으면 무엇과 같겠는가(어떻게 되겠는가)?

ⓓ 以五十步笑百步 則何如? 『孟子 · 梁惠王上』

오십 보를 가지고(→ 오십 보로) 백 보를 비웃는다면 곧 무엇과 같겠습니까(→ 어떻겠습니까)?

ⓔ 君子不以言擧人 不以人廢言. 『論語 · 衛靈公』

군자는 말을 가지고(→ 말 때문에, 말을 잘한다고 해서) 사람을 천거하지도 않으며, 사람을 가지고(→ 사람 때문에, 사람이 못났다고 해서) 말을 버리지도 않는다.

ⓕ 廉頗以勇氣聞於諸侯. 『史記 · 廉頗藺相如列傳』

염파는 용기로써(용기가 있다는 것을 가지고 → 용기 때문에) 제후들에게 이름이 알려졌다.

ⓖ 文以五月五日生. 『史記 · 孟嘗君列傳』

田文(맹상군)은 5월 5일을 (생일로) 가지고(→ 5월 5일에) 태어났다.

ⓗ 齊使者如梁, 孫臏以刑徒陰見. 『史記 · 孫子吳起如列傳』

제의 사자가 양으로 가자 손빈이 형도를(형도의 신분을) 가지고(→ 형도로서) 은밀히 만났다.

위의 예는 모두 '以+목적어' 형식의 술목구가 부사어로 쓰인 경우이다. 지금까지 '以'를 전치사로 여기고 ⓐ의 경우는 동사의 뒤에 오는 목적어를 전치시키는 기능을 가지며, ⓑ, ⓒ, ⓓ는 방식 내지 도구를 나타내며, ⓔ, ⓕ는 이유를 나타내며, ⓖ는 시간을 나타내며, ⓗ는 신분을 나타낸다는 등으로 설명하여 마치 '以'가 여러 가지 기능을 갖는 것처럼 설명해 왔다. 예를 늘리면 항목이 더 늘어난다. 이는 '以'의 의미나 기능과는 전혀 무관하다. 뒤에 오는 목적어의 의미를 취하거나 문맥을 취하여 '以'의 기능이라고 잘못 설명하고 있는 것이다. '以'가 어떻게 이처럼 복잡한 기능을 가지고 쓰일 수 있겠는가?

■ '以+목적어'가 다른 술목구 뒤에 놓여 술어부분이 되는 경우

爲國以禮. 『論語·先進』

나라를 다스림에(나라를 다스림은, 나라를 다스리는 일은) 예를 써서 한다(→ 예로써 나라를 다스린다).

道千乘之國 敬事而信 節用而愛人 使民以時. 『論語·學而』

천승의 나라를 인도함(→ 다스림)에는 일을 공경스럽게 하여 미덥고, 씀씀이를 절약하여 사람을 아끼며, 백성들에게 일을 시킴(백성을 부림)에는 제때를 써서 하는 것이다.

'以+목적어'의 앞에 오는 술목구 '爲國'·'使民'은 주어로 간주할 수 있다. '以+목적어'는 술어부분이 된다.

종래 '以'를 전치사로 보았기 때문에 앞에 오는 술목구가 술어부분이고 '以+목적어'는 전치사구로서 술어의 뒤에 놓이니 '보어'라는 설명을 해 왔었다. 그래서 똑같은 형식의 구가 앞에 놓이면 '부사어'이고 뒤에 놓이면 '보어'라는 설명 외에 그 차이를 설명하지 못하였다. 어순의 차이가 나타내는 화자의 의식 차이는 분명하다. '以禮爲國'이라고 말하면 '예를 써서 나라를 다스리다'가 되므로 '以禮'를 '爲國'의 방법이라는 관점에서 표현한 것이고, '爲國以禮'는 '나라를 다스림은(다스리는 일은)[또는 '나라를 다스림에 있어서는'] 예를 쓴다(써서 한다)'는 관점에서 표현한 것이라고 보면 된다. 구조상 '以禮+爲國'은 '부사어+술어'의 의미 관계를 가지며, '爲國+以禮'는 '주어+술어'의 의미 관계를 갖는다고 할 수 있다. '以+목적어' 앞에 오는 성분을 부사어로 간주할 수 있는 경우도 있다. 주어와 부사어를 구별하기 쉽지 않은 경우가 적지 않다. 문장에서의 기능 차이에 따른 형태 변화가 없음으로 말미암아 같을 어순을 의미 관계에 의해 구별해야 하기 때문이다. 연합을 제외한 네 가지 구조(통사) 관계 즉 수식·술목·보충·주술을 구별함에 있어서 이러한 경우가 왕왕 발생한다.

'以時使民'은 '제때를 써서 백성들에게 일을 시키다(백성들을 부리다)'
로, '使民以時'는 '백성들에게 일을 시킴에 있어서는(일을 시키는 것은)
제때를 써서 한다(쓴다)'로 풀이함으로써 차이를 어느 정도 인지할 수 있
다. 둘 다 뒷부분이 핵심 술어부분이 된다.

- ### ■ '以'가 목적어를 취하지 않은 채 뒤에 이어지는 술어와 수식 관계를 갖는 경우

行有餘力則以學文. 『論語·學而』
행하고 남은 힘이 있으면 곧 그것을 가지고(→ 그것으로) 글을 배우는 것이다.

'以'의 목적어로 '餘力'이나 '行有餘力'을 받는 대사 '之'를 쓸 법도 하
지만, 이런 경우 '以'는 목적어를 취하지 않고 뒤의 술어와 바로 연접됨
으로써 부사어가 된다. 앞의 어떤 말을 다시 받아서 '그것을 써서, 그렇
게 해가지고'를 뜻한다. 현대중국어의 '用來'(써서, 그렇게 해서)가 이와
유사한 기능을 한다.

'以'의 바로 앞에 다른 술어 부분이 있는 경우도 '以'가 똑같은 방식으
로 이 말을 받는다고 생각하면 된다. '以'의 숨은(의미상의) 목적어의 형
식이 다를 뿐이다.

秦王大喜 傳以示美人及左右. 『史記·廉頗藺相如列傳』
진왕이 크게 기뻐하며 (벽옥을) 전하여(건네어) 그래가지고(=그렇게 해서) 미인들에게 보
여주고 좌우 신하들에게까지 미치게 했다.

倚柱以笑 箕踞以罵. 『史記·刺客列傳』
기둥에 의지하여 그래가지고 비웃고, 키(챙이)처럼 쪼그리고 앉아 그래가지고 욕을 했다.

虜魏太子申以歸. 『史記·孫子吳起列傳』
위나라의 태자 申을 사로잡아서 그래가지고 돌아왔다.

위의 경우 '以'가 없어도 文意가 달라지지 않으므로 접속사라고 여기고 '而'와 같다고 설명하는 것은 옳지 않다. 그렇게 하면 '以'에 대한 설명이 전혀 일관성이 없게 된다.

그러므로 문맥이나 단어 간의 의미 관계 또는 어순의 차이에 의거하여 그것이 '以'의 여러 가지 기능이라고 설명하고 이에 따라 동사·명사·전치사[개사]·접속사[접속사] 등 실·허를 넘나드는 다수의 품사를 갖는다고 하는 것은 언어의 실상과 전혀 맞지 않다.

의미의 확장(=인신[引伸])이나 허화(虛化, =어법화, 문법화)를 쉽게 들이대어 품사의 분화를 함부로 말할 수 없다.

(3) 與

'與'는 '주다', '더불다', '더불어 하다(더불어 ~하다)' 등으로 풀이할 수 있다.

子曰: 與之釜. 請益. 曰: 與之庾. 『論語·雍也』
선생님께서 말씀하셨다. 그에게 1부(6말 4되)를 준다(주어라). 더 주기를 청했다. 말씀하셨다. 그에게 1유(16말)를 준다(주어라).

위의 예는 한국어로 '주다'로 풀이하기 적합한 문장이다.
다음은 '與'가 목적어를 취하고 그 뒤에 다른 술어가 이어지는 예이다.

人主之行與布衣異. 『呂氏春秋 · 行論』
군주의 행동은 평민과 더불어 비교해서 다르다.

齊王四與寡人約 四欺寡人. 『史記 · 蘇秦列傳』
제의 왕이 네 번 과인과 더불어 약속을 하고 네 번 과인을 속였다.

鄒人與楚人戰, 則王以爲孰勝? 『孟子 · 梁惠王上』
추나라 사람이 초나라 사람과 더불어 싸운다면 곧 왕께서는 (그것을 가지고) 어느 쪽이 (누가) 이기리라 여기십니까?

公與之乘. 『左傳 · 莊公十年』
公이 그와 더불어 탔다.

위의 예들은 '與+목적어'가 뒤의 술어를 수식하는 부사어가 되므로 한국어로는 수식형인 '~와(과) 더불어[→~와 함께, ~와 같이, ~와(과)]' 등으로 풀이한다. '以'의 경우처럼 '與'도 목적어를 취하여 뒤에 오는 술어와 수식관계를 맺으므로 전치사구로 여겨 설명해 왔었다. '與'를 영어의 전치사 'with'에 대응시켰던 것이다. 목적어가 없는 경우는 생략이라고 설명해 왔는데, 전치사를 허사로 간주하는 한, 전치사는 허사로서 기능 성분이므로 실질적인 의미 성분인 목적어가 생략되고 전치사만 쓰인다는 설명은 타당치 못하다. '與'도 실질적인 의미를 가진 동사류 단어이며 그래서 목적어를 생략할 수 있는 것이다.

다음 예와 같이 '以'의 경우처럼 목적어를 취하지 않는 경우도 있다. 대부분 문장 안에서 '與'의 의미상의 목적어를 찾아낼 수 있고 앞에 있다.

拘禮之人不足與言事, 制法之人不足與論變. 『商君書 · 更法』
예에 속박을 당하는 사람은 더불어 일을 말하기에 부족하고, 법에 제약을 받는 사람은 더불어 변화를 논하기에 부족하다.

聖人非所與熙也, 寡人反取病焉. 『晏子春秋·內篇雜下』
성인은 더불어 희롱할 바가 아니다. 과인이 반대로 그에게 괴롭힘을 받았다(당했다).

‘與’의 구체적 함의는 함께 쓰인 단어와 전체 문맥에 의해 드러난다. 그에 맞추어서 ‘주다’, ‘~하여주다’, ‘~와(과) 더불어 비교하다’ 등으로 구체화하여 풀이할 수 있다. ‘주다’와 ‘더불다’를 한국어로는 하나의 의미항으로 여기기가 어렵다. 그러나 고대중국어에서의 의미의 포괄성을 고려하면 ‘주다’와 ‘더불다’가 하나로 합쳐져 있었을 것 같다.

다음은 비교를 나타내는 문맥에 ‘與’가 쓰인 예이다.

美之與惡相去若何? 『老子·第二十章』
아름다움은 추함과 더불면(더불어 비교하면) 서로 간의 거리가(← 서로 떨어짐이) 무엇과 같겠습니까(어떠하겠습니까)?

與人刃我, 寧自刃. 『史記·魯仲連鄒陽列傳』
남이 나를 베는 것과 더불면(더불어 비교한다면, → 남이 나를 베기보다는) 차라리 스스로 베겠다.

禮與其奢也寧儉. 喪與其易也寧戚. 『論語·八佾』
예는 그 사치스러움과 더불면(더불어 비교하면, → 사치스럽기보다는) 차라리 검소하고 (검소해야 하고), 상(喪事)은 그 쉽게 함과 더불면(더불어 비교하면, → 쉽게 하기보다는) 차라리 슬퍼하는 것이다(슬퍼해야 한다).

‘與’가 ‘더불다’는 의미를 지니고 여러 가지 문장에 쓰이는데, 비교를 나타내는 문맥에서는 ‘비교’를 위해 ‘더불다’는 의미로 쓰이니 이를 구체화하여 ‘(~와[과]) 더불어 비교하다’로 풀이할 수 있다. 뒤에 ‘寧·孰若~·豈若~’ 등과 호응하여 쓰이거나, ‘與其~豈若~·孰若~·不若~·不如~’의 형태로 쓰일 때도 마찬가지이다. 한 글자 한 글자가 단어로 쓰여 각각의 의미를 지닌다고 보면 어법 관계가 명확하게 드러난다. 이것들은 복합사가 아니다.

다음은 '與'를 영어의 'and'에 대응시켜 접속사로 설명해 왔던 예의 하나이다.

子罕言利與命與仁. 『論語·子罕』
선생님께서 利를 말씀하심에 命과 더불어 하시거나 仁과 더불어 하신 경우는 드물었다.

접속사로 여긴 때문에 "선생님께서는 利와 命과 仁을 말씀하신 경우가 드물었다."로 풀이해 왔는데 자세히 보면 그렇지 않음을 알 수 있다. '利'와 '命'과 '仁'을 똑같이 드물게 말했다고. 볼 수 없다. '仁'은 특히 공자 사상의 중심이다. 단순히 '利와 命과 仁'이라고 풀이할 수 없는 문맥이다. '利'는 '命'이나 '仁'의 개념에 부합되는 덕목이 아니어서 셋을 함께 말씀하지는 않았음을 뜻하는 문맥으로 보인다. '與'를 실사로 여겨야 하는 이유의 하나이다. 그래서 '利를 말씀하심에 命과 더불어 하시거나 仁과 더불어 하다'로 풀이하였다. '與'의 전체 쓰임에 비추어 볼 때, '~와 더불어'로 풀이되는 문맥을 병렬관계로 볼 수 있는 경우가 있다고 할지라도 '與'를 술어로 보아야지 접속사로 볼 수는 없다.

다음은 '與'를 병렬을 나타내는 접속사로 여긴 때문에 풀이가 잘못될 수 있는 한 예이다.

殺人以梃與刃 有以異乎? 『孟子·梁惠王上』
사람을 죽임에 몽둥이를 사용하는 것은 날이 있는 것(칼, 창)과 (=날이 있는 것을 사용하는 것과) 더불어 비교하면 (가지고서) 다를 것이 있습니까?

'與'를 영어의 'and'로 여기면 '梃與刃'은 '以'의 목적어가 된다. 그렇게 보면 '몽둥이와 날이 있는 것을 사용하다(쓰다, 써서 하다)'를 뜻하게 되어 전혀 말이 되지 않는다. 위의 문장은 사람을 죽이는 데 사용하는 것이 다를지라도 죽이는 것은 마찬가지임을 확인하기 위해 한 질문이다. 그러므로 '梃'과 '刃'을 나누어 보아야 한다. '以+梃'은 술목구조이고 문맥상 '與刃'에서 생략된 말을 보충해 보면 '與+殺人以刃'이다. '사람을 죽임에 날이 있는 것을 사용하는 것과 더불다(더불어 비교하다)'를 뜻하는 것이다.

(4) 至·及·從·由·自

'至·及·從·由·自' 등도 어느 경우이건 의미상 동사류에 든다.

▶ 至·及

• '至'는 '~에(까지) 이르다'로, '及'은 '~에(까지) 미치다'로 풀이할 수 있다. '도달점'과 '미치는 대상'을 목적어로 취하는 경우가 많다.

約束旣定, 夕時莊賈乃至. 『史記·司馬穰苴列傳』
약속(군령)이 이미 정해졌고, 저녁 때 莊賈(장고)가 곧 이르렀다.

夫子至於是邦也 必聞其政 求之與, 抑與之與? 『論語·學而』
선생님께서는 이 나라에 이르시면 반드시 그 정치를 들으시는데 그것을 요구하시는 것입니까? (이것을) 눌러 둔다면(아니라고 한다면 → 아니면, 또는, 혹은) 그것을 들려드리는 것입니까?

諸將易得耳, 至如信, 國士無雙. 『史記·淮陰侯列傳』
여러 장군들은 얻기가 쉬울 따름이지만, 韓信 같은 사람에 이르러서는(→ 한신 같은 사람은), 國士에 짝할 사람이 없습니다.

今恩足以及禽獸而功不至於百姓者獨何與? 『孟子·梁惠王上』

지금 은총이 금수에게는 미치기에 족한데 공이 백성에게는 이르지 않는 것(않음)은 유독 무엇입니까(→ 무엇 때문입니까)?

郤克傷於矢, 流血及屢. 『左傳·成公二年』

郤克(각극)이 화살에 부상을 당하여 흐르는 피가 신발에 미쳤다.

君美甚. 徐公何能及君也? 『戰國策·齊策』

당신이 잘생긴 것이 훨씬 더합니다(→ 당신이 훨씬 잘생기셨습니다). 서공이 뭐로(어찌) 당신에게 미칠 수 있겠습니까?

다음은 목적어를 취하여 뒤에 오는 술어와 수식관계를 맺는 예이다.

何以至今不業也? 『戰國策·齊策』

무엇을 가지고(→ 무엇 때문에) 지금에 이르도록(→ 이제까지) 업으로 삼지 않으십니까?

有孔子而 來, 至於今百有餘歲. 『孟子·盡心下』

공자가 있고 나서 죽 내려와 오늘에 이르도록 백에(백 하고도) 여러 해가 되었습니다.

今媼尊長安君之位而 封之以膏腴之地 多予之重器而 不及今令有功於國. 『戰國策·趙策』

지금 마마께서는 장안군의 지위를 높이시고 그를 봉함에 기름진 땅을 써서 하시고 그에게 귀중한 기물을 많이 주셨으나, 오늘에 이르도록 나라에 공이 있게 하지는 못하셨습니다.

다음은 '及'을 영어의 'and'에 대응시켜 접속사로 여겨왔던 예이다. 접속사로 보면 '及'에 의해 나타내려던 문의(文意)는 완전히 어긋난다.

秦王大喜 傳以示美人及左右. 『史記·廉頗藺相如列傳』

진왕이 크게 기뻐하며 (벽옥을) 전하여(건네어) 그래가지고(=그렇게 해서) 미인들에게 보여주고 좌우 신하들에게까지 미치게 했다.

‘及’을 연합 관계를 나타내는 접속사로 여겨서 ‘미인과 좌우 신하들에게 보여주었다’고 하면, 본문의 뜻을 제대로 파악하지 못한 것이 된다. ‘미인과 좌우의 신하’가 아니다. ‘美人’과 ‘左右’를 동급·동렬로 여기고 있지 않음을 ‘及’의 의미가 나타내주기 때문이다. ‘美人(비빈)들에만 보게 한 것이 아니라 더 나아가 좌우의 신하들까지 보도록 했다’는 말이다. ‘及’은 단순히 ‘美人’과 ‘左右’를 수평적으로 연결하는 말이 아닌 것이다.

그릇된 방식으로 많은 단어들을 접속사로 여긴 때문에 똑같은 기능을 한다고 여기는 단어가 여럿 있게 되었다. 병렬 관계를 나타낸다고 했던 것만 보더라도 ‘與’·‘及’·‘且’·‘而’ 등이 있다. 이들은 결코 동일시할 수 없는 별개의 단어들이다.

▶ 從·由

• ‘從’은 목적어를 취하든 취하지 않든 ‘따르다’(→‘~으로부터 하다’), ‘따르게 하다’를 뜻한다.

諸侯不從, 奈何? 『史記·高祖本紀』
제후들이 따르지 않으면 무엇과 같이 하시겠습니까(어떻게 하시겠습니까)?

寧事齊楚 有亡而已 蔑從晉矣. 『左傳·成公十六年』
차라리 제나라와 초나라를 섬겨 망하는 일이 있고 말지 진나라를 따르는 일은 없을 것이다.

擇其善者而 從之 其不善者而 改之. 『論語·述而』
그 잘하는 것(사람)을 가려서 그것을 따르고, 그 잘하지 못한 것(사람)을 가려서 그것을 고친다.

七十而從心所欲 不踰矩. 『論語·爲政』
칠십에는 마음이 하고자 하는 바를 따라도 법도를 넘지(벗어나지) 않았다.

목적어를 취할 경우에도 모두 같은 뜻을 지닌다. 그런데 뒤에 다른 술어가 따르고 '從'의 목적어가 장소나 시간의 출발점이거나 통과하는 경로일 경우 영어의 'from'과 'through'에 대응시켜 전치사로 여기는 사람들이 있었다. 이럴 때 문맥에 따라 '~로부터'나 '~를 통해서' 등으로 풀이할 수 있다.

旦日客從外來. 『戰國策 · 齊策』
이튿날 손님이 밖을 따라서(밖으로 해서, 밖으로부터, =밖에서) 왔다.
吾從北方聞 子爲梯 將以攻宋. 『墨子 · 公輸上』
나는 북방을 따라서(통해서, 북방으로부터) 당신이 사다리를 만들어 장차 그것으로 宋을 공격한다고 들었습니다.

전치사라는 품사를 부여한 것은 순전히 뒤에 오는 목적어의 의미와 문맥에 의해 영어의 전치사류에 대응시킨 것이라고 할 수 있다. '從'은 여전히 '따르다'는 의미 범위에 드는 동사류임을 알 수 있다.

• '由'는 '비롯하다'를 중심으로 해서 문맥에 따라 같은 범위 내에 드는 '말미암다, 유래하다, 따르다, 통하다' 등으로 풀이한다.

居惡在? 仁是也. 路惡在? 義是也. 居仁由義, 大人之事備矣.

『孟子 · 盡心上』
거처는 어디에 있겠습니까? 仁이 그것입니다. 길은 어디에 있겠습니까? 義가 그것입니다. 仁에 살고(인을 거처 삼고) 의로 말미암으면(의를 따르면) 대인의 일이 갖추어지게 됩니다.
禮之用 和爲貴. 先王之道 斯爲美. 小大由之. 『論語 · 學而』
예가 쓰임에는(→ 예를 씀에 있어서는) 조화를 이루는 것이 귀한 것이 된다. 선왕들의 법도는 이에(이렇게 해서) 아름다운 것이 되었다. 작거나 크거나 그것[和]을 따른다

(← 그것에서 비롯된다).

그런데 '由'에 대해서도 목적어를 취하여 뒤에 오는 술어와 수식관계를 맺어 부사어가 되는 경우 전치사라고 해 왔다. 다음이 그 예이다.

由此觀之, 王之蔽甚矣. 『戰國策·齊策』
이를 통해서(← 이것에서 비롯하여) 보건대 왕께서 가려지심이 심하게 되었습니다(심해졌습니다).

何由知吾可也? 『孟子·梁惠王上』
무엇을 통하여(← 무엇에서 비롯하여) 내가 할 수 있다는 것을 아셨소?

禮義由賢者出. 『孟子·梁惠王下』
예와 의(예절과 의리)는 어진 사람으로부터(← 어진 사람에게서 비롯하여) 나왔다.

男女之別 國之大節也而 由婦人亂之 無乃不可乎? 『左傳·莊公二十四年』
남녀의 구별은 나라의 큰 범절인데, 부인들로 말미암아(→ 부인들이, ← 부인들로부터 비롯하여) 그것을 어지럽힌다면(부인들에 의해서 그것이 어지럽혀진다면) 곧 불가함이 없을는지요(→ 안 되겠지요)?

유래·원인·근거를 나타내는 전치사라고 하는데, 어느 경우이건 의미는 하나로 통한다. 유래·원인·근거 등은 '由'의 목적어가 지니는 뜻과 문맥일 따름이다. 부사어가 되면 한국어로는 수식형인 '~(으)로부터(에서, 에게서), ~로 말미암아[→ ~에 의해서], ~를 통해서' 등으로 풀이할 수 있을 따름이다. '由'를 전치사라고 하는 것도 영어의 전치사에 대응시켜 품사를 정한 것이다. 이러한 품사 부여 방식으로는 더 많은 단어들을 임의로 전치사로 편입하게 된다. 고대중국어의 본질에 부합하지 않는다.

▶ 自

'自'도 동사로 여긴다. 단독으로 술어부분을 구성하는 경우는 찾기 어려우나 '~부터 하다'·'~부터(에서) 시작하다'로 풀이할 수 있다. 이것이 목적어를 취하여 뒤에 오는 술어의 부사어가 되는 것은 위에서 설명한 단어들과 같다. 부사어가 되면 역시 한국어로는 문맥을 따라 수식형인 '~로부터(←~로부터 시작해서)'로 풀이하게 된다.

孟子自范之齊. 『孟子·盡心上』
맹자가 범(지명)으로부터 해서(← 범에서 시작해서, → 범으로부터(에서)) 제로 갔다.

有朋自遠方來, 不亦說乎? 『論語·學而』
친구가 먼 곳으로부터 해서[← 먼 곳으로부터 시작해서, → 먼 곳으로부터(에서)] 찾아오면 또한 기쁘지 않겠는가?

영어의 전치사에 대응시키다 보니 '自'는 'from'으로, '至' 등은 'to'에 배당하고 있는데 다른 단어들을 통해서 두 가지 품사로 나눌 수 없음을 알 수 있다. 고대중국어에서는 '예로부터 시작해서 지금에 이르다'와 '예로부터 지금까지'를 구분하여 표현하지 않고 똑같이 '自古至今'이라고 표현한다. 그러므로 어법상 동사와 전치사로 나눌 수 없다.

(5) 然

'然'은 '그러하다, 그렇게 하다'를 뜻하는 의미상의 동사류에 속한다.

然. 昔者吾舅死於虎, 吾夫又死焉, 今吾子又死焉. 『禮記·檀弓下』
그렇습니다. 접때 저의 시아버지가 호랑이한테 죽임을 당했고, 저의 남편이 또 그것한테 죽임을 당했는데, 이제 저의 아들이 또 그것한테 죽임을 당했습니다.

其誰曰不然? 『左傳·隱公元年』

(아 거) 누가 그렇지 않다고 했습니까?

非然也. 『孟子·告子上』

그러해서가 아니다.

於是項梁然其言. 『史記·項羽本紀』

이에 항량이 그의 말을 그러하다고 여겼다.

雖有槁曝 不復挺者 輮使之然也. 『荀子·勸學』

비록 말리고 볕에 쪼임이(말리고 쪼이는 일이) 있을지라도 다시 곧게 펴지 못함은(못하는 것은) 굽힘이 그것으로 하여금 그러하게 해서이다.

위의 예들은 모두 '然'이 술어로 쓰인 경우이다.

다음은 '後'를 수식하는 관형어로 쓰여 '然後'가 부사어가 된다. 그러므로 '然後'를 접속사로 여기는 것은 잘못이다.

如此, 然後可以爲民父母. 『孟子·梁惠王下』

이와 같이 해서, 그렇게 한 뒤라야 백성의 부모가 될 수 있습니다.

다음은 경우는 종래 접속사라고 했던 예들이다. 그러나 여전히 동사로서 뜻에 변함이 없다. 문맥에 의해 '그러하나, 그러하지만'의 관계가 전달될 뿐으로서 동사가 부사어가 되는 경우에 해당한다. 문맥에 의해 품사를 정함으로써 영어의 'but'에 해당하는 단어가 여럿이 있다고 잘못 설명해 왔었다.

甘羅年少 然出一奇計 聲稱後世. 『史記·甘茂列傳』

감라는 나이가 적었다. 그러하나 한 가지 기이한 계책을 내어 명성이 후세에 일컬어졌다.

周勃厚重少文, 然安劉氏者必勃也. 『史記·高帝本紀』

주발(周勃)은 돈후하고 무거우며 글(배운 것)이 적습니다. 그러하지만 유씨의 나라를 안정시키는 것은(안정시킬 사람은) 반드시 발(勃)일 것입니다.

접속사로 여긴 것들 가운데는 두 단어를 하나의 단어로 여겨온 경우들까지 있다. 다음이 그 예이다.

然而厚者爲戮, 薄者見疑。『韓非子·說難』
그러하나 두꺼운(심각한) 경우에는 살육되고 가벼운 경우에는 의심을 받는다.

'然'은 여전히 실사로서 하나의 뜻으로 일관된다. '而'는 접속사가 아니며 어기조사이다. '然'을 강조하고 있다. '然+而'로서 두 단어이다. 그럼에도 '然'과 '然而'가 똑같다고 설명해 왔다. '까닭'의 의미를 나타내는 '是+故'(이런 까닭) 같은 것도 두 단어이다. '대사+명사'로서 부사어로 쓰이는 경우이다. '故'는 '까닭'을 뜻한다. 모두 부사어로 쓰여서 각각 '이런 까닭에'와 '까닭에'가 되는데 '따라서, 그래서, 그러므로'와 통하므로 싸잡아서 접속사라고 해 왔다. 영어의 'therefore'에 대응시킨 것이다.

접속사가 나타낸다고 해 왔던 각종 관계는 고대중국어에서 전적으로 의미를 갖는 단어 또는 문맥에 의해 결정된다. 그러므로 접속사라고 여겼던 것은 실사류인 동사, 명사, 부사, 대사이다. 각종 접속 관계를 알게 해주는 의미를 갖는 단어를 쓰지 않은 경우가 더 많다.

(6) 如·若·使

'如'·'若'·'使'도 실사이다. 의미상 동사류에 든다. 조건이나 가정을 나타내는 접속사로 여길 수 없다. 이 단어들도 각각 한 가지 뜻을 지니며, 일부는 가정 내지 조건 관계가 있는 문맥에 쓰일 따름이다. 이 경우만을 취하여 접속사라고 해 왔는데 여러 가지 면에서 옳지 않음을 알 수 있다.

먼저 조건 또는 가정 관계를 나타내는 데도 아무런 접속 표지를 쓰지 않는다는 사실에 유의하여야 한다.

愼終追遠, 民德歸厚矣. 『論語·學而』
마침(장례)을 신중하게 하고 먼 조상을 추념하여 제사 지내면, 백성들의 덕이 두터운 데로 돌아가게 된다.

不殺二子, 憂必及君. 『左傳·成公十七年』
두 아들을 죽이지 않으면, 우환이 반드시 군께 미칠 것입니다.

城不入, 臣請完璧歸趙. 『史記·廉頗藺相如列傳』
성이 (우리 조나라의 수중에) 들어오지 않으면 신이 삼가 옥을 온전하게 하여 조나라로 돌아오게 하겠습니다.

위 예들은 모두 앞 절은 조건(가정)을 뒤의 절은 결과를 나타내는 문맥인데 아무런 접속 표지도 사용하지 않았다. 이런 형식이 대부분이다. 그러므로 종래 접속사로 여겨온 '如'·'若'·'使' 등도 다른 각도에서 이해하여야 한다. 전체 용례를 살펴보면 접속사가 아님을 알 수 있다.

▶ **如**

國人望君如望慈父母也. 『左傳·哀公十六年』
나라 사람들이 임금님을 우러러 보는 것이 마치 자애로운 부모를 우러러 보는 것과 같습니다.

如此, 然后可以爲民父母. 『孟子·梁惠王下』
이와 같이 해서, 그렇게 한 뒤라야 백성의 부모가 될 수 있습니다.

위 예문에 쓰인 '如+望慈父母'와 '如+此'에 대해서는 일반적으로 문맥상 가정이나 조건을 나타낸다고 여기지 않는다. 그래서 '如'를 접속사라고 하지 않으면서 다음과 같은 예문에 의해서는 접속사라고 했었다.

王如知此 則無望民之多於隣國也. 『孟子·梁惠王上』

왕께서 이를 아실 것 같으면(→ 아신다면) 백성이 이웃나라보다 많기를 바라실 것이 없으십니다.

'如+知此'는 앞 예의 '如+望慈父母'와 똑같이 '술어+목적어' 구조이다. '如知此'는 문맥이 '~할 것 같으면(→ 한다면)'류의 문맥이기 때문에 영어의 'if'에 대응시켜 접속사라고 해 왔던 것이다. '如'의 위치를 잘 보면 '王'이 주어이고 '如知此'는 술어부분이다. '如'가 주술구조인 '王+知此'를 목적어로 취할 수도 있으나 이 예는 술목구를 목적어로 취하였다. 주어 뒤에 가정이나 조건을 나타내는 접속사가 쓰인다고 말하는 것은 체계상으로도 매우 어색하다.

다음 예는 문맥이 뚜렷하게 조건 관계를 나타내고 있음에도 '如'를 접속사라고 하지 않는다. '如' 앞에 주어가 오는 경우도 똑같이 통사 관계를 고려하여 '如'를 술어로 보아야 하지 않겠는가?

誠如是也, 民歸之 由水之就下沛然, 誰能御之? 『孟子·梁惠王上』

진실로 이와 같으면(이와 같이 하면), 백성들이 그에게 돌아가는(귀의하는) 것이 물이 아래로 나아가는 것과 같이 세찰 것이니, 누가 그것을 막을 수 있겠습니까?

'如'가 술어이기 때문에 앞에 주어도 올 수 있고 부사어인 '誠'도 올 수 있는 것이다. 조건·가정 관계는 문맥에 의해 나타나는 것일 뿐이며, 이는 우리의 논리적인 관찰이지 '如'라는 단어의 품사성이 아니다.

▶若

'若'의 경우도 '如'와 같은 방식으로 이해해야 한다.

君子之交淡若水. 『莊子·山木』
군자의 사귐은 담담하기가 물과 같다.

君之危若朝露, 尙將欲延年益壽乎? 『史記·商君列傳』
당신이 위태롭기는 아침 이슬과 같은데도 오히려(아직도) 장차 나이를 늘리고 수명을 더하기를 바라십니까?

吾不忍其觳觫若無罪而就死地. 『孟子·梁惠王上』
나는 그것(소)이 벌벌 떠는 것이 죄가 없는데도 死地에 나아가는 것 같음을 견디지[차마 보지] 못하겠다.

위 예문에는 조건이나 가정 관계라고 할 만한 문맥이 없다. 그래서 '若'을 동사로 여긴다. 그런데 다음 예문은 조건 내지 가정의 문맥이 뚜렷하므로 '若'을 접속사라고 해 왔다.

公子若反晉國則何以報不穀? 『左傳·僖公二十三年』
공자께서 진나라로 돌아가실 것 같으면 곧 무엇으로 과인에게 보답하시겠오?

子若欲戰, 則吾退舍. 『左傳·僖公三十三年』
당신이 전쟁을 하고자 할 것 같으면, 곧 우리가 물러나 그만두겠소.

그런데 '若反晉國'과 '若欲戰'이 각각 주어인 '公子'와 '子'의 뒤에 있다는 사실에 특히 유의하여야 한다. '若+反晉國'과 '若+欲戰'은 술목구조이다. 각각 '진나라로 돌아감과 같다([같게 되다])(돌아가는 경우와 같다[같게 되다])'와 '전쟁을 하고 싶어 함과 같다(하고 싶은 경우와 같다[같게 되다])'를 뜻할 뿐이며 '~할 것 같으면(→한다면)'은 문맥이라고 보아야 한다.

舟已行矣而 劍不行, 求劍若此 不亦惑乎? 『呂氏春秋·察今』
배는 이미 가버리고(가버렸으나) 칼은 가지 않았는데, 칼을 찾는 것이 이와 같다면 또한 미혹되지 않는가?

다른 예에서 접속사로 여긴 방식대로 품사를 부여해야 한다면 위의 예도 '若此' 앞에 '求劍'이라는 술목구조가 있지만 가정의 문맥을 지녔으니 접속사라고 할 법하다. 그럼에도 이런 예를 가지고는 접속사라고 하지 않았다. 이로 미루어 '如'나 '若'의 목적어가 한 단어이든 구이든 후속 성분이 목적어가 됨을 알 수 있다.

'如'와 '若'은 목적어를 취하여 '~와 같다, ~같이 하다, ~와 같게 되다'는 의미를 나타낼 뿐이다. '~와 같은(~같이 하는, ~와 같게 되는) 경우는'[→'~할(일) 것 같으면']이라는 문맥에 쓰이면, '~한다면'으로 생각하고 '如'나 '若'을 영어의 'if'에 대응시켜 접속사라는 품사를 부여해 왔던 것이다.

'如'와 '若'을 접속사로 간주하는 것이 옳지 않음을 알 수 있는 매우 중요한 근거가 또 있다.

諸將易得耳, 至如信, 國士無雙. 『史記·淮陰侯列傳』
여러 장군들은 얻기가 쉬울 따름이지만, 韓信 같은 사람에 이르러서는, 國士에 짝할 사람이 없습니다.

위 예문의 '如+信'은 술목구조로서 '한신(韓信)과 같은 사람'을 나타낸다. '好學'이 '배우기를 좋아하다'를 나타내기도 하고 '배우기를 좋아하는 사람, 배우기를 좋아함'을 나타내기도 하듯이, '如信'은 '한신과 같다', '한신과 같은 사람'('한신과 같은 경우', '한신과 같음'을 포함)을 다 나타낼 수 있다. 전자와 후자를 구별하기 위하여 '好學人' 따위로 표현하지 않는다. 고대중국어의 특징의 하나이다. 모든 '술어+목적어'의 구조는 '~하다'와 '~하는 사람(것, 경우), ~함'을 구분하지 않는다. '將軍'·'執事' 등은 이러한 형식으로 단어가 되어버린 경우이다.

'若'의 경우도 마찬가지이다.

若信者 亦已爲禽矣. 『史記·淮陰侯列傳』
한신(韓信) 같은 사람 역시 이미 사로잡히게 되었다(← 사로잡인 것[사로잡힘]이 되었다).

'如信'을 '若信'으로 바꿔 쓴 예문이다. 고대중국어에서는 명사도 술어가 될 수 있으므로 접속사를 정해온 방식대로라면 '若'도 접속사라고 할 수 있을 텐데 그렇게 말하지 않는다. 종래의 품사 부여 방식이 매우 어법적이지 못함을 알게 해 준다. '술어+목적어' 형식이 문맥상 사람을 가리킬 수도 있고 그렇지 않은 경우도 있다.

다음 예의 '如'·'若'에서는 술목구조 중의 술어로서의 성격이 극명하게 드러난다.

安見方六七十如五六十而非邦也者? 『論語·先進』
어디(어찌) 사방 육칠십 리나 오륙십 리 같은 것을 보고(→ 가지고) 나라가 아니라고 하겠는가?

大夫沒矣, 則稱諡若字. 『禮記·玉藻』
대부가 죽으면 시호나(시호와) 자 같은 것으로(을) 일컫는다(시호나 자 같은 것으로 호칭한다).

願取吳王若將軍頭 以報父之讎. 『史記·魏其武安侯列傳』
오왕이나 장군의 머리 같은 것을 취하여 (그래가지고) 아버지의 원수를 갚기를 원합니다.

'見+方六七十如五六十', '稱+諡若字', '取+吳王若將軍頭'는 모두 '술

어+목적어' 형식이다. 그럼에도 불구하고 '稱+諡若字'의 경우 '稱'의 목
적어인 '諡若字'를 종래 '시호 또는 자'라고 여기고 '若'에 대해 이번에는
선택 관계를 나타내는 접속사라고 하였다. 문맥을 취하여 영어의 'or'에
대응시킨 것이다. 이는 전적으로 '若字'를 오해한 것이다. 이 경우 '若字'
는 결코 '字'라는 한 가지 칭호만을 가리키는 것이 아니라 '字'를 포함하
여 여타의 호칭까지를 뜻한다. 즉, '字 같은 것'을 뜻한다. '若+字'가 술
목구조라는 사실과 '若'의 뜻을 바르게 이해하지 못하여 다른 품사와 다
른 기능까지 부여해 왔던 것이다. '諡若字'는 '시호와 자 같은 것' 또는
'시호나 자 같은 것'을 뜻한다. 고대중국어에 병렬과 선택 관계를 구별해
주는 전문 접속사가 없다. 즉, '~와(과)~'와 '~ 또는 ~'을 구별하게 해
주는 접속사가 없다. 병렬과 선택을 구분하는 표지가 없음에도 문맥을
자의적으로 파악하여 '若'을 접속사로 여겼던 것이다.

　같은 이치로 '方六七十如五六十'는 '사방 70리 또는 5, 6십리'가 아니
라 '사방 70리와[=또는] 5, 6십 같은 것'을 뜻하며, '吳王若將軍頭'는 '오
왕 또는 장군의 머리'가 아니라 '오왕과[=또는] 장군의 머리 같은 것'을
뜻한다. 이와 유사하게 처리해 온 다른 단어들도 실사로 여기고 통사관
계를 잘 이해하며 문맥을 바르게 파악하면 단어의 성질을 바르게 이해
할 수 있다.

▶ 使

　'使'는 본래의 사역 의미를 그대로 가지고 있다. '如'·'若'처럼 가정
관계의 문맥을 지닌다고 여길 수 있는 자리에도 쓰인다. 그러나 '如'·
'若'과는 쓰임에 차이가 있다. '使'의 뒤에 행위자가 있든 없든 '~를 시켜
서(~로 하여금) ~하게 하다' 뜻으로 일관된다. 경우에 따라 문맥과 결부

되면 '~를 시켜서(~로 하여금) ~하게 한다고 하자(→한다면)'가 된다.

> 使奕秋誨二人奕. 其一人專心致志 惟奕秋之爲聽, (一人雖聽之 一心以
> 爲有鴻鵠將至 思援弓繳而射之 雖與之俱學 弗若之矣.) 『孟子·告子上』
> 혁추를 시켜서(혁추로 하여금) 두 사람에게 바둑을 가르치게 하였는데, (가르치게 하였다
> 고 하자.) 그 가운데 한 사람은 마음을 오로지하고 뜻을 다하여 혁추의 말만 듣고, (……)

이 문장 중의 '使'를 접속사라고 해 왔다. 그런데 『孟子』에서 가정의
문맥에 '使'가 쓰인 경우는 위의 예 하나뿐이다. 위의 번역문을 통해서
이해하면 간단히 해결된다. 문맥을 '~가르친다면'으로 여기고 '使'가 이
러한 가정을 나타내는 접속사라고 생각한 것이다. 그러나 '使'의 뜻은 바
뀌지 않았다. 여전히 '시키다(~하게 하다)'를 뜻한다. 가정은 문맥에 대
한 자의적인 인식일 따름이다.

'使' 이외의 다른 단어들도 위에서 설명한 방식으로 이해하면 더 쉽고
바르게 한문을 읽을 수 있다. 종래의 품사 부여 방식과 결과에는 고대중
국어의 특징과 규칙에 맞지 않은 것이 매우 많다. 고대중국어에 각종 접
속관계, 즉 문맥 관계를 나타내는 전문 단어는 없다.

(7) 意·抑

'意'·'抑'을 '若'·'或' 등과 한 무리에 넣어 선택 관계를 나타내는 접
속사라고 해 왔다. 그러나 동사류로 여기면 된다. 선택 관계라는 것이
'抑'·'意'의 본래 의미와 문맥에 의해 파악되는 것이지 이 단어들이 선
택 관계를 나타내는 전문 접속사인 것은 아니다.

고대중국어에서 선택의 관계를 나타내는 데도 특정의 단어를 쓰지 않
는다. 대부분 문맥에 의한다. '意'와 '抑' 같은 경우는 이것이 지니는 실

질적인 의미가 앞뒤 말 가운데 하나를 선택하는 문맥임을 더 쉽게 알 수 있도록 해 준다.

▸ 意

'意'의 뜻을 '생각하다'로 풀이 할 때, 선택 관계의 경우는 다른 문맥에 쓰인 동사류 단어의 경우와 마찬가지로 부사어로 쓰였다고 보면 품사를 달리 볼 이유가 없음을 알 수 있다.

> 子之義將匿耶 意將以告人乎? 『墨子 · 耕柱』
> 당신의 의리는 장차 감출 것입니까? 생각건대(→ 아니면, 혹은) 그것을 (가지고서) 남에게 알릴 것입니까?

부사어로 쓰였기 때문에 '생각건대(생각해 볼 때, 생각해 보니)'로 풀이 할 수 있다. 결과적으로 문맥과 결부되어 '아니면', '또는' 등으로 번역할 수 있을 따름이다. 이렇게 풀이되는 뜻으로 바뀌었다고 볼 필요가 없다.

▸ 抑

> 子將大滅衛乎? 抑納君而已乎? 『左傳 · 哀公二十六年』
> 당신은 장차 위나라를 크게 멸망시키시렵니까? 눌러 두고(→ 그렇지 않고) 임금을 들여보내고 그만둘 것입니까?

> 夫子至於是邦也 必聞其政 求之與, 抑與之與? 『論語 · 學而』
> 선생님께서는 이 나라에 이르시면 반드시 그 정치를 들으시는데 그것을 요구하시는 것입니까? (이것을) 눌러 둔다면(아니라고 한다면 → 아니면, 또는, 혹은) 그것을 들려드리는 것입니까?

'抑'의 뜻은 '억누르다(→ 억지를 부리다, 아니라고 하다)'로 풀이할 수 있다. 선택 관계를 지닌 문맥 중에 쓰여 이 단어의 의미를 추가하였다고 보면 된다. '(앞에서 한 말을) 눌러둔다면(눌러버리면)'이라고 말함으로써 화자의 생각을 더욱 구체적으로 표현한 것이라 여긴다. 역시 부사어로 쓰였다고 보면 된다. 뜻이나 품사에 변화가 없는 것이다. '抑'의 뜻이 영어의 'or'에 상당하는 '또는, 혹은, 아니면'이라는 접속사여서가 아니라 전후 문맥이 본래 그러한 것이다.

문맥에 의해 '또는, 혹은, 아니면' 등에 상당하는 기능을 하는 것으로 이해할 수는 있지만, 고대중국어에서도 접속사로서 이러한 기능을 지닌다거나 그런 단어가 여럿이라고 할 수는 없다.

'抑'·'意' 등을 제거해도 선택 관계는 그대로 성립한다. '抑'·'意' 같은 단어가 쓰이지 않은 문장이 더 많다. 각기 고유의 뜻을 가지고 그것의 의미를 보충하고 있는 것이지 접속 기능을 하는 전문 접속사라고 볼 수 없다.

'且'도 선택 관계의 접속사로 분류해 왔으나, 부사로 보면 된다. 여러 가지 접속 관계는 부사어에 의해 두드러질 수 있다. 다른 부사도 마찬가지이다. 고대중국어의 품사에 접속사를 두면 부사와 다른 품사와의 경계가 더욱 혼란스럽게 된다. 명사인 '故'(까닭)를 접속사로 보는 것이나 대사인 '斯' 같은 것을 접속사로 보는 것도 그렇다. 논리적인 사고에 의해 문맥의 종류를 먼저 정해놓고 뜻이 달라지지도 않은 단어들을 서로 다른 품사에 귀속시키는 것은 고대중국어의 특징에 부합되지 않는다. 이 단어들도 실질적인 의미를 가지고 부사어로 쓰였다고 여기면 일관성 있게 규칙을 정리할 수 있고, 실제 언어 사용 원리에도 부합한다고 할 수 있다.

6. 부사

부사(副詞)는 동사·형용사 및 다른 부사를 수식하는 문장 성분으로 정의된다. '부사어'[상어(狀語)]를 문장 성분의 명칭으로 삼는다. 다른 실사류 단어들도 부사어가 될 수 있기 때문에 이 정의는 엄격한 정의가 되지 못한다. 뿐만 아니라 이 정의에 맞추려면 오직 부사어로만 쓰이고 의미상 다른 품사류와 차이가 분명한 경우만을 부사로 분류해야 한다. 그런데 고대중국어는 품사에 따라 단어의 형태를 달리하는 언어가 아니므로 여기에도 한계가 있다. 의미를 어떻게 정하느냐 하는 데는 항상 자의성이 따르기 때문이다.

실사류 품사 구분의 사실상의 경계는 대체로 개별 단어가 뜻하는 실질적인 의미 유형이다. 그런데 위의 일반적인 정의에 따르면 다른 품사와의 경계가 의미의 경계라고만 할 수 없는 문장 성분상의 요건이 있다. '부사'라는 품사는 문장 성분상 '부사어'라는 한 가지 기능만 갖는다는 점이다.

부사를 다시 '정도, 범위 및 상호(相互), 시간 및 빈도, 정태(情態) 및 추측, 부정(否定) 및 응대(應對)·반문·관계·전환 등으로 나누는 것은 의미의 차이에 의한 것이다.

어떤 단어들에 대해서는 의미상 뚜렷한 차이가 없음에도 다른 품사를 겸하는 것으로 설명한 경우가 적지 않았다. 그래서 하나의 의미 항목을 갖는 단어가 문장 중에서 부사어만으로 쓰이는 경우를 기본으로 하여 부사의 범위를 정하는 것이 중요하다. 어떤 단어가 둘 이상의 의미를 지닌다고 볼 수 있는 경우에는 그 중 한 가지 의미가 부사어로만 쓰이면 부사로 여길 수 있다.

하나의 의미를 지니면서 부사어 외에 다른 문장 성분으로도 쓰인다면 의미상 명사・동사・형용사에 귀속시키는 것이 타당한 분류가 될 것이다. 분별상 여전히 어려움이 따른다.

부사의 의미 유형을 ① 정도, ② 범위 및 상호, ③ 시간 및 빈도, ④ 정태 및 추측, ⑤ 否定 및 응대, ⑥ 반문, ⑦ 관계, ⑧ 전환 등으로 나누어 대표적인 부사의 용례를 들기로 한다.

(1) 정도

最, 更, 尤, 頗 등.

▸ 最

及三晉分知氏, 趙襄子最怨知伯而 將其頭以爲飲器. 『戰國策・趙策』

3진(韓魏趙)이 지씨(知伯)를 나누기에 이르러(→ 분할하게 되자), 조양자는 지백을 가장 원망하여 그의 머리를 취하여 술잔으로 삼았다.

▸ 更

吾嘗爲鮑叔謀事而 更窮困. 『史記・白起王翦列傳』

나는 일찍이 포숙을 위해 일을 꾀하다가 더욱 곤궁해졌다.

▸ 尤

居數年 會更五銖錢, 民多盜鑄錢, 楚地尤甚. 『史記・汲鄭列傳』

수 년 있다가 때맞춰 오수전(五銖錢)으로 바꾸는데, 백성들이 몰래 돈을 주조하는 일이 많았으며, 초나라 땅이 더욱 심했다.

▶ 頗

廷尉乃言 賈生年少 頗通諸子百家之書. 『史記 · 屈原賈生列傳』

정위(吳정위)가 곧 말했다. 가생은 나이가 적지만 제자백가의 글에 꽤(자못) 능통합니다.

(2) 범위 및 상호

皆, 咸, 唯, 但, 只, 直, 徒, 祇(秪), 僅, 甯, 俱, 相, 互 등.

▶ 皆

能以伎能立名者甚多. 皆有高世絶人之風, 何可勝言? 『史記 · 日者列傳』

기능을 가지고 이름을 세울 수 있는 경우는 심히 많습니다. 모두 세상에서 우뚝 솟아 사람들을 능가하는 풍모가 있습니다. 뭐로(어떻게) 이루 다 말할 수 있겠습니까?

▶ 咸

仁乃病免 以二千石祿歸老, 子孫咸至大官矣. 『史記 · 萬石張叔列傳』

인(人名)은 곧 병들어 벼슬을 면하고, 2,000석의 봉록을 가지고 돌아가 늙었으며, 자손들은 다 큰 벼슬에 이르렀다.

▶ 唯

且夫秦失其政, 諸侯豪桀並起, 唯漢王先入關 據咸陽. 『史記 · 酈生陸賈列傳』

또 저 진나라가 그 정치를 잃자, 제후와 호걸들이 아울러 일어났는데, 오직 한나라 왕만이 먼저 함곡관에 들어가 함양을 차지하였습니다.

▶ 但

更適陰陽 但服湯二旬而, 復故. 『史記 · 扁鵲倉公列傳』

음과 양의 기운을 바꿔 맞추어 단지 탕약을 20일 동안 복용케 하니 (태자의 몸이) 옛날을 회복하였다.

▸直

湯死, 家産直不過五百金 皆所得奉賜, 無他業.『史記·酷吏列傳』

탕(張湯)이 죽자 가산은 단지 5백금을 넘지 않았는데 다 봉록으로 얻은 바였으며, 다른 업은 없었다.

▸徒

孫子曰: 王徒好其言 不能用其實.『史記·孫子吳起列傳』

손자가 말했다. 임금께서는 단지 그 말만 좋아하시고 그 실을 쓰지 못하십니다.

▸僅

僅四戰之後趙之亡卒數十萬, 邯鄲僅存.『史記·張儀列傳』

네 번 싸운 후에 조나라의 죽은 병사는 수십만이었으며, 한단(邯鄲, 지명)만 단지(겨우) 남았다.

▸俱

孫臏嘗與龐涓俱學兵法.『史記·孫子吳起列傳』

손빈은 일찍이 방연과 더불어 함께 병법을 배웠다.

▸相

是時齊有孟嘗, 魏有信陵, 楚有春申, 故爭相傾以待士.

『史記·平原君虞卿列傳』

이때 제나라에는 맹상군이 있었고, 위나라에는 신릉군이 있었으며, 초나라에는 춘신군이 있었다. 까닭에 다투어 그래 가지고 서로 힘을 기울여 선비를 대우하였다.

▸互

互長嘯哀鳴 翩幡互經 夭蟜枝格 偃蹇杪顚.『史記·司馬相如列傳』

서로 길게 소리 내고 슬피 울기도 하고, 훌쩍 날아 서로 오가기도 하며, 뛰어 올라 나뭇

가지에 이르거나 높이 솟아 나무 끝에 거꾸로 매달리기도 합니다.

(3) 시간 및 빈도

已, 旣, 將, 方, 輒, 暫, 乍, 卽, 又, 亦, 嘗, 常 등.

▸ 已

蘇秦已說趙王而得相約從親.『史記·張儀列傳』

소진은 이미 조왕을 설득하여 서로 종친(좇아서 가까이 함, 합종)을 맺는 것을 이루었다
(→ 서로 종친을 맺을 수 있었다).

▸ 旣

約束旣定, 夕時莊賈乃至.『史記·司馬穰苴列傳』

약속(군령)이 이미 정해졌고, 저녁때 장고가 곧 이르렀다.

▸ 將

夫齊與吳將戰, 彼戰而不勝, 越亂之必矣.『史記·仲尼弟子列傳』

대저 제나라가 오나라와 더불어 장차 전쟁을 하려 하는데, 저들이 싸워서 (오나라가) 이기지 못하면 월나라가 오나라를 어지럽힐 것이 틀림없다.

▸ 方

方是之時 屬之於子乎?『史記·孫子吳起列傳』

바야흐로 이러한 때에 그것(재상의 자리)을 그대에게 맡기겠소?

▸ 輒

輒予五十金 以明不欺.『史記·商君列傳』

바로 50금을 주어 그것으로 속이지 않음을 분명히 했다.

▸ 暫

廣暫騰而上胡兒馬 因推墮兒 取其弓 鞭馬南弛數十里. 『史記·李將軍列傳』

이광(李廣)은 잠시 오랑캐 아이의 말에 뛰어 오르더니, 이어서 아이를 밀어 떨어뜨리고 그의 활을 취하여 말을 채찍질하여 남쪽으로 수십 리를 달렸다.

▸ 乍

其角動 乍小乍大 若色數變, 人主有憂. 『史記·天官書』

그 각성(角星, 동방에 있는 청룡[靑龍]의 수성[首星, 별자리의 하나])이 동하여(흔들려) 갑자기 작아졌다 갑자기 커졌다 하며 색깔이 자주 변하게 될 것 같으면, 임금에게 걱정거리가 있다.

▸ 卽

太子卽自剄 不殊. 『史記·淮南衡山列傳』

태자는 곧 스스로 목을 베었으나 숨이 끊어지지는 않았다.

▸ 又

昔者吾舅死於虎, 吾夫又死焉, 今吾子又死焉. 『禮記·檀弓』

접때 저의 시아버지가 호랑이한테 죽임을 당했고, 저의 남편이 또 그것한테 죽임을 당했는데, 이제 저의 아들이 또 그것한테 죽임을 당했습니다.

▸ 亦

亦項莊拔劍起舞, 項伯亦拔劍起舞. 『史記·項羽本紀』

항장(項莊)이 검을 뽑고 일어나 춤을 추자, 항백(項伯)도 역시 검을 뽑고 일어나 춤을 추었다.

▸ **嘗**

受命應對, 吾未嘗敢失辭也. 『史記·秦始皇本紀』

명을 받고 응대하면서 나는 아직 일찍이 말실수를 감히 하지 않았습니다.

▸ **常**

相如每朝時 常稱病 不欲與廉頗爭列. 『史記·廉頗藺相如列傳』

상여는 조회할 때마다 항상 병을 일컬어(→ 핑계 삼아) 염파와 더불어 서열을 다투는 것을 바라지 않았다(다투려 하지 않았다).

(4) 정태 및 추측

必, 固, 寧, 庶, 幾, 蓋, 殆, 尙, 猶 등.

▸ **必**

古之善爲士者必微妙玄達, 深不可識. 楚簡本『老子』

옛날에 장부 노릇을 잘하는 사람은 반드시 미묘함(마음자리, 心地)에 현달했으므로 (그) 깊이를 알 수가 없었다.

▸ **固**

我固知齊軍怯, 入吾地三日, 士卒亡者過半矣. 『史記·孫子吳起列傳』

나는 본디 제나라 군사가 겁이 많다는 것을 알고 있었다. 우리 땅에 들어온 지 사흘 만에 병졸이 달아난 것이 절반을 넘었다.

▸ **寧**

寧事齊楚 有亡而已 蔑從晉矣. 『左傳·成公十六年』

차라리 제나라와 초나라를 섬겨 망하는 일이 있고 말지(→ 망할 따름이지) 진나라를 따르는 일은 없을 것이다.

▶ 庶

寡人以爲善庶幾息兵革. 『史記·秦始皇本紀』

과인은 그것으로 아마 어느 정도 전쟁을 쉬는 것이 좋다고 여긴다.

▶ 幾

裹糧就學者成徒而, 溺死者幾半. 『列子·說符』

양식을 싸고 배우러 나아간 사람이 무리를 이루었으나, 물에 빠져 죽은 사람이 거의 절반이었다.

▶ 蓋

余登箕山, 其上蓋有許由冢云. 『史記·伯夷列傳』

내가 기산에 올랐는데, 그 위에는 아마 허유의 무덤이 있을 것이라고 하더라.

▶ 殆

願上所居宮毋令人知, 然後不死之藥殆可得也. 『史記·秦始皇本紀』

임금님께서 묵으시는 바의 궁은 사람들로 하여금 알게 하는 일이 없기를 원합니다. 그렇게 한 뒤에야 죽지 않는 약은 거의(아마) 얻을 수 있을 겁니다.

▶ 尙

君之危若朝露, 尙將欲延年益壽乎? 『史記·商君列傳』

당신이 위태롭기는 아침 이슬과 같은데도 오히려(아직도) 장차 나이를 늘리고 수명을 더하기를 바라십니까?

▶ 猶

今陛下在洛陽, 今斬吾頭馳三十里間, 形容尙未能敗, 猶可觀也.

『史記·田儋列傳』

지금 폐하께서는 낙양에 계시오. 지금 내 목을 베어 30리 간을 달리면 모습이 아직은(그

때까지는) 이지러질 수 없으니(이지러지지 않을 것이니) 그래도(아직) 알아 볼 수 있을
것이오.

(5) 부정 및 응대

不, 弗, 否, 非(匪), 未, 唯(惟·維) 등.

▶ 不

坐而運策, 公不如義. 『史記 · 項羽本紀』
앉아서 계책을 운용하는 것이라면 공은 나(義)만 같지 못합니다.

▶ 弗

其母聞之 弗哭也. 『史記 · 平原君虞卿列傳』
그의 어머니는 그것(소식)을 듣고도 (소리 내어) 울지 않았다.

▶ 否

頓首曰: 可則立之 否則已. 『史記 · 齊太公世家』
머리를 조아리며 말했다. 할 수 있으면 곧 그를 세우고 그렇지 않으면 곧 그만 두십시오
(그만 두는 것입니다).

▶ 非

凡群臣之言事秦者 皆姦人 非忠臣也. 『史記 · 蘇秦列傳』
무릇 뭇 신하들이 진나라를 섬기라고 말하는 경우는 모두 간사한 사람이지 충신이 아닙
니다.

'不'·'弗'은 '~(하)지 않다(못하다)', '안(못) ~하다' 등으로 풀이된다.
의미상 동사성·형용사성의 단어 앞에 쓰이는 부사로 여긴다.

‘不’과 ‘弗’이 쓰인 문맥을 비교하여 ‘弗’이 ‘不’보다 더 강한 부정을 나
타낸다고 여긴다.

‘否’는 ‘不+앞에 나온 술어’의 축약형으로 이해할 수 있다. 위의 ‘頓首
曰 可則立之 否則已.’ 중의 ‘否’는 ‘不+可’를 뜻한다. 그래서 ‘可否’는 ‘可
不可’로, ‘與否’는 ‘與不與’로 이해된다.

‘非’ 뒤에는 의미상 명사성·동사성·형용사성의 단어가 모두 쓰인다.
뒤에 오는 말 전체를 부정하여 ‘아님’을 나타낸다. 사실이 그렇지 않다고
판단하는 의미를 지닌다. ‘非’를 ‘匪’로 표기한 경우는 음이 같아서 빌려
쓴 경우(가차, 假借)이다.

‘非’는 뒤에 명사성 단어나 명사성의 구가 오든 동사성·형용사성 또
는 이것들이 이끄는 구가 오든 부정 판단을 나타낸다. ‘~이 아니다’, ‘~
한 것이 아니다’로 풀이된다. 이 점이 ‘不’·‘弗’과 다른 점이다.

‘非’(‘匪’)·‘不’·‘弗’ 같은 부정어를 부사어에 넣고 있는 것은 영어 중
의 부정어의 성질을 따른 것이다. 이 책에서도 일단 종래의 견해를 따랐
다. 그런데 동사성 내지 형용사성의 단어로 볼 수도 있다. ‘有’(있다)와
상대되는 ‘無’(없다)가 동사임에 비추어 생각하면 가능하다. ‘非’(그르다
[→그르다고 여기다], 아니다)는 ‘是’(옳다, 이다)와 상대되어, ‘是’가 동사
성 내지 형용사성의 것이니 ‘非’도 동사성 내지 형용사성의 것이라고 볼
수 있기 때문이다. ‘非’ 뒤에는 각종 단어와 모든 형식의 구가 다 놓일
수 있다. 이 점은 상당수의 의미상의 동사·형용사가 목적어를 취하는
경우와 같다. 이렇게 보면 부사로 볼 수가 없게 된다. 즉, 동사성 내지
형용사성에 더 가까운 단어로 볼 수 있다. ‘不’의 경우도 같은 방식의 이

해가 가능하다.

한국어의 부정 표현 중에는 '~하지 않다(아니 하다)'·'~하지 못하다'·'~이 아니다' 류가 있는 한편, '안(아니) ~'·'못 ~'이 함께 있는데, '~하지 않다(아니 하다)'·'~하지 못하다'·'~이 아니다'류는 고대중국어의 이들 부정어를 의미상 동사나 형용사로 볼 수도 있음을 알게 해 준다.

▶ 未

秦兵尚疆, 未可輕. 『史記·留侯世家』
진나라 군사가 아직 강성하니 아직 가벼이 할(가볍게 볼) 수 없습니다.

受命應對, 吾未嘗敢失辭也. 『史記·秦始皇本紀』
명을 받고 응대하면서 나는 아직 일찍이 말실수를 감히 하지 않았습니다.

고대중국어에는 시제를 구별해서 표현하는 어법 표지가 없다. 중립적이므로 시제 표현이 있는 언어로 풀이할 때는 문맥에 의거할 수밖에 없다. 시간을 나타내는 어휘가 함께 쓰이면 과거·현재·미래 구분을 쉽게 할 수 있을 따름이다.

'未'는 시제와 상관이 없다. 시점이 과거이건 현재이건 미래이건, '(차후는 모르지만 말하는 시점까지는) 아직 ~(하)지(있지) 않다'는 뜻을 갖는다. 이것이 '不'·'弗'과의 차이점이다. '不'·'弗'이 사실을 그대로 말하는 직설적 성격을 띤다면 '未'는 다분히 완곡함 내지 정중함을 나타내는 색채를 띤다. '不'·'弗'처럼 '~(하)지 않(는)다'고 말하지 않고, '아직(까지는) ~(하)지(있지) 않(았)다'고 함으로써 단정적으로 말하지 않음으로써 완곡하게 부정하는 말이라고 할 수 있다. 단순히 '~한 일(경우)이 없다'고만 말하고자 할 때는 동사 '無'를 사용하면 되기 때문이다.

▶ 唯

楚王曰: 唯唯, 誠若先生之言 謹奉社稷而以從. 『史記·平原君虞卿列傳』

초나라 왕이 말했다. 예예, 진실로 선생의 말씀과 같이 삼가 사직을 받들고 그렇게 해서 따르겠습니다.

范雎曰: 唯唯. 『史記·范雎蔡澤列傳』

범저가 말했다. 예예.(글쎄요, 글쎄요.)

(6) 반문

況, 豈, 寧(어찌), 庸 등.

▶ 況

且庸人尙羞之, 況於將相乎? 『史記·廉頗藺相如列傳』

또한 평범한 사람도 오히려 그것을 부끄러워하는데 하물며 장군이나 재상에 있어서이겠습니까?

▶ 豈

有君如此, 豈可負? 『史記·孟嘗君列傳』

이와 같은 군주가 있는데(← 군주가 있어 이와 같은데), 어찌 (그 뜻을) 저버릴 수 있겠습니까?

▶ 寧

必報讎, 寧事戎狄? 『史記·晉世家』

반드시 복수할 것이다. 어찌 융적(융과 적, 융이나 적)을 섬기겠는가?

▶ 庸

且子玉猶在, 庸可喜乎? 『史記·晉世家』

또 자옥이 아직 (살아) 있는데 어찌 기쁠 수 있겠습니까?

(7) 관계

乃, 則, 卽, 且, 却(卻), 才(纔) 등.

▶ 乃

雖有奇士不能用, 平乃去楚. 『史記·陳丞相世家』

비록 기특한 책사가 있을지라도 쓰일 수가(등용될 수가) 없기에, 저(진평, 陳平)는 곧(이에) 초나라를 떠났던 것입니다.

▶ 則·卽

上服度, 則六親固. 『史記·管晏列傳』

임금이 법도를 실천하면 곧 육친이 굳게 뭉친다.

吾翁卽若翁. 『史記·廉頗藺相如列傳』

나의 아버지가 곧 너의 아버지이시다.

約束旣布 乃設鈇鉞 卽三令五申之. 『史記·孫子吳起列傳』

(손자는) 약속이 이미 공표되자 곧 부월(鈇鉞)을 마련하고 곧 세 번 영을 내리고 다섯 번 펼쳤다(→ 여러 번 그것을 펼쳐 알렸다).

▶ 且[7)]

富貴者驕人乎? 且貧賤者驕人乎? 『史記·魏世家』

부유하고 귀하면 남에게 교만을 부립니까, 또(아니면) 가난하고 천하면 남에게 교만을 부립니까?

往何遽必辱 且又何至是? 『史記·鄭世家』

간다고 해서 뭐(어찌) 꼭 욕을 당할 것이며, 게다가 또 뭐로(어찌) 이에 이르겠소(→ 이렇게 해야 하겠소)?

---

7) '乃·則·卽·且' 등에 대해서는 종래 부사인 경우와 접속사인 경우를 나누어 두 가지 품사성을 따로따로 가지고 있다고 여겨왔으나 모두 부사로 여긴다.

且夫水之積也不厚, 則其負大舟也無力. 『莊子·逍遙游』

또(게다가) 대저 물이 쌓인 것이 두텁지 않으면 그것이 큰 배를 짊어지는 데(→ 띄우는 데)는 힘이 없습니다.

(8) 전환

雖, 縱 등.

▶ 雖

雖有君命, 何其速也? 『左傳·僖公二十四年』

비록 임금의 명령이 있기는 하지만, 뭐로(→ 무엇 때문에) (아 거)[→ 그렇게] 빠르시오?

國一日被攻, 雖欲事秦 不可得也. 『戰國策·齊策』

나라가 어느 날 침공을 입으면(→ 당하면) 비록 (그때 가서) 진나라를 섬기고자 하여도 그럴 수가 없습니다.

▶ 縱

仲幾曰: 縱子忘之, 山川鬼神其忘諸乎? 『左傳·定公八年』

중기가 말했다. 비록 당신은 그것을 잊을지라도 산천과 귀신이 (아 거) 그것을 잊겠습니까?

縱江東父老憐而王我 我何面目見之? 『史記·項羽本紀』

비록 강동의 부로들이 나를 불쌍히 여겨 왕으로 삼는다 할지라도, 내가 무슨 면목으로 그들을 보겠는가?

부사가 나란히 같이 쓰였을 때는 의미상 연합 관계인가 수식 관계인가는 문맥에 의해 구별한다. 종래의 어법서에는 이상에 든 부사들 외에 다른 품사를 겸한다고 보는 어휘들이 많이 실려 있다. 상당 부분 고대중국어의 성격과 거리가 먼 품사 부여이다. 실사류의 품사를 나누더라도 명사·동사·형용사류에 귀속시키는 것이 마땅한 것들은 부사에서 제외하여야 한다.

이 책에는 고대중국어에 '접속사'[연사(連詞)]는 없다고 본다. 주로 실사류에 들며 조사에 드는 것도 있다.

7. 대사

1) 대사의 분류

대사(代詞)는 다른 실사류 단어나 구 또는 문장 및 단락(段落)을 대신하여 가리키는 단어이다. 고대중국어의 대사의 쓰임에 의하면, ① 사람만을 가리키는 것, ② 사람과 기타를 두루 가리키는 것, ③ 의문을 나타내는 것 등 셋으로 크게 나눌 수 있다. 서구 언어 중의 대명사(代名詞)와는 많은 차이가 있기 때문에 인칭대사(人稱代詞)·지시대사(指示代詞)·의문대사(疑問代詞)로 나누는 것은 고대중국어의 성질에 부합하지 않는다.

(1) 사람만을 가리키는 것

이 부류는 화자·청자·자기로 나눌 수 있다.

① 화자

자칭(自稱)이라고 명명할 수도 있다. '吾·我·予(余)' 등이 대표적인 것이다. 발음이 다른 몇 개의 문자가 '나, 우리'를 뜻하는데, 이는 각 방언(方言)에서의 발음의 차이로 이해된다. 음운학적 연구에 의해 밝혀졌다. '朕'·'台'·'卬'도 화자 자신을 가리키는 말로 쓰였다.

화자 자신을 일컬을 때 대사만 쓰는 것은 아니다. 자신의 이름을 사용하거나 '臣·僕·小人·愚·下走·妾·婢子' 등의 자기를 낮추는 단어를 쓰기도 하였다.

赤也惑 敢問. 『論語·先進』
적(人名)은(→ 저는) 의혹이 있어 여쭙기를 감히 합니다(감히 여쭙겠습니다).

丘也幸. 苟有過, 人必知之. 『論語·述而』
구(孔子의 이름)(→ 나)는 행복하다. 만약에 허물이 있으면 사람(남)들이 반드시 그것을 알게 해 준다.

천자(天子)는 자기를 '余一人·子一人' 이라 칭했으며, 제후(諸侯)들은 스스로를 '寡人·不穀·孤' 등으로 칭했다. '朕'은 선진(先秦)시대에는 본시 화자 자신을 일컫는 말이었으나 진시황(秦始皇)이 자기만 전용하는 자칭으로 규정하였다.

▶ 吾·我·予(余)·朕

吾知子之所以距我, 吾不言. 『墨子·公輸』
나는 그대가 나를 막아내는 바(방법)를 알지만, 내가 말하지 않았소.

彼丈夫也, 我丈夫也. 吾何畏彼哉?! 『孟子·滕文公上』
그(저)도 장부이고 나도 장부이다. 내가 뭐로(왜) 그(저)를 두려워하겠는가?!

取吾璧 不予我城, 奈何? 『史記·廉頗藺相如列傳』
우리의 옥은 취하고(받고) 우리에게 (약속한 15개의) 성은 주지 않으면 무엇과 같이 하겠는가(어떻게 하겠는가)?

我皆有禮, 夫猶鄙我. 『左傳·昭公十六年』
나는 다 예를 갖추었는데 저는 오히려 나를 비하한다.

三人行, 必有我師焉. 『論語·述而』
세 사람이 가면 반드시 거기에 나의 스승이[내가 배울 사람이] 있다.

予將有遠行. 『孟子·公孫丑下』
나는 장차 멀리 갈 일이 있을 것입니다.

子路死, 子曰: 噫! 天祝予. 『公羊傳·哀公十四年』
자로가 죽자 선생님께서 말씀하셨다. 아! 하늘이 나를 저주하는구나.

余雖與晉出入 余唯利是視. 『左傳·成公十三年』
내가 비록 진(晉)과 함께하며 드나들지만 나는 오직 이익만을 봅니다(→ 중시합니다).

帝曰: 臣作朕股肱耳目. 『尚書·益稷』
임금(舜임금)이 말했다. 신하들은 나의 넓적다리와 팔뚝과 귀와 눈이 되오.

往踐乃職 無逆朕命. 『左傳·僖公十二年』
가서 너의 직무를 실천함에 나의 명을 거스르는 일이 없도록 하라.

天降朕以德. 『莊子·在宥』
하늘이 나에게 내려주심에 덕을 써서 하셨다.

화자의 자칭으로 '台(이)·卬(앙)'도 쓰였다. '吾·我·子(余)' 등과 마찬가지로 방언의 발음 차이를 반영한 문자 표기로 여기고 있다.

命之曰: 朝夕納誨以輔台德. 『尚書·說命上』
그에게 명하여 말했다. 조석으로 가르침을 들이어(주어서) (그렇게 해서) 나의 덕을 돕도록 하오.

人涉卬否, 卬須我友. 『詩經·邶風·匏有苦葉』
남은 건너도 나는 아니 하리, 나는 나의 벗을 기다리리.

▶ 臣·僕

城不入, 臣請完璧歸趙. 『史記·廉頗藺相如列傳』
성이 들어오지 않으면 신이(제가) 삼가 벽옥을 온전하게 하여 조나라로 돌아오게 하겠습니다.

僕欲北攻燕 東伐齊 何若而有功? 『史記·淮陰侯列傳』

제가 북쪽으로는 연을 치고 동쪽으로는 제를 치고자 하는데, 무엇과 같이 하면(→ 어떻게 하면) 공이 있겠습니까?

② 청자

대칭(對稱)이라고 명명할 수 있다. 상대방을 가리키는 말로서 '女(汝)·若·爾·而·乃' 등이 대표적인 것이다. '戎'도 드물게 보인다.

이들 대사를 쓰지 않고 상대방의 신분이나 지위를 나타내는 '王·將軍·陛下·殿下' 등의 존칭(尊稱), '子·先生·君·公·卿·吾子·左右·足下·執事' 등의 존칭을 많이 사용하였다.

▶女(汝)·若·爾·而·乃

賜也, 女以予爲多學而識之者與? 『論語·衛靈公』

사(人名)야, 너는 나를 가지고서(→ 내가) 많이 배워서 그것을(무엇을) 안다고(무엇을 아는 사람이라고) 여기느냐?

今者吾喪我, 汝知之乎? 『莊子·齊物論』

지금 나는 나를 잃어(잊어) 버렸는데, 너는 그것을 알겠느냐?

吾翁卽若翁. 『史記·廉頗藺相如列傳』

나의 아버지가 곧 너의 아버지이시다.

爾愛其羊, 我愛其禮. 『論語·八佾』

너는 그 양을 아끼지만 나는 그 예를 아낀다.

顏淵季路侍. 子曰: 盍各言爾志? 『論語·公冶長』

안연과 계로가 모시고 있었다. 선생님께서 말씀하셨다. 뭐로[→ 무엇 때문에(어찌하여)] 각기 너희들의 뜻을 말하지 않느냐?

已而絳侯望袁盎曰: 吾與而兄善, 今兒廷毀我.

(상황이) 다하자(→ 얼마 있다가) 강후(周勃)가 원앙을 바라보며 말했다. 나는 너의 형(袁噲)과 더불어 사이가 좋은데 지금 어린 놈이(→ 네놈이) 조정에서 나를 헐뜯는구나.

夫差, 而忘越王之殺而父乎?『左傳·定公十四年』

부차여, 당신은 월나라 왕이 당신의 아버지를 죽인 것을 잊었는가?

戎雖小子而式弘大.『詩經·大雅·民勞』

너희들은 비록 나의 아랫사람들이나 쓰임(작용)은 크디크다.

※ 여기에서의 '小子'는 윗사람이 아랫사람을 일컫는 말임.

▶子·先生·君·公·吾子

子其怨我乎?『左傳·成公三年』

그대는 (아 거) 나를 원망하십니까?

子不我思, 豈無他人?『詩經·鄭風·褰裳』

그대가 나를 생각하지 않는다고 어찌 다른 사람이 없겠는가?

丹所報 先生所言者 國之大事也, 願先生勿泄也.『史記·刺客列傳』

단이 알려온 바와 선생께서 말씀하신 바는 나라의 대사이니 선생께서는 누설하는 일이 없으시기 바랍니다.

君美甚. 徐公何能及君也?『戰國策·齊策』

당신이 잘생긴 것이 훨씬 더합니다(→ 당신이 훨씬 잘생기셨습니다). 서공이 뭐로(어찌) 당신에게 미칠 수 있겠습니까?

坐而運策, 公不如義.『史記·項羽本紀』

앉아서 계책을 운용하는 것이라면 공은 의(인명)만(→ 저만) 같지 못합니다.

吾子其無廢先王之功!『左傳·隱公三年』

나의 그대는 (거) 선왕의 공을 폐하는 일이 없도록 하오!

③ 자기

자칭(自稱)·기신칭(己身稱)이라고 할 수 있다. 사람만을 가리키는 것에는 '己'가 있다.[8]

---

8) '人'은 명사로 '사람'을 뜻한다. 그런데 이 '人'이 문맥상 '다른 사람'(남)을 가리키는 경우가 있다. 이를 가지고 그 밖의 다른 사람을 가리키는 대사[방칭(旁稱)이라 명명함]

己所不欲, 勿施於人. 『論語·顏淵』

자기가 하고 싶지 않은 바는 남에게도 행하는 일이 없으라.

故察己可以知人, 察今可以知古. 『呂氏春秋·察今』

까닭에 자기를 살펴서 남을 알 수 있고 지금을 살펴서 옛날을 알 수 있다.

君子病無能焉 不病人之不己知也. 『論語·衛靈公』

군자는 능력이 없는 것을 괴로워하지 남이 자기를 알아주지 않는 것을 괴로워하지 않는다.

於是焉河伯欣然自喜, 以天下之美爲盡在己. 『莊子·秋水』

이에 하백은 흔연히 스스로 좋아하면서 천하의 아름다움(좋은 것들)이 다 자기에게 있다고 여겼다.

(2) 사람과 기타를 두루 가리키는 것

제3자, 자기, 그 밖의 다른 것, 가까운 것, 먼 것, 가리키는 내용을 특정하지 않는 것 등으로 나눌 수 있다.[9]

로 여겨 왔다. 그러나 '사람'이라는 뜻을 그대로 가지고 있으므로 대사라고 할 수 없다. 뜻이 달라진 것이 아니고 문맥에 의해 그 주체를 인지하는 방식일 따름이다. '己'와 짝하여 쓰인 경우가 있어서 그럴 듯하지만 대사가 아니고 그냥 명사로 여김이 옳다.

　不患人之不己知 患不知人也. 『論語·學而』(다른 사람이 자기를 알아주지 않음을 걱정하지 않고, (자기가) 사람(사람들, → 남)을 알아주지 못함을 걱정하는 것이다.)

　己所不欲 勿施於人. 『論語·顏淵』(자기가 하고 싶지 않는 바는 다른 사람에게도 행할 것이 없다.)

　攻其惡 無攻人之惡. 『論語·顏淵』(그의(그, → 자기[나]의) 나쁜 점을 치고(공격하고) 사람(사람들, → 남)의 나쁜 점을 칠 것이 없다(→ 치는 일이 없으라)).

9) 자기는 복칭(復稱) 또는 기신칭(己身稱), 그 밖의 다른 것은 방칭(旁稱), 가까운 것은 근칭(近稱), 먼 것은 원칭(遠稱), 가리키는 내용을 특정하지 않은 것은 부정칭(不定稱)으로 각각 명명할 수 있다.

① 제3자

'其·之·焉·諸·夫·彼'[10] 등은 '나, 우리'와 '너(당신), 너희들(당신들)'을 제외한 다른 사람을 지칭하는 데도 쓰이고, 사람이 아닌 다른 것을 지칭하는 데도 쓰인다. 따라서 '인칭'과 '지시'를 구분할 수 없다. '夫'와 '彼'는 보통 '이(이것), 이들(이것들)'에 대응되는 '저(저것), 저들(저것들)'에 대응시켜서 각각 근칭(近稱, =近指)과 원칭(遠稱, =遠指)이라고 한다.

이것들 외에 '厥'이 쓰이기도 하였다.

㉮ 사람을 가리키는 경우

타칭(他稱)이라고 명명할 수 있다.

▸其

其妻曰: 嘻! 子毋讀書遊說 安得此辱乎?『史記·張儀列傳』

그의 아내가 말했다. 아! 당신이 글을 읽고 유세하는 일이 없었더라면 어디 이 옥을 당했겠습니까?

彼陷溺其民 王往而征之.『孟子·梁惠王上』

그(저)(晉·楚·秦나라)들이 그들의 백성을 도탄에 빠뜨리면 왕께서 가서서 그들을 정벌하십니다(→ 정벌하십시오).

今欲擧大事, 將非其人, 不可.『史記·項羽本紀』

이제 큰일을 일으키고 싶다면 장차 그(그 같은) 사람이 아니고서는 안 됩니다.

---

10) '其'·'之'·'焉' 등의 대사가 지칭하는 내용이 없을 때는 강조의 어기(語氣)를 나타내므로 '조사(助詞)'로 여기고 있다. '夫'는 더욱 다양하게 쓰인다. 대사라고 이르는 경우이건 조사라고 이르는 경우이건 본시 하나의 단어이므로 대사에 두고 대사 쓰임의 한 가지라고 설명할 수도 있다.

秦王恐其破璧, 乃辭謝. 『史記·廉頗藺相如列傳』

진나라 왕은 그가 보옥을 깰까 두려워 곧 사과의 말을 하였다.

人而無信, 不知其可也. 『論語·爲政』

사람에게(사람에게 말이지, 사람인데도) 신의가 없다면 그가 옳은지를 알지 못한다.

고대중국어에는 영어에서와 같은 'the'와 'he, she, they, it'의 구분이 없다.

▶之·焉

囊者吾叱之, 彼乃以我爲非人也. 『史記·刺客列傳』

접때 내가 그를 질타하자, 그(저)는 곧 나를 가지고 사람이 아니라고 여겼다.

是吾師也, 若之何毁之? 『左傳·襄公三十一年』

이는 나의 스승인데, 그와 같이 하는(그와 같은) 것이 뭐기에(→ 어떻게) 그를 훼손하겠소?

公賜之食, 食舍肉. 公問之. 『左傳·隱公元年』

공이 그에게 먹을 것을 내려주자 먹을 것에서 고기를 가려내기에 공이 그것(→ 그 까닭)을 물었다.

三人行, 必有我師焉. 『論語·述而』

세 사람이 가면 반드시 그들 가운데 나의 스승이 있다.

淵深而魚生之, 山深而獸往之, 人富而仁義附焉. 『史記·貨殖列傳』

못이 깊으면 물고기가 거기에 살고, 산이 깊으면 짐승이 그곳으로 가며, 사람이 부자가 되면 인의(仁義)가 그에게 붙는다.

'焉'은 '之'보다 지시성이 강하다.

▶諸

人必其自愛也, 然後人愛諸. 人必其自敬也, 然後人敬諸. 『法言·君子』

사람은 반드시 거 스스로를 사랑해야 한다. 그러한 뒤라야 사람들이 그(자기)를 사랑한다. 사람은 반드시 거 스스로를 존중해야 한다. 그러한 뒤라야 사람들이 그(자기)를 존중한다.

▸ 彼

彼於致福者未數數然也. 『莊子·逍遙遊』

저(그)는 복에 도달한 사람 중에서 아직 몇 안 된다.

豈以其重若彼 其輕若此哉?! 『史記·伯夷列傳』

어찌 (세속 사람들은) 그렇게 해서 그 중시하는 것은 저와 같이(저렇게) 하고(→ 그토록 부귀한 사람을 중시하고), 그 경시하는 것은 이와 같이 하는 것일까(→ 깨끗하고 맑은 사람을 하찮게 여기는 것일까)?!

曩者 吾叱之, 彼乃以我爲非人也. 『史記·刺客列傳』

접때 내가 그(저)를 질타하자, 그(저)는 곧 나를 가지고 사람이 아니라고 여겼다.

彼丈夫也, 我丈夫也. 吾何畏彼哉?! 『孟子·滕文公上』

저(그)도 장부이고 나도 장부이다. 내가 뭐로(왜) 그(저)를 두려워하겠는가?!

▸ 夫

長沮曰: 夫執輿者爲誰? 子路曰: 爲孔丘. 『論語·微子』

장저가 말했다. 저 수레고삐를 잡고 있는 사람이 누구 되시오? 자로가 말했다. 공구되십니다.

我皆有禮, 夫猶鄙我. 『左傳·昭公十六年』

나는 다 예를 갖추었는데 저는 오히려 나를 비하한다.

㉓ 사람 이외의 것

'이(이것), 이들(이것들)'로 풀이되며 가까운 것을 가리키는 '此·斯·是·爾·玆' 등[근칭, =근지(近指)]과 '저(저것), 저들(저것들)'로 풀이되며 먼 것을 가리킨다고 여기는 '彼·夫' 등[원칭, =원지(遠指)]을 대응시킨 것은 영어에서 'this, these'와 'that, those'를 대응시키는 관념을 따른 것이다.

그런데 '彼'는 제3자와 원칭을 구별하기 어려운 경우가 있으며, '此·斯·是·爾·玆' 등은 '其·之·焉·諸' 등과는 이러한 대응관계가 없다.

영어의 경우와는 달리 인칭을 나타내는 'he, she, they'와 정관사 'the'의 구분 같은 것도 없고, 'it'처럼 인칭이 아닌 것을 따로 지시하는 말도 없다. 고대중국어의 '其·之·焉·彼·夫' 등은 사람을 가리킬 뿐만 아니라 여타의 모든 것을 가리킬 수 있다.

▸其

吾不忍 其穀觫若無罪而就死地. 『孟子·梁惠王上』

나는 그것이 벌벌 떠는 것이 죄가 없는데도 사지에 나아가는 것 같음을 견디지(차마 보지) 못하겠다.

鵬之背不知其幾千里也. 『莊子·逍遙遊』

붕새의 등은 그것이 몇천 리인지를 모른다.

所謂誠其意者 毋自欺也. 『禮記·大學』

그 뜻을 정성되게 한다고 이르는 것은 스스로(를) 속이는 일이 없는 것이다.

▸之·焉·諸

모두 '그'로 풀이되는 것들이다. 이 가운데 가장 많이 쓰이는 것은 '之'이다. 여기에서 '焉'은 '之'보다 어세가 강한 대사(代詞)이다. 매우 드물지만 '諸'도 '之'처럼 쓰이는 경우가 있다.

蝗螟 農夫得而殺之. 奚故? 爲其害稼也. 『呂氏春秋·不屈』

누리(메뚜기류)와 마디충(명충류)은 농부가 그것들을 얻어서(→ 잡아서) 죽입니다. 무슨 까닭입니까? 그것들이 농작물을 해치게 되어서입니다.

孔子罕稱命 蓋難言之也. 『史記·外戚世家』

공자가 명을 드물게 일컬은 것은 아마도 그것을 말하기 어려워서였을 것이다.

淵深而魚生之, 山深而獸往之, 人富而仁義附焉. 『史記·貨殖列傳』

못이 깊으면 물고기가 거기에 살고, 산이 깊으면 짐승이 그곳으로 가며, 사람이 부자가 되면 인의가 그에게 붙는다.

後世無傳焉. 『孟子·梁惠王上』

후세에는 그것에 대해 전해진 것이 없습니다.

昔者吾舅死於虎, 吾夫又死焉, 今吾子又死焉. 『禮記·檀弓』

접때 저의 시아버지가 호랑이한테 죽임을 당했고, 저의 남편이 또 그것한테 죽임을 당했는데, 이제 저의 아들이 또 그것한테 죽임을 당했습니다.

號物之數謂之萬, 人處一焉. 『莊子·秋水』

사물의 수를 불러 그것을 만이라 이르는데, 사람은 그 가운데 하나를 차지한다.

 * 사람과 사물을 통합하여 지칭한 예임.

仲幾曰: 縱子忘之, 山川鬼神其忘諸乎? 『左傳·定公八年』

중기가 말했다. 비록 당신은 그것을 잊을지라도 산천과 귀신이 (아 거) 그것을 잊겠습니까?

冬晉薦饑 使乞糴於秦. 秦伯謂子桑: 與諸乎? 『左傳·僖公十三年』

겨울에 진(晉)은 거듭 흉년이 들어서 사신을 보내어 진(秦)으로부터 쌀을 사기를 청했다. 진(秦)의 군주가 자상(子桑)에게 이르기를, "진(晉)에 그것을 주어야겠는가?"라고 하였다.

대사로 쓰이는 '其'는 대부분 관형어나 주술구 중의 주어가 되며, 대사로 쓰이는 '之'는 대부분 목적어로 쓰인다. '之'는 다음 예에서처럼 관형어로 쓰이기도 한다. 관형어로 보지 않고 동격 관계로 볼 수도 있다.

均之二策 寧許以負秦曲. 『史記·廉頗藺相如列傳』

그 두 계책을 저울질해 보면 차라리 허락해서(제안을 받아들여서) 그래 가지고 진나라에 허물(잘못)을 지우는(씌우는) 것이 낫습니다.

之二蟲又何知? 『莊子 · 逍遙游』
그 두 벌레가 또 무엇을 알겠는가?

② 자기

복칭(複稱) · 기신칭(己身稱)이라 명명할 수 있다. '自'는 사람과 사물을 가리지 않고 그 자체를 가리킨다. 사람인 경우는 '자기, 스스로' 등으로 풀이할 수 있고, 사람이 아닌 경우는 '저절로' 등으로 번역할 수 있다.

自以爲無患 與人無爭也. 『戰國策 · 楚策』
스스로 걱정할 것이 없다고 여기고 남과 더불어 다투는 일이 없었다.

鄭人有欲買履者 先自度其足而置之其坐. 『韓非子 · 外儲說上』
정나라 사람에 신발을 사고자 한 사람이 있었는데, 먼저 스스로 그의 발을 재서 그것을 그의 자리에 두었다.

與人刃我, 寧自刃. 『史記 · 魯仲連鄒陽列傳』
남이 나를 베는 것과 더불면(더불어 비교한다면, → 남이 나를 베기보다는) 차라리 스스로 베겠다.

所謂誠其意者 毋自欺也. 『禮記 · 大學』
그 뜻을 정성되게 한다고 이르는 것은 스스로(스스로를) 속이는 일이 없는 것이다.

何故深思高居自令放爲? 『屈原 · 漁父辭』
무슨 까닭에 깊이 생각하고 고고하게 처신하여 스스로 추방당하게 하였소?

夫亦將知足 知足以靜, 萬物將自定. 楚簡本 『老子』
대저 또 장차 만족할 줄을 알아야 할 것이다. 만족할 줄을 알아서 그것으로 고요해지면, 만물(=내 몸의 모든 것)이 장차 저절로 안정될(→ 제자리를 찾게 될) 것이다.

③ 그 밖의 다른 것

방칭(旁稱)이라 명명할 수 있다. 상고(上古)에는 '他'가 '다른' 또는 '다른 무엇'을 뜻하였다.[11] 사람과 기타의 것을 모두 가리킬 수 있다.

子不我思, 豈無他人? 『詩經·鄭風·褰裳』

그대가 나를 생각하지 않는다고 어찌 다른 사람이 없겠는가?

湯死, 家産直不過五百金 皆所得奉賜, 無他業. 『史記·酷吏列傳』

탕(張湯)이 죽자 가산은 단지 5백금을 넘지 않았는데 다 봉록으로 얻은 바였으며, 다른 업은 없었다.

王顧左右而言他. 『孟子·梁惠王下』

왕이 좌우를 돌아보며 다른 것을 말했다(→ 딴청을 피웠다).

④ 가까운 것

근칭(近稱)이라 명명할 수 있다.

'此·斯·是·爾·玆' 등이 그것이다. 사람이나 기타의 것을 막론하고 '이(이것), 이들(이것들)'이라는 말을 중심으로 풀이할 수 있는 단어들이다. 부사어로 쓰이는 것이 있다.

▸ 此

誰爲大王爲此計者? 『史記·項羽本紀』

누가 대왕을 위하여 이 일을 꾀할 사람입니까?

---

11) '它·他'가 제3자를 가리키는 데 쓰이기 시작한 것은 진송(晉宋) 무렵부터인 것으로 추정하고 있다.

長房曰: 還它馬, 赦汝死罪.(『後漢書·方術列傳』)(長房이 말했다. 그에게 말을 돌려 주면 너의 죽을 죄를 용서하겠다.)

他自姓刁, 那得韓盧後邪?(『晉書·張天錫傳』)(그가 스스로 (姓이) 刁가라고 하는데 어떻게 韓盧의 후예가 되겠습니까?)

'異' 또한 이 부류의 대사로 보는 사람도 있다. 그러나 '異'는 의미상 형용사에 두면 된다. 다른 형용사와 마찬가지로 문맥상 명사적으로 이해되는 경우일 따름이다.

吾以子爲異之問, 曾由與求之問?(『論語·先進』)(나는 당신께서 다른 사람을 물으시 리라 생각했는데 어찌 仲由에 冉求를 더불어 물으시는지요?)

寡人非此二姬, 食不甘味 願勿斬也. 『史記·孫子列傳』

과인은 이 두 여자가 아니면, 먹는 데 맛을 달게 여기지 못하니 베는(참수하는) 일이 없기를 원하오.

孟嘗君怪之曰: 此誰也? 『戰國策·齊策』

맹상군이 그를 괴이하게 여겨 말했다. 이(사람)는 누굽니까?

足之爲足, 此恒足矣. 楚簡本『老子』

만족할 줄 아는 것이 만족이 된다(→ 만족할 줄 아는 것을 만족으로 삼는다). 이것이 항구적인 만족이 된다.

彼一時, 此一時也. 『孟子·公孫丑上』

저도 한 때이며, 이도 한 때이다.

此則寡人之罪也. 『孟子·公孫丑下』

이것은 곧 과인의 죄입니다.

夫行數千里而救人者 此國之利也. 『戰國策·魏策』

대저 수천 리를 가서 사람을 구원하는 것(구한다면), 이는 나라의 이익입니다.

荊國之爲政 有似於此. 『呂氏春秋·察今』

형나라가 정치를 하는 데는 이와 비슷한 것이 있다.

吾所以爲此者 以先國家之急而後私讎也. 『史記·廉頗藺相如列傳』

내가 이렇게 하는 바는 국가의 위급함을 우선시하고 사사로운 원한 관계를 뒤로함으로써 입니다.

如此, 然後可以爲民父母. 『孟子·梁惠王下』

이와 같이 해서, 그렇게 한 뒤라야 백성의 부모가 될 수 있습니다.

▶斯

曾子以斯言告於子游. 『禮記·檀弓』

曾子가 이 말을 子游에게 알렸다.

如之何? 其使斯民飢而死也. 『孟子·梁惠王上』

그와 같이 하는 것이 뭡니까? (아 거) 이 백성들로 하여금 굶주려 죽게 하는 것이.

子告之曰: 某在斯, 某在斯. 『論語·衛靈公』

선생님께서 그에게 일러 말했다. 아무개는 여기에 있고 아무개는 여기에 있다.

季文子三思而後行, 子聞之曰: 再斯可矣. 『論語·公冶長』

계문자는 세 번 생각한 뒤에 행동하였다. 선생님께서 그것을 들으시고 말씀하셨다. 두 번이면 이것으로 (곧) 된다.

▶ 是

直不百步耳, 是亦走也. 『孟子·梁惠王上』

단지 백 보가 되지 않을 따름이지(단지 백 보를 달아나지 않고 말았지) 이 역시 달아난 것입니다.

墨氏兼愛 是無父也. 『孟子·藤文公下』

묵씨는 겸하여 사랑하자는데, 이는 아비가 없는 것이다.

居惡在? 仁是也. 路惡在? 義是也. 『孟子·盡心上』

거처는 어디에 있겠습니까? 仁이 그것입니다. 길은 어디에 있겠습니까? 義가 그것입니다.

子至於是邦也, 必問其政. 『論語·學而』

선생님께서 이 나라에 이르시면 반드시 그 정치를 물으신다.

誠如是也, 民歸之 由水之就下沛然, 誰能御之? 『孟子·梁惠王上』

진실로 이와 같이 하면, 백성들이 그에게 돌아가는 것이 물이 아래로 나아가는 것과 같이 세찰 것이니, 누가 그것을 막을 수 있겠습니까?

▶ 爾

夫子何善爾也? 『禮記·檀弓上』

선생님은 뭐로(어떻게) 이것을 잘하십니까?

⑤ 먼 것

원칭(遠稱) 또는 원지(遠指)라 명명할 수 있는 것이다.

▸彼

彼一時, 此一時也. 『孟子·公孫丑上』

저도 한 때이며, 이도 한 때이다.

彼兵者 所以禁暴除害也 非爭奪也. 『荀子·議兵』

저 군대란 (가지고서) 난폭함을 금하고 해침을 제거하는 바(것)이지 다투고 빼앗는 것이
아니다.

彼交匪敖 萬福來求. 『詩經·小雅·桑扈』

저(그) 사귐이 교만하지 않으니 온갖 복을 구하였네(← 온갖 복이 구해졌네).

▸夫

王知夫苗乎? 七八月之間旱, 則苗槁矣. 『孟子·梁惠王上』

왕께서는 저 모를 아십니까? 7, 8월 사이에 가물면 곧 모는 말라버리게 됩니다.

⑥ 가리키는 내용을 특정하지 않는 것

부정칭(不定稱)이라 명명할 수 있다. '或'과 '某'가 이에 속한다. 사람
과 기타의 것을 모두 지칭할 수 있다.

或曰: 雍也 仁而不佞. 『論語·公冶長』

어떤 이가 말했다. 옹은 (말이지) 어질기는 하나 재주가 있지는 않다.

人固有一死, 或重於泰山, 或輕於鴻毛. 『司馬遷·報任安書』

사람에게는 본디 한 번의 죽음이 있는데, 어떤 것은 태산보다도 무겁고 어떤 것은 기러
기 털보다도 가볍다.

雖使五尺童子適市, 莫之或欺. 『孟子·滕文公上』

비록 5척의 동자를 시켜서 저자에 가게 한다고 할지라도 혹간에(혹시라도) 그를 속일
것이 없었다.

子告之曰: 某在斯, 某在斯. 『論語·衛靈公』

선생님께서 그에게 일러 말했다. 아무개는 여기에 있고 아무개는 여기에 있다.

(3) 의문을 나타내는 것

각종 의문(疑問)을 뜻하는 '誰·孰·何·奚·胡·曷·盍·安·惡·焉·幾·幾何' 등이 여기에 속한다. 의문대사(疑問代詞)라고 명명한다.

▶ 誰

'誰'는 '누구'를 뜻한다. 사람만을 가리킨다.

誰爲大王爲此計者? 『史記·項羽本紀』
누가 대왕을 위하여 이 일을 꾀할 사람입니까?

人誰無過 過而能改, 善莫大焉. 『左傳·宣公二年』
사람이 누구에겐들 잘못이 없겠습니까? 잘못을 했더라도 고칠 수 있다면, 선하기가 그보다 큰 것이 없습니다.

夫執輿者爲誰? 『論語·微子』
저 수레고삐를 잡고 있는 사람이 누구 되시오?

孟嘗君怪之曰: 此誰也? 『戰國策·齊策』
맹상군이 그를 괴이하게 여겨 말했다. 이(이 사람)는 누굽니까?

▶ 孰

'孰'은 여럿 중에 어떤 것을 염두에 두고 묻는 말이다. 사람과 사람 이외의 것에 두루 쓰인다. 사람을 가리키는 경우는 '어느 누구'로 풀이되고, 나머지는 '어느 것'으로 풀이된다.

孰能安以動者將徐生? 楚簡本 『老子』
어느 누가 안정된 상태 그것을 가지고 움직이게 해서 장차 서서히 생하게 할 수 있겠는가?

孰能一之? 『孟子·梁惠王上』

어느 사람이 그것(天下)을 하나로 할(→ 통일할) 수 있겠소?

吾與徐公孰美? 『戰國策·齊策』

나는 서공과 더불면(더불어 비교하면) 어느 누가 (더) 잘생겼는가?

哀公問: 弟子孰爲好學? 『論語·雍也』

애공이 물었다. 제자들은(제자들 가운데서) 어느 누가 배우기를 좋아하는 사람이 됩니까?

名與身孰親? 楚簡本『老子』

이름(명예)은 몸과 비교하면 어느 것이 더 가까운가(→ 소중한가)?

▶ 何

'何'는 '무엇'을 뜻한다. '何'가 주어·술어·목적어·관형어·부사어 중 어느 것으로 쓰이든 똑같은 형태이다. 의미가 하나인 한 단어로 여기면 된다.

기능의 차이 즉 문장 성분에 따라 한국어로 이해하자면, 주어·술어·목적어의 경우는 '무엇'으로 풀이되고, 관형어로 쓰이면 '무슨'이 된다. '어느'라고 번역해도 뜻이 통하는 경우가 있지만 '孰'과 구별된다. 부사어로 쓰이면 한국어의 '뭐로(무엇으로)'에 의해 풀이한다. 이 '뭐로(무엇으로)'를 문맥에 따라 나누어 이해하면, 이유를 나타내는 문맥인 경우는 '왜'·'무엇 때문에'·'어째서'·'어찌' 등으로 풀이하게 되고, 방식 내지 방법을 나타내는 문맥인 경우에는 '어떻게'·'어찌' 등으로 풀이하게 된다. 반어의문(反問)에 해당하는 의문문에 쓰일 때도 후자의 경우처럼 풀이한다. 그러나 고대중국어에는 한국어에서와 같은 형태의 차이가 없다. 어느 경우이든 '何'의 뜻은 하나이다. 풀이나 이해의 문제와 단어의 본뜻은 별개의 문제이다. 이를 혼동해서는 안 된다. 한국어가 아닌 다른 언어로 풀이하면 문맥에 따라 번역하는 방식이 또 달라질 것이다.

고대중국어에는 영어에서의 'why'와 'how'가 나누어 나타내는 단어가
따로 있지 않다.

天之所欲者何也? 所惡者何也? 『墨子·天志下』

하늘이 하고자 하는 바는 무엇입니까? 싫어하는 바는 무엇입니까?

何哉?! 爾所謂達者. 『論語·顏淵』

무엇입니까?! 당신이 도달한다고 이르시는 바는.

名尊地廣以至王者 何故? 戰勝者也. 『商君書·畫策』

이름은 높아지고 땅은 넓어져서 왕(왕의 지위)에 이르는 것은 무슨 까닭입니까? 싸워
이겨서입니다.

問曰: 周公何人也? 『孟子·公孫丑下』

물어 말했다. 주공은 무슨(어떤) 사람입니까?

縱江東父老憐而王我, 我何面目見之? 『史記·項羽本紀』

비록 강동의 부로들이 나를 불쌍히 여겨 왕으로 삼는다 할지라도 내가 무슨 면목으로
그들을 보겠는가?

若爲傭耕 何富貴也? 『漢書·陳勝項籍傳』

머슴이 웃으면서 대답하여 말했다. 너는 밭갈이에 고용된 사람인데 뭐로(→ 어떻게) 부
귀해지겠는가?

以此攻城, 何城不克? 『左傳·僖公四年』

이것을 가지고 성을 친다면, 무슨 성인들 이기지 못하겠습니까?

肉食者謀之, 又何間焉? 『左傳·莊公十年』

육식하는 사람들이 그것을 도모하는데 또 뭐로(→ 무엇 때문에) 그것에 끼어들겠습니
까?(간여하겠습니까?)

君何患焉? 『左傳·隱公元年』

군주께서는 무엇을 근심하십니까?

吾何以知其然也? 楚簡本『老子』

내가 무엇을 가지고서 그것이 그러하다는 것을 알겠는가?

何由¹²⁾知吾可也? 『孟子·梁惠王上』

무엇을 통하여[무엇으로 말미암아] 내가 할 수 있다는 것을 아셨소?

▶ 如何·何如·若何·何若·奈何

'何'는 동사 '如'·'若'·'奈'와 함께 쓰이는 경우가 많다. '如何·何如·若何·何若·奈何'가 그것이다. 의문을 나타내는 대사(의문대사)가 다른 술어의 목적어로 쓰일 때는 '술어+목적어'의 어순이 '목적어+술어'라는 도치 형태로 나타나는 것이 보통이다. 그런데 '如+何'·'若+何'의 경우는 '何+如'·'何+若'처럼 도치되어 쓰이는 경우도 있고 '술어+목적어' 순으로 쓰이는 경우도 있다.

'如何·何如·若何·何若·奈何' 등은 두 단어의 결합이므로 이를 살려서 풀이하면 '무엇과 같다' 내지 '무엇과 같이 하다'가 된다. 그런데 한국어로는 조금 어색할 때가 있다. 그래서 문맥에 의거하여 '어떠하다' 내지 '어떻게 하다' 등으로 풀이할 수 있다.

▶ 如何·何如

敢問國君欲養君子 如何斯可謂養矣. 『孟子·萬章下』

나라 임금이 군자를 기르고자 하여 무엇과 같이 하면(→ 어떻게 하면) 이에 기른다고 이를 수 있게 되는지를 감히 여쭙겠습니다.

以德報怨何如? 『論語·先進』

덕으로 원한을 갚는다면(갚는 것은) 무엇과 같습니까(→ 어떻습니까)?

---

12) "何由知吾可也?" 중의 '由'와 "王問: 何以知之?"(『史記·廉頗藺相如列傳』)(왕이 물었다. "무엇을 가지고(→ 어떻게) 그것을 알았는가?") 중의 '以'와 "先生何爲出此言也?"(『孟子·離婁上』)(선생님께서는 무엇 때문에 이 말을 내시는 것입니까?) 중의 '爲' 등을 전치사(개사)로 여기는 것은 옳지 않다. 실사에 들고 의미상 동사류에 해당한다. '何以'를 하나의 단어로 간주하는 사람도 있는데 이것도 옳지 않다.

以子之矛陷子之盾何如? 『韓非子·難勢』

당신의 창을 사용해서 당신의 방패를 뚫는다면 무엇과 같겠습니까(→ 어떻게 되겠습니까)?

何如, 斯可謂之士矣? 『論語·子罕』

무엇과 같이 하면(→ 어떻게 하면) 이에 그를 士라고 이를 수 있게 됩니까?

▶ 若何 · 何若

美之與惡 相去若何? 『老子·第二十章』

아름다움은 추함과 더불면(더불어 비교하면) 서로 간의 거리가(← 서로 떨어짐이) 무엇과 같겠습니까(→ 어떠하겠습니까)?

僕欲北攻燕 東伐齊 何若而有功? 『史記·淮陰侯列傳』

제가 북쪽으로는 연나라를 치고 동쪽으로는 제나라를 치고 싶은데 무엇과 같이 하면(→ 어떻게 하면) 공이 있겠습니까?

▶ 奈何

乃見平原君曰: 事將奈何矣? 『史記·魯仲連列傳』

곧 평원군을 만나서 말했다. 일이 장차 무엇과 같이 되겠소(→ 어떻게 되겠소)?

取吾璧不予我城, 奈何? 『史記·廉藺如列傳』

우리의 옥은 취하고(받고) 우리에게 (약속한 15개의) 성은 주지 않으면 무엇과 같이 하겠는가(→ 어떻게 하겠는가)?

民不畏死, 奈何以死懼之? 『老子·第七十四章』

백성이 죽음을 두려워하지 않는데, 무엇과 같이 해서(→ 어떻게) 죽음을 가지고 그들을 두려워하게 하겠습니까?

■ 술어와 목적어의 순서가 도치되지 않은 '如何·若何·奈何'의 경우는 '如+○+何'·'若+○+何'·'奈+○+何'와 같이 '如·若·奈'의 뒤에 먼저 다른 말이 오기도 한다.

어느 경우이건 '如○'+'何'·'若○'+'何'·'奈○'+'何'와 같이 분석할 수 있다. '如○'·'若○'·'奈○'는 모두 술목구조이다. '如'·'若'·'奈'가 뒤에 오는 '○'을 목적어로 취한 것이다. 그런 다음에 이 술목형식이 뒤의 '何'와는 주술 관계를 맺는 구조이다. 즉, '如○/若○/奈○[주어]+何[술어]'의 구조가 되는 것이다.

'何'는 '무엇(뭐)'을 뜻하므로 전체는 '○와 같이 하는 것(같이 함)'[또는 '○와 같은 것(같음)']이 무엇이냐'라는 순차적인 의미를 구성한다. '무엇(뭐)'이 가리키는 내용이 문맥상 '방식' 또는 '이유'가 될 때는 '어떠하냐(어떻게 되는 것이냐)?'·'어떻게 할 것이냐?' 또는 '왜(어째서)냐?'로 풀이할 수 있을 따름이다.

▶ 如○+何

人而不仁 如禮+何? 人而不仁 如樂+何? 『論語·八佾』

사람이(으로서) 어질지 않으면 예(禮) 같은 것이 뭐겠는가? 사람이면서 어질지 않으면 악(樂, 음악) 같은 것이 뭐겠는가?

如之+何? 其使斯民飢而死也. 『孟子·梁惠王上』

그와 같이 하는 것이 뭡니까?(→ 그와 같이 한다면 뭐가 되겠습니까?) (아 거) 이 백성들로 하여금 굶주려 죽게 하는 것이.[→ 어떻게 이 백성들로 하여금 굶주려 죽게 하겠습니까?]

以君之力曾不能損魁父之丘, 如太形王屋+何? 『列子·湯問』

당신의 힘으로 가지고는 일찍이 괴부의 언덕(언덕의 흙)도 덜어낼 수가 없었는데, 태형산 왕옥산 같은 것은 무엇이겠습니까(→ 어떻겠습니까, → 어떻게 하겠습니까)?

吾如有萌焉+何哉?! 『孟子·告子上』

내가(나에게는, 낸들) 그에게 싹(왕 노릇 할 소지)이 있는 것과 같은 것이 무엇이겠습니까(→ 무슨 소용이겠습니까)?!(→ 그에게 왕 노릇 할 수 있는 싹이 있은들 내가 어떻게 하겠습니까?!)

▶ 若○+何

是吾師也, 若之+何毀之? 『左傳 · 襄公三十一年』

이는 나의 스승인데, 그와 같이 하는(그와 같은) 것이 뭐기에(→ 어떻게) 그를 훼손하겠소?

▶ 奈○+何

虞兮虞兮奈若+何? 『史記 · 項羽本紀』

우(우미인)여! 우여! 너 같은 사람은 무엇이냐(→ 뭐가 될까나, → 어떻게 할까나)?

西門豹顧曰: 巫嫗三老不來還, 奈之+何? 『史記 · 滑稽列傳補』

서문표가 돌아보며 말했다. 무당 할멈과 원로들이 돌아오지 않는다면 그와 같이 경우는 무엇인가(→ 뭐가 되겠는가, → 어떻게 할 것인가)?

▶ 奚 · 胡

'奚 · 胡'는 대체로 '何'와 비슷하게 쓰인다. 서로 다른 형태를 지닌 단어들이므로 각기 다른 단어로 여겨지는데, 동일한 지역에서 동시에 쓰였다면 이들 간에 어떠한 차이가 있어서일 것이고, 방언 간에 발음이 다름으로 인한 표기의 차이일 수도 있다. 이에 대해서는 아직 정확히 밝혀진 것이 없다. 의미상으로 다 같이 '何'처럼 문장 성분에 따라 풀이할 수 있다. 출현빈도는 '何'보다 낮으며 '何'처럼 거의 모든 문장 성분으로 나타나지는 않는다.

客有問季子曰: 奚以知舜之能也? 『呂氏春秋 · 有度』

손님이 계자에게 물어 말했다. 무엇을 가지고 순이 능하다는 것을 아셨습니까?

蝗螟 農夫得而殺之, 奚故? 爲其害稼也. 『呂氏春秋 · 不屈』

누리(메뚜기류)와 마디충(명충류)은 농부가 그것들을 얻어서(→ 잡아서) 죽입니다. 무슨 까닭입니까? 그것들이 농작물을 해치게 되어서입니다.

子奚不爲政? 『論語 · 爲政』

당신께서는 뭐로(→ 무엇 때문에, 왜) 정치를 하지 않으십니까?

楚王叱曰: 胡不下? 『史記 · 平原君列傳』

초왕이 질타하며 말했다. 뭐로(→ 어째서, 왜) 내려오지 않소?

▶ 曷 · 盍

'曷' · '盍'도 '何'와 같은 의미로 쓰인다.

曷謂中? 曰禮義是也. 『荀子 · 儒效』

무엇을 中이라 이르는가? 예와 의가 그것이라고 말한다.

縛者曷爲者也? 『晏子春秋 · 內篇雜下』

묶인 사람은 뭐하는 사람인가?

懷哉懷哉! 曷月予還歸哉? 『詩經 · 王風 · 揚之水』

그리워라! 그리워라! 무슨(어느) 달에 내가 귀환할까나?!

盍不爲行? 『莊子 · 盜跖』

뭐로(무엇 때문에) [仁義를] 행하지 않습니까?

盍不出從乎? 君將有行. 『管子 · 戒』

뭐로(무엇 때문에) 나가서 따르지 않는 것이오? 군왕에게 장차 出行이 있을 것이오.

그런데 '曷'과 '盍'은 '何+不'의 합음(合音) 표기(겸사[兼詞])로 쓰이는 경우가 있다. 이 경우는 두 글자(단어)로 나누어 이해해야 한다. 문맥에 의거하여 판별한다.

▶ 曷 = 何+不

中心好之, 曷飮食之? 『詩經 · 唐風 · 有杕之杜』

속마음으로 그를 좋아하는데 뭐로(→ 어찌) 그를 마시게 하고 먹게 하지 않겠는가?

▶ 盍 = 何+不

顔淵季路侍. 子曰: 盍各言爾志?『論語·公冶長』

안연과 계로가 모시고 있었다. 선생님께서 말씀하셨다. 어찌하여 각기 너희들의 뜻을 말하지 않느냐?

吾聞西伯賢又善養老, 盍往焉?『史記·齊太公世家』

나는 서백이 어질고 또 노인 봉양을 잘한다고 들었는데, 뭐로(→ 어찌) 그에게 가지 않겠습니까?

'何·奚·胡·曷·盍'이 뜻하는 '무엇'은 모든 개념을 다 가리킬 수 있다. 그래서 이 '무엇'이 때를 가리켜 '언제'를 뜻하는 문맥에 쓰이기도 한다. 이 경우는 '무슨 때(→어느 때, 언제)'로 이해하면 된다. 시간을 나타내어 '언제'·'어느 때'를 뜻하는 대사는 따로 없다고 할 수 있다. '何+시간을 나타내는 말'의 형식으로 표현되는 것이 보통이다.[13]

▶ 安·惡·焉

'安·惡(오)·焉'은 '어디, 어느 곳'을 뜻하여 주로 장소를 나타낸다. '何'류와 같이 반문을 나타내는 의문문에도 쓰이므로 '어찌 ~하겠는가(하리오)?' 식으로 풀이되지만, 한국어로 '어디 ~하겠는가(하리오)?'라고 풀이해도 통하듯이 어기 부사(語氣 副詞)라고 하여 품사를 따로 부여할 것이 없다. 이런 경우는 '어디'라는 장소를 묻고 있지 않을 뿐이지 여전히 하나의 품사로 간주함이 옳다. 한국어에서 '어디 그런 법이 있습니까?'라고 했을 때 이 '어디'가 장소를 가리키지 않은 것과 흡사하다.

13) '何·奚·胡·曷·盍' 등을 의문 대사(疑問 代詞)와 의문 어기부사(疑問 語氣副詞)로 나누어 귀속시키는 사람들이 있다. 어기부사로 여기는 경우는 반어 의문문(反語 疑問文)에 쓰이는 경우를 가지고서인데, 이 역시 의문대사로서 反問(반문, =反語, 反詰[반힐])을 나타내는 문장에 쓰였을 따름이다.

少帝曰: 欲將我安之乎? 『史記·呂太后本紀』

어린 황제가 말했다. 장차 내가 어디로 가기를 바랍니까?

嘻! 子毋讀書遊說 安得此辱乎? 『史記·張儀列傳』

아! 당신이 글을 읽고 유세하는 일이 없었더라면 어디(→ 어찌) 이 욕을 당했겠습니까?

嗟乎! 燕雀安知鴻鵠之志哉?! 『史記·陳涉世家』

아! 제비와 참새가 어디(→ 어찌) 큰 기러기와 고니의 뜻을 알겠는가?!

且焉置土石? 『列子·湯問』

또 어디에 흙과 돌을 두겠습니까(→ 버리겠습니까)?

夫子焉不學而亦何常師之有? 『論語·子張』

선생님께서는 어디에서든 배우지 않으셨겠으며 또 뭐로(→ 어찌) 일정한 스승을 가지고 계셨겠습니까(→ 일정한 스승이 있었겠습니까)?

後生可畏. 焉知來者之不如今也? 『論語·子罕』

후생은 두려워할 만하다. 올 사람이 지금(지금 사람)과 같지 못하리라는 것을 어디(→ 어찌) 알겠는가?

居惡在? 仁是也. 路惡在? 義是也. 『孟子·盡心上』

거처는 어디에 있겠습니까? 仁이 그것입니다. 길은 어디에 있겠습니까? 義가 그것입니다.

爲民父母行政 不免於率獸而食人, 惡在? 其爲民父母也. 『孟子·梁惠王上』

백성의 부모(왕)가 되어가지고 정치를 하는데(함에 있어서) 짐승을 몰아다가 사람을 잡아먹게 하는 것을 면치 못한다면, 어디에 있겠습니까? (아 거) 백성의 부모 되었다 할 것(부모됨)이.

卒然問曰: 天下惡乎定? 吾對曰: 定於一.[14] 『孟子·梁惠王上』

(왕이) 갑자기 물어 말했다. 천하는 어디(에서)인가요 정해지는 것이? 내가 대답하여 말했다. 하나로 하는 데서(→ 통일하는 데서) 정해집니다.

---

14) 이 경우의 '乎'를 전치사(개사)로 보는 사람들은 '乎'의 기능이 '於(于)'와 같으며 '惡乎'는 전치사의 목적어가 도치된 형태라고 여기는데 이는 잘못이다. '乎'는 조사이다. 여기에서도 의문에 속하는 어기(語氣) 중의 하나를 나타낸다.

▸ **幾**

'幾'가 의문대사로 쓰일 때는 '몇'을 나타낸다.

鵬之背不知其幾千里也. 『莊子 · 逍遙遊』
붕새의 등은 그것이 몇천 리인지를 모른다.

▸ **幾何**

絕學亡憂. 唯與訶相去幾何 ? 楚簡本『老子』
배움을 끊으면 근심할 것이 없다. 생각하는 것은 꾸짖는 것과 비교하면 서로의 거리가
얼마나 되는가?

2) 대사 쓰임상의 특징

■ 문장 성분(기능)

대부분의 대사는 여러 가지 문장 성분으로 두루 쓰인다. 그런데 대사
'其'는 관형어나 주술구 중의 주어로 쓰이며, '之' · '焉' · '諸' 등은 목적
어로 쓰인다. '其'는 관형어나 주어로 쓰이지만 목적어로는 쓰이지 않으
며, '之'는 주어로는 쓰이지 않는다는 차이점을 보인다. 드물게 보이지
만 '之'는 관형어로 여겨지기도 한다.(이 경우는 뒤에 오는 말과 동격 관계
로 볼 수도 있다.)

之二蟲又何知? 『莊子 · 逍遙游』
그 두 벌레가 또 무엇을 알겠는가?

異哉! 之歌者非常人也. 『呂氏春秋 · 擧難』
기이하구나! 그 노래 부르는 사람은(그 노래 부름이, 그 노래가) 보통 사람이 아니다.

　겸어식(兼語式) 문장에서 첫 번째 술어의 목적어(겸어)가 될 때는 '其'·'之'가 다 쓰인다.

　名實不虧 使其喜怒哉! 『列子·皇帝』
이름과 실질이 어그러지지(다르지) 않지만 그들로 하여금 기쁘게도 하고 화나게도 하였도다!
　取瑟而歌 使之聞之. 『論語·陽貨』
거문고를 취하여 노래 불러서 그로 하여금 그것을 듣게 하였다.

　의문을 나타내는 대사의 경우 문장 성분상 '何'가 가장 넓게 쓰인다. 다른 것들은 쓰이는 범위가 상대적으로 좁다.

■ 대사가 가리키는 내용

　일반적으로 '其'·'之'가 가리키는 내용을 쉽게 가려낼 수 있다. 같은 대사가 계속 쓰이더라도 가리키는 내용이 다를 때가 있으므로 문맥에 의해 잘 구별해야 한다.
　그리고 '其'·'之'가 가리키는 실제 내용은 자신이거나 상대방인 경우도 있다. 어떤 대사를 사용하느냐 하는 것은 화자의 심리의 반영이기 때문에 문맥을 잘 살피는 수밖에 없다.

▶ 자신을 가리키는 경우
攻其惡 無攻人之惡. 『論語·顔淵』
그의(그, ⇒ 자기의, 나의) 나쁜 점을 치고 (다른) 사람(남)의 나쁜 점을 칠(공격할) 것이 없다.
鄙賤之人不知將軍寬之至此也. 『史記·廉頗藺相如列傳』
비천한 사람이(→ 제가) 장군께서 그놈(⇒ 저, 나)을 관용하신 것이 여기까지(이에) 이른

것을 알지 못했습니다.

▶구분이 어려운 경우

이렇게 보아도 말이 되고 저렇게 보아도 말이 되는 경우가 있다. 전후
문장으로 판단할 수 없는 경우도 있다.

公賜之食, 食舍肉. 公問之. 『左傳·隱公元年』

공이 그에게 먹을 것을 내려주자 먹을 것에서 고기를 가려내기에 공이 그것[⇒ 그 까닭]
을[비교: 그에게] 물었다.

위의 '之'는 '그 까닭'을 가리킬 수도 있고 '그(사람)'를 가리킬 수도 있
는데, 전자를 취하는 것이 문맥에 더 부합되는 예이다.

君亟定變法之慮 殆無顧天下之議之也. 『商君書·更法』

군주님께서는 빨리 법을 바꿀 생각을 정하십시오. 천하가 그것을(=법을 바꾸는 것을) 비
방하는 것을 고려할 것이 거의 없으십니다.

위 예는 문맥상 대사 '之'가 '變法'을 가리킨다고 보는 것이 더 나을
것 같다. '君'을 가리킨다고 보면 '議之'는 '그를 비방하다'가 된다. 이 경
우는 백성들의 입장에서는 군주가 '그'가 되기 때문에 상대방을 뜻하는
대사(對稱)를 쓰지 않았다고 여김으로써이다.

다음은 분별이 더 어려운 예이다.

父母唯其疾之憂. 『論語·爲政』

부모는 오직 그들이('자식들이' 또는 '부모가') 병들까만을 걱정한다.

여기에서의 '其'는 '자식들'을 가리킬 수도 있고, '부모'를 가리킬 수도 있다. 그런데 어떻게 보든 부모에게 효도해야 함을 뜻하는 것은 같다. '자식들'을 가리키는 쪽으로 보는 것이 더 나을 듯하다.

子曰: 晏平仲善與人交, 久而敬之. 『論語·公冶長』

선생님께서 말씀하셨다. 안평중(안자[晏子])은 사람(남)과 더불어 교제하기를 잘하여 오래도록 그를 존경한다.

위의 '之'는 '(다른) 사람'을 가리킨다고 볼 수도 있고 '안평중'을 가리킨다고 볼 수도 있다. 두 문맥이 대등하게 통하는 예이다.

8. 감탄사

감탄사(感歎詞, =탄사[歎詞])는 문장 앞에서 독립적으로 쓰여 화자의 각종 감정을 나타낸다. 우리의 관념에 따라 찬탄·칭찬·놀람·탄식·부름·분노·질책·허락 등으로 나누어 인식할 수 있다. 주어·술어·목적어·보어·관형어·부사어 등 여섯 가지 문장 성분을 담당하지 않으므로 독립 성분이다. '독립어'라고 명명할 수 있다.

한 가지 표기(글자, =단어)라고 할지라도 여러 가지 감탄을 나타낼 수도 있고, 다른 표기라고 할지라도 같은 성질의 감탄을 나타낼 수도 있다. 어조의 차이는 글자에 의해 구별하지 않기 때문이다.

'噫'·'嘻'·'於'·'於乎'·'嗚呼'·'呼'·'惡'·'啞'·'吒嗟'·'嗟'·'嗟乎'·'吁' 등이 있다.

▶ **噫(희)**[15]

탄식 · 비탄을 나타낸다.

噫! 甚矣哉! 其無愧而不知恥也甚矣! 『莊子 · 外篇 在宥』
아! 심하게 되었도다! 그 부끄러움이 없고 수치스러운 줄을 알지 못함이 심하게 되었구나!

顏淵死, 子曰: 噫! 天喪予, 天喪予. 『論語 · 子張』
안연이 죽자 선생님께서 말씀하셨다. 아! 하늘이 나로 하여금 잃게 하였다. 나로 하여금 잃게 하였다.

▶ **嘻(희)**

찬탄 · 놀람 · 비탄 · 탄식을 나타낸다.

文惠君曰: 嘻! 善哉! 技蓋至此乎? [蓋=盍] 『莊子 · 養生主』
문혜군이 말했다. 아! 잘하는구나! 기술이 뭐로(어떻게) 여기까지 이르렀는가?

公曰: 嘻! 夫子之家如此其貧乎而? 寡人不知, 寡人之罪也.

『晏子春秋 · 內篇雜下』
공(景公)이 말했다. 아! 선생님의 집은 이와 같이 거 가난합니까요? 과인이 몰랐으니 과인의 죄입니다.

子路死, 子曰: 嘻! 天祝予. 『公羊傳 · 哀公十四年』
자로가 죽자 선생님께서 말씀하셨다. 아! 하늘이 나를 저주하는구나.

▶ **於(오)**

찬탄 · 놀람을 나타낸다.

---

15) '噫嘻(희희)'처럼 두 음절로 쓰이는 예도 있다. 噫嘻! 成王 旣昭假爾.(『詩經 · 周頌 · 噫嘻』)(아아! 성왕이시여, 이미 밝음 빌려왔네.)

夔曰: 於! 予擊石拊石, 百獸率舞. 『史記·五帝本紀』

기가 말했다. 오! 내가 석경(石磬)을 치고 두드리니 온갖 짐승들이 따라서 춤을 춥니다.

▶ 於乎(오호)

칭찬·찬탄을 나타낸다.

於乎! 夫齊桓公有天下之大節焉, 夫孰能亡之? 『荀子·仲尼』

오오! 대저 제나라 환공에게는 천하의 큰 절도가 있었다. 대저 어느 누가 그를 없앨 수 있었겠는가?

▶ 嗚呼(오호)

찬탄을 나타낸다.

公喟然歎曰: 嗚呼! 使國可長保而傳于子孫, 豈不樂哉?!

『晏子春秋·內篇諫上』

공이 찬탄하며 좋아하고 말했다. 오호라! 나라로 하여금 길이 보전하여 자손에게 전해지게 한다면 어찌 즐겁지 않으리오?!

嗚呼! 曾謂泰山不如林放乎? 『論語·八佾』

오호라(오오)! 일찌감치 태산을 일러 임방만 못하다고 할쏘냐?

▶ 呼(호)

분노·질책·놀람을 나타낸다.

江芊怒曰: 呼! 役夫, 宜君王之欲殺女而立職也. 『左傳·文公元年』

강천이 말했다. 피! 천한 놈아, 군왕께서 너를 죽이고 (태자의) 직위에 세우려 하는 것이 당연하다.

曾子聞之瞿然曰: 呼! 『禮記·檀弓上』

증자가 그것(동자가 말하는 것)을 듣고 놀라듯이 보면서 말했다. 오!

▶ 嚇(혁)

놀람을 나타낸다.

於是鴟得腐鼠, 鵷鶵過之, 仰而視之曰: 嚇! 『莊子·秋水』

이에 올빼미가 썩은 쥐를 얻었는데 원추가 그를 지나가자 (빼앗길까 두려워) 그를 올려다보면서 말했다. 혁!

▶ 惡(오)

놀람·분노 등을 나타낸다.

孔子曰: 惡! 賜, 是何言也? 『荀子·法行』

공자가 말했다. 오! 사(人名)야, 이것이 무슨 말이냐?

曰: 惡! 惡可? 『莊子·人間世』

말했다. 오! 어디 이럴 수가?

▶ 噁(아)

질책·분노를 나타낸다.

師曠曰: 噁! 是非君人者之言也. 『韓非子·難一』

사광이 말했다. 아! 이는 임금 된 사람이 할 말이 아닙니다.

▶ 叱嗟(질차)

분노를 나타낸다.

威王勃然怒曰: 叱嗟! 而母婢也! 卒爲天下笑. 『戰國策·趙策』

(제나라) 위왕이 발끈 화를 내며 말했다. "피이! 너의 어미는 노비다." 마침내 천하의 웃음거리가 되었다.

▶ 嗟(차)

부름·탄식을 나타낸다.

黔敖左奉食 右執飮曰: 嗟! 來食. 『禮記·檀弓下』

검오가 왼쪽에는 먹을 것을 받쳐 들고 오른쪽에는 마실 것을 잡고서 말했다. 자! 와서 드시오.

嗟! 苦先生兮, 獨離此咎. 『史記·屈原賈生列傳』

아! 선생을 고생스럽게 했구려. 홀로 이 재앙에 맞부딪치게 했소.

▶ 嗟乎(차호)

놀람·탄식을 나타낸다.

豫讓遁逃山中曰: 嗟乎! 士爲知己者死, 女爲悅己者容. 『戰國策·趙策』

예양이 산중으로 달아나면서 말했다. 아! 장부는 자기를 알아주는 사람을 위해서 죽고 여자는 자기를 즐겁게 해주는 사람을 위해서 얼굴을 꾸민다(→ 화장을 한다).

王大駭曰: 嗟乎! 淳于先生誠聖人也. 『史記·孟子荀卿列傳』

왕(梁惠王)이 크게 놀라며 말했다. 아! 순우선생은 진실로 성인이시다.

嗟乎! 燕雀安知鴻鵠之志哉?! 『史記·陳涉世家』

아! 제비와 참새가 어디(→ 어찌) 큰 기러기와 고니의 뜻을 알겠는가?!

▶ 吁(우)

탄식·놀람을 나타낸다.

孔子喟然而歎曰: 吁! 惡有滿而不覆者哉?! 『荀子 · 宥坐』

공자가 한숨을 쉬면서 탄식하며 말했다. 우(아)! 어디 가득차고도 엎어지지 않은 것이 있겠는가?!

帝曰: 吁! 嚚訟可乎? 『書經 · 堯典』

황제가 말했다. 우(아)! 떠들썩하게 소송하면 되겠는가?

Ⅲ. 허사(조사)

단어를 실사(實詞)와 허사(虛詞)로 나누었을 때 허사에 속하는 품사는 조사(助詞) 한 가지뿐이다. 허사는 실사와 달리 실질적 의미는 갖지 않고 어떠한 어법적 기능만 갖는다고 여기는 단어를 일컫는다. 따라서 허사는 여섯 가지 문장 성분(주어·술어·목적어·보어·관형어·부사어)을 담당하지는 않는다. 조사를 둘로 나누어 그중 일부는 어기사(語氣詞)라고 명명하기도 한다. 그러나 조사를 둘로 나누는 특별한 어법적 의의가 없으므로 하나로 묶는다.

조사는 기능의 유형에 따라 세 가지로 나누어 볼 수 있다. 각각 어기조사(語氣助詞)·음절조사(音節助詞)·구조조사(構造助詞)로 명명할 수 있다.

어기조사는 이것이 쓰인 문장 전체 또는 일부 구성요소에 어떠한 어기(語氣)를 보태주는 단어이다. 고대중국어에는 특별한 어법 기능을 지닌 형태 성분이 거의 없는 고립어적인 언어이기 때문에 개별 어기조사의 기능을 바르게 이해하는 것이 매우 중요하다.

음절조사는 시문(詩文)에 쓰여 음절을 고르는 기능을 하는 단어를 일컫는다. 『시경』(詩經)에 가장 많이 쓰였으며 주로 실질적인 의미를 갖는 여러 글자들이 음절을 고르는 소리만을 표기하는 데 동원된 것들이다. 특별한 규칙이 있는 것은 아니므로 문맥을 헤아려서 실질적인 의미가 없다고 여겨질 때 어기조사로 규정한다.

구조조사는 어떠한 형식을 구성하는 기능을 갖는 단어를 일컫는다. 이 책에서는 '所' 하나만 구조조사로 여긴다. 종래 '之'와 '者'가 어기조사와 구조조사의 두 기능을 다 갖는다고 여겨왔으나 구조조사로서의 기능은 없고 오직 어기조사로서만 기능한다.

1. 어기조사

어기조사에는 판단·의문·감탄 등의 어기를 나타내는 것, 말을 할 때 청자의 주의를 환기시키는 발어(發語)성 기능을 하는 것, 강조의 기능을 하는 것 등이 있다.

어기조사는 문장 중에 놓이는 위치를 문두(文頭)·문중(文中)·문말(文末)[=문미(文尾)]로 나누어 관찰할 수 있다. 문두에만 쓰이는 것, 문중에만 쓰이는 것, 문두와 문중에 쓰이는 것, 주로 문말에 쓰이면서 문중에도 쓰이는 것 등으로 나눌 수 있다. 문두는 단문의 맨 앞에 쓰이는 경우와 복문 중의 절(節) 맨 앞에 쓰이는 경우를 포함하여 가리킨다.

1) 夫·蓋·唯

어기조사로서의 '夫'·'蓋'·'唯'는 문두(文頭)에 온다.

■ 夫

'蓋'와 더불어 흔히 발어사(發語詞)라고 일컬었던 단어이다. 무엇에 대해 말을 하겠다는 어기를 나타내는 데 따른 명명이다. '대저'·'무릇' 등으로 풀이한다. 개괄성의 판단을 뜻하는 내용이 뒤따른다.

'夫'라는 단어는 명사로서 '지아비(남편), 사내' 등으로 풀이되는 명사로 쓰이는 경우 외에, 대사와 조사라는 두 가지 품사를 부여할 수 있다. 대사이면서 조사 기능을 하는 경우는 대사 안에 두고 그것의 쓰임의 하나라고 설명할 수도 있다. '其'·'之'·'焉' 등도 그러하다. 그러나 기능을 중시하여 통상 두 가지 품사를 부여하여 설명하고 있다.

대사로서의 '夫'는 '저'라고 풀이되는 지시성을 갖는다. 이것이 문두에 놓여 지시하는 내용이 없을 때를 발어(發語)성의 어기조사로 여긴다. 그래서 문두에 놓일 때는 가끔 '대사'인지 '조사'인지를 판별하기 어려운 경우들이 보인다. '夫'가 문말에 쓰이면 감탄의 어기를 나타낸다. 조사성이 두드러지는 쓰임이다. 이것이 나타내는 감탄의 어기를 '~할(일) 진저' 등으로 풀이한다.

다음은 문두에 놓여 발어성의 조사로 쓰인 예이다.

> 夫亦將知足 知足以靜, 萬物將自定. 楚簡本『老子』
> 대저 또 장차 만족할 줄을 알아야 할 것이다. 만족할 줄을 알아서 그것으로 고요해지면, 만물(=내 몸의 모든 것)이 장차 저절로 안정될(→ 제자리를 찾게 될) 것이다.

> 夫功者難成而易敗, 時者難得而易失也. 『史記·淮陰侯列傳』
> 대저 공이란 이루기는 어려워도 그르치기는 쉬우며, 때란 얻기는 어려워도 잃기는 쉽다.

> 夫以秦王之威而 相如廷叱之 辱其群臣. 『史記·廉頗藺相如列傳』
> 대저 진왕의 위세를 가지고(→ 빌어) 상여는 조정에서 그를 질타하고 그의 뭇 신하들을 욕보였다.

夫仁者 己欲立而立人, 己欲達而達人. 『論語·雍也』
대저 어질면(어진 사람은) 자기가 서고자 하면 남도 서게 하고(=세우고), 자기가 이르고
자 하면 남도 이르게 한다.

夫誰與王敵? 『孟子·梁惠王上』
대저 누가 왕과 더불어 대적하겠습니까?

夫戰勇也 『左傳·莊公十年』
대저 전쟁은 용기이다.

'夫' 앞에 '且·今·故·若' 등이 오는 경우들이 있다. '且·今·故·若'
등도 각각의 의미에 따라 제 기능을 가진다. '且夫·若夫·今夫·故夫'
등을 복합사로 보는 것은 옳지 않다. 따라서 '夫'의 위치가 문장의 맨 앞
은 아니다. 이 경우에도 '夫'가 대사인지 조사인지를 분간하기 어려운 경
우들이 있다.

且夫秦失其政, 諸侯豪桀並起, 唯漢王先入關 據咸陽. 『史記·酈生陸賈列傳』
또 대저 진나라가 그 정치를 잃자, 제후와 호걸들이 아울러 일어났는데, 오직 한나라
왕만이 먼저 함곡관에 들어가 함양을 차지하였습니다.

且夫水之積也不厚, 則其負大舟也無力. 『莊子·逍遙游』
또(게다가) 대저 물이 쌓인 것이 두텁지 않으면 그것이 큰 배를 짊어지는 데(→ 띄우는
데)는 힘이 없습니다.

今夫奕之爲數小數也. 『孟子·告子上』
이제 대저 바둑의 수라는 것은 작은(→ 별 것 아닌) 수이다.

'今'은 '지금'이라는 뜻을 지닌 단어이지만 이 문장에서는 시간을 나타
내지 않고 문맥상 허두로 쓰인 경우이다.

若夫乘天地之正而御六氣之辯以遊無窮者, 彼且惡乎待哉?! 「莊子·消遙遊」
저 천지의 정(바른 기운, 正氣)을 타고 육기의 변화를 부려서 다함이 없음에 노님(노니는
경우) 같으면, 저(그런 사람)는 또 어디에서 (무엇을) 기다리겠는가?

뒷부분을 목적어로 취하는 동사 '若'이 앞에 있으므로 '夫'를 발어의
조사라고 하기가 곤란한 경우이다. '乘天地之正而御六氣之辯以遊無窮'
(저 ~함) 전체를 지시하는 대사로 보면 된다.

■ 蓋

'蓋'가 문두에 쓰이면 '夫'와 같이 이것의 기능을 발어(發語)라고 여긴
다. '무릇'·'대저' 등으로 풀이한다. '夫'와 같은 기능 범위 안에 드는 것
으로 파악되지만 서로 다른 단어이다.

'蓋'의 품사 부여에도 한계가 있다. '蓋'는 실사로 파악되는 경우 의미
를 동사류인 '덮다(가리다, 개괄하다, 개략하다)', 명사류인 '덮개, 덮는
것'을 뜻한다. 또 문맥상 '아마도'·'대체로(개괄적으로)'로 이해할 수 있
는 경우는 부사로 여긴다. 그런데 '아마도'·'대체로(개괄적으로)'는 '덮
다(가리다, 개괄하다, 개략하다)'와 같은 의미 범주에 들어 동사로서 부사
어로 쓰였다고 보아도 무방하기 때문에, 따로 떼어 부사로 여기는 어법
적 의의가 희석된다. 고대중국어의 실사류를 명사·동사·형용사로 나
누는 것은 사실상 어법적 의의가 없다. 뿐만 아니라 문장 성분상 유일하
게 부사어의 기능만 하는 부사를 따로 세울 수 있지만 왕왕 명사·동
사·형용사와 경계 짓기가 쉽지 않다. 그래서 한 글자의 의미에 변화가
없는 경우에는 부사어의 기능을 할지라도 부사로 따로 세우지 않는 것
이 좋다.

　　'蓋'의 경우 부사에서 한 걸음 더 나아가면 '무릇'·'대저' 등으로 이해할 수 있는 경우들이 있어서 조사라는 품사까지 부여하고 있지만, 이 경우는 또 부사와 조사 간의 경계가 다소 모호하다. '대체로'로 풀이되는 경우를 부사라고 하면, 조사로 여기는 '무릇'·'대저'와 경계가 모호하기 때문이다. 즉, '대체로'와 '무릇'에 의해 구별하는 두 개념을 서로 다른 품사로 구분하는 것이 그다지 확연하지 못하다. 종래 이것을 실사가 허화(虛化, =문법화, 어법화)의 과정을 거쳐서 단계적으로 품사가 분화된 것이라고 설명해 왔다. 그러나 다분히 주관적으로 문맥을 확정짓고 각자의 관념에 의해 현대 언어의 번역어를 취함으로써 품사를 정한 성격이 강하므로 과연 고대중국어에 이러한 품사의 구분이 있었는가에 대해서는 좀 더 숙고할 필요가 있다. 이러한 단어들이 적지 않다.

> 蓋上世嘗有不葬其親者. 其親死, 則擧而委之於壑. 『孟子·滕文公上』
> 대저 상세에는 일찍이 그 어버이를 매장하지 않는 경우가 있었다. 그 어버이가 죽으면 곧 그를 메다가 구렁에 버렸다.

> 蓋鍾期子死 伯牙不復鼓琴 何則? (則: 의문조사) 『司馬遷·報任安書』
> 대저(무릇) 종자기가 죽자 백아가 다시 거문고를 타지 않은 것은 무엇입니까?

　　'蓋'를 부사로 여기고 '아마도'·'대체로' 등으로 풀이하는 예를 보자.

> 余登箕山, 其上蓋有許由塚云. 『史記·伯夷』
> 내가 기산에 올랐는데 그 위에는 아마도 허유의 무덤이 있을 것이라고 하더라.

> 孔子罕稱命 蓋難言之也. 『史記·外戚世家』
> 공자가 명(천명)을 드물게 일컬은 것은 아마도 그것을 말하기 어려워서였을 것이다.

> 我未見力不足者. 蓋有之矣, 我未之見也. 『論語·里仁』
> 나는 아직 힘이 부족한 경우를 보지 못했다. 아마도 그것이(그런 경우가) 있겠지만, 나는

아직 그것을 보지 못했다.

위 예문 중의 '蓋'를 모두 조사일 때의 번역어인 '대저'·'무릇' 등으로 풀이해도 문맥에 지장을 주지 않는다. 부사와 조사를 나누는 한계를 보이는 한 예이다. 고대 중국인들에 이 둘을 구분하는 인식이 있었는지 확언할 수도 없다.

■ 唯

주로 문두에 쓰이며 문중에 쓰이기도 한다. 청자의 주의를 집중시키거나 호흡을 고르는 역할을 한다. 독음이 같음으로 인하여 '惟'·'維'로 쓰기도 한다.

陛下未有繼嗣, 子無貴賤, 唯留意. 『漢書·外戚·趙后傳』
폐하께는 아직 뒤를 이을 자식이 없습니다. 자식에는 귀천이 없사오니, 에, 유의하십시오.

惟十有三年春 大會於孟津. 『書經·泰誓』
에, 십하고 삼 년 봄에 맹진에서 크게 회합하였다.

周雖舊邦, 其命維新. 『詩經·大雅·文王之什·文王』
주나라는 비록 오래된 나라지만 그 명은, 에, 새롭네.

앞에서 '오직'을 뜻하는 경우와 '예'라는 대답에 해당하는 응대의 뜻을 갖는 경우를 부사에 넣었다. 부사로 보아야 할지 어기조사로 보아야 할지가 어려운 경우가 있다. 위의 예문 "周雖舊邦, 其命維新." 중의 '維'가 그렇다.

2) 其

'其'는 문중(文中)에 놓이기도 하고 문두(文頭)에 놓이기도 한다. 사실·의문(반문·추측 포함)·권고·희망·감탄 등 어느 용도의 문장에 쓰이건 강조의 어기를 나타낸다. '아 거'(거) 또는 '거 무엇이냐 거'·'다름 아니고 거' 등으로 풀이해 봄 직한 어감을 갖는다고 할 수 있다.

'其'는 대사(代詞)에 넣어두고 그것이 쓰임에 이런 것이 있다고 설명해도 무방한 단어이다. 그것이 가리키는 내용이 없다고 여겨지는 경우를 어기조사로 여기고 있는데, 분간이 어려운 경우도 있다. '之'·'焉' 등도 '其'와 유사한 성질이 있다. '其'를 부사에도 넣어 어기부사(語氣副詞)라고 할 필요는 없다.

天地之間 其猶橐籥歟!? 楚簡本『老子』
(우리 몸의) 하늘과 땅 사이는 (아 거) 풀무와 같으리니!?

道不行, 乘桴浮於海, 從我者其由與?『論語·公冶長』
도가 행해지지 않아서, 바다로(→ 해외로) 뗏목을 타고 가려는데, 나를 따를 사람은(나를 따름은) (아 거) 유(人名)이겠지?

一國皆不知而, 我獨知之, 吾其危矣. 『韓非子·說林上』
한 나라가 다 모르는데, 나 혼자 그것을 알고 있으니 내가 (아 거) 위태롭게 되었다.

公曰: 嘻! 夫子之家如此其貧乎而? 寡人不知, 寡人之罪也.

『晏子春秋·內篇雜下』

공(景公)이 말했다. 아! 선생님의 집은 이와 같이 (아 거) 가난합니까요? 과인이 몰랐으니 과인의 죄입니다.

叔向告晉侯曰: 城上有烏, 齊師其遁!『左傳·襄公十八年』
숙향이 진나라 제후에게 말했다. 성 위에 까마귀가 있으니 제나라 군사들이 (아 거) 달아나는군요!

子其怨我乎?「左傳·成公三年」

그대는 (아 거) 나를 원망하십니까?

其是之謂乎?「左傳·隱公元年」

(아 거) 이것을 이르는구나?

孝弟也者其爲仁之本與! [弟=悌]『論語·學而』

효도와 우애는 (아 거) 인을 행하는 근본이로다!

其誰曰不然?「左傳·隱公元年」

(아 거) 누가 그렇지 않다고 했습니까?

3) 之

조사로서의 '之'는 종래 어기조사(語氣助詞)와 구조조사(構造助詞)나 나누어 왔는데 '之'에 구조조사의 기능은 없다.

'之'가 동사일 때는 '가다'를 뜻한다. 대사로서 '그(그것)'을 뜻하는 '之'와 의미의 상관은 없다. 대사로서의 '之'는 크고 작은 어법 단위를 모두 대신하여 가리킬 수 있다. 즉, 단어·구·절·문장·문단을 두루 대신한다. '之'가 가리키는 내용이 없다고 여겨지는 경우를 조사로 분류하고 있다.

문중에 쓰이는 어기조사 '之'는 앞말을 강조한다. 이 기능을 갖는 '之'를 조사로 분리하였지만 대사에 넣어두고 그것의 기능의 연장으로 설명할 수도 있다. 대사로 여기는 '之'는 이것이 대신하는 내용이 앞 또는 뒤에 있거나 문장에 나타나 있지 않기도 한다. 조사로서의 '之'는 앞 말에 바로 붙어서 이 앞 말을 강조한다.

문중에 쓰이는[1] 어기조사 '之'를 각종 통사 관계 중에 놓이는 위치에

---

1) 술어 바로 뒤에 놓이면서 지시하는 내용이 없는 경우도 조사로 여기는데 통사 관계를

따라 나누어 보면 다음과 같다.

- ■ 관형어와 명사의 결합인 구
  = 관형어+之+명사
- ■ 주어 · 목적어 · 술어가 되는 주술구
  = 주어+之+술어 [구]
- ■ 복문을 구성하는 절이나 단문
  = 주어+之+술어 [목문의 절, 단문]
  ▸복문을 구성하는 절의 주어와 술어 사이
  ▸단문의 주어와 술어 사이
- ■ 명사+之+於(于)+명사+술어
- ■ 의미상의 목적어와 동사
  = 의미상의 목적어+之+동사

동일한 통사 관계 중에 '之'를 사용한 예를 먼저 제시하고, '之'를 사용하지 않은 예를 뒤에 들어서 '之'에 구조(構造)성의 기능은 없고 오직 강조 기능의 어기(語氣)성만 있음을 알 수 있게 하였다.

① '관형어+之+명사' 형식의 구

恭敬之心 人皆有之. 『孟子 · 告子上』
공경하는 마음은 사람 모두가 그것을 가지고 있다.

號物之數謂之萬, 人處一焉. 『莊子 · 秋水』
사물의 수를 불러 그것을 만이라 이르는데, 사람은 그 가운데 하나를 차지한다.

따질 필요가 없기 때문에 예는 들지 않는다.

王總其百執事 以奉其社稷之祭. 『國語 · 吳語』

왕이 그의 백관을 거느리고 그 사직의 제사를 받들었다.

以子之矛陷子之盾 何如? 『韓非子 · 難一』

당신의 창을 사용해서 당신의 방패를 뚫으면 무엇과 같겠소(→ 어떻게 되겠소)?

魏多變之國也. 『戰國策 · 秦策』

위나라는 변화가 많은 나라입니다.

■ 다음은 관형어가 강조되지 않은 경우이므로 본시 '之'를 쓰지 않
  은 문장들이지만 비교를 위해서 ( ) 안에 '之'를 추가해 둔다.

余登箕山, 其上蓋有許由(之)塚云. 『史記 · 伯夷』

내가 기산에 올랐는데 그 위에는 아마도 허유의 무덤이 있을 것이라고 하더라.

爲民(之)父母行政. 『孟子 · 梁惠王上』

백성의 부모가 되어 정치를 하다.

君子(之)道者三, 我無能焉. 『論語 · 憲問』

군자의 도는 셋인데 나는 그 가운데서 잘하는 것이 없다.

위 예문 중의 '許由+塚', '民+父母', '君子+道'와 같이 관형어와 피수
식어 사이에 '之'를 쓰지 않은 것이 보통이다. '楚+人'·'奇+貨'·'餘+
力'·'百+步'·'數+口'·'吾+家'·'數百+步'·'沛公居山東+時' 등에서 볼
수 있는 바와 같다. 이는 '之'가 수식관계의 명사구를 구성하는 표지가
아님을 단적으로 증명해 준다. 강조가 필요한 문맥이기 때문에 '之'를 쓴
것이다. '膏腴之地'·'累卵之危' 같은 경우는 관형어의 의미가 이미 강조
되어야 할 내용임을 알 수 있다.

이는 수식구조로 보아온 분수(分數)의 표현법에도 잘 나타나 있다. 별
다른 것이 아니다. 위와 같은 이치로 이해하면 된다.

▸ ○+分+之+○

故關中之地 於天下三分(+○+)之一.『史記·貨殖列傳』
까닭에 관중의 땅은 천하에서 셋으로 나누어(나눈) 하나(→ 3분의 1)이다.

▸ ○+分+명사+之+○

方今大王之兵衆不能十分吳楚之一.『史記·淮南衡山列傳』
바야흐로 이제 대왕의 병사들은 吳와 楚를 열로 나누어(나눈) 하나도 못됩니다.

예문 중의 '三'과 '十'은 동사 '分'을 수식하는 부사어이다. '三分'과 '十分吳楚'는 '一'을 수식하는 성분이지만 관형어로 볼 수도 있고 부사어로 볼 수도 있다. 앞의 것은 나뉘는 대상을 말할 필요가 없기에 '分'이 목적어를 취하지 않았고, 뒤의 것은 '分'이 목적어 '吳楚'를 취하였다. 어느 쪽이든 간에 '之'는 각각 '셋으로', '열로' 나누었음을 강조하는 성분인 어기조사이다.[2]

---

2) 다음 예문 중에 쓰인 더 간략한 형식을 보면 '之'가 강조 기능을 갖는다는 사실을 쉽게 이해할 수 있다.
  先王之制 大都不過參國之一.(『左傳·隱公元年』)(선왕의 제도에서 큰 도읍은 세 國의[→세 나라에서] 하나를 넘지 않았습니다.)
  中五之一, 小九之一.(『左傳·隱公元年』)(가운데 것은 다섯에[→다섯으로 나눈] 하나요, 작은 것은 아홉에[→아홉으로 나눈] 하나이다.)
  '之'는 각각 '參國'·'五'·'九'를 강조한다.
  丁壯者引弦而戰 近塞之人 死者十九.(『淮南子·人間訓』)(청장년들은 활시위를 당기며 싸웠는데 변방에 가까운[→가까이 살던] 사람들은 죽은 사람이 열에 아홉이었다.)
  '十九'는 '十之九'나 '十分之九'와 같은 형식을 취할 수도 있을 것이나 '分'뿐만 아니라 '之'도 쓰지 않았다. '之'를 쓰지 않은 것은 '10'이 강조되는 숫자가 아니기 때문이다.

② 주어·목적어·술어가 되는 주술구['주어+之+술어']

▶ 주어가 되는 주술구

荊國之爲政有似於此. 『呂氏春秋·察今』

형나라가 정치를 함에는 이와 비슷한 것이 있다.

吾妻之美我者私我也. 『戰國策·齊策』

내 아내가 나를 잘생겼다고 한 것은 나와 사사로운 관계여서이다.

昔者三晉之交於秦相善也. 『戰國策·趙策』

옛날 3晉(韓·魏·趙)이 秦과 교류함(→ 3진의 秦에 대한 교류)은 서로 좋았다.

甚矣 汝之不惠. 『列子·湯問』

심하구려, 당신이 지혜롭지 못함은.

▶ 목적어가 되는 주술구

天下皆知美之爲美也, 惡已. 楚簡本 『老子』

천하(세상) 사람들이 다 아름다움이 아름다움이 된다고 안다면(→ 아름다운 것이 아름다운 것이라고 여긴다면) 나쁘고야(나쁜 것이고야) 만다.

歲寒, 然後知松栢之後凋. 『論語·子罕』

한 해가 추워져서 그렇게 된 뒤에야 소나무와 측백나무가 나중에 시든다는 것을 안다.

▶ 술어가 되는 주술구

此天之亡我 非戰之罪也. 『史記·項羽本紀』

이는 하늘이 나를 망하게 하는 것이지 전쟁의 죄가 아니다.

■ 주어를 강조하지 않아서 '之'를 쓰지 않은 예

▶ 주어가 되는 주술구

吾(之)見亦罕矣, 吾退而寒之者至矣. 『孟子·告子上』

내가 (왕을) 만나는 것 역시 드물게 되었고, 내가 물러나면 그를 차갑게 하는 사람이 이르게 됩니다.

國人(之)望君 如望慈父母焉. 『左傳·哀公十六年』

나라 사람들이 임금님을 우러러 보는 것이 마치 자애로운 부모를 우러러 보는 것과 같습니다.

▶ 목적어가 되는 주술구

我未見力(之)不足者. 蓋有之矣, 我未之見也. 『論語·里仁』

나는 아직 힘이 부족한 경우를 보지 못했다. 아마도 그것이(그런 경우가) 있겠지만, 나는 아직 그것을 보지 못했다.

上旣聞廉頗李牧(之)爲人 良說. 『漢書·馮唐傳』

임금이 이미 염파와 이목의 사람됨을 듣고 매우 기뻐하였다.

臣聞昔湯武(之)以百里昌 桀紂(之)以天下亡. 『戰國策·楚策』

臣은 옛날 탕왕과 무왕은 백리를 가지고도 창성하였으나 걸왕과 주왕은 천하를 가지고도 망했다고 들었습니다.

▶ 술어가 되는 주술구

氷水(之)爲之而寒於水. 『荀子·勸學』

얼음은 물이 그것이 되었지만 물보다 차갑다.

'吾+見'·'國人+望君'(이상 주어가 되는 주술구), '力+不足'·'廉頗李牧+爲人'·'湯武+以百里昌'·'桀紂+以天下亡'(이상 목적어가 되는 주술구), '水+爲之'(술어가 되는 주술구)의 주어와 술어의 사이에 '之'자를 쓰지 않았다. 단어나 구가 문장의 어느 성분으로 쓰이든 형태상의 표지가 없다. '주술구(主述句)'에 아무런 형태 변화를 가하지 않고 술어·목적어·술어가 되는 것이 고대중국어의 통사적 특징이다.

③ 복문을 구성하는 절이나 단문[주어+之+술어]

▸ 복문을 구성하는 절의 주어와 술어 사이

仁義之不爲桎梏鑿枘也, 焉知曾史之不爲桀跖嚆矢也! 『莊子·在宥』

인의가 차꼬와 수갑, 구멍과 자루가 되지 못하는데, 어디 曾參(증삼)[仁人]과 史魚(사어)[義人]가 桀王(걸왕)[폭군]이나 盜跖(도척)[도적]의 시작이 되지 못함을 알겠는가(→ 않는다고 할 수 있겠는가)?

雖我之死, 有子存焉. 『列子·湯問』

비록 내가 죽을지라도 존재하는 자식들이 있다.

大道之行也, 天下爲公. 『禮記·禮運』

대도가 행해지면 천하가 공평하게 된다.

有亡之相生也, 難易之相成也, 長短之相形也, 高下之相盈也, 音聲之相和也, 先後之相隨也. 楚簡本 『老子』

있음과 없음은 서로 생겨나게 하며, 어려움과 쉬움은 서로 이루어지게 하며, 긺과 짧음은 서로 모양을 이루게 하며, 높음과 낮음은 서로 채워주며, 소리와 소리는(각각의 소리는) 서로 조화를 이루며, 앞과 뒤는 서로 따른다.

▸ 단문의 주어와 술어 사이

醫之好治不病以爲功. 『韓非子·喻老』

의사가 병이 아닌 것을 치료하고 그것을 가지고 공으로 여기기를 좋아한다.

先生之以此聽寡人也. 『呂氏春秋·去私』

선생님께서 이것을 (써서) 과인에게 들려주셨다.

■ 절이나 단문의 주어와 술어 사이에 '之'를 쓰지 않은 예

이는 너무 일반적인 것이므로 예를 몇 개만 들어 둔다. 강조할 필요가 없는 일반적인 언어 환경이 대부분이다.

▶ 복문중의 절

夫子(之)知之矣, 我(之)則不知. 『左傳·昭公十年』

선생님이 그걸 아시고, 나는 곧 모릅니다.

城(之)不入, 臣(之)請完璧歸趙. 『史記·廉頗藺相如列傳』

성이 (우리 조나라의 수중에) 들어오지 않으면 신이 삼가 옥을 온전하게 하여 조나라로 돌아오게 하겠습니다.

▶ 단문

子路(之)拱而立. 『論語·微子』

자로가 두 손을 맞잡고 서 있었다.

沛公(之)默然. 『史記·項羽本紀』

패공이 잠자코[묵묵히] 있었다.

農(之)天下之本. 『史記·孝文本紀』

농사는 천하의 근본이다.

④ 명사+之+於(于)+명사+술어

此今時趙之於秦猶郡縣也. 『史記·張儀列傳』

이는 금시에 조나라가 진나라에 (대하여) 군현과 같아서입니다.

寡人之於國也盡心焉耳矣. 『孟子·梁惠王上』

과인은 나라에 마음을 다하고 말(그칠) 따름입니다.

이 형식의 문장에 대해서는 종래 '於(于)'의 기능을 전치사(개사)로 잘못 이해하고, '於'의 기능마저 잘못 이해함으로 인하여 '之'가 전치사구를 명사구로 만들어 주는 구조조사라고 설명해 왔다. 결코 그렇지 않다.

이 형식의 문장을 쉽게 이해하는 방법이 있다. 위 두 예문 중의 허사를 모두 제거하고 보면 된다.

此 今時 趙 秦 猶 郡縣.

寡人 國 盡 心 已. ('耳'는 '而已'의 합음 표기이므로 '而已' 중의 조사 '而'를
제거함)

위 두 문장은 허사를 제거하고도 본뜻은 변화지 않으면서 완벽하게
문장이 성립함과 동시에, 강조 기능을 하는 조사가 쓰이지 않는 일반 문
장과 다를 바가 없다. 각각 "이에 今時는 조나라가 진나라에 (대하여) 군
현과 같습니다."와 "과인은 나라에 (대하여) 마음을 다하고 말(그칠) 따름
입니다(→다할 뿐입니다)."라는 핵심 문의(文意)는 이들 실사들의 풀이만
으로 명확하게 드러난다.

이 문장의 구조를 문장 성분을 부여하여 분석하면 다음과 같다.

此(주어)+今時(부사어)+趙秦猶郡縣(주술술어)[⇒趙(주어)+秦(부사어)+
猶(술어)+郡縣(목적어)]

寡人(주어)+國(부사어)+盡(술어1)+心(목적어)+(술어2)

앞 예의 '之'는 단문에서 주술술어 중의 주어를, 뒤 예의 '之'는 단문의
주어를 강조하고 있다. 두 문장 중의 '國'과 '秦'은 명사가 부사어로 쓰인
경우이다. 고대중국어에서 명사는 언제든지 부사어로 쓰일 수 있다. 뒤
의 예는 부사어 '國'의 뒤에 '也'를 추가하였다. '也'는 판단을 나타낸다.
'과인은 나라에 (대해서)'를 판단한다고 볼 수도 있고 '나라에 (대해서)'만
판단한다고 볼 수도 있다.

종래 다음 예문 중의 '與'도 개사로 여겨 '於(于)'가 쓰인 문장과 동일
한 구조로 보았는데 잘못이다. '與'는 동사이다. 조사는 '之'만 쓰였다.

仁之與義 敬之與和 相反而相成也. 『漢書·藝文志』
인은 의와 더불어, 경은 화와 더불어 서로 돌아가면서 서로 이루어진다.

'與+義'와 '與+和'는 술목구조 형식으로서 각각 주어 '仁'·'敬'의 첫
번째 술부이다. '相反而相成'은 '仁'·'敬'의 두 번째 술부이다. 첫 번째
술부 '與義'·'與和'는 두 번째 술부 '相反而相成'과 의미상 수식 관계를
갖는다. 그러므로 '相反而相成'의 주어라고 할 수 없다.

이번에는 거꾸로 '之', '於(于)', '也'가 쓰이지 않은 문장에 이것들을
넣어서 변환해 보자.

晉國天下莫强焉 叟之所知也. 『孟子·梁惠王上』
진나라가 천하에서 그보다 강한 나라가(막강함이) 없음은 노인장께서 아시는 바입니다.

'天下'가 부사어로 쓰인 문장인데, 이들 조사를 넣어도 본의가 달라지
지 않은 채 완벽하게 변환됨을 알 수 있다. 이는 '之'가 결코 구조화(構造
化)의 표지가 아님을 말해준다. 이들 조사는 화자의 정서상의 필요에 따
라 선택할 수 있다.

晉國(之)天下莫强焉 叟之所知也.
晉國(之)(於)天下莫强焉 叟之所知也.
晉國(之)(於)天下[也]莫强焉 叟之所知也.

다음은 '能'이 목적어로 취한 술목구 중에서 '面'이 부사어로 쓰인 예
이다.

群臣吏民能面刺寡人之過者 受上賞. 『戰國策·齊策』

뭇 신하와 관리와 백성으로서 면전에서 과인의 허물을 지적할 수 있는 자는(있으면) 상등의 상을 받을 것이다.

이를 다음과 같이 변환해 볼 수 있다.

群臣吏民(之)能面刺寡人.
群臣吏民(之)能(於)面刺寡人.
群臣吏民(之)能(於)面(也)刺寡人.

⑤ 의미상의 목적어와 동사 사이[의미상의 목적어+之+동사]

其是之謂乎? 『左傳·隱公元年』

아 거, 이것을 이르는구나?

父母唯其疾之憂. 『論語·爲政』

부모는 오직 그들이 병들까만을 걱정한다.

齊宣王問卿. 孟子曰: 王何卿之問也? 『孟子·萬章下』

제나라 선왕이 경(卿)에 대해서 물었다. 맹자가(내가) 말했다. 왕께서는 무슨(어느) 경을 물으시는지요?

위의 예 중 '之'를 종래 목적어를 술어 앞으로 도치시켰음을 나타내는 구조(構造)성의 조사라고 여겨왔으나 그렇지 않다. 이 형식의 해법은 두 가지가 있다. 하나는 목적어의 도치는 인정하지만 강조의 기능을 할 뿐인 어기조사로 여기는 것이며, 다른 하나는 도치로 여기지 않고 주술 관계의 주어와 술어 사이에 쓰인 강조의 어기조사로 보는 것이다. 후자로 보는 것이 '之'의 전체 쓰임과 고대중국어 동사류의 쓰임에 부합된다. 고대중국어의 동사는 자동·수동(=피동)·타동(사동·의동 포함)의 구분이 따로 없다. 문맥에 의해 화자와 청자가 주어나 목적어와의 관계를 인지할 따름이다.

위의 예를 이러한 관점으로 풀이하면 한국어로는 각각 '이것이 일러 지다'(是之謂), '그들이 병들까가 걱정되다'(其疾之憂), '어느 경이 물어지 다'(何卿之問)가 된다. 고대중국어에서는 이러한 구별조차 없다고 보는 것이 맞다. 여전히 주술 관계로서 주어가 강조되는 것이다.

주어의 자리에 놓이는 말이 문맥상 술어가 의미하는 행위의 대상이 되는 경우가 있음을 인지하고 이를 '受事主語'(수사주어)라고 하며, 반대 로 목적어의 자리에 놓이는 말이 행위자임을 인지하고 이를 '施事賓語' (시사빈어, =시사목적어)라고 하면서도 왜 위의 예문들이 '주어+술어'의 관계임을 깨닫지 못하는지 의아할 따름이다.

고대중국어는 주격·목적격 등의 격(格) 표지가 존재하지 않는 언어 이다. 현대에도 존재하지 않는다. 의미상 동사의 목적어로 인지되면서 동사 앞에 놓이는 말 뒤에는 '之' 외에도 '是'·'斯'·'焉' 등도 쓰인다. '之'와 같은 성질의 조사로 쓰였다고 보면 된다. 모두 강조의 기능을 한 다.[3] '是·斯·焉' 등은 '之'와 같이 대사로 분류되는 단어가 어기조사의 기능을 하는 예에 해당한다.

총괄컨대 조사 '之'는 앞 말이 문장 성분상 관형어이든 주어이든 뒷말 과는 관계가 없다. '之' 앞에 오는 성분을 강조하는 어기를 지닌다.

---

3) 余雖與晉出入 余唯利是視.(『左傳·成公十三年』)(내가 비록 晉과 함께하며 드나들지 만 나는 오직 이익만을 봅니다[←이익만 보입니다](=중시합니다. ←중시됩니다)).
朋酒斯饗 曰殺羔羊.(『詩經·豳風·七月』)(두 동이 술을 올리고[←술이 올려지고], 에, 새끼 양을 잡는다.)
我周之東遷晉鄭焉依.(『左傳·隱公六年』)(우리 周나라가 동쪽으로 옮겨가면 晉과 鄭을 의지한다[←晉과 鄭이 의지가 된다].)

4) 者

‘者’는 ‘앞말을 강조하는’ 어기를 갖는 조사(助詞)이면서 동시에 ‘앞말을 추슬러 지시하는’ 대사(代詞)성을 겸하는 단어라고 할 수 있다. 이러한 성질 때문에 ‘者’의 일부를 대사로 분류한 사람도 있다.

일반 어법서에서는 ‘者’를 조사로 간주하고 그 기능을 다시 ‘어기(語氣)’와 ‘구조(構造)’의 둘로 나누어 각각 ‘어기조사’·‘구조조사’라고 명명해 왔다. 그러나 이러한 분류는 고대중국어 실사류 단어와 구 및 문장의 쓰임에 부합되지 않음을 알 수 있다. 일부를 ‘구조조사’라고 한 것은 ‘者’가 단어나 구의 뒤에 놓여 명사성의 구를 만들어 준다고 여겨서인데, 이것은 ‘者’의 기능이 아니라 ‘者’가 쓰이지 않아도 고대중국어의 단어나 구는 그 자체로서 명사성을 띠고 쓰이기 때문이다.

고대중국어의 실사류 단어를 의미에 따라 동사·형용사·명사로 나누고 있지만, 어떠한 품사를 기준으로 삼든 간에 동일한 형식에 의해 동사성·형용사성·명사성을 두루 나타낸다. 그러므로 고대중국어의 각종 구에도 동사구·형용사구·명사구라는 명칭을 부여할 수 없다.

구조조사로 여겨 온 경우는 문장의 통사적 특징에 의해서가 아니라 의미상 동사성·형용사성을 띤다고 판단되는 단어나 구의 뒤에 ‘者’가 놓이면 명사구를 만드는 표지로 간주하는 것에 지나지 않는다. 그렇게 해야 사람(人)·사물(物)·추상적인 내용(事)을 나타낼 수 있다고 여겼던 것이다. 반대로 역시 문맥이나 관념에 의거하여 명사구를 만들지 않아도 된다고 판단되면 어기조사로 여겼다.

그래서 ‘知者’(지혜로운 사람[경우])·‘往者’(가버린, 가버린 것[경우])·‘若寡人者’(과인 같은 사람[경우]) 등에 쓰인 ‘者’는 명사성을 갖게 하는 구조조사이고, ‘廉頗者’(염파, 염파라는 사람)·‘君子道者’(군자의 도)·‘今者’

(지금)·'不然者'(그렇게 하지 않다)·'不殺者'(죽이지 않다) 등에 쓰인 '者'는 두드러지게 하여 강조하는 어기조사라고 설명하였다. 고대중국어의 특성상 실사류를 근본적으로 명사·동사·형용사로 나눌 없다는 사실에 주의를 기울이지 않았기 때문에 이러한 어법 설명이 있게 되었던 것이다.

그렇지 않다는 것을 쉽게 파악할 수 있다. 고대중국어에서는 '仁'·'往'·'若寡人'만으로도 얼마든지 '어진 사람'·'지나간 일, 지나간 것'·'과인 같은 사람'을 나타낼 수 있음을 확인하면 된다. 그러므로 뒤에 '者'를 쓴 경우라고 할지라도 '仁'·'往'·'若寡人'을 '어질다'·'가버리다'·'과인 같다'로 이해해도 되는 경우가 대부분이다. '~한 사람, ~한 것'과 '~하면, ~이면'을 구분하여 표현하지 않는다. 그러므로 반대로 '不然者'·'不殺者'도 '그렇게 하지 않으면'·'죽이지 않으면'이라고 풀이하지 않고 '그렇게 하지 않는 경우'·'죽이지 않는 경우'라고 풀이할 수도 있다.

'者'가 명사성의 구조 표지로도 쓰이는 것이 아니라 어느 경우이건 지시성을 띠는 강조의 어기조사임을 용례를 통해서 확인해 가기로 한다.

▸ 명사성의 구를 만드는 구조조사로 여겨 온 예

知者不惑, 仁者不憂, 勇者不懼. 『論語·子罕』

지혜로운 자는[지혜로우면] 미혹되지 않고 어진 자는[어질면] 근심하지 않으며 용감한 자는[용감하면] 두려워하지 않는다.

往者不可諫, 來者猶可追. 『論語·微子』

가버린 것은[가버리면] 탓할 수가 없고, 올 것은[온다면] 아직 좇을(따라잡을) 수가 있다.

勞心者 治人, 勞力者 治於人. 『孟子·滕文公上』

마음으로 애쓰는 사람은[애쓰면] 남을 다스리고 힘으로 애쓰는 사람은[애쓰면] 남에게 다스림을 당한다.

力不足者中道而廢, 今女畫. [畫=劃] 『論語·雍也』

힘이 부족한 사람은[힘이 부족하면] 중도에서 그만두는데, 지금 너는 (여기까지밖에 못한다고) 금을 그었다.

無友不如己者. 『論語·學而』

자기와 같지 못한(→ 자기만 못한) 사람과 벗 삼는 일이 없으라.

若寡人者可以保民乎? 『孟子·梁惠王上』

과인 같은 사람도[같아도] 백성을 길러 보호할 수 있을까요?

▶ 강조 기능을 갖는 어기조사로 여겨 온 예

■ 주어의 뒤

廉頗者趙之良將也. 『史記·廉頗藺相如列傳』

염파는 조나라의 훌륭한 장군이다.

呂公者好相人也. 『史記·高祖本紀』

여공은 사람(남)의 관상 보기를 좋아했다.

君子道者三, 我無能焉. 『論語·憲問』

군자의 도는 셋인데, 나는 그 가운데서 잘하는 것이 없다.

吾妻之美我者 私我也. 『戰國策·齊策』

내 아내가 나를 잘생겼다고 한 것은 나와 사사로운(→ 가까운) 관계여서이다.

■ 부사어의 뒤

今者臣來過易水蚌方出曝. 『戰國策·燕策』

지금 신이(제가) 오다가 역수를 지났는데 조개가 막 나와서 볕을 쬐고 있었습니다.

昔者三晉之交於秦相善也. 『戰國策·趙策』

옛날 3진[韓·魏·趙]이 秦과 교류함(→ 3진의 秦에 대한 교류)은 서로 좋았다.

曩者吾叱之, 彼乃以我爲非人也. 『史記·刺客列傳』

접때 내가 그를 질타하자, 저(그)는 곧 나를 가지고 사람이 아니라고 여겼다.

■ 복문 중의 절의 뒤

不然者, 我且屠大梁. 『史記·范雎蔡澤列傳』

그렇게 하지 않았더라면 나는 또 대량에서 도살당했을 것이오.

伍奢有二子, 不殺者, 爲楚國患. 『史記·楚世家』

오사에게 두 아들이 있는데, 죽이지 않으면, 초나라의 근심거리가 될 것입니다.

已而相泣, 旁若無人者. 『史記·刺客列傳』

멈추고서 서로 우는데 옆에 사람이 없는 것[없음] 같았다.

然, 誠有百姓者. 『孟子·梁惠王上』

그렇습니다. 진실로 (그렇게 생각하는) 백성이 있습니다.

다음은 '者'를 쓰지 않고도 의미상 동사·형용사로 분류하고 있는 단어가 명사성을 지녀 구체적인 사람·사물 등을 나타내는 예를 보인 것이다.

是使民養生喪死無憾也. 『孟子·梁惠王上』

이것이 백성들로 하여금 산 사람을 부양하고 죽은 사람을 장사 지냄에 유감이 없게 하는 것입니다.

泛愛衆而親仁. 『論語·學而』

널리 뭇 사람(대중)을 사랑하고 어진 사람을 가까이 하는 것이다.

登高而招 臂非加長也而 見者遠. 『荀子·勸學』

높은 곳(데)에 올라가서 손짓하는 것은 팔이 길어지는 것이 아니나 보는 사람은(봄에는) 먼 데까지 본다.

위의 예 중 '生'·'死'·'衆'·'仁'·'高' 등은 '者'를 사용하지 않았지만 각각 '산 사람'·'죽은 사람'·'뭇 사람(대중)'·'어진 사람'·'견고한 것(갑옷)'·'날카로운 것(무기)'·'높은 곳'을 뜻한다. 이는 고대중국어 실사류의 성질을 잘 보여준다.

다음 예를 보자.

君子食無求飽 居無求安 敏於事而愼於言 就有道而正焉, 可謂好學也
已. 『論語·學而』
군자가 먹는 데 배부름을 추구함이 없고 거처하는 데 편안함을 추구함이 없으며, 일에
민첩하면서 말에 신중하며, 도가 있는 데[사람]에 나아가 거기에서 바르게 한다면, 배우
기를 좋아한다고[좋아하는 사람이라고] 이를 수 있고야 말 것이다.

'求飽'·'求安'·'有道'·'好學'은 모두 술목구조이다. 이것이 차례로
'無'·'無'·'就'·'謂'의 목적어로 쓰였지만 명사성을 갖게 해 주는 어떠
한 표지도 없다. 그럼에도 '有道'는 문맥상 '도가 있는 데(곳)' 또는 '도가
있는 사람'을 뜻한다. '도가 있다, 도가 있음'과 구별하지 않는다. '好學'
도 '배우기를 좋아하는 사람'과 '배우기를 좋아하다, 배우기를 좋아함'을
구별하지 않는다. 여기에서는 '有道者'·'好學者'라고 하지 않았다.
다음 예를 보자.

孔子對曰: 有顏回者 好學不遷怒不二過不幸短命死矣, 今也則亡. 未聞
好學者也. 『論語·雍也』
공자께서 대답하여 말씀하셨다. 안회가 있어 가지고 배우기를 좋아하고 화를 옮기지 않
았으며 잘못을 두 번 다시 하지 않았는데 불행히도 명이 짧아 죽어버려 지금은 곧 없습
니다. 아직 (누가) 배우기를 좋아한다는 것(말)을 듣지 못했습니다.

여기에서는 '好學' 뒤에 '者'를 썼지만 '者'가 명사구를 만드는 표지가
아님을 앞 문장과의 비교를 통해서 알 수 있다. 문맥상 반드시 '배우기
를 좋아하는 사람'을 가리킨다고는 볼 수 없는 문장이며, 강조할 만한
문맥이 있다. "然, 誠有百姓者."(그렇습니다. 진실로 [그렇게 생각하는] 백
성이 있습니다.) 중의 '者'와 같다.

"狗彘食人食而不知檢."(『孟子・梁惠王上』)(개나 큰 돼지가 사람이 먹을 것을 먹어도 통제할 줄을 모른다.) 중의 '人食'은 주술구조인데도 '사람이 먹는(을) 것'을 뜻한다. '사람이 먹다'를 나타낼 때와 표현상 구별이 없다.

"有酒食, 先生饌."(『論語・爲政』)(술과 음식이 있으면 먼저 나신 분[어른]들에게 드시게 한다.) 중의 '先生'은 수식구조인데 '먼저 태어난 사람'을 나타내기도 한다. '먼저 태어나다'와 표현상 구별이 없다. "後生可畏. 焉知來者之不如今也?"(『論語・子罕』)(후생은 두려워할 만하다. 올 사람이 지금[지금 사람]과 같지 못하리라는 것을 어디[어찌] 알겠는가?) 중의 '後生'도 마찬가지로 '뒤에 태어난 사람'을 뜻한다. '뒤에 태어나다'와 구별하지 않는다.

'者'가 명사성임을 알게 해 주는 구별 표지라면 '者'를 써야 할 것이다. 그러나 '人食者'・'先生者'・'後生者'라고 하지 않아도 뜻은 명확하다.

이상의 예들은 모두 고대중국어의 본래 면목을 쉽게 이해할 수 있게 해준다.

그러므로 "知者不惑, 仁者不憂, 勇者不懼."는 "知不惑, 仁不憂, 勇不懼."라고 표현할 수도 있다. '者'를 쓰면 앞의 말이 강조될 따름이다. '者'는 '지혜로운 사람'・'어진 사람'・'용감한 사람'과 '지혜롭다'・'어질다'・'용감하다' 또는 '지혜로운 경우'・'어진 경우'・'용감한 경우'를 구별해 주는 표지가 아니다. "廉頗者趙之良將也."・"吾妻之美我者私我也." 중에 쓰인 '者'와 다르게 생각한 것은 전적으로 문장의 전체 뜻에 의거한 판단일 뿐이라고 할 수 있다.

"往者不可諫, 來者猶可追." 중의 '往者'・'來者'를 '가버린 것'・'올 것'이라고 풀이해도 되며 '가버리면(가다)'・'오면(오다)'으로 풀이해도 되는 것은 "不然者, 我且屠大梁." 중의 '不然者'를 '그렇게 하지 않으면'이라고 번역하는 경우와 똑같다. "勞心者 治人, 勞力者 治於人." 중의 '勞心者' · '勞力者'도 '마음으로 애쓰는 사람' · '힘으로 애쓰는 사람'으로 풀이해도 되고 '마음으로 애쓰면(애쓰다)' · '힘으로 애쓰면(애쓰다)'이라고 해도 된다. 중요한 것은 '者'가 앞에 오는 말을 강조한다는 사실이다.

다음과 같은 문장도 구 구조 형식상의 용도로는 '者'를 필요로 하지 않는다는 것을 알게 해 주는 좋은 예이다.

直不(走)百步耳, 是亦走也. 『孟子·梁惠王上』
단지 백 보를 달아나지 않고 말았지(않았을 따름이지), 이 역시 달아난 것이다.

'是亦走也'는 이 말이 쓰인 문맥에서는 '이 사람도 역시 달아나다'를 뜻하지 않는다. '이(이것)[=오십 보를 달아난 것] 역시 달아난 것(달아남)이다'를 뜻한다. 만약에 '者'가 명사구를 구성하는 표지라면 '달아난 것(달아남)'이라는 명사성의 의미임을 분명하게 하기 위해 이런 자리에는 반드시 써야 할 것이다. 그러나 이런 자리에 통상 '者'가 쓰이지 않는다. 화자에게 강조하려는 뜻이 있다면 "直不(走)百步耳, 是亦走者也."라고 말할 수 있을 것이다.

동사 또는 동사 중심의 句가 명사성의 의미를 가질 때 모두 이런 형태이다. 이 또한 '者'가 '구조'조사가 아니라는 증거가 아니겠는가?

'者'가 '也'와 연용 될 때는 문장의 끝에서는 주로 '者也'의 순서로 나타나며, 주어 뒤에 오는 경우는 '也者'의 순서로 나타난다.

未有不者殺人者也. 『孟子·梁惠王上』
사람 죽이기를 좋아하지 않는 사람이[않는 경우가, 않음이] 아직 없습니다.

未聞 好學者也. 『論語·雍也』

아직 (누가) 배우기를 좋아한다는 것(말)을 듣지 못했습니다.

教也者 長善而救其失者也. 『禮記·學記篇』

가르친다는 것은 잘하는 것을 자라게 하고(→ 길러주고) 그 잃어버린 것(잘못)을 구제하는 것이다.

5) 於(于)

조사 '於(于)'는 실사류 단어나 구의 앞에 놓여 뒤에 오는 말을 강조하는 기능을 갖는다. 따라서 어기조사이다. 목적어 앞에 놓여 목적어를 강조하거나, 부사어가 되는 말 앞에 놓여 부사어를 강조한다. 술어와 목적어가 결합하여 나타내는 의미나 부사어의 부사어로서의 기능에 전혀 영향을 주지 않는다. 술어가 지니는 의미와 '於(于)' 뒤에 나오는 목적어가 지니는 의미 관계에 의하여 전체 문장의 뜻이 결정된다. 종래 '於(于)'를 전치사로 보고 영어의 거의 모든 전치사의 기능을 다 지니는 것으로 설명해 왔는데 이러한 언어는 있을 수 없다. 심지어 문장의 전체 뜻에 따라서는 술어와 목적어의 결합이 아니고 전치사와 목적어의 결합에서 전치사인 '於(于)'가 생략되었다고 말하며, 동사에서 변화되어 나온 전치사라고 여겼던 것들에 대해서는 그것의 목적어가 생략되기도 한다고 설명하는 모순을 보인다.

'於(于)'가 전치사가 아닌 이유는 명백하다. 가장 중요한 이유는 하나의 단어가 상호 변별되는 다수의 기능을 가질 수 없다는 데 있다. 하나의 단어에 여러 가지 기능이 있다면 의사소통이 불가능하기 때문이다. 다른 하나의 이유는 '於(于)'가 쓰이건 쓰이지 않건 문장 중의 다른 실사들 간의 의미에는 변화가 없다는 사실이다. '於(于)'를 쓰지 않는 문장이 기본 형식이며 여기에 강조의 성분인 어기조사 '於(于)'가 추가될 수 있을 따름이다. 결코 '於(于)'가 있는 것이 기본 형식이고 여기에서 '於(于)'가 생략된다는 것은 말이 되지 않는다. 여러 가지 기능을 나타내는 단어를 생략하고 말을 한다는 것은 이치에 맞지 않다.

① 목적어의 앞에 쓰인 경우

'於(于)'가 쓰이지 않은 '술어+목적어' 결합에서 목적어가 술어와의 관계에 의해 보이는 의미 유형을 기준 삼아, '於(于)'가 쓰이면서 이들 각 의미 유형에 상응하는 문장들을 짝지어 보면 그냥 알 수가 있다.

■ 행위·정황과 관련되는 각종 대상

葉公問孔子於子路, 子路不對. 『論語·述而』
섭공이 자로에게 공자를(→ 공자에 대해서) 물었는데, 자로가 대답하지 않았다.

六年, 借兵於楚伐魏. 『史記·趙世家』
6년에 초나라에 군대를 빌려 위나라를 쳤다.

己所不欲, 勿施於人. 『論語·顔淵』
자기가 하고 싶지 않은 바는 남에게도 행하는 일이 없으라.

且忠言逆耳利於行, 毒藥苦口利於病. 『史記·留侯世家』
또 충언은 귀에 거슬리나 행함에는 이롭고, 독한 약은 입에 쓰나 병에는 이롭다.

臣聞公子季友有功於魯, 大夫趙衰有功於晉, 大夫田完有功於齊.

『漢書·張敞傳』

저는 공자 계우는 노나라에 공이 있고, 대부 조쇠는 진나라에 공이 있으며, 대부 전완은 제나라에 공이 있다고 들었습니다.

▸ '於(于)'를 쓰지 않은 예

哭死而哀 非爲生者也. 『孟子·盡心下』
죽은 사람에 대하여 울며 슬퍼하는 것은 산 사람을 위해서가 아닙니다.

富貴者驕人乎, 且貧賤者驕人乎? 『史記·魏世家』
부유하고 귀한 사람이 남에게 교만을 부리겠습니까? 또 가난하고 천한 사람이 남에게 교만을 부리겠습니까?

使奕秋誨二人奕. 『孟子·告子上』
혁추로 하여금 두 사람에게 바둑을 가르치게 하였다고 하자.

惠公之在梁也, 梁伯妻之. 『左傳·僖公十七年』
혜공이 양나라에 있었는데, 양나라 왕이 그에게 아내를 맞이하게 해주었다.

■ 행위자(수동 의미를 나타내는 문장)

王姚嬖於莊王. 『左傳·莊公十九年』
왕요는 장왕에게 총애를 받았다.

卻克傷於矢, 流血及屨. 『左傳·成公二年』
각극(人名)이 화살에 부상을 당하여 흐르는 피가 신발에 미쳤다.

勞心者治人, 勞力者治於人. 『孟子·滕文公上』
마음으로 애쓰는 사람은 남을 다스리고, 힘으로 애쓰는 사람은 남에게 다스림을 당한다.

▸ '於(于)'를 쓰지 않은 예

是以一夫倡而 天下和, 兵破陳涉, 地奪諸侯, 何嗣之所利? 『鹽鐵論·結和』
이래서 한 사내가 창도하자 천하가 화답하여, 군대는 진섭에게 부서지고 땅은 제후들에게 빼앗겼으니, 무엇이 후계자가 이롭게 여길 바입니까?

拘禮之人不足與言事, 制法之人不足與論變. 『商君書·更法』
예에 구애받는 사람은 더불어 일을 말하기에 부족하고, 법에 제약을 받는 사람은 더불어 변화를 논하기에 부족하다.

■ 동작·행위와 관계되는 공간(존재점·시발점·도달점·경유지 등
 – 추상적인 내용 포함) 및 시간

王坐於堂上, 有牽牛而過堂下者. 『孟子·梁惠王上』

왕이 당 위에 앉아 있는데 소를 끌고 당 아래를 지나가는 사람이 있었다.

合抱之木作於毫末, 九成之臺作於累土, 百仞之高始於足下. 楚簡本『老子』

(두 팔을) 합쳐서 품을 만한 나무도 터럭 끝만 한 데서부터 만들어지고, 아홉 겹(층)의
누대(누각)도 쌓은 흙에서부터 만들어지며, 백 길의 높이도 발밑에서 시작된다.

千里之行, 始於足下. 『老子·第六十四章』

천리를 가는 것도 발아래서(아래로부터) 시작된다.

莊子行於山中. 『莊子·山水』

장자가 산속을 통해서 갔다.

救民於水火之中, 取其殘而已矣. 『孟子·滕文公下』

백성을 물불 가운데서 구해냄에 그 잔폭한 자를 제거하고 그뿐이었다.

夫子至於是邦也 必聞其政. 『論語·學而』

선생님께서는 이 나라에 이르시면 반드시 그곳의 정치를 들으신다.

晉公子重耳之及於難也, 晉人伐諸蒲城, 蒲城人欲戰. 『左傳·僖公二十年』

진의 공자 중이가 곤경에 이르러(驪姬의 압박을 받은 것을 말함) 진나라 사람(진 獻公)
이 포성에서 그를 치려 하자, 포성 사람들이 (중이를 위해서) (헌공의 군대와) 싸우려고
하였다.

故文王行仁義而王天下, 偃王行仁義而喪其國. 是仁義用於古而不用於
今也. 『韓非子·五蠹』

까닭에 문왕은 인의를 행하여 천하의 왕 노릇을 하였지만, 언왕은 인의를 행하고도 그
나라를 잃었다. 이는 인의가 옛날에는 쓰이고 지금에는 쓰이지 않는 것이다.

此五君者所染當 故霸諸侯 功名傳於後世. 『墨子·所染』

이 다섯 임금은 물들여진바(받은 바의 영향)가 알맞았다. 까닭에 제후들 가운데 패자가
되고 공명이 후세에까지 전해졌다.

▸ '於(于)'를 쓰지 않은 예

項王則夜起飮帳中. 『史記·項羽本紀』

항왕은 곧 밤에 일어나 막장 안에서 술을 마셨다.

日出東方. 『莊子·田子方』

해는 동방에서 나온다.

於是項伯復夜去至軍中 具以沛公言報項王. 『史記·項羽本紀』

이에 항백이 다시 밤에 가서 군중에 다다라 패공의 말을 [가지고] 죄다 항왕에게 일러 바쳤다.

名尊地廣以至王者 何故? 戰勝者也. 名卑地削以至於亡者 何故? 戰罷者也. 『商君書·畵策』

이름은 높아지고 땅은 넓어져서 왕에 이르는 것은 무슨 까닭입니까? 싸워 이겨서입니다. 이름은 낮아지고 땅은 깎이어서 패망에 이르는 것은 무슨 까닭입니까? 싸워 패해서입니다.

寶珠玉者, 殃必及身. 『孟子·盡心下』

주옥을 보배로 여기면, 재앙이 반드시 몸에 미칩니다.

甘羅年少 然出一奇計 聲稱後世. 『史記·甘茂列傳』

감라는 나이가 어렸다. 그러나 한 가지 기이한 계책을 내어 명성이 후세에 일컬어졌다.

■ 비교의 대상

周公旦者 周武王弟也. 自文王在時 旦爲子孝篤仁 異於君子.

『史記·魯周公世家』

주공 단은 주 무왕의 아우이다. 문왕이 있을 때부터 단은 자식으로서 효성스럽고 인이 도타워 군자들과 달랐다.

蠻夷習俗雖殊於禮義之國, 然其欲避害就利愛親戚畏死亡 一也.

『漢書·趙充國傳』

만이의 습속이 비록 예의지국과 다르다. 그러하지만 그들이 해를 피하고 이를 향해 나아가며 친척을 사랑하고 사망을 두려워하는 것은 한 가지이다.

> ▸ '於(于)'를 쓰지 않은 예

商也好與賢己者處.『說苑·雜言』

상은 자기보다 어진 사람과 더불어 지내기를 좋아했다.

大夫倍上士 上士倍中士 中士倍下士.『孟子·萬章下』

대부는 상사의 갑절이고 상사는 중사의 갑절이며 중사는 하사의 갑절이다.

■ 행위의 도구·방식·방편

臣頭今俱碎於柱矣.『史記·廉頗藺相如列傳』

신의 머리가 이제 함께 기둥에(으로) (찧어) 부서져 버릴 것입니다.

又何責人於全?『史記·龜策列傳』

또 뭐로(→ 어떻게) 온전함을 가지고 사람을 책하겠습니까?

> ▸ '於(于)'를 쓰지 않은 예

楚越之地 地廣人希 飯稻羹魚.『史記·貨殖列傳』

초나라와 월나라의 땅은 넓고 사람은 드물어 쌀로 밥을 짓고 생선으로 국을 끓였다.

褚師出 公戟其手曰: 必斷而足.『左傳·哀公二十五年』

저사가 나오자 공이 그의 손으로 창 모양을 해가지고 말했다. 기필코 너의 발을 잘라버리겠다.

■ 행위의 목적 또는 이유

齊使管仲平戎於周.『史記·齊太公世家』

제나라가 관중을 시켜서 주왕실을 위해 융을 평정하게 했다.

> ▸ '於(于)'를 쓰지 않은 예

小人殉財 君子殉名.『莊子·盜跖』

소인은 재물에 죽고 군자는 이름에 죽는다(→ 소인은 재물을 위해 죽고, 군자는 이름을 위해 죽는다, → 소인은 재물 때문에 죽고, 군자는 이름 때문에 죽는다).

② 부사어의 앞에 쓰이는 경우

■ 장소

褒於道病死, 上閔惜之. 『漢書 · 王褒傳』 ＊술어 앞

왕포가 길에서 병들어 죽자, 임금이 그를 불쌍히 여기고 애석해 했다.

鄭攸始避難, 於道中棄己子 全弟子. 『世說新語 · 德行』 ＊술어 앞

정유는 처음 난을 피했으나 도중에 자기 자식을 버리고 제자들을 온전하게 했다.

■ 시간

子於是日哭, 則不歌. 『論語 · 述而』 ＊술어 앞

선생님께서는 이 날에는 우시고 곧 노래 부르지 않으셨다.

■ 범위

子曰: 足食足兵民信之矣. 子貢曰: 必不得已而去之 於斯三者何先?

『論語 · 顏淵』 ＊술어 앞

선생님께서 말씀하셨다. 먹을 것이 넉넉하고 병장기가 넉넉하며 백성들이 그를 신뢰하는 것이다. 자공이 말했다. 꼭 부득이하여 (다 갖추지 못하여) 그것들 가운데서 제외한다면 이 세 가지에서 무엇을 먼저 (제거)해야 할까요?

吳人曰: 於周室我爲長. 『左傳 · 哀公』 ＊주어 앞

오나라 사람이 말했다. 주 왕실에서 우리가 어른이 됩니다.

■ 대상

不義而富且貴 於我如浮雲. 『論語 · 述而』 ＊술어 앞

의롭지 않은데도 부유하고 또 귀하기까지 한 것은 나에게는 뜬구름과 같다.

二子有復於子墨子學射者, 子墨子曰: 不可. 『墨子 · 公輸』 ＊술어 앞

두세 분이 다시 선생님이신 묵자에게 활쏘기를 배우려 하였으나 선생님이신 묵자께서

말씀하셨다. 안 된다.

■ 근거

於諸侯之約 大王當王關中 關中民咸知之. 『史記·淮陰侯列傳』 ＊주어 앞

제후들 간의 약속에서(→ 약속에 근거하여) 대왕이 관중에서 왕 노릇하는 것이 마땅하다
는 것은 관중의 백성들이 다 알고 있습니다.

위의 예에서 부사어가 나타내는 의미는 술어와 관련되는 장소·시
간·범위·대상·근거 등인데, '於(于)'가 이들 기능을 분별해 주는 것이
아니라 '於(于)' 뒤에 있는 실사류의 의미와 술어와의 관계에 의해 나타
난다는 사실을 알 수 있다.

고대중국어에서는 부사를 제외한 실사류는 거의 모든 문장 성분으로
쓰여 품사 간의 경계가 없다. 의미상의 동사·형용사뿐만 아니라 명사
와 대사도 술어가 된다. 동사·형용사·명사·대사가 모두 주어·목적
어·관형어·부사어 등으로 쓰일 수 있다.

각 실사류가 부사어가 될 때 어떠한 형태 표지나 통사 관계를 나타내
는 단어의 보조를 받지 않는다. 수식받는 말의 앞에 놓이기만 하면 된다.

명사가 부사어로 쓰이는 예를 보이면 다음과 같다.

豕人立而啼. 『左傳·莊公八年』

돼지가 사람처럼 서서 울었다.

齊王四與寡人約 四欺寡人. 『史記·蘇秦列傳』

제나라의 왕이 네 번 과인과 더불어 약속을 하고 네 번 과인을 속였다.

群臣吏民能面刺寡人之過者 受上賞. 『戰國策·齊策』

뭇 신하와 관리와 백성으로서 면전에서 과인의 허물을 지적할 수 있는 자는 上等의 상
을 받을 것이다.

黔敖左奉食, 右執飲. 『禮記·檀弓』
검오가 왼쪽에는 먹을 것을 받쳐 들고 오른쪽에는 마실 것을 잡고 있었다.

秦時焚書, 伏生壁藏之. 『史記·儒林列傳』
진나라가 책을 불살랐을 때 복생은 그것(상서[尚書])을 벽 속에 감추었다.

王陵者故沛人 始爲縣豪, 高祖微時兄事陵. 『史記·陳丞相世家』
왕릉은 옛 패현 사람으로 처음에는 그 현의 호협이었는데, 한 고조가 미천하였을 때 그를 형님처럼 섬겼다.

臣聞天下之患在於土崩 不在於瓦解. 『史記·平侯主父列傳』
제가 듣건대, 천하의 근심은 흙처럼 무너지는 데 있지 기와처럼 풀리는 데 있지 않다고 합니다.

失期, 法皆斬. 『史記·陳涉世家』
기일을 놓치면 법에 따라 모두 참수된다.

臣恐强秦之爲漁父也 故願王之熟計之也. 『國策·燕策』
신은 강한 진나라가 어부가 될까(어부지리를 할까) 두렵습니다. 까닭에 왕께서는 그것을 숙고하시기 바랍니다.

위의 예가 보여주는 바와 같이 방식·장소·상태·근거·결과 등과 같은 의미 관계는 부사어로 쓰이는 어휘의 의미에 의해 나타난다. '於(于)'를 사용해서 나타내는 것이 아니다.

'於(于)'가 쓰이는 경우는 반드시 뒷말이 강조되어야 하는 문맥이 있다. 명확하게 드러나 보이는 예를 들면 다음과 같다.

楚人爲小門于大門之側而延晏子. 『晏子春秋·內篇雜下』
초나라 사람들이 대문의 옆에 소문(작은 문)을 만들어서 안자를 맞이하였다.

橘生淮南則爲橘 生于淮北則爲枳. 『晏子春秋·內篇雜下』
귤이 회수의 남쪽에서 자라면 곧 귤이 되나 회수의 북쪽에서 자라면 곧 탱자가 된다.

名尊地廣以至王者 何故? 戰勝者也. 名卑地削以至於亡者 何故? 戰罷
者也. 『商君書·畫策』
이름이 높아지고 땅이 넓어져서 王에 이르는 것은 무슨 까닭입니까? 싸워 이겨서입니
다. 이름이 낮아지고 땅이 깎여서 망하는 데 이르는 것은 무슨 까닭입니까? 싸워 패해서
입니다.

맨 위의 예문에서 '大門之側' 앞의 '于'는 평범한 문맥이라면 쓰이지
않는다. 그러나 이 경우는 출입할 '大門'이 버젓이 있음에도 일부러 바로
그 옆에 '小門'을 만들었다. 키가 작은 룡子로 하여금 이 문으로 들어오
게 함으로써 욕보이려고 했기 때문이다. '大門之側'이 강조되어야 하는
문맥이므로 '于'를 사용한 것이다. '于'가 장소임을 나타내는 표지가 아
니라 장소는 '大門之側'이 나타내는 의미이다.

가운데 예문은 문맥을 더욱 뚜렷하게 알 수 있는 문장이다. 동일한 구
조의 두 술어부분 중에서 한 곳에만 '于'를 쓴 이유가 분명히 드러나 있
기 때문이다. '귤'이 제대로 성장할 수 있는 기후를 갖는 곳은 따뜻한 '淮
水'의 '남쪽'이다. 정상적인 상황이므로 '生'의 뒤에 장소를 뜻하는 '淮南'
이라는 목적어만 있으면 된다. 그러나 '淮水'의 '북쪽'은 귤이 생장할 수
있는 조건이 되지 못한다. 심으면 '탱자' 크기로 밖에 성장하지 못한다.
상리를 벗어난 비정상적인 조건이다. '淮北'은 강조될 수밖에 없다. 그
래서 '淮南' 앞에는 '于'를 쓰지 않았지만 '淮北' 앞에는 '于'를 쓴 것이다.
이들 예에서는 목적어를 강조하는 어기조사임을 쉽게 확인할 수 있다.

맨 아래 예문은 다음과 같은 문맥이 있다. 화자의 생각에 '왕의 자리
에 이르는 것'은 누구나 바라는 바이고 정상적인 상황이므로 평범하게
'至+王'이라고만 말하면 되는 것이고, 왕의 지위에 있다가 '패망에 이르
는 것'은 앞의 경우와 대비되며 누구나 원치 않은 비정상적인 상황이므
로 '於'를 써서 목적어인 '亡'을 강조하여 '至+於+亡'이라고 한 것이다.

앞뒤의 문장을 보지 않더라도 '於(于)' 뒤에 오는 말이 강조되어야 할 문맥임을 알 수 있는 경우가 많다.[4] 여기에는 '於(于)'가 쓰임을 알 수 있다. '於(于)'를 제거해도 문장은 같은 뜻으로 성립한다.

다음 예는 같은 내용의 역사적 사실이 문헌에 따라 다르게 표현된 예이다.

是以一夫倡而天下和, 兵破陳涉, 地奪諸侯, 何嗣之所利? 『鹽鐵論·結和』

이래서 한 사내가 창도하자 천하가 화답하여, 군대는 진섭에게 부서지고 땅은 제후들에게 빼앗겼으니, 무엇이 후계자가 이롭게 여길 바입니까?

---

4) ▶원인

民固驕於愛 聽於威矣.(『韓非子·五蠹』)(백성들은 본디 아끼는 것 때문에 교만해지고 위세 때문에 말을 듣게 됩니다.)

　▶범위

君臣上下 貴賤長幼 至於庶人, 莫不以是爲隆正.(『荀子·王霸』)(임금이건 신하건, 위건 아래건, 귀하건 천하건, 나이가 많건 어리건 간에, 일반 백성에 이르기까지 이것을 준칙으로 삼지 않음이 없다.)

　▶장소

禹八年於外, 三過其門而 不入.(『孟子·滕文公上』)(우는 외지에서 8년을 보내면서 세 번 그의 문 앞을 지났으나 들어가지 않았다.)

莊子行於山中.(『莊子·山水』)(장자가 산속을 통해서 갔다.)

戰於長勺.(『左傳·莊公十年』)(장작에서 싸웠다.)

至于碣石 入于海.(『書經·禹貢』)(갈석에 이르러 바다로 들어갔다.)

　▶대상

趙氏求救於齊.(『戰國策·趙策』)(조나라가 제나라에 구원을 청했다.)

堯讓天下於許由.(『莊子·逍遙游』)(요가 천하를 허유에게 선양하려 했다.)

　▶비교의 대상

靑 取之於藍而 靑於藍.(『荀子·勸學』)(청색은 쪽에서 그것을 취하지만 쪽보다 푸르다.)

氷 水爲之而 寒於水.(『荀子·勸學』)(얼음은 물이 그것이 되었지만 물보다 차다.)

荊國之爲政 有似於此.(『呂氏春秋·察今』)(형나라가 정치를 하는 데는 이와 비슷한 것이 있다.)

然而兵破於陳涉, 地奪於劉氏者, 何也? 『漢書·賈山傳』
그러하였지만 군대는 진섭에게 부서지고 땅은 유씨에게 빼앗긴 것은 뭡니까(→ 무엇 때문입니까)?

첫 번째 예에는 어기조사 '於(于)'가 쓰이지 않았다. 글쓴이가 사실만을 그대로 전달하고자 했기 때문에 목적어로 쓰인 행위자 '陳涉'과 '諸侯'를 강조하지 않았다. 두 번째 예는 글쓴이가 행위자인 '陳涉'과 '劉氏'를 강조하고자 했기 때문에 '於(于)'를 사용한 것이다. '군대는 진섭에게 부서지고, 땅은 제후(『漢書』는 '劉氏'로 밝혀 썼음)에게 빼앗겼음'을 말한 부분이다.

문중(文中)에 쓰인 '乎'를 전치사로 여기고 역시 전치사로 여긴 '於(于)'와 동일시해 온 것도 잘못이다. '乎'는 문장 끝에 있는 경우와 마찬가지로 어기조사이며 '於(于)'와는 기능이 다르다.

無或乎王之不智也. 『孟子·告子上』
왕이 지혜롭지 못한 것을 의아하게 여길(의혹을 가질) 것이 없습니다.(← 의아하게 여겨요[여기다니]? 그럴 것이 없습니다.)

"或(=惑)乎王之不智"는 독립해서 직접화법으로 쓰이면 "왕이 지혜롭지 못한 것을 의아하게 여기다니요?"가 된다. 고대중국어는 직접화법과 간접화법 간에 표현상의 차이가 없다. 언제나 똑같다. 그래서 이것이 '無'의 목적어로 쓰여도 그대로 목적어의 자리에 놓여서 "無或乎王之不智也"가 된 것이다. '乎'는 의문을 나타내는 어기조사이며 여기에서는 추측성의 약한 의문의 어기를 나타낸다. 그래서 '(그래서는 안 되는데, 그럴 일이 아닌데) 의아하게 여기다니' 하는 어기를 보태준다.

'王之不智'는 동사 '或(=惑)'의 목적어이지 '乎'의 목적어가 아니다. 文中에 사용되는 '乎'도 본시 그것이 갖는 疑問(포괄적인 의미로서 反問·推測 등도 포함함)을 나타내는 語氣助詞이다. 결국 앞의 술어의 의미를 강조하게 된다. 직접화법으로 풀이하면 위와 같이 되는 것이 '無'의 목적어가 되는 바람에 '왕이 지혜롭지 못한 것을(에 대하여) 의아하게 여길 것이 없습니다'라고 풀이할 수밖에 없는 것이지, '乎'가 '~에 대해서'를 나타내는 전치사여서가 아니다.

직접화법의 내용이 문장의 한 성분이 되어도 똑같은 형식으로 문장 안에 들어가는 예를 더 들어서 이해를 돕도록 한다.

不知[周之夢爲胡蝶與? 胡蝶之夢爲周與?] 『莊子·齊物論』
주(莊子의 이름)가 꿈에 호접(나비)이 되었는가 호접이 꿈에 주가 되었는가를 알지 못하겠다.

公以爲[吳興兵是邪?] 非也. 『史記·淮南衡山王列傳』
공은 오나라가 군대를 일으키는 것이 옳다고 생각하십니까? 그르지요.

독립시킨 직접화법으로 표현될 때, "周之夢爲胡蝶與? 胡蝶之夢爲周與?"(주가 꿈에 호접이 되었는가 호접이 꿈에 주가 되었는가)와 "吳興兵是邪?"(오나라가 군대를 일으키는 것이 옳습니까?)로 풀이된다. '與(=歟)'·'邪(=耶)'는 의문을 나타내는 어기조사이다. '知'와 '爲'의 목적어가 되었는데도 원래 형식을 그대로 갖추고 목적어 자리에 놓이기만 한다. 긍정문 중의 한 문장 성분으로 내포되더라도 변화 없이 쓰임을 알 수 있다. 이렇게 되면 직접화법과 간접화법에 차이가 있는 한국어로는 "주가 꿈에 호접(나비)이 되었는가 호접이 꿈에 주가 되었는가를 알지 못하겠다."와 "공은 오나라가 군대를 일으키는 것이 옳다고 생각하십니까?"라고 풀이할 수밖에 없을 따름이다.[5] 이러한 특징을 잘 이해하면 문맥을 놓치지 않고 "無[或乎王之不智]也."와 유사한 문장 중의 '乎'도 바르게 이해할 수 있을 것이다.

卒然問曰: 天下惡乎定? 吾對曰: 定於一. 『孟子·梁惠王上』
(왕이) 갑자기 물어 말했다. 천하는 어디(에서)인가요 정해지는 것이? 내가 대답하여 말했다. 하나로 하는 데서(→ 통일하는 데서) 정해집니다.

위의 '惡乎'(오호)에 대해서도 '乎'를 전치사(개사)로 봄으로써 '전치사+목적어'의 도치라고 잘못 설명해 왔다. '乎'는 역시 의문 어기조사이다. '惡乎?'는 '어디인가요(입니까)?'를 뜻한다. '乎'는 의문의 어기를 더해 주는 조사이다. '惡乎'가 전치사와 목적어의 도치 형식으로서 '어디에서'를 뜻하게 된 것이 결코 아니다. '定+惡'라는 '술어+목적어' 형식에서 의문대사(疑問代詞)인 '惡'가 강조되어 '惡+定'으로 도치된 형식이고 '惡' 뒤에 의문을 나타내는 어기조사가 추가되어 있을 뿐이다. 의문대사가 쓰인 의문문의 경우 의문을 나타내는 어기조사는 필수 요소는 아니다. 의문대사에 의해 이미 의문의 뜻은 나타나 있기 때문에 다시 의문 어기조사를 보탤 수도 있고 보태지 않을 수도 있으며, 다른 어기를 나타내는 조사를 보탤 수도 있다.

---

5) '非也' 중의 '也'까지 의문조사로 여기고 "吾興兵是邪? 非也?"를 선택의문문으로 보며, 이것을 통째로 '爲'의 목적어라고 생각하는 사람들이 있는데, '也'는 의문조사가 아니므로 옳지 않다.

6) 而

'而'도 어기조사에 속한다. 앞말이 길건 짧건 앞말을 강조한다. 지금까지 접속사[연사]로 여긴 것은 잘못이다. '而'를 접속사로 여길 수 없는 가장 명백한 이유는 하나의 단어가 상반되거나 서로 다른 여러 가지 논리상의 접속 관계를 두루 나타낼 수 없다는 데 있다. 다른 하나의 이유는 '而'를 쓰지 않은 동일한 형식의 문장이 더 많으며 그럼에도 불구하고 논리상의 다양한 접속 관계는 그대로 존재한다는 데 있다. '而'가 접속 관계를 나타내는 단어라면 동일한 접속 관계 중에는 반드시 써야 할 것인데 안 쓴 경우가 더 많다. 그리고 '而'가 접속 기능을 지니고 있다면 다른 접속 관계를 나타내는 접속사가 있어야 하고 그것들과 변별력이 있어야 한다. 그런데 영어의 'and'에도 대응되고 'but'에도 대응되며 그밖의 접속 관계도 나타낸다고 할 뿐만 아니라 다른 여러 단어들도 '而'와 같은 기능을 한다고 설명해 왔다. 논리적으로 전혀 맞지 않다. 이런 언어는 지구상에 있을 수 없다.

고대중국어에서 '而'가 쓰인 전후 어구 간의 접속 관계에 대한 설명은 논리적 사고에 의한 것일 뿐이며 접속 기능은 전혀 없다. 이러한 관계 설정은 기본적으로 상호 변별되는 전문적인 접속사가 존재하는 서양 언어의 어법 기술을 모방한 데서 비롯된 것이다.

고대중국어에서 접속 관계는 곧 문맥 관계를 뜻한다.

'而'가 강조의 어기를 나타내는 어기조사일 수밖에 없는 이유는 '而'가 쓰인 앞뒤 어구의 문맥 관계를 나누어 보면 자명해진다. 그러므로 '而'를 제거해도 모두 완벽하게 문장이 성립한다. 앞 말이 강조되지 않을 따름이다.

어떠한 문맥 관계(=접속 관계) 중에 쓰이건 '而' 바로 앞의 어구를 강조한다.

■ 병렬·선택·선후 관계

宰予之辭雅而 文也. 『韓非子·顯學』

재여의 언사는 전아하고도 문채가 있다.

馬陵道狹而 旁多阻隘 可伏兵. 『史記·孫子吳起列傳』

마릉은 길이 좁고도 옆에 장애가 많아서 병사를 매복시킬 수 있었다.

秦趙五戰, 秦再勝而 趙三勝. 『史記·蘇秦列傳』

진과 조가 다섯 번 싸웠는데(싸워서), 진은 두 번 이기고 조가 세 번 이겼다.

是子也 熊虎之狀而 豺狼之聲. 『左傳·宣公四年』

이 아이는요 곰·호랑이의 모양에 승냥이·이리의 소리입니다.

聞善而 不善皆以告其上. 『墨子·尙同上』

잘하는 것이건 잘하지 못하는 것이건 들으면 다 그 윗사람에게 알렸다.

亡羊而 補牢 未爲遲也. 『戰國策·楚策』

양을 잃고 나서 우리를 보수해도 아직 늦은 것이 되지는 않는다.

察言而 觀色. 『論語·顔淵』

말을 살피고서 안색을 살핀다.

故善戰者 立于不敗之地而 不失敵之敗也. 『孫子兵法·形篇』

까닭에 전투를 잘해도(잘하는 사람도) 패하지 않을 곳에 서야 하고 적이 패할 때를 (→ 적을 패배시킬 기회를) 놓치지 말아야 합니다.

병렬·선택·선후 등의 관계는 '而'에 의해서 전혀 구별할 수 없다. 다른 단어들이 구성하는 의미에 의해 파악된다. 이들 문맥 관계는 논리적 관념에 의해 더 미세하게 나눌 수도 있고, 생각하기에 따라서는 다른 관계로 여길 수 있는 경우도 있음을 알 수 있다. 이하 다른 관계로 분류한 예문들도 마찬가지이다.

■ 전환 관계

不義而 富且貴 於我如浮雲. 『論語·述而』

의롭지 않은데도 부유하고 또 귀하기까지 한 것은 나에게는 뜬구름과 같다.

禹八年於外, 三過其門而 不入. 『孟子·滕文公上』

우는 외지에서 8년을 보내면서 세 번 그의 문 앞을 지났으나 들어가지 않았다.

舟已行矣而, 劍不行, 求劍若此 不亦惑乎? 『呂氏春秋·察今』

배는 이미 가버렸으나(가버리고), 칼은 가지 않았는데, 칼을 찾는 것이 이와 같다면 또한 미혹되지 않는가?

■ 점층 관계

千乘之君求與之友而 不可得也而 況可召與? 『孟子·萬章下』

천승(제후의 나라)의 군주가 그와 더불어 벗 삼기를 추구해도 이룰 수 없는데 하물며 불러들일 수가 있겠습니까?

人主之子也 骨肉之親也 猶不能恃(持)無功之尊無勞之奉而守金玉之重也而, 況人臣乎? 『戰國策·趙策』

임금의 자식이나 골육지친도 오히려 공이 없는 높은 자리와 수고가 없는 녹봉에 의지해서는 금옥 같은 중한 것을 지킬 수가 없는데, 하물며 신하된 사람은요?

■ 방식 관계

子路率爾而 對曰: ……. 『論語·季氏』

자로가 경솔하게 대답해서 말했다. …….

溫故而 知新, 可以爲師矣. 『論語·爲政』

옛것을 익혀서 새 것을 안다면 그것으로 스승이 될(→ 스승 노릇을 할) 수 있다.

順風而 呼, 聲非加疾也而 聞者彰. 『荀子·勸學』

바람에 순응하여(→ 바람이 부는 방향으로) 외치면 소리가 빨라지는 것이 아니지만 듣는 사람은(들으면) 또렷하다.

以若所爲求若所欲 猶緣木而 求魚也. 『孟子·梁惠王上』

이와 같은 하는 바(→ 행동)를 가지고 이와 같은 하고자 하는 바(→ 욕망)를 추구하는
것은 나무를 좇아(→ 올라가서) 고기를 구하는(찾는) 것과 같습니다.

叟不遠千里而 來, 亦將有以利吾國乎? 『孟子·梁惠王上』

노인장께서 천리를 멀다 하지 않으시고 오셨으니, 역시 장차 (가지고서) 우리나라를 이
롭게 함(이롭게 할 것)이 있겠군요?

■ 인과 관계

虞不用百里奚而 亡, 秦繆公用之而 霸. 『孟子·告子下』

우나라는 백리해를 쓰지 않아서(않았기에) 멸망하였고, 진 목공은 그를 써서(썼기에) 패
자가 되었다.

聞鼓聲而 進, 聞金聲而 退. 『荀子·議兵』

북 소리를 듣고(들으면) 나아가며, 쇠 소리를 듣고(들으면) 물러난다.

■ 조건·가정 관계

淵深而 魚生之, 山深而 獸往之, 人富而 仁義附焉. 『史記·貨殖列傳』

못이 깊으면 고기가 그곳에서 살고 산이 깊으면 짐승들이 그곳으로 가며 사람이 부유해
지면 인과 의가 그에게 붙는다.

■ 조건을 타나내는 주술구 중의 주어 뒤

管氏而 知禮, 孰不知禮? 『論語·八佾』

관씨(관자)가 말이지 예를 안다면, 어느 누가 예를 모르겠는가?

人而 無信, 不知其可也. 『論語·爲政』

사람인데도 말이지(사람에게 말이지)신의가 없다면 그가 옳은지를 알지 못한다.

■ 기점 관계

有孔子而 來, 至於今百有餘歲. 『孟子·盡心下』

공자가 있고 나서 죽 내려와 오늘에 이르기까지 백에(백 하고도) 여러 해가 되었습니다.

■ 단순 수식 관계

吾十有五而 志于學 三十而 立 ……. 『論語 · 爲政』

나는 열에 다섯이 있어 가지고(→ 열다섯에) 배움에 뜻을 두었으며, 30에 섰으며 …….

我非生而 知之 好古 敏以求之者也. 『論語 · 述而』

나는 나면서부터 그것을(무엇을) 아는 것이 아니라 옛것을 좋아하여 민첩하게 그렇게 해서 그것을(무엇을) 추구한다.

'而'는 거의 모든 문맥 관계 중에 쓰여 접속사가 지녀야 할 변별성이 없다.

'而'는 강조할 필요가 없는 문맥 관계 중에서는 쓰지 않는다. 동일한 문맥 관계 중에 '而'가 쓰인 경우와 쓰이지 않은 경우를 비교해 보면 '而'의 성질이 잘 드러난다. 전후 통사 관계에 아무런 영향을 미치지 않음을 알 수 있기 때문이다.

위의 예들과 같은 문맥 관계를 갖으면서 '而'가 쓰이지 않은 예는 따로 들지 않는다. 보편적이기 때문이다.

인과 관계 · 전환 관계(양보 관계 포함) · 점층 관계를 나타내는 문맥에 대부분 '而'가 쓰이는 것은 강조할 필요가 있는 관계이기 때문이다.

'而'가 앞 말을 강조하는 역할을 하므로, 휴지를 둘 경우 대체로 '而'의 뒤에 있다고 여긴다.

빠른 연음에 따라 '而已'를 한 글자로 합음(合音) 표기할 때는 '耳'字를 쓴다. '而'의 뒤에 동사 '已'만 오거나 '矣' 등의 조사만 이어지므로 휴지를 둘 필요가 없기 때문일 것이다.

7) 也·矣·焉

'也'·'矣'·'焉'은 문말과 문중에 다 쓰이며 문말에 오는 경우가 훨씬 많다.

문장 중에 놓이는 위치를 문말이냐 문중이냐로 구별하는 것은 단문과 복문을 어떠한 기준으로 나누느냐에 따라 달라지는 예가 많다. 어법상 특별한 의미는 없다. 각각의 기능을 제대로 파악하는 것이 중요하다.

'也'·'矣'·'焉'은 대체로 서술(敍述)성의 어기를 나타낸다. 상대적으로 각각 두드러진 특징을 갖는다.

■ 也

'也'는 어느 경우이건 판단의 어기를 부가한다. 문말에 오면 화자의 판단이 그러하다는 확신의 어기를 보태준다. 그러므로 화자의 판단을 강조한다고도 말할 수 있다.

문말이 아니고 문중에 놓이는 경우는 바로 앞 말에 대해서 판단하겠다거나 이 말이 화자의 판단임을 강조하는 어기를 보태준다. 이 경우 역시 강조는 부수적으로 따른다.

'也'가 '矣'와 구별되는 상대적인 특징은 '也'는 사실의 본래 상황이 그러함을 나타내는 정적(靜的)인 성질을 띠는 반면, '矣'는 변화된 결과를 나타내는 동적(動的)인 성질을 띤다는 데 있다.

'也'와 '矣'는 모두 문장의 용도를 결정하는 기능을 갖지 않는다. 그래서 평서문(平敍文, =진술구[陳述句]), 의문문(疑問文, =의문구[疑問句])(특히 의문대사가 있는 의문문), 감탄문(感歎文, =감탄구[感歎句])에 두루 쓰인다.

▶ 서술문

廉頗者趙之良將也. 『史記·廉頗藺相如列傳』
염파는 조나라의 훌륭한 장군이다.

和氏璧天下所共傳寶也. 『史記·廉頗藺相如列傳』
화씨의 옥은 천하가 함께 전하는 바의 보물입니다.

今君有一窟未得高枕而臥也. 『戰國策·齊策』
지금 당신께는 하나의 굴만 있어서 아직 베개를 높이고 누울 수 없습니다.

良曰: 甚急, 今者項莊拔劍舞, 其意常在沛公也. 『史記·項羽本紀』
장량이 말했다. 심히 급하다. 지금 항장이 칼을 뽑고 춤을 추는데, 그의 뜻은 항상 패공에게(→ 패공을 죽이려는 데) 있다.

故不登高山 不知天之高也 不臨深溪 不知地之厚也. 『荀子·勸學』
까닭에 높은 산에 오르지 않고는 하늘이 높다는 것을 알지 못하고 깊은 계곡에 임하지 않고는 땅이 두텁다는 것을 알지 못한다.

'也'가 판단을 나타내는 어기조사인 관계로 이유를 뜻하는 문장에도 많이 보인다.

彊秦之所以不敢加兵於趙者 徒以吾兩人在也. 『史記·廉頗藺相如列傳』
강한 진나라가 감히 조나라에 군대를 보내어 침략하지 못하는 바(→ 이유)는 오직 우리 두 사람이 있음으로써 입니다.

다음은 평서문과 동일한 형식으로 문맥상 권유의 뜻을 전하는 문장들이다.

王如知此 則無望民之多於隣國也. 『孟子·梁惠王上』
왕께서 이를 아실 것 같으면 곧 백성이 이웃 나라보다 많기를 바랄 것이 없으십니다 (→ 없으소서).

丹所報 先生所言者 國之大事也, 願先生勿泄也. 『史記·刺客列傳』
丹이 알려온 바와 선생께서 말씀하신 바는 나라의 대사이니 선생께서는 누설하는 일이
없으시기 바랍니다.

▶ 의문문

'也'가 의문문을 비롯한 다른 용도의 문장에 쓰여도 역시 판단의 어기
를 나타낸다. 의문을 비롯한 다른 어기를 나타낸다고 설명해 온 것은 옳
지 않다.

客有問季子曰: 奚以知舜之能也? 『呂氏春秋·有度』
손님이 계자에게 물어 말했다. 무엇을 가지고 순이 능하다는 것을 아셨습니까?

夫子何哂由也? 『論語·先進』
선생님께서 뭐로(→ 무엇 때문에, 어찌하여) 유(人名)를 비웃으셨습니까?

何由知吾可也? 『孟子·梁惠王上』
무엇으로 말미암아(→ 무엇을 통하여) 내가 할 수 있다는 것을 아셨소?

上曰: 申公何人也? 卿曰: 齊人. 『漢書·郊祀志上』
임금이 말했다. 신공은 무슨(무슨 곳, → 어디) 사람이오? 경(公孫卿)이 말했다. 제나라
사람입니다.

의문의 뜻은 의문대사나 다른 어휘 또는 문맥에 의해 전달되며 '也'는
판단의 어기를 더해 줄 뿐이다.

▶ 감탄문

大哉! 堯之爲君也. 『論語·泰伯』
크시도다! 요가 임금 되심은.

◑ 문중에 쓰인 예

'也'가 문중에 쓰인 경우는 대체로 판단하고자 하는 대상이나 화자의 판단을 두드러지게 하는 어기를 나타낸다. 자동적으로 강조된다.

▸주어의 뒤

回也非助我者也. 『論語·先進』

안회(顏回)는 [말이지] 나를 돕는 것이 아니다.

丘也幸. 苟有過, 人必知之. 『論語·述而』

구[丘(人名, 孔子의 이름)]는(→ 나는) 행복하다. 만약에 허물(잘못, 과실)이 있으면 사람(남)들이 반드시 그것을 알게 해 준다.

教也者 長善而救其失者也. 『禮記·學記篇』

가르친다는 것은 잘하는 것을 자라게 하고(길러주고) 그 잃어버린 것(잘못)을 구제하는 것이다.

且夫水之積也不厚, 則其負大舟也無力. 『莊子·逍遙游』

또 저(대저) 물이 쌓인 것이 두텁지 않으면 그것이 큰 배를 짊어지는 데(→ 띄우는 데)는 힘이 없습니다.

▸부르는 말의 뒤

由也, 女聞六言六蔽矣乎? 『論語·陽貨』

유(人名)야, 너는 6언과 6폐를(에 대하여) 들었느냐?

賜也, 女以予爲多學而識之者與? 『論語·衛靈公』

사(人名)야, 너는 나를 가지고서(→ 내가) 많이 배워서 그것을(무엇을) 안다고(무엇을 아는 사람이라고) 여기느냐?

▸부사어의 뒤

魯仲連曰: 固也待吾言之. 『戰國策·趙策』

노중련이 말했다. 본디 (말이지) 내가 그걸 말하기를 기다려야 했다.

君子無所爭. 必也射乎? 『論語 · 八佾』

군자는 다투는 바가 없다. 꼭(반드시)이라면 활쏘기이겠지?

孔子對曰: 有顏回者好學, 不遷怒 不二過 不幸短命死矣 今也則亡, 未
聞好學者也. 『論語 · 雍也』

공자께서 대답하여 말씀하셨다. 안회가 있어 가지고 배우기를 좋아하고 화를 옮기지
않았으며 잘못을 두 번 다시 하지 않았는데 불행히도 명이 짧아 죽어버려 지금은(지금
은 말이지요) 곧 없습니다. 아직 (누가) 배우기를 좋아한다는 것(말, 사람)을 듣지 못했습
니다.

寡之於國也盡心焉耳矣. 『孟子 · 梁惠王上』

과인은 나라에(나라에 말이지요) 마음을 다하고서야 그만둡니다(→ 다하고 그뿐입니다,
→ 다할 따름입니다).

■ 矣

'矣'는 대체로 어떠한 사실의 변화된 상황을 나타낸다. '也'와 두드러
지게 대비되는 점이다. 변화되었다는 어기를 나타내므로 시간성이 따른
다. 이미 발생한 사실이든 아직 발생하지 않은 사실이든 일정한 시간의
경과를 통하여 변화된 결과를 뜻하는 문장이 대부분이다.

秦晉圍鄭, 鄭旣知亡矣. 『左傳 · 僖公三十年』

秦나라와 晉나라가 鄭나라를 포위하자 鄭나라는 벌써 망하게 되리라는 것을 알았다.

陳勝曰: 天下苦秦久矣. 『史記 · 陳涉世家』

진승이 말했다. 천하가 진나라에 괴로움 당한 지가 오래되었다.

漢之爲漢 幾四十年矣. 『漢書 · 食貨志上』

한나라가 한나라가 된 것이(된 지가) 거의 40년이 되었다.

由此觀之, 王之蔽甚矣. 『戰國策 · 齊策』

이를 통해서 보건대 왕께서 가리어지심이 심하게 되었습니다(심해졌습니다).

'矣'가 의문문에 쓰여도 '也'의 경우처럼 '矣'가 나타내는 고유의 어기를 지닌다.

文王謂武王曰: 女何夢矣?『禮記·文王世子』
문왕이 무왕에게 일러 말했다. 너는 무엇을 꿈꾸게(무슨 꿈을 꾸게) 되었느냐?

事將奈何矣?『戰國策·趙策』
일이 장차 무엇과 같이(어떻게) 될까요?

平原君曰: 先生處勝之門下幾年矣? 毛遂曰: 三年於此矣.

『史記·平原君列傳』

평원군이 말했다. 선생께서는 조승(趙勝)의 문하에 몇 년이나 머물러 계셨소? 모수가 말했다. 이곳에서 삼 년 되었습니다.

'矣'가 쓰인 문장이 변화를 뜻하는지가 분명하지 않은 경우는 화자의 확정적인 어기라고 할 수 있다. 발생했거나 발생하여 확실시 되는 것이니 이 역시 넓은 의미에서 보면 본질이 같다.

萬取千焉千取百焉 不爲不多矣.『孟子·梁惠王上』
만에서 천을 취하고 천에서 백을 취하는 것이 많지 않은 것이 되지 않습니다.

相如曰: 五步之內相如請得以頸血濺大王矣.『史記·廉頗藺相如列傳』
상여가 말했다. 다섯 걸음 안에서 상여가(제가) 삼가 목의 피를 (가지고) 대왕에게 뿌려버릴 수 있습니다.

'已'를 '矣'의 동음(同音) 가차(假借)로 보아 온 예들이 있는데 구분하기기 쉽지 않다. 문맥을 어떻게 인식하느냐에 따라 이해가 다를 수 있다. '已'는 이것의 동사성의 의미인 '(~하고) 말다(그만두다)·그치다·그만이다·그뿐이다' 등으로 풀이할 수 있는 예가 절대 다수이다.

다음은 '矣'가 문중에 쓰인 예이다.

巧言令色 鮮矣仁. 『論語·學而』
교묘한(꾸며댄) 말과 예쁜(예쁘게 보이도록 꾸민) 얼굴은 仁(어짐)이 적다.

'鮮矣仁'를 주어와 술어가 도치된 감탄문으로 여기고 '矣'를 감탄조사
라고 해 왔다. 그러나 '鮮+仁'은 술목구조로서 '多+才'·'富+馬' 등과 같
은 형식이다. 술어 '鮮' 뒤에 어기조사 '矣'가 놓였을 따름이다. 확정적인
어기를 나타내는 경우이다.

■ 焉

'焉'을 어기조사로 여기는 것은 본시 대사였던 것을 그것이 가리키는
내용이 없다고 여겨질 때 대사로부터 허화되었다고 봄으로써이다.
'焉'이 대사일 때는 역시 대사인 '之'보다 강한 의미를 지닌다. '之'를
'그(것)'으로 풀이한다면 '焉'은 '고(고것)' 정도의 어감을 갖는다고 설명
할 수 있을 것이다. 허화된 뒤에도 강조의 성격이 '之'보다 더 강하다.

子女玉帛 則君有之, 羽毛齒革 則君地生焉. 『左傳·僖公二十三年』
미인과 옥과 비단은 임금님께서 그것들을 가지고 계시며, 깃과 털과 상아와 가죽은 임금
님의 땅에서 그것들이 생산됩니다.

문맥을 통하여 '羽毛齒革'을 가리키는 대사 '焉'이 '之'보다 강한 어세
를 갖는다는 것을 알 수 있다.
다음은 어기조사로 쓰인 예이다.

君子病無能焉 不病人之不己知也. 『論語·衛靈公』

군자는 능력이 없는 것을 괴로워하지 남이 자기를 알아주지 않는 것을 괴로워하지 않는다.

夫大國難測也, 懼有伏焉. 『左傳·莊公十年』

대저 큰 나라는 헤아리기가 어렵습니다. 복병이 있을까 두려웠습니다.

위의 예는 같은 문장에 '也'와 대비되어 쓰임으로써 '焉'이 지니는 강조의 어기를 쉽게 판단할 수 있다. '焉'이 놓이는 어구가 말의 중점의 소재임을 알게 해 준다.

'焉'이 본시 대사였기 때문에 문맥을 보기에 따라서는 두 가지로 풀이해도 뜻이 통하는 경우들이 있다.

君子道者三, 我無能焉. 『論語·憲問』

군자의 도는 셋인데 나는 {그 가운데에서} 잘하는 것이 없다.

三人行, 必有我師焉. 『論語·述而』

세 사람이 가면 반드시 {그 가운데} 나의 스승이 있다.

'焉'을 대사로 풀이해도 말이 되고, 강조의 어기조사로 보아 풀이해도 말이 되기 때문이다. 변화 과정에 있는 다른 어휘들도 이러한 경우들이 있다.

■ '已'와 '耳'에 대한 이해

'耳'는 '而已'의 합음(合音) 표기이다. 그러므로 '耳'를 한정의 어기를 나타내는 조사라고 말할 수 없다. '而'와 '已'는 각기 성질이 다른 두 단어의 역할을 한다. '耳'는 이들 두 단어를 대신하고 있으며, 여기에 내포된 '而'는 접속사가 아니다. '而'는 앞 말을 강조하는 어기조사이며 뒤에 이어지는 '근'는 실사로서 동사류에 든다. '근'가 갖는 의미는 '(~하고) 말다(그만두다)·그치다·그만이다·그뿐이다' 등으로 풀이할 수 있다. 이러한 실질적인 의미에 의해서 결과적으로 왕왕 '~할 따름이다'로까지 번역할 수 있는 문맥이 형성되는 것이다. 그러므로 '耳'가 '而+근'일 때 는 '조사+동사'의 결합이다.

'근'가 '而'와 함께 쓰이지 않은 예를 먼저 보기로 한다.

於臣之計 先誅先零已. 『漢書·趙充國傳』

신의 계책으로는 먼저 선령(先零)족을 토벌하고 마는 것입니다(→ 토벌할 뿐입니다).

使趙不將括則已, 若必將之, 破趙軍者必括也. 『史記·廉頗藺相如列傳』

조나라로 하여금 괄(括)을 장군으로 삼지 않게 한다면 곧 그만이지만 꼭 그를 장군으로 삼을 것 같으면 조나라의 군대를 부숴버리는 자는 반드시 괄이 될 것입니다.

四十五十而無聞焉, 斯亦不足畏也已. 『論語·子罕』

사십 오십이 되어도 (이름이) 들리는 일이 없으면 이는 역시 두려워하기에 부족하고 만 다(→ 부족할 따름이다).

臣之壯也 猶不如人 今老矣 無能也已. 『左傳·僖公三十年』

신이(제가) 건장해서는 오히려 다른 사람과 같지 않았으나 지금은 늙어서 잘하는 것이 없고 말았습니다(→ 없을 따름입니다).

다음은 '而'와 '근'가 함께 쓰인 경우이다.

寧事齊楚 有亡而已 蔑從晉矣. 『左傳·成公十六年』

차라리 제나라와 초나라를 섬겨 망하는 일이 있고 말지(→ 망하는 일이 있을 뿐이지) 진나라를 따르는 일이 없을 것이다.

當此之時 憂在亡秦而已. 『史記·淮陰侯列傳』

이때를 당하여(이 때에) 걱정거리는 진나라를 망하게 하는 데 있고 그뿐이었다(→ 있을 따름이었다).

다음은 '而+已'를 합음의 겸사(兼詞) '耳'로 표기한 경우이다.

直不百步耳, 是亦走也. 『孟子·梁惠王上』
단지 백 보가 되지 않고 말았지(백 보를 달아나지 않고 말았지, → 백 보를 달아나지 않았을 따름이지) 이 역시 달아난 것입니다.

寡之於國也 盡心焉耳矣. 『孟子·梁惠王上』
과인은 나라에 마음을 다하고서야 그만둡니다(→ 다하고 그뿐입니다, → 다할 따름입니다).

諸將易得耳, 至如信, 國士無雙. 『史記·淮陰侯列傳』
여러 장군들은 얻기가 쉽고 맙니다만(→ 쉬울 따름입니다만), 한신(韓信) 같은 사람에 이르러서는, 국사에 짝할 사람이 없습니다.

'耳'는 '已'의 의미로 말미암아 왕왕 부사(副詞) '直·徒·獨' 등과 전후 호응하여 쓰인다.

'而已矣'를 '耳'와 동일시하는 것도 잘못임은 말할 것도 없다. '而已矣'는 '어기조사+동사+어기조사'의 연접이다.

'爾'가 '耳' 대신 가차되었다고 여겨지는 예도 있다. 문맥에 의해서이다.

莊王圍宋, 軍有七日之糧爾. 盡此不勝 將去而歸爾. 『公羊傳·宣公十五年』
장왕이 송나라를 포위하였는데, 군대에 칠 일 식량이 있고 그뿐이었다(→ 있을 뿐이었다). 이것을 다하고도(다 쓰고도) 이기지 못하면 장차 떠나 돌아가야 하고 말 것이다(→ 돌아가야 할 따름이다).

8) 乎·耶(邪)·與(歟)

'乎'·'耶(邪)'·'與(歟)'는 의문 어기조사이다. 의문의 성격에 따라 순수한 의문·반문(反問)성의 의문·추측(推測)성의 의문으로 나눌 수 있다. 드물게 '爲'·'則' 등이 의문 어기조사로 쓰이기도 한다.

■ 순수한 의문

대답이 요구되는 순수한 의문문은 의문대사를 사용하여 묻는 특지(特指)의문문·사실 여부를 묻는 시비(是非)의문문·하나를 선택하여 답하게 하는 선택(選擇) 의문문으로 나눌 수 있다.

▶ 특지

특지 의문문은 의문대사가 의문의 소재이다. 의문 어기조사를 쓰지 않은 경우도 있지만 문말에 '乎'·'耶(邪)'·'與(歟)' 등을 부가하여 의문의 어기를 추가하기도 한다. 특지 의문문에는 다른 어기조사가 쓰이기도 한다.

子之師誰邪?『莊子·田子方』
당신의 스승은 누구십니까?

今恩足以及禽獸而功不至於百姓者獨何與?『孟子·梁惠王上』
지금 은총이 금수에게는 미치기에 족한데 공이 백성에게는 이르지 않는 것(않음)은 유독 무엇입니까(→ 무엇 때문입니까)?

少帝曰: 欲將我安之乎?『史記·呂太后本紀』
어린 황제가 말했다. 장차 내가 어디로 가기를 바랍니까?

▶ 시비

시비 의문문은 기본적으로 의문 어기조사를 사용하여 사실이 그러한가 그러하지 않은가를 묻는다. 의문대사가 쓰이지 않은 문장이므로 의문 어기조사는 의문문인가 아닌가를 판별하는 주요 기준이 된다.

王知夫苗乎? 七八月之間旱, 則苗槁矣. 『孟子·梁惠王上』

왕께서는 저 모를 아십니까? 7, 8월 사이에 가물면 곧 모는 말라버리게 됩니다.

爲人謀而不忠乎? 『論語·學而』

사람(남)을 위하여 일을 꾀함에 정성스럽지 아니하였는가?

無以, 則王乎? 『孟子·梁惠王上』

쓸 것(→ 써서 이야기할 것)[← 왕과 제가 이야기함에 쓸 것]이 없으시다면, 곧 왕 노릇 하는 것요?[→ 왕 노릇 하는 것은 어떻겠습니까?]

王曰: 齊無人耶? 『晏子春秋·內篇雜下』

왕이 말했다. 제나라에는 사람이 없습니까?

上曰: 將軍怯邪? 『史記·袁盎列傳』

임금이 말했다. 장군은 겁이 납니까?

王之所大欲可得聞與? 『孟子·梁惠王上』

왕께서 크게 하고 싶어 하시는 바는(를) 얻어 들을 수 있는지요?

▶ 선택

선택 의문문은 둘 이상의 사실 가운데서 어느 하나를 선택하여 답하게 한다.

富貴者驕人乎? 且貧賤者驕人乎? 『史記·魏世家』

부유하고 귀하면 남에게 교만을 부립니까, 또(아니면) 가난하고 천하면 남에게 교만을 부립니까?

滕小國也 間於齊楚 事齊乎 事楚乎? 『孟子·梁惠王下』

등나라는 작은 나라로서 제나라와 초나라 사이에 끼어있는데 제나라를 섬길까요? 초나라를 섬길까요?

子之義將匿耶 意將以告人乎? 『墨子·耕柱』

당신의 의리는 장차 감출 것입니까? 생각건대(→ 아니면, 혹은) 그것을 (가지고서) 남에게 알릴 것입니까?

天之蒼蒼 其正色邪 其遠而無所至極邪? 『莊子 · 逍遙遊』

하늘이 푸르고 푸른 것은 그것의 바른 색깔인가, 그것이 멀어서 끝까지 이를 바(데)가 없어서인가?

夫子至於是邦也 必聞其政 求之與, 抑與之與? 『論語 · 學而』

선생님께서는 이 나라에 이르시면 반드시 그 정치를 들으시는데 그것을 요구하시는 것 입니까? (이것을) 눌러 둔다면(아니라고 한다면 → 아니면, 또는, 혹은) 그것을 들려드리 는 것입니까?

어느 형식의 의문문에 쓰이건, '乎'는 비교적 솔직 · 단순하고, '耶(邪)' 는 놀람과 동시에 상대방의 동의를 바라는 색채를 띤다. '與(歟)'는 감탄 의 어기를 겸하여 지닌다. 그래서 '乎'가 가장 많이 보인다. '與(歟)'는 감 탄성의 어기를 겸하므로 감탄문에도 쓰인다.

▪ 反問

반문(反問) 의문문은 상대방의 대답을 필요로 하지 않고 물음과 반대 되는 화자의 생각을 강조하고자 하는 표현법이다. 반문(反問)은 반어(反 語)라고도 한다. 중국식 용어로는 반힐[反詰]이 대표적이다.

구성 형식은 특지 의문문 또는 시비 의문문과 같다. 의문 어기조사가 의문대사와 함께 쓰이거나 반문성을 띠는 부사와 함께 쓰이기도 한다. 반문 의문문에는 감탄성의 어기조사인 '哉'가 쓰이기도 한다.

반문 의문문에 쓰이는 의문대사는 '安' · '惡' · '焉'('어디[어찌]') · '何' (또는 '胡 · 奚 · 曷 · 盍' 등)(뭐로[어찌]) · '孰'(어느 누구, 어느 것) 등이다. 반문성을 띠는 부사로는 '庸' · '豈' · '寧' · '況' · '獨' 등이 있다. 반문 부 사만 쓰인 경우도 있다.

有朋自遠方來, 不亦說乎? [說=悅]『論語·學而』

친구가 먼 곳으로부터 찾아오면 또한 기쁘지 않겠는가?

信而見疑 忠而被謗 能無怨乎?『史記·屈原列傳』

미더운데도 의심하는 것을 보고(→ 의심을 받고) 정성스러운데도 비방을 입는다면(→ 받는다면) 원망이 없을 수 있겠습니까?

子非三閭大夫與?『屈原·漁父辭』

당신은 삼려대부가 아니시오?

嘻! 子毋讀書遊說 安得此辱乎?『史記·張儀列傳』

아! 당신이 글을 읽고 유세하는 일이 없었더라면 어디 이 욕을 당했겠습니까?

嗟乎! 燕雀安知鴻鵠之志哉?!『史記·陳涉世家』

아! 제비와 참새가 어디(→ 어찌) 큰 기러기와 고니의 뜻을 알겠는가?!

彼丈夫也, 我丈夫也, 吾何畏彼哉?『孟子·滕文公上』

저도 장부고 나도 장부다. 내가 뭐로(→ 어찌) 저를 두려워하겠는가?

且子玉猶在, 庸可喜乎?『史記·晉世家』

또 자옥이 아직 (살아) 있는데 어찌 기쁠 수 있겠습니까?

趙王豈以一璧之故欺秦邪?『史記·廉頗藺相如列傳』

조나라 왕이 어찌 옥 하나 때문으로 진나라를 속이겠습니까?

今大臣雖欲爲變, 百姓弗爲使, 其黨寧能專一邪?『史記·孝文本紀』

지금 대신들이 비록 변화되기를 바라나, 백성들은 시키게(부리게) 되지 못할 것이다. 그 무리들이 어찌 전일할(한 뜻으로 따를) 수 있겠는가?

且庸人尚羞之, 況於將相乎?『史記·廉頗藺相如列傳』

또한 평범한 사람도 오히려 그것을 부끄러워하는데 하물며 장군이나 재상에 있어서이겠습니까?

相如雖駑 獨畏廉將軍哉?『史記·廉頗藺相如列傳』

상여가(내가) 비록 노둔하나 유독 염 장군을 두려워하겠는가?

■ 추측

추측을 나타내는 의문문의 형식도 역시 같다. 어조의 강약에만 차이가 있다고 할 수 있다. 문맥에 의해 판단할 수 있으며, 추측성을 감지하게 해 주는 어기조사 '其', 부사 '亦'·'殆', 대사 '或' 등이 함께 쓰이기도 한다.

道不行, 乘桴浮於海, 從我者其由與? 『論語·公冶長』

도가 행해지지 않아서, 바다로(해외로) 뗏목을 타고 가려는데, 나를 따를 사람은(나를 따름은) (아 거) 유(人名)이겠지?

叟不遠千里而來, 亦將有以利吾國乎? 『孟子·梁惠王上』

노인장께서 천 리를 멀다 여기지 않으시고 오셨으니, 역시 장차 우리나라를 이롭게 할 것이 있겠군요?

다음은 반문성을 함께 지니는 추측 의문문이라고 할 수 있다.

曰: 日食飮得無衰乎? 『戰國策·趙策』

말했다. 날마다 잡수시는 데(것에) 줄어든 것이 없을 수 있겠지요?

今民生長于齊不盜 入楚則盜 得無楚之水土使民善盜耶?

『晏子春秋·内篇雜下』

지금 백성들이 제나라에서 나고 자라면 도적질을 하지 않으나(않는데, 않고) 초나라에 들어오면 도적질을 함에는(하는 데는) 초나라의 수토(풍토)가 백성들로 하여금 도적질을 잘하게 하는 일이(함이) 없을 수 있겠지요?

◇ 爲·則

死長安卽葬長安 何必來葬爲? 『史記·吳王濞列傳』

장안에서 죽었으면 곧 장안에서 장사 지낼 것이지 뭐(→ 왜, 어째서) 꼭 와서 장사 지내야 하는가?

何故深思高擧自令放爲? 『屈原 · 漁父辭』

무슨 까닭에 깊이 생각하고 고고하게 처신하여 스스로를 추방당하게 하였소?

蓋鍾子期死 伯牙不復鼓琴 何則? 『司馬遷 · 報任安書』

대저 종자기가 죽자 백아가 다시는 거문고를 타지 않은 것은 무엇입니까(→ 어째서입니까)?

9) 哉 · 夫 · 與(歟) · 兮

'哉' · '夫' · '與(歟)' · '兮'는 감탄의 어기를 나타내는 어기조사이다. '與 (歟)'는 감탄과 의문의 어기를 함께 지니므로 의문문에도 쓰인다. 둘로 나눌 수 있는 조건은 어조에 있다.

管仲之器小哉! 『論語 · 八佾』

관중의 그릇은 작구나!

名實不虧 使其喜怒哉! 『列子 · 皇帝』

이름과 실질이 어그러지지(다르지) 않지만 그(원숭이)들로 하여금 기쁘게도 하고 화나게 도 하였도다!

大哉! 堯之爲君也. 『論語 · 泰伯』

크시도다! 요가 임금 되심은.

上讀子虛賦而善之曰: 朕獨不得與此人同時哉! 『史記 · 司馬相如列傳』

임금이 자허부를 읽고 그것을 잘 되었다고 여기며 말했다. 짐만이 홀로 이 사람과 더불 어 때를 같이 하지 못했구나!

逝者如斯夫! 不舍晝夜. 『論語 · 子罕』

가는 것은 이와 같을진저! 밤낮으로 그치지 않는구나.

孝弟也者 其爲仁之本與! [弟=悌] 『論語 · 學而』

효도와 우애란(효도하고 우애한다는 것은) (거) 仁을 행하는 근본이로다!

'兮'는 주로 시문(詩文)에 쓰이며 초사(楚辭)에 가장 많이 보이는 감탄 어기조사이다.

滄浪之水淸兮 可以濯吾纓, 滄浪之水濁兮 可以濯吾足. 『魚父辭·屈原』

창랑[漢水의 하류의 이름]의 물이 맑으면 그것으로 내 갓끈을 씻을 수 있고, 창랑의 물이 흐리면 그것으로 내 발을 씻을 수 있지.

권유·명령·기원 등을 나타내는 어기조사는 따로 없다. 다음 예 중의 '也'·'矣'를 권유 내지 명령을 나타내는 어기조사라고 하고 있는데 전혀 그렇지 않다. 전체 문맥을 보고 오판한 것이다. 다른 어휘에 의해서 권유나 명령의 뜻은 이미 표현되어 있다. '也'·'矣'는 각각 앞에서 설명한 고유의 기능을 갖는다. '也'는 판단의 어기를, '矣'는 변화 내지 확정적 어기를 나타낸다.

寡人非此二姬, 食不甘味 願勿斬也. 『史記·孫子列傳』

과인은 이 두 여자가 아니면, 먹는 데 맛을 달게 여기지 못하니 베는[참수하는] 일이 없기를 원하오.

諾. 先生休矣. 『戰國策·齊策』

좋소. 선생은 쉬시오.

다음 예의 '矣'를 감탄의 어기조사라고 여겨 온 것도 착오이다. 자의적으로 문맥을 판단하고 기능을 잘못 인식한 경우이다. 예문 중의 두 '矣'는 모두 변화의 어기를 나타낸다. 문맥이 그러하다. 주어와 술어의 어순 도치에 의해 술어가 강조된 문장이다. 다른 조사들에 대해서도 상이한 여러 가지 어기를 지닌다고 설명해 왔는데 모두 바로 잡아야 한다.

甚矣 吾衰也. 久矣 吾不復夢見周公. 『論語·述而』

심해졌다, 내가 쇠약해진 것이. 오래되었다, 내가 다시 꿈에 주공을 뵙지 못한 것이.

10) 어기조사의 연용

■ 文末

단문이나 절의 끝에 둘 이상의 어기조사가 연용되는 경우가 적지 않다. '者也'·'也者'·'也而'·'者乎'·'矣乎'·'矣夫'·'矣哉'·'也哉'·'乎哉'·'也夫'·'也與'·'也與哉'·'也乎哉' 등이다. 어기조사마다 각각의 고유한 기능을 담당한다.

> 教也者長善而救其失者也. 『禮記 · 學記篇』
> 가르친다는 것은 잘하는 것을 자라게 하고(길러주고) 그 잃어버린 것(잘못)을 구제하는 것이다.

> 吾未聞枉己而正人者也, 況辱己而正天下者乎? 『孟子 · 萬章上』
> 나는 자기를 바로잡지 못하고서 남을 바로잡았다는 것을 아직 들어보지 못했는데, 하물며 자기를 욕되게 하고서 천하를 바로잡겠는지요?(→ 바로잡는다는 것을 듣겠는지요?)

문말에서는 '者也'의 순서로 쓰이는 경우가 대부분인데, '也者'로 쓰이는 경우도 있다.

> 安見方六七十如五六十而非邦也者? 『論語 · 先進』
> 어디(→ 어찌) 사방 육칠십 리나 오륙십 리 같은 것을 보고 나라가 아니라고 하겠는가?

> 吾非不諫也而, 不吾聽也. 『史記 · 李斯列傳』
> 내가 간하지 않은 것이 아니라, (그가) 내 말을 듣지 않았다.

> 子曰: 已矣乎? 吾未見好德如好色者也. 『論語 · 衛靈公』
> 선생님께서 말씀하셨다. 끝난 모양이구나? 나는 아직 덕을 좋아하기를 색을 좋아하기와 같이 하는 경우를 보지 못했다.

子謂伯魚曰: 女爲周南召南矣乎? 『論語·陽貨』

선생님께서 백어에게 말씀하셨다. 너는 주남·소남을 하였느냐(→ 배웠느냐)?

自牖執其手曰: 亡之, 命矣夫! 『論語·雍也』

창 쪽으로부터 그의 손을 잡으시고 말씀하셨다. 그것(병이 나을 가망)이 없구나. 운명일 진저!

噫! 甚矣哉! 其無愧而不知恥也甚矣! 『莊子·外篇 在宥』

아! 심하게 되었도다! 그 부끄러움이 없고 수치스러운 줄을 알지 못함이 심하게 되었 구나!

豈非計久長 有子孫相繼爲王也哉?! 『戰國策·趙策』

어찌 계획이 장구한 것이 아니고서야(→ 장구하지 않고서야) 서로 이어 왕이 될 자손이 있겠습니까?!

衣敝縕袍 與衣狐貉者立而 不恥者其由也與! [去聲] (입다) 『論語·子罕』

헤진 솜옷을 입고서 여우와 담비 가죽옷을 입은 사람과 더불어 서 있어도 부끄러워하지 않을 사람은 由(유, 子路[자로])이리로다!

女知莫若婦, 男知莫若夫. 公父氏之婦智也夫! 欲明其子之令德.

『國語·魯語』

여자의 앎은 부인(아내 된 사람, 지어미)만 한 것이 없고 남자의 앎은 장부만 한 것이 없다. 공부씨의 부인은 지혜로울 진저! 그의 자식의 고운 덕을 밝게 하고자 한다.

鄙夫可與事君也與哉?! 『論語·陽貨』

비열한 사내는 더불어 임금을 섬길 수 있겠는지요?!

吾罪也乎哉?! 吾亡也. 『左傳·襄公二十五年』

내가 죄를 지었느냐?! 내가 도망가게(내가 도망가다니).

■ 문중

다음은 구의 뒤에 어기조사가 연용된 예이다. '也者'·'也而'·'焉耳' ('耳'는 '而已'의 합음 표기이며 여기에 '而'가 내포되어 있으므로 조사 '焉而' 가 연용된 경우임) 등이다.

返也者道動也. 弱也者道之用也. 楚簡本『老子』

되돌아옴(순환)이 道(기운)의 움직임(→ 운행)이요, 약함이 道의 쓰임(→ 쓰이는 방식)이다.

且夫君也者 將牧民而正其邪者也. 『國語·魯語』

또 저(무릇) 군주란 장차 백성을 길러서 그 삿됨을 바로잡는 것이다(바로잡는 사람이다).

孝悌也者 其爲仁之本與! 『論語·學而』

효도와 우애란(효도하고 우애한다는 것은) (거) 仁을 행하는 근본이로다!

男女之別 國之大節也而 由婦人亂之 無乃不可乎? 『左傳·莊公二十四年』

남녀의 구별은 나라의 큰 범절인데, 부인들로 말미암아(부인들이, ← 부인들로부터 비롯하여) 그것을 어지럽힌다면(부인들에 의해서 그것이 어지럽혀진다면) 곧 불가함이 없는지요(→ 안 되겠지요)?

登高而招 臂非加長也而, 見者遠. 『荀子·勸學』

높은 곳(데)에 올라가서 손짓하는 것은 팔이 길어지는 것이 아니나 보는 사람은(봄에는) 먼 데까지 본다.

寡人之於國也, 盡心焉耳[=而已]矣. 『孟子·梁惠王上』

과인은 나라에 마음을 다하고서야 그만둡니다(다하고야 맙니다, → 다하고 그뿐입니다, → 다할 뿐입니다).

'也已'·'而已'·'已矣'·'而已矣'·'也已矣'·'焉耳矣' 등은 어기조사의 연용이 아니다. '已'가 동사이기 때문이다.

後生可畏. 焉知來者之不如今也? 四十五十而無聞焉, 斯亦不足畏也已. 『論語·子罕』

후생은 두려워할 만하다. 올 사람이 지금(지금 사람)과 같지 못하리라는 것을 어디 알겠는가? (그러나) 40·50에도 들리는 것이 없으면 이는 역시 두려워하기에는 부족하고 그만이다(→ 부족할 따름이다).

當此之時 憂在亡秦而已. 『史記·淮陰侯列傳』

이때를 당하여(이 때에) 걱정거리는 진나라를 망하게 하는 데 있고 그뿐이었다(→ 있을 따름이었다).

此亦妄人也已矣. 『孟子·離婁下』

이 역시 사람을 망령되게 하고 만다(→할 따름이다).

2. 음절조사

시문(詩文) 중에 쓰여 음절(音節)을 고른다고 하여 음절조사(音節助詞)라고 한다. 『詩經』 중에 가장 많이 보인다. 다른 자리에서는 실사로 쓰이는 글자들의 음만 빌려 쓰는 경우가 많다. 그래서 이들 음절조사 가운데는 실질적인 의미를 갖는 실사인지, 음절을 고르는 어기조사인지를 확정하기 어려운 경우들이 있다. '其'·'斯'·'言'·'思'·'亦'·'云'·'爰'·'于'·'止'·'載' 등이다.[6]

靜女其姝. 『詩經·邶風·靜女』

고요한 여인 아름다워라.

哀我人斯 亦孔之嘉. 『詩經·豳風·破斧』

불쌍하다 내 사람들아, 또 몹시도 가상하구다.

言念君子 溫其如玉. 『詩經·秦風·小戎』

군자(님)를 생각하네, 온유하기가 옥 같았지.

靜言思之 躬身悼矣. 『詩經·衛風·氓』

고요히 그걸 생각하니 내 몸이 슬퍼지네.

---

6) 『詩經』의 경우 음절조사로 여길 만한 어휘들은 다음과 같다.

문두: 言 思 亦 云 焉 爰 伊 曰 不 侯 載 維 以 / 有 于 無 抑 越 聿 誕 逝 是 式 薄 噬(서) 遹(휼) 등.

문중: 言 思 亦 云 焉 爰 伊 曰 不 侯 載 維 以 而 之 乎 / 如 來 夷 或 攸(유) 只 哉 玆 居 與 其 등.

문말: 思 而 之 乎 / 斯 期 忌 員 生 胥 爾 등.

婚姻之故 言就爾居. 『詩經·小雅·我行其野』
혼인한 까닭에 당신에게 나아가 살았지.

思無疆 思馬思臧. 『詩經·魯頌·駉』
한없이 말은 훌륭하네.

采薇采薇 薇亦柔止. 『詩經·騷雅·采薇』
고사리 캐네 고사리 캐네. 고사리 부드럽네.

載馳載驅 周爰咨謀. 『詩經·小雅·皇皇者華』
달리고 달려서 두루 물었다네.

之子于歸. 『詩經·周南·漢廣』
그 아이 시집가네.

黃鳥于飛 集于灌木. 『詩經·周南·葛覃』
황조가 날아와 떨기나무에 모였네.

于橐于囊 思輯用光. 『詩經·大雅·公劉』
전대에 (넣고) 자루에 (넣어) 화목하고 빛나게 하시려네.

3. 구조조사

고대중국어의 구조조사는 '所' 하나뿐이다. 이에 대해서도 성격을 달리 설명할 수 있는 여지가 많지만 종래의 설명법을 따라 구조조사로 분류한다. '者'와 '之'는 어느 경우이건 어기조사이므로 구조조사에 넣을 수 없다.

'所+동사'를 기본 형식으로 삼는다. '所'의 앞 또는 바로 뒤에 다른 단어가 오는 경우까지 차례로 예를 익혀 두면 된다.

① 所+동사

民無所依.『左傳·昭公二年』

백성이 의지할 바(→데)가 없다.

所愛者撓法活之, 所憎者曲法誅之.『史記·酷吏列傳』

사랑하는 바(→사람)는 법을 비틀어서 그를 살리고, 미워하는 바(→사람)는 법을 구부려서 그를 죽인다.

衣食所安 弗敢專也 必以分人.『左傳·莊公十年』

의식에서 편안하게 여기는 바는 오로지하기를(전유하기를) 감히 하지 않으며 반드시 그것을 사람들에게 나누어 준다.

② 주어(또는 관형어)+{之}+所+동사

주어+{之}+所+부사어+동사

'所' 앞에 오는 주어가 강조되는 경우는 주어 뒤에 '之'가 쓰인다.

富而可求也, 雖執鞭之士, 吾亦爲之. 如不可求, 從吾所好.

『論語·述而』

富(부유해짐)를 추구해도 된다면 비록 채찍을 잡는 선비가 될지라도 나는 역시 그것을 하겠다. 추구해서는 안 되는 것일 것 같으면 내가 좋아하는 바를 따르겠다.

仲尼所居之室 伯夷之所築與?『孟子·滕文公下』

중니가 거처하는 바의 집은 백이가 건축한 바(것)입니까?

人善其所私學以非上之所建立.『史記·秦始皇本紀』

사람들은 그가 사사로이 배운 바를 잘해서 그것을 가지고 임금님께서 세운 바를 비방합니다.

孟嘗君曰: 視吾家所寡有者.『戰國策·齊策』

맹상군이 말했다. 내 집이 적게 가진 바(것)을 보라.

王之所大欲可得聞與?『孟子·梁惠王上』

왕께서 크게 하고 싶어 하시는 바는(바를) 얻어 들을 수 있는지요?

③ 주어+所+부사어+동사[이상은 관형어가 됨]+명사

'주어+所+부사어+동사'가 관형어가 되는 경우인데 이 부분을 강조하고
자 할 때도 뒤에 {之}를 쓰면 된다.

和氏璧天下所共傳寶也. 『史記·廉頗藺相如列傳』

화씨의 옥은 천하가 함께 전하는 바의 보물입니다.

④ (∨)+所+'以'·'與'·'從' 등의 동사+(不)+다른 동사 ~

彼兵者所以禁暴除害也 非爭奪也. 『荀子·議兵』

저 군대란 (써서, 가지고서) 난폭함을 금하고 해침을 제거하는 바(바의 것)이지 다투
고 빼앗는 것이 아니다.

臣所以不死者爲此事也. 『國語·越語下』

신이 (가지고서) 죽지 못하는 바(→ 까닭)는 이 일을 위해서입니다.

彊秦之所以不敢加兵於趙者 徒以吾兩人在也. 『史記·廉頗藺相如列傳』

강한 진나라가 (우리) 조나라에 군대를 보내어 침략하기를 감히 하지 못하는 바(까닭)
는 오직 우리 두 사람이 있음으로써 입니다(→ 있기 때문입니다).

聖人非所與熙也, 寡人反取病焉. 『晏子春秋·內篇雜下』

성인은 더불어 희롱할 바가 아니다. 과인이 반대로 그에게 괴롭힘을 당했다.

楚人有涉江者, 其劍自舟中墜於水, 遽契其舟曰: 是吾劍之所從墜.

『呂氏春秋·察今』

초나라 사람에 강을 건너는 자가 있었는데, 그의 검이 배 안으로부터 물로 떨어지자
급히 그 배에 새겨 두고 말했다. 여기가 내 검이 좇아(통해서) 떨어진 바(바의 곳)이다.

'所'字를 중심으로 한 句 중에 쓰인 '之'와 '者'는 강조의 어기조사이다.
아래의 예문들은 본래 '所'가 쓰이지 않은 예인데 보충해 보았다. '所'
자의 기능을 구조조사로 규정한 데 따라 '所'자 구조를 기준 삼아 비교해
보면 마치 '所'가 생략된 것처럼 보인다. 이는 생략이 아니라 고대중국어
동사의 쓰임이 본래 그러해서이다. '所'가 없이도 동사 또는 동사 중심의

구가 문맥상 명사성을 띠는 것에 의하면 '所'의 기능을 단지 명사성의 구를 만드는 구조조사로만 볼 수 없음을 알 수 있다. 이에 의하면 뒤에 오는 술어의 쓰임을 강조하는 대사(代詞)로서의 성격이 있다고 설명할 수도 있을 것 같다.

다음은 본시 '所'자를 쓰지 않은 예문들인데 설명의 편의를 위해 '所'자를 보충해 넣었다.

客何好? 曰: 客無(所)好也. 『戰國策 · 齊策』
객은 무엇을 좋아하십니까? 말했다. 객은(저는) 좋아하는 것이 없습니다.

嬰兒非(所)與戲也. 『韓非子 · 外儲說』
영아는 더불어 희롱할 것이 아니다.

'好'와 '與戲'는 각각 '좋아하는 것'과 '더불어 희롱할 것'으로 번역할 수 있는데, 이러한 용례는 고대중국어에 수없이 많다. 특히 동사 '有'와 '無'는 다른 동사 또는 동사구만을 취하여 사람 · 사물 · 추상적 내용을 나타내는 특징을 잘 보여준다.[7]

---

7) '有以~'나 '無以~'가 쓰인 예문에 더욱 잘 드러난다.
　○叟不遠千里而來, 亦將有以利吾國乎?(『孟子 · 梁惠王上』)(노인장께서 천 리를 멀다 여기지 않으시고 오셨으니 역시 장차 [써서, 가지고서] 우리나라를 이롭게 할 것이 있겠군요?)
　○不學詩 無以言.(『論語 · 季氏』)(시를 배우지 않으면 [써서, 가지고서] 말을 할 것이 없다.)

Ⅳ. 문장의 구성

1. 문장 성분과 어순

하나의 문장 안에서 기능을 달리하면서 상호 관련을 맺는다고 여기는 성분은 주어·술어·목적어·보어·관형어·부사어 등 6가지이다. 문장 성분이 될 수 있는 것은 실질적인 의미를 지닌다고 여기는 개별 실사와 실사 중심으로 구성된 각 형식의 구이다. 그러므로 어법적 기능만을 갖는 조사는 허사로서 문장 성분으로 여기지 않는다. 감탄사는 문장 내부에서 다른 성분들과 통사상의 관계를 갖지 않고 문장 밖에서 독립적으로 쓰이므로 독립어라는 성분명을 부여할 수 있다. 혼자서 각종 감정을 전달하므로 실사로 간주하여야 한다.

각 문장 성분들 간의 관계를 둘씩만 짝지어 나누면 수식구조·술목구조·보충구조·주술구조 등 4가지이다. 연합구조는 항상 한 가지 성분으로 작용하므로 문장 안에서 서로 다른 기능을 부여할 수 없는 구 구조 형식이다. '所'자 구조는 수식구조·술목구조·보충구조·주술구조를 조성하는 두 성분 가운데 하나가 될 수 있다.

수식구조는 뒤에 놓이는 중심어(피수식어)의 품사성을 의미상 명사 대 非명사(동사·형용사)로 나누고자 할 때 앞에 놓이는 수식어를 관형어와 부사어로 나누지만 명사 : 동사·형용사·부사의 양분법을 쓰지 않는다면 문장 성분도 주어·술어·목적어·보어·수식어의 5가지로 압축할 수 있다.

고대중국어에서는 보어가 가장 간단하다. 술어에 바로 이어져서 술어가 의미하는 내용의 결과를 보충 설명해준다고 여겨지는 성분이기 때문이다. 넓게 보면 이것도 두 술어의 연접으로 이해할 수도 있으나 상호 의미 내용의 논리적 상관성에 의해 보어라고 명명하고 있는 것이다.

그러므로 의미상 구성이 가장 다양한 것은 목적어이다. 동사·형용사에 뒤따르는 성분은 보어를 제외하고는 모두 목적어이기 때문이다. 거의 모든 의미의 상관이 '술어+목적어'라는 하나의 형식에 의존한다. 따라서 목적어가 술어와 맺는 의미관계는 매우 다양하다. 그만큼 실질적인 의미를 갖는 개별 실사의 뜻이 중요하다. 단어의 성질을 가를 수 있는 형태요소가 희소하고 사용상 굴절하거나 첨가되는 요소가 없는 고립어적인 언어의 특징이다.

분별하기가 가장 어려운 성분은 주어이다. 주어의 개념을 어떻게 정의하느냐에 따라 같은 위치에 놓임에도 주어로 볼 것이냐 부사어로 볼 것이냐 하는 분별상의 혼란이 발생한다. 고대중국어에 주어는 술어가 설명하는 모든 대상으로 정의하는 것이 가장 바람직하다. 그럼에도 부사 이외의 실사들도 부사어가 될 수 있기 때문에 깨끗하게 구분되지는 않는다.

6가지 문장 성분에 따라 고대중국어의 어순을 정리하면 다음과 같다.

▶두 성분 간의 순서
- 주어+술어
- 술어+보어
- 술어+목적어
- 수식어(관형어 / 부사어)+피수식어[=중심어]:
* 수식어는 주어·술어·목적어 및 다른 수식어를 수식하는 성분이다.
* 부사성 수식어인 부사어가 놓이는 위치는 술어의 앞이 대부분이며 주어의 앞에 오는 경우도 있다.

▶셋 이상의 성분 간의 순서
- 주어+술어+보어
- 주어+술어+목적어
- 주어+술어+보어+목적어
- 주어+술어+목적어1+목적어2
- 주어+술어+목적어1+목적어2+목적어3
* 주어·술어·목적어의 앞에 오는 관형어와 부사어는 위의 모든 어순 중에 공통으로 삽입될 수 있으므로 제외하였다.

◉ 부사어가 놓이는 위치

● 술어 앞

項莊拔劍起舞, 項伯亦拔劍起舞. 『史記 · 項羽本紀』
항장이 검을 뽑고 일어나 춤을 추자 항백도 역시 검을 뽑고 일어나 춤을 추었다.

孫子曰: 王徒好其言 不能用其實. 『史記 · 孫子吳起列傳』
손자가 말했다. 임금께서는 단지 그 말만 좋아하시고 그 실을 쓰지 못합니다.

不然者, 我且屠大梁. 『史記 · 范雎蔡澤列傳』

그렇게 하지 않았더라면, 나는 또 대량에서 도살당했을 것이오.

楚更立太子 必不事秦. 『史記 · 申列』

초나라가 태자를 바꿔 세우면 반드시 진나라를 섬기지 않을 것이다.

●주어 앞 내지 문두

冬晉文公卒. 『左傳 · 僖公三十二年』

겨울에 진나라의 문공이 죽었다.

昔者吾舅死於虎, 吾夫又死焉, 今吾子又死焉. 『禮記 · 檀弓下』

접때 저의 시아버지가 호랑이한테 죽임을 당했고, 저의 남편이 또 그것한테 죽임을 당했는데, 이제 저의 아들이 또 그것한테 죽임을 당했습니다.

方是之時 屬之於子乎? 『史記 · 孫子吳起傳』

바야흐로 이러한 때에 그것(재상의 자리)을 그대에게 맡기겠소?

2. 기본 문형의 이해

기본 문형은 동사술어문 · 형용사술어문 · 명사술어문 · 주술술어문 등 네 가지로 나누고 있다. 앞의 세 가지는 술어부분의 중심이 되는 술어의 품사를 나눈 것이며, 주술술어문은 명칭에 나타나 있듯이 주술구조의 구가 한 덩어리로 술어의 역할을 하는 문장 형식이다. 그러므로 단일 술어를 중심으로 하는 술어문과 주술구 술어문의 둘로만 나누면 간결하다. 동사 · 형용사 · 명사의 구분이 의미상의 구분일 뿐이기 때문이다.

의미상의 동사가 술어가 되는 문장이 어법상 설명할 내용이 상대적으로 많다. 후속 성분이 다양함으로 인하여 '동사+목적어'가 뜻하는 의미 내용 또한 다양하기 때문이다. 형용사가 술어가 되는 문장은 목적어를 취하는 경우가 적으므로 비교적 간단하다.

명사나 명사성의 구가 술어가 되는 경우도 비교적 간단하지만, 술어가 명사·명사구인지 아닌지를 분별하기 곤란한 경우들이 있다. 실사류 단어가 지니는 종합적 품사성으로 인하여 명사구·동사구·형용사구를 설정하는 것도 특별한 어법적 의의를 갖지 못한다.[1]

이 책의 신체계 어법 기술에서는 고대중국어에 전치사[=개사]와 접속사[=연사]가 있었다고 보지 않으므로 문장 분석 체계도 매우 간단하다.

종래 전치사로 여겼던 어휘 가운데 '於(于)'는 어기조사임을 밝혀냈고, '爲'·'以'·'與'·'至'·'及'·'自' 등은 동사임을 밝혔다. 동시에 접속사에도 넣어 온 '以'·'爲'·'與'와 '如'·'若'·'使'·'然'·'意'·'抑' 등도 동사임을 밝혔다. 접속사에 넣어 온 것들 가운데 '而'는 조사이며, '故'는 명사이고 '或'·'是'·'斯' 등은 대사이며 '雖' 등은 부사이다. '於是'·'是故' 등은 복합사가 아니고 두 단어이다. 따라서 '以'·'爲'·'與'·'至'·'及'·'自' 등은 동사술어문을 구성하는 단어가 된다.

주술술어는 동사술어·형용사술어·명사술어와 마찬가지로 다른 술

---

1) 이 책의 첫 번째 장에서 설명한대로 명사술어문인가 동사술어문인가를 정하기 어려운 경우가 적지 않다.
　○是 仁義用於古而不用於今也.(『韓非子·五蠹』)(이는 인과 의가 옛날에는 쓰였으나 오늘날에는 쓰이지 않은 것이다.)
　○直不(∨)百步耳, 是 亦走也.(『孟子·梁惠王上』) [(∨): '走'가 생략되었다고 보는 경우의 표시임](단지 백 보를 달아나지 않고 말았지(→않았을 따름이지), 이 역시 달아난 것입니다.)
　○是 使民養生喪死無憾也.(『孟子·梁惠王上』)(이것이 백성들로 하여금 산 사람을 부양하고 죽은 사람을 장사 지냄에 유감이 없게 하는 것입니다.)

어와 더불어 복수의 술어를 구성하기도 한다.

氷 水爲之而 寒於水. 『荀子 · 勸學』

얼음은 물이 그것이 되었지만 물보다 차다.

彌與紇 吾皆愛之 欲擇才焉而立之. 『左傳 · 襄公二十三年』

미는 흘과 더불어 내가 모두 그들을 사랑하지만, 거기에서 재주 있는 놈을 택해 그를 (왕 위에) 서게 하고 싶소.

顯 爲人巧慧習事 能探得人主微意. 『漢書 · 石顯傳』

현은 사람됨이 정교하고 지혜로웠으며 일을 잘하여 임금의 숨은 뜻을 살펴 낼 수가 있었다.

北山愚公者 年且九十 面山而居. 『列子 · 湯問』

북산의 우공은 나이가 장차 90인데 산을 마주 대하고 살았다.

3. 용도별 문장 분류와 형식 표지

문장은 용도에 따라 나누어 볼 수 있다. 기본적으로 형식의 차이에 의해서이다. 고대중국어는 형식과 의미를 함께 고려하면 평서문 · 의문문 · 감탄문의 세 가지로 나눌 수 있다. 그 이상의 용도를 구분하는 것은 의미와 문맥에만 의존한 관념상의 분류이므로 주의를 요한다. 명령 · 금지 · 권유 · 기원 등을 나타내는 문형이 따로 있는 언어도 있지만 고대중국어에는 형식이 따로 없고 평서문의 형식과 같다. 중립적으로 표현한다고 생각하면 된다. 한국어로는 이에 맞추어 중립적인 번역이 가능하다. 따라서 일반 평서문과 다른 의미를 전달하는지에 대한 판단은 전후 문맥에 의한다.

평서문의 경우 한국어로는 '~한다' · '~하는 것이다' 등으로 표현하고 명령문의 경우는 '~하라' 등으로 표현하는데, 고대중국어에서는 두 경우 모두 '~한다'·'~하는 것이다'로 표현한다고 생각하면 쉽다. 평서문과 명령문의 표현 형식이 같다는 것은 명령이 강제성을 띠지 않음을 의미함과 동시에 완곡과 정중함의 표시이기도 하다.

　다만 문맥상 명령문의 성격을 띨 때는 주어가 생략되는 경우가 더 많다. 그러나 문장 형식은 같다. 이러한 중립성은 '無·勿·毋·莫' 등의 동사가 쓰였을 때 더욱 두드러진다. '~하지 말라'라고 말하지 않고 '~함, ~하는 일, ~하는 경우'가 '없다, 없는 것이다'라고 표현하고 있는 것이다. 한 걸음 더 나아간 한국어 풀이 방식은 '~함(~하는 일, ~하는 경우)이 없으라(없으소서)' 정도가 된다. 이들 동사가 금지를 뜻하는 부사가 아님을 알 수 있다. 한국어의 경우처럼 '~하라'·'~하지 말라'는 표현은 없고 '~한다, ~하는 것이다'와 '~하지 않는다(못한다)'('不'이 쓰인 경우)와 '~할 것이 없다'('無'류 동사가 쓰인 경우)만 있다고 생각하면 된다.[2]

　　不患人之不己知 患不知人也. 『論語·學而』
　　남이 자기를 알아주지 않음을 걱정하지 않고[=말고] 남을 알지 못하는 것을 걱정하는 것이다[=걱정하라].

　　行有餘力則以學文. 『論語·學而』
　　행하고 남은 힘이 있으면 곧 그것을 가지고 글을 배우는 것이다(→ 배우라).

　　頓首曰: 可則立之, 否則已. 『史記·齊太公世家』
　　머리를 조아리며 말했다. 할 수 있으면 곧 그를 세우고 그렇지 않으면 곧 그만두는 것입

---

2) 한국어에는 "이 방에서는 담배를 피우지 말라(마십시오)."와 "이 방에서는 담배를 피울 것이 없다(없습니다)."가 각기 형식은 다르지만 둘 다 금지명령의 뜻을 전한다. 고대중국어에는 중립적이며 완곡한 후자만 있는 것이다.

니다(그만 둡니다, → 그만두십시오, 그만두라).

攻其惡 無攻人之惡. 『論語·顔淵』

그(자신의) 나쁜 점을 치고, 남의 나쁜 점을 치는 일이 없는 것이다(→ 없도록 하라).

王如知此 則無望民之多於隣國也. 『孟子·梁惠王上』

왕께서 이를 아실 것 같으면 곧 백성이 이웃 나라보다 많기를 바랄 것이 없으십니다
(→ 없으소서).

己所不欲 勿施於人. 『論語·顔淵』

자기가 하고 싶지 않은 바는 남에게 베풀 것이 없다(→ 없도록 하라).

距關 毋內諸侯. 『史記·項羽本紀』

관문을 막아서 제후들을 받아들이는 일이 없이 한다(→ 없도록 하라).

[(주어)+'無'류 동사+목적어] 형식의 구를 '願'·'欲' 등이 다시 목적어로
취할 경우 이러한 특징이 더욱 잘 드러난다.

宋人請猛獲於衛, 衛人欲[勿與]. 『左傳·莊公十二年』

송나라에서 위나라에 맹획을 청(요구)했으나, 위나라 사람들이 주는 일이 없기를 바랐다.

楚人剽疾, 願[上無與楚人爭鋒]. 『史記·留侯世家』

초나라 사람들은 표독하고 날래므로 임금님께서는 초나라 사람들과 더불어 무기를 가지
고 싸우는 일이 없으시기 바랍니다.

4. 주어의 개념

서양 어법에서의 '주어' 개념을 도입하여 통사론을 기술해 온 이래,
그 내용에 차이가 있음을 발견하고 '주제어'를 설정하여 나누어 보려는
이도 있다. 그러나 중국어에서는 문두에 놓이는 성분이 '설명의 대상이
되는' 모든 경우를 포괄하여 '주어'로 여기면 된다.

주어가 되는 단어는 의미상 명사·동사·형용사·대사 등을 가리지 않는다. 품사와 문장 성분 간의 대응 관계를 다루는 항에서 이미 다루었다. 이와 평행하게 각종 句도 주어가 된다.

▸ 연합구

顏淵季路侍. 子曰: 盍各言爾志?『論語·公冶長』

안연과 계로가 모시고 있었다. 선생님께서 말씀하셨다. 어찌하여 각기 너희들의 뜻을 말하지 않느냐?

▸ 수식구

齊人固善盜乎?『晏子春秋·內篇雜下』

제나라 사람은 본디 도적질을 잘합니까?

拘禮之人不足與言事, 制法之人不足與論變.『商君書·更法』

예에 속박당하는 사람은 더불어 일을 말하기에 부족하고, 법에 제약을 받는 사람은 더불어 변화를 논하기에 부족합니다.

▸ 술목구

舟已行矣而 劍不行, 求劍若此 不亦惑乎?『呂氏春秋·察今』

배는 이미 가버리고(가버렸으나) 칼은 가지 않았는데, 칼을 찾는 것이 이와 같다면 또한 미혹되지 않는가?

▸ 주술구

國人望君如望慈父母也.『左傳·哀公十六年』

나라 사람들이 임금님을 우러러 보는 것이 마치 자애로운 부모를 우러러 보는 것과 같습니다.

吾見亦罕矣, 吾退而寒之者至矣.『孟子·告子上』

내가 (왕을) 만나는 것 역시 드물게 되었고, 내가 물러나면 그를 차갑게 하는 사람이 이르게 됩니다.

荊國之爲政有似於此. 『呂氏春秋 · 察今』

형나라가 정치를 함에는 이와 비슷한 것이 있다.

다음은 혼합형의 주어이다. 이처럼 단어나 구가 혼합된 형식의 주어
도 적지 않다.

宋無罪而 (∨)攻之 不可謂仁. 『墨子 · 公輸』

宋나라에 죄가 없는데도 공격하는 것은 어질다고 할 수 없습니다.

得天下英才而敎育之三樂也. 『孟子 · 盡心上』

천하의 영재를 얻어 그들을 가르쳐서 기르는 것이 세 번째 즐거움이다.

不義而富且貴於我如浮雲. 『論語 · 述而』

의롭지 않은데도 부유하고 또 귀하기까지 한 것은 나에게는 뜬구름과 같다.

5. 술어와 후속 성분

1) 목적어

먼저 목적어(目的語)나 보어(補語)를 수반하지 않은 술어(述語)가 쓰인
예들을 간단히 보기로 한다.

晏子至. 『晏子春秋 · 內篇雜下』

안자가 이르렀다.

其妻歸. 『孟子 · 離婁下』

그의 아내가 돌아왔다.

三年春不雨 夏六月雨. 『左傳·僖公三年』

3년 봄에 비가 내리지 않다가 여름 6월에 비가 내렸다.

使子路反見之. 至, 則行矣. 『論語·微子』

자로를 시켜서 돌아가 그를 만나게 하였는데, 이르자(도달하자) 곧 가버렸다(가버리고 없었다).

水土異也. 『晏子春秋·內篇雜下』

수토(풍토)가 달라서입니다.

沛公默然. 『史記·項羽本紀』

패공이 잠자코(묵묵히) 있었다.

목적어의 자리에 놓이는 단어나 구도 주어의 경우와 마찬가지로 다양하다. 의미상의 품사 유별에 관계없이 실사류의 단어가 두루 목적어에 충당되며, 어떤 술어의 뒤에는 구 형식의 목적어가 놓이기도 한다. 이들 예는 뒤의 '주어·목적어의 구성' 항에서 예시한다.

아래에서 하나의 목적어와의 관계를 대상으로 술어와 목적어의 결합이 보이는 의미의 유형을 정리한다. 고대중국어 목적어의 기본 성격을 최대한 바르게 이해할 수 있도록 하였다.

(1) 술어와 목적어 결합의 의미 유형

고대중국어에서 술어와 목적어가 구성하는 의미 유형은 다음과 같다.[3]

두 개의 층위로만 구별하였다. 의미상의 구별이기 때문이다. 이에 따

---

3) 안기섭·정성임, 「古代漢語 '술어+목적어'의 의미 유형 기술에 관한 성찰」(『中國人文科學』 제37집, 2007.12.) 참조.

른 유의할 점이 있다.

첫째, 두 층위에서의 분류 항목은 절대적인 것이 아니다. 둘째, 술어의 객체와 주체라는 말도 술어와 목적어의 의미 상관에 의거하여 나눈 관념상의 방편이다. 종래 주어와 목적어의 관계를 수사(受事, 행위의 대상)와 시사(施事, 행위자)라는 용어로 구별해 왔으나 술어와 목적어 간의 의미 관계를 모두 포괄하지 못한다. 셋째, 특히 제2층위에서의 하위 분류는 형평성의 문제가 있다. 용어를 정하면 배타적으로 쓰이기 쉬워 충돌이 발생하기 때문이다. 예컨대 이유와 목적이라는 개념을 나눌 때, '敗+其所不便'(그가[그] 편리하게 여기지 못하는바 때문에 그르치다)은 이유 관계를 나타내는 것이 분명해 보이지만, '殉名'은 '이름(명분)을 위해 죽다'인지 '이름(명분) 때문에 죽다'인지를 확정할 수가 없다. 실제로 고대중국어에서는 '술어+목적어' 형식에서 이유와 목적의 구분이 없다. 문맥을 보기에 따른 우리의 관념일 따름이다.

'有+목적어'를 '소유'와 '존재'로 나누는 어법적 의의는 없다. 주어의 자리에 사람을 가리키는 말이 오지 않고 장소를 나타내는 말이 오는 경우를 존재라고 말해 왔는데 '有'의 의미는 하나이다. 개념을 잘못 사용했기 때문에 모순된 설명이 있게 된 것이다. '有'는 '있음'을 의미하고 '無'는 '없음'을 뜻할 따름이다. 주어의 자리에 사람이 오느냐 다른 것이 오느냐에 상관없이 의미는 한 가지라는 뜻이다. 영어에서는 'have'와 'be'로 나누어 표현하며, 한국어에서는 '가지다'와 '있다'는 다 있지만 '순이는 예쁜 옷을 가지고 있다'와 '순이는 예쁜 옷이 있다'가 표현은 다르지만 뜻은 서로 통한다. 고대중국어에도 '在'라는 존재를 뜻하는 단어가 있다. '有'가 존재와 소유라는 두 개의 뜻을 가지고 있는 것이 아니다.

이 책에서의 분류가 갖는 의의를 다음과 같이 요약할 수 있다.

고대중국어는 ① 단어의 의미, ② 어순(의미 상관에 의한 구조 설정), ③ 문맥 및 언어 환경에 의해 문장의 뜻이 결정된다는 특징을 파지할 수 있게 해 준다. 통사론의 핵심으로 사용하고 있는 5가지 기본 통사 구조는 형태와 형태 변화에 따른 의미나 기능의 변화에 근거하여 설정한 것이 아니다. 문장 성분도 특별한 어법 특징에 의해 마련한 분석틀이 아니라 쌍방의 의미 관계를 근간으로 하고 어순을 보조적으로 사용한 것이다. 문맥이나 언어 환경도 잘 나타나지 않은 경우가 있다.

술어의 의미에 따라 목적어가 선택될 수밖에 없고, 주로 이에 따라 '술어+목적어'가 구성하는 의미 유형이 결정된다. '술어+목적어'의 조합이 나타내는 의미는 주어와도 밀접한 관련을 갖는다. 주어가 무엇이냐에 따라 '制+法'은 '법을 짓다(만들다)'가 될 수도 있고, '법에 제약을 받다'가 될 수도 있다. 술어와 목적어가 나타내는 의미 유형을 보면 고대중국어가 단어나 구의 '기능'(=직능, [=功能])보다 개별 어휘의 '의미'가 더 중요한 언어라는 사실을 알 수 있다.

이제 먼저 분류의 틀을 제시하고 그 내용을 예문과 함께 살펴 나가기로 한다. 예문 중에 목적어 앞에 어기조사 '於(于)'가 사용된 예는 들지 않았다. 조사 '於(于)' 항을 참조하면 된다.

●목적어가 의미상 술어의 객체인 경우

① 직접 대상 ② 간접 대상 ③ 목적물 ④ 유무 대상 ⑤ 의지 대상 ⑥ 가능 대상 ⑦ 당위 대상 ⑧ 피해 사실

●목적어가 의미상 술어의 주체인 경우

① 행위자 ② 출현·소실자 ③ 판단의 대상

● 목적어가 의미상 술어의 객체도 주체도 아닌 경우

① 원인 내지 목적 ② 도구 ③ 공간·시간 ④ 관계 ⑤ 비교 대상 ⑥ 수량

■ 목적어가 의미상 술어의 객체인 경우

① 직접 대상

직접 대상은 일반 대상, 단순 지각·심리 대상, 사동(使動, =사역)의 대상, 판단의 지각(意動) 대상 등으로 나누어 볼 수 있다.

▸ 일반 대상

虎求百獸而食之.『戰國策·楚策』

호랑이가 온갖 짐승을 구해서 그것들을 잡아먹었다.

景公飮酒.『晏子春秋·內篇雜上』

경공이 술을 마셨다.

▸ 단순 지각·심리 대상

聽其言而觀其行.『論語·公冶長』

그 말을 듣고 그 행동을 본다.

晉人懼其無禮於公也, 請改盟.『左傳·文公三年』

진나라 사람들이 그가 공에게 무례할까 두려워서 동맹을 바꾸기를 청했다.

▸ 사동(=사역)의 대상

縱江東父老憐而王我, 我何面目見之?『史記·項羽本紀』

비록 강동의 부로들이 나를 불쌍히 여겨 왕으로 삼는다 할지라도, 내가 무슨 면목으로 그들을 보겠는가?

城不入, 臣請完璧歸趙. 『史記·廉頗藺相如列傳』

성이 들어오지 않으면 신이 삼가 옥을 온전하게 하여 조나라로 돌아오게 하겠습니다.

▸ 판단의 지각(意動) 대상

叟不遠千里而來, 亦將有以利吾國乎? 『孟子·梁惠王上』

노인장께서 천리를 멀다 여기지 않으시고 오셨으니 역시 장차 우리나라를 이롭게 할 것이 있겠군요?

孔子登東山而小魯 登泰山而小天下. 『孟子·盡心上』

공자께서 동산에 올라서는 노나라를 작다고 여기고 태산에 올라서는 천하를 작다고 여겼습니다.

② 간접 대상

哭死而哀 非爲生者也. 『孟子·盡心下』

죽은 사람에 대하여 울며 슬퍼하는 것은 산 사람을 위해서가 아닙니다.

富貴者驕人乎, 且貧賤者驕人乎? 『史記·魏世家』

부유하고 귀한 사람이 남에게 교만을 부리겠습니까? 또 가난하고 천한 사람이 남에게 교만을 부리겠습니까?

酌則先誰? 曰: 先酌鄉人. 『孟子·告子上』

술을 따른다면 곧 누구에게 먼저 하겠습니까? 말했다. 고을 사람들에게 먼저 따르지요.

③ 목적물(결과물)

楚人爲小門于大門之側而延晏子. 『晏子春秋·内篇雜下』

초나라 사람들이 대문 옆에 작은 문을 만들어서 안자를 맞이하였다.

散木也以爲舟則沉 以爲棺椁則速腐. 『莊子·人間世』

산목은 그것을 가지고 배를 만들면 곧 가라앉고, 그것을 가지고 관을 만들면 곧 빨리 썩는다.

④ 有無 대상

北冥有魚, 其名爲鯤. 『莊子·逍遙遊』

북명에 물고기가 있는데 그것의 이름은 鯤(곤)이라고 한다.

人皆有兄弟, 我獨亡. 『論語·顔淵』

남들에게는 모두 형제가 있는데 나만 홀로 (형제가) 없다.

曰: 吾知所過矣將改之. 稽首而對曰: 人誰無過 過而能改 善莫大焉.

『左傳·宣公二年』

말했다. 나는 잘못한 바를 알게 되면 곧 그것을 고친다. 머리를 조아리며 대답하여 말했다. 사람이 누구에겐들 잘못이 없겠습니까? 잘못을 했더라도 고칠 수 있다면, 선은 그보다 큰(선하기가 이보다 더 큰) 것이 없습니다.

四境之內莫不有求於王. 『戰國策·齊策』

사방 경계 안에 임금님께 구하는 것이 있지 않은 사람이 없습니다.

'有'·'無'가 사용된 문장의 전체 뜻에 의거하여 소유와 존재를 나누는 것은 적절치 않다. 주어의 자리에 장소를 나타내는 말이 있으면 존재를 뜻하고 그 밖의 것은 소유라고 하는 것은 하등의 어법적 의미가 없다. '있음'과 '없음'이 있을 따름이다.

⑤ 의지 대상

姜氏欲之? 焉辟害? 『左傳·隱公元年』

강씨가 그것을 하고 싶어 하는데 어디(어떻게) 해를 피하겠는가?

保此道者不欲尚盈. 楚簡本『老子』

이 道(기운)를 보유한 사람은(보유하게 되면) 오히려 가득 채우기를 바라지 않는다.

左師觸龍願見太后. 『戰國策·趙策』

좌사인 촉룡이 태후를 뵙기를 원했다.

君以德綏諸侯, 誰敢不服? 『左傳·僖公四年』

임금님께서 만약에 덕을 가지고 제후들을 편안하게 해 준다면 누가 不服(복종하지 않음)
을 감히 하겠습니까?

⑥ 가능 대상

非曰能之 願學焉. 『論語·先進』

그것을 잘한다고 말하는 것이 아니라 그것을 하기를 원합니다.

江海所以爲百谷王 以其能爲百谷下. 楚簡本 『老子』

강과 바다가 온갖 계곡의 왕이 되는 바(→ 이유)는 그것들이 온갖 계곡의 아래가 될 수
있음을 가지고서이다.

國一日被攻, 雖欲事秦 不可得也. 『戰國策·齊策』

나라가 어느 날 침공을 입으면(→ 당하면) 비록 (그때 가서) 진나라를 섬기고자 하여도
그럴 수가 없습니다.

未秦兵尙彊, 未可輕. 『史記·留侯世家』

진나라 군사가 아직 강성하니 아직 가벼이 할(→ 가볍게 볼) 수 없습니다.

故察己可以知人 察今可以知古. 『春秋·察今』

까닭에 자기를 살피면 그것으로 남을 알 수 있고, 지금을 살피면 그것으로 옛날을 알
수 있다.

夫子之文章可得而聞也. 『論語·公冶長』

선생님의 글은 얻어서 들을 수 있습니다.

拘禮之人不足與言事, 制法之人不足與論變. 『商君書·更法』

예에 구애받는 사람은 더불어 일을 말하기에 부족하고, 법에 제약을 받는 사람은 더불어
변화를 논하기에 부족하다.

吾得兄事之. 『史記·項羽本紀』

나는 그를 형처럼 섬길 수 있다.

⑦ 당위 대상

足下非劉氏, 不當立. 『史記‧呂太后本紀』

당신은 유씨가 아니므로 (황제의 자리에) 서는 것이 당치 않습니다.

足下必欲誅無道秦 不宜踞見長者. 『史記‧高祖本紀』

당신께서 꼭 무도한 진나라를 베기를 바라신다면, 걸터앉아 윗사람을 접견하심은 마땅치 않습니다.

⑧ 피해 사실

國一日被攻, 雖欲事秦 不可得也. 『戰國策‧齊策』

나라가 어느 날 침공을 입으면(→ 당하면) 비록 (그때 가서) 진나라를 섬기고자 하여도 그럴 수가 없습니다.

隨之見伐 不自量力也. 『左傳‧僖公二十年』

그에 따라 정벌을 만나는(→ 당하는) 것은 스스로 힘을 헤아리지 못해서이다.

若信者 亦已爲禽矣. 『史記‧淮陰侯列傳』

한신 같은 사람도 역시 사로잡히게 되었다.

■ 목적어가 의미상 술어의 주체인 경우

① 행위자

故內惑於鄭袖 外欺張儀. 『史記‧屈原列傳』

까닭에 안으로는 정수에게 현혹되었고 밖으로는 장의에게 속았다.

拘禮之人 不足與言事, 制法之人 不足與論變. 『商君書‧更法』

예에 구속을 받는(→ 얽매이는) 사람은 더불어 일을 말하기에 부족하고, 법에 제약을 받는 사람은 더불어 변화를 논하기에 부족하다.

天下苦秦 久矣. 『史記‧陳涉世家』

천하가 진나라에게 괴로움을 당한 것이(당한 지가) 오래되었다.

② 출현·소실자

天然作雲, 沛然下雨, 則苗浡然興之矣. 『孟子·梁惠王上』

하늘에서 뭉게뭉게 구름이 만들어져서 주룩주룩 비가 내리면 곧 싹이 불쑥불쑥 일어납니다.

率其子弟 攻其父母 自生民以來未有能濟者也. 『孟子·公孫丑上』

그 자제를 거느리고서 그 부모를 공격한 경우는 백성이 생겨난 이래로(← 생겨나서부터 시작해서 그래 가지고 내려와) 아직 구제할 수 있는 경우가 있지 않았다.

③ 판단의 대상

子曰: 足食 足兵, 民信之矣. 『論語·顏淵』

선생님께서 말씀하셨다. 먹을 것이 넉넉하고 병장기가 넉넉하며 백성들이 그를 신뢰하게 된다.

家富良馬, 其子好騎. 『淮南子·人間訓』

집에 좋은 말이 많아서 그의 아들이 타기를 좋아했다.

夫功者難成而易敗, 時者難得而易失也. 『史記·淮陰侯列傳』

대저 공이란 이루기는 어려워도 그르치기는 쉬우며, 때란 얻기는 어려워도 잃기는 쉽다.

■ 목적어가 의미상 술어의 객체도 주체도 아닌 경우

① 원인 내지 목적

小人殉財 君子殉名. 『莊子·盜跖』

소인은 재물에 죽고 군자는 이름에 죽는다(→ 소인은 재물을 위해 죽고, 군자는 이름을 위해 죽는다, → 소인은 재물 때문에 죽고, 군자는 이름 때문에 죽는다).

吳子曰: 夫人常死其所不能 敗其所不便. 『吳子·治兵』

오자가 말했다. 대저 사람은 항상 그가 잘하지 못하는 바에(→ 때문에) 죽고 그가 편하게 여기지 못하는 바에(→ 때문에) 그르친다.

吾將與楚人戰, 彼衆我寡, 爲之奈何? 『韓非子·難一』

내가 장차 초나라 사람들과 싸우려고 하는데, 그(저)들 무리는 많고 나는 적으니, 그것을

(← 그것을 위해서, 그것에 대하여) 어떻게 해야 되겠소?

十餘萬人皆入睢水, 睢水爲之不流. 『史記 · 項羽本紀』

십여만 명이 모두 수수로 들어가니 수수가 그것 때문에 흐르지 않았다.

② 도구

楚越之地 地廣人希 飯稻羹魚. 『史記 · 貨殖列傳』

초월의 땅은 넓고 사람은 드물어 쌀로 밥을 짓고 생선으로 국을 끓였다.

褚師出 公戟其手曰: 必斷而足. 『左傳 · 哀公二十五年』

저사가 나오자 공이 그의 손으로 창 모양을 해가지고 말했다. 기필코 너의 발을 잘라버리겠다.

③ 공간·시간

項王則夜起飮帳中. 『史記 · 項羽本紀』

항왕은 곧 밤에 일어나 막장 안에서 술을 마셨다.

文公如齊. 『左傳 · 成公三年』

문공이 제나라로 갔다.

日出東方. 『莊子 · 田子方』

해는 동방에서 나온다.

淵深而魚生之 山深而獸往之 人富而仁義附焉. 『史記 · 貨殖列傳』

못이 깊으면 고기가 그곳에서 자라고 산이 깊으면 짐승들이 그곳으로 가며 사람이 부유해지면 인과 의가 그에게 붙는다.

三過其門而不入. 『孟子 · 滕文公上』

그의 대문 앞을 세 번 지났으나 들어가지 않았다.

城不入, 臣請完璧歸趙. 『史記 · 廉頗藺相如列傳』

성이 들어오지 않으면 신이 삼가 옥을 온전하게 하여 조나라로 돌아오게 하겠습니다.

仲子生而有文在其手. 『左傳 · 隱公元年』

중자는 나면서 그의 손에 무늬를 가지고 있었다.

文武之道未墜於地在人. 『論語·子張』

문왕과 무왕의 도는 아직 땅에 떨어지지 않았다. 사람에게 달려 있다.

甘羅年少 然出一奇計 聲稱後世. 『史記·甘茂列傳』

감라는 나이가 어렸다. 그러나 한 가지 기이한 계책을 내어 명성이 후세에 일컬어졌다.

다음 예는 공간에 준하는 추상적인 도달점을 뜻한다.

名尊地廣以至王者 何故? 戰勝者也. 『商君書·畫策』

이름은 높아지고 땅은 넓어져서 왕에 이르는 것은 무슨 까닭입니까? 싸워 이겨서입니다.

④ 관계

▶ 판단

此是何种也? 『韓非子·外儲說左上』

이것이 무슨 종자인가?

此必是豫讓也. 『史記·刺客列傳』

이 사람이 필시 예양이다.

王陵者故沛人始爲縣豪. 高祖微時兄事陵. 『史記·陳丞相世家』

왕릉은 옛 패현 사람으로 처음에는 (그) 현의 호협이었는데, 한 고조가 미천하였을 때 왕릉을 형님처럼 섬겼다.

長沮曰: 夫執輿者爲誰? 子路曰: 爲孔丘. 『論語·微子』

장저가 말했다. 저 수레고삐를 잡고 있는 사람이 누구 되시오? 자로가 말했다. 공구 되십니다.

▶ 유사

不義而富且貴 於我如浮雲. 『論語·述而』

의롭지 않은데도 부유하고 또(게다가) 귀하기까지 한 것은 나에게는 뜬구름과 같다.

大巧若拙, 大成若詘, 大直若屈. 楚簡本『老子』

크게 교묘한 것은 서투른 것 같고, 크게 언변이 좋으면 어눌한 것 같으며, 크게 곧으면 굽은 것 같다.

以若所爲求若所欲猶緣木而求魚也. 『孟子·梁惠王上』

이와 같은 하는 바(→ 행동)를 가지고 이와 같은 하고자 하는(바라는) 바(→ 욕망)를 추구하는 것은 나무를 좇아(→ 올라가서) 고기를 구하는(찾는) 것과 같습니다.

子之哭也壹似重有憂者. 『禮記·檀弓下』

선생님께서 우시는 데는 한결같이 근심하는 것이 크게 있는 것 같았다.

臣觀吳王之色, 類有大憂. 『國語·吳語』

신이 오왕의 안색을 살폈더니 큰 근심이 있는 것 같았습니다.

▸ 호칭

北冥有魚, 其名爲鯤. 『莊子·逍遙遊』

북명에 물고기가 있는데 그것의 이름은 곤(鯤)이라고 한다.

邦君之妻 君稱之曰夫人 夫人自稱曰小童 邦人稱之曰君夫人.

『論語·季氏』

나라 임금의 아내는, 임금은 그를 일컬어 부인이라 부르고, 부인은 스스로 일컬어 소동이라 부르며 나라 사람들은 그를 일컬어 군부인이라 부른다.

睹其一戰而勝 欲從而帝之. 『戰國策·趙策』

그가 한 번 싸워 이기는 것을 보고 그를 따라서 황제라 부르고자 하였다.

⑤ 비교 대상

大夫倍上士 上士倍中士 中士倍下士. 『孟子·萬章下』

대부는 상사의 갑절이고 상사는 중사의 갑절이며 중사는 하사의 갑절이다.

大國地方百里 君十卿祿 卿祿四大夫. 『孟子·萬章下』

큰 나라는 땅이 사방 백 리인데, 군은 경의 녹의 열 배이고 경의 녹은 대부의 네 배이다.

商也好與賢己者處. 『說苑·雜言』

상은 자기보다 어진 사람과 더불어 지내기를 좋아했다.

⑥ 수량

適千里者三月聚糧. 『莊子·逍遙遊』

천 리를 가려면(가는 사람은) 석 달 동안 식량을 모은다.

子墨子聞之 起於齊 行十日十夜而至於郢. 『墨子·公輸』

선생님이신 묵자께서 그것을 듣자 제나라에서 출발하여 십일 낮과 십일 밤을 가서 영(地名)에 이르렀다.

● 의미상의 형용사가 목적어를 취하는 예의 의미 유형은 몇 개 되지 않으므로 따로 익혀두면 편리하다.

足食 足兵 民信之矣. 『論語·顏淵』

먹을 것이 넉넉하고 병장기가 넉넉하며 백성들이 그를 신뢰하는 것이다.

烏孫多馬, 其富人至有四五千匹馬. 『史記·大宛列傳』

오손 지방은 말이 많아서, 그 가운데 부유한 사람은 4, 5천 필의 말을 소유하는 데 이르렀다.

富貴者驕人乎, 且貧賤者驕人乎? 『史記·魏世家』

부귀하면(부귀한 사람이) 남에게 교만합니까? 또 빈천하면(빈천한 사람이) 남에게 교만합니까?

孔子罕稱命 蓋難言之也. 『史記·外戚世家』

공자께서 명을 드물게 일컬으신 것은 아마도 그것을 말하기가 어려워서였을 것이다.

焉有仁人在位罔民而 可爲也? 『孟子·梁惠王上』

어디(→ 어찌) 인자한 사람이 (임금의) 자리에 있으면서 백성들을 그물질 하는(그물로 잡는) 일을 해도 되겠습니까(→ 할 수 있겠습니까)?

(2) 둘 이상의 목적어

목적어가 둘인 경우가 있다. 목적어가 둘인 경우 동사의 직접대상과
간접대상만을 취하여 이중목적어라고 한 것은 영어 어법을 흉내 낸 것
이다. 중국에서는 이를 쌍빈어[雙賓語]라고 한다. 그러나 고대중국어에
는 목적어가 술어와 이 두 가지 관계만을 갖는 것이 아니다. 뿐만 아니
라 세 개의 목적어를 취한 경우도 있다.

余命女生子 名虞, 余 與 之 唐. 『史記·晉世家』
내 (너의) 여자에게 명하여 자식을 낳게 하고 이름을 우(虞)라 할 것이며, 내 그에게 당을
(唐의 땅을) 주리라.

文公 與 之 處. 『孟子·滕文公上』
문공이 그에게 거처할 곳을 주었다.

使奕秋 誨 二人 奕. 『孟子·告子上』
혁추로 하여금 두 사람에게 바둑을 가르치게 하였다고 하자.

漢王 授 我 上將軍印. 『史記·淮陰侯列傳』
한왕이 나에게 상장군의 도장을 주었다.

取吾璧 不 予 我 城, 奈何? 『史記·廉藺如列傳』
우리의 옥은 취하고(받고) 우리에게 (약속한 15개의) 성은 주지 않으면 무엇과 같이(어떻
게) 하겠는가?

漢王 賜 良 金百溢珠二斗. 『史記·留侯世家』
한왕이 장량(張良)에게 금 백 일과 구슬 두 말을 하사했다.

嘗 問 衡 天下所疾惡者. 『漢書·張衡傳』
일찍이 장형(張衡)에게 천하가 싫어하는 바의 것을 물었다.

두 개의 목적어를 취하는 대표적인 동사들은 '與'·'誨'·'授'·'予'·
'賜'·'問' 등으로서 '~에게(에게서) ~을(를) ~하다(해주다)'로 풀이되는

의미를 지닌다.

그런데 고대중국어서 두 개의 목적어를 취하는 동사의 범위가 더 넓다.

晉公子重耳之及於難也, 晉人伐 諸 蒲城, 蒲城人欲戰. [諸=之於]

『左傳·僖公二十年』

진의 공자 중이가 곤경에 이르러(驪姬의 압박을 받은 것을 말함) 진나라 사람(진 獻公)이 포성에서 그를 치려 하자, 포성 사람들이 (중이를 위해서) (헌공의 군대와) 싸우려고 하였다.

後世 無 傳 焉. 『孟子·梁惠王上』

후세에는 그것에 대해 전해진 것이 없습니다.

三人行, 必有我師焉. 『論語·述而』

세 사람이 가면 반드시 그 가운데 나의 스승이 있다.

葉公 問 孔子 於 子路, 子路不對. 『論語·述而』

섭공이 자로에게 공자를(→ 공자에 대해서) 물었는데, 자로가 대답하지 않았다.

趙氏 求 救 於 齊. 『戰國策·趙策』

조나라가 제나라에 구원을 청했다.

楚人 爲 小門 于 大門之側 而 延 晏子. 『晏子春秋·內篇雜下』

초나라 사람들이 대문 옆에 작은 문을 만들어서 안자를 맞이하였다.

'焉'은 대사이다. '於(于)'는 강조의 기능을 갖는 어기조사이므로 뒤에 오는 말은 목적어로 취급해야 한다.

다음은 세 개의 목적어를 취한 경우이다.

西 喪 地 於 秦 七十里. 『孟子·梁惠王上』

서쪽으로 땅을 진나라에게 칠십 리를 잃었습니다.

'地'·'秦'·'七十里'가 '喪'의 목적어이다.

2) 보어

보어는 술어 뒤에 바로 이어져서 앞 술어가 의미하는 바의 결과를 보충 설명해 주는 성분이다. 이 책에서 보어로 설정한 것은 이것뿐이다. 상고의 고대중국어에는 예가 그리 많지 않다.

名尊地廣以至王者 何故? 戰勝者也. 名卑地削以至於亡者 何故? 戰罷者也. 『商君書·畫策』
이름은 높아지고 땅은 넓어져서 왕(왕의 지위)의 이르는 것은 무슨 까닭입니까? 싸워 이겨서입니다. 이름은 낮아지고 땅은 깎이어서 패망에 이르는 것은 무슨 까닭입니까? 싸워 패해서입니다.

戰敗衛師. 『左傳·莊公二十八年』
위나라 군대에 싸워서 졌다.

能捕得謀反賣城踰城敵者一人. 『墨子·號令』
모반하여 성을 팔아서 적에게 넘겨준 한 사람을 잡아낼 수 있었다.

毀絶鉤繩而 棄規矩. 『莊子·胠篋』
곱자와 먹줄을 헐어 끊어버리고 그림쇠와 자를 버리다.

涉閑不降楚 自燒殺. 『史記·項羽本紀』
섭한은 초나라에 항복하지 않고 스스로 불에 타서 죽었다.

太甲顚覆湯之典刑. 『孟子·萬章上』
태갑이 탕왕의 전장과 형법을 넘어뜨려 엎어버렸다.

懷王竟聽鄭袖 復釋去張儀. 『史記·屈原賈生列傳』
회왕이 마침내 정수의 말을 듣고 다시 장의를 풀어 가게 했다(보냈다).

遂逐出獻公. 『史記·衛康叔世家』
마침내 헌공을 쫓아냈다.

陳余擊走常山王張耳. 『史記·張丞相列傳』
진여가 상산왕 장이를 쳐서 달아나게 하였다.

玉變爲石, 珠化爲礫. 『論衡·累害』

옥이 변하여 돌이 되고, 구슬이 변하여 자갈이 된다.

今諸侯王皆推高寡人. 『漢書·高帝紀』

지금 여러 후와 왕들이 다 과인을 높이 밀어 올렸소.

6. 주어·목적어의 구성

주어와 목적어는 하나의 단어인 경우와 구인 경우가 다 있다. 단어의 경우는 부사·감탄사를 제외한 모든 실사류가 주어와 목적어로 쓰일 수 있다. 구가 주어와 목적어가 되는 경우에도 마찬가지로 의미상 동사성·형용사성·명사성에 관계없이 모두 쓰인다. 연합구조·수식구조·술목구조·보충구조·주술구조의 구나 이것들의 혼합 형식도 개별 단어의 성질과 평행하기 때문이다.

구가 주어와 목적어로 쓰인 예를 들면 다음과 같다.

▶ 주어

得天下英才而敎育之三樂也. 『孟子·盡心上』

천하의 영재를 얻어 그들을 가르쳐서 기르는 것이 세 번째 즐거움이다.

不義而富且貴於我如浮雲. 『論語·述而』

의롭지 않은데도 부유하고 또 귀하기까지 한 것은 나에게는 뜬구름과 같다.

晉國天下莫强焉叟之所知也. 『孟子·梁惠王上』

진나라가 천하에서 그보다 강한 나라가 없음은 노인장께서 아시는 바입니다.

荊國之爲政有似於此. 『呂氏春秋·察今』

형나라가 정치를 하는 데는 이와 비슷한 것이 있다.

國人望君如望慈父母也. 『左傳·哀公十六年』

나라 사람들이 임금님을 우러러 보는 것이 마치 자애로운 부모를 우러러 보는 것과 같습니다.

吾見亦罕矣, 吾退而寒之者至矣. 『孟子·告子上』

내가 (왕을) 만나는 것 역시 드물게 되었고, 내가 물러나면 그를 차갑게 하는 사람이 이르게 됩니다.

▶ 목적어

故不登高山 不知天之高也. 『荀子·勸學』

까닭에 높은 산에 오르지 않고는 하늘이 높다는 것을 알지 못한다.

未有不嗜殺人者也. 『孟子·梁惠王上』

사람 죽이기를 좋아하지 않는 경우가(않는 사람이, 않음이) 아직 없습니다.

王如知此 則無望民之多於隣國也. 『孟子·梁惠王上』

왕께서 이를 아실 것 같으면 곧 백성이 이웃 나라보다 많기를 바랄 것이 없으십니다 (→ 없으소서).

丹所報 先生所言者 國之大事也, 願先生勿泄也. 『史記·刺客列傳』

丹이 알려온 바와 선생께서 말씀하신 바는 나라의 대사이니 선생께서는 누설하는 일이 없으시기 바랍니다.

君子病無能焉 不病人之不己知也. 『論語·衛靈公』

군자는 능력이 없는 것을 괴로워하지 남이 자기를 알아주지 않는 것을 괴로워하지 않는다.

操蛇之神聞之 懼其之不已也 告之於帝. 『列子·湯問』

뱀을 다루는 신이 그것을 듣고 그가 그만두지 않을까 두려워 그것을 天帝에게 고했다.

臣聞昔湯武以百里昌 桀紂以天下亡. 『戰國策·楚策』

臣은 옛날 탕왕과 무왕은 백 리를 가지고도 창성하였으나 걸왕과 주왕은 천하를 가지고도 망했다고 들었습니다.

吾不忍 其觳觫若無罪而就死地. 『孟子·梁惠王上』

나는 그것이 벌벌 떠는 것이 죄가 없는데도 사지에 나아가는 것 같음을 견디지(→ 차마 보지) 못하겠다.

7. 수동 의미의 전달 방식

앞에서 고대중국어의 의미상의 동사는 자동·타동의 구별도 없고, 타동의 일종인 사동(使動)·의동(意動)의 구별도 없으며 능동(能動)·수동(受動, =피동[被動])의 구별도 없음을 설명하였다. 하나의 동사가 언제든지 이 가운데 하나를 뜻하는 문맥에 쓰이므로 중립적이라고 말하게 된다. 이러한 구분은 우리가 현대의 언어와 사고에 의하여 문맥을 파악함으로써 인지한 결과일 따름이다.

따라서 수동의 의미를 나타내는 전용의 어법 표지는 없다. 기본적으로 동사의 의미와 문맥에 의한다. 동사가 나타내는 행위의 시행자(행위자)는 목적어의 자리에 놓임을 기본으로 한다. 수동 의미를 전달하는 문장의 행위자가 술목구조의 목적어의 한 가지로 나타난다. 그러므로 수동 의미는 동사의 뜻과 주어·목적어와의 관계 속에서 드러난다고 할수 있다. 목적어 자리에 오는 행위자를 강조할 때는 다른 목적어가 강조되는 경우와 마찬가지로 어기조사 '於(于)'가 쓰인다.

1) 동사가 단독으로 쓰인 경우

怠慢忘身, 災禍乃作. 『荀子·勸學』
태만은 몸을 잊게(→ 망치게) 하여, 재앙과 화가 곧 만들어진다(생긴다).

由此觀之, 王之蔽甚矣. 『戰國策·齊策』
이를 통해서 보건대, 왕께서 가리어지심이 심해졌습니다.

昔者龍逢斬, 比干剖, 萇弘胣, 子胥靡. 『莊子·胠篋』

옛날에 용봉은 참수되었고(목 베이고), 비간은 배를 갈리었으며, 장홍은 창자를 갈리었고, 자서는 (강물에 던져져) 썩히었다.

2) 동사 뒤에 행위자가 놓이는 경우

是以一夫倡而天下和, 兵破陳涉, 地奪諸侯, 何嗣之所利? 『鹽鐵論·結和』

이래서 한 사내가 창도하자 천하가 화답하여, 군대는 진섭에게 부서지고 땅은 제후들에게 빼앗겼으니, 무엇이 후계자가 이롭게 여길 바입니까?

拘禮之人 不足與言事, 制法之人 不足與論變. 『商君書·更法』

예에 구속을 받는(→ 얽매이는) 사람은 더불어 일을 말하기에 부족하고, 법에 제약을 받는 사람은 더불어 변화를 논하기에 부족하다.

天下苦秦 久矣. 『史記·陳涉世家』

천하가 진나라에게 괴로움을 당한 것이(당한 지가) 오래되었다.

다음은 '於(于)'가 목적어 자리에 놓인 행위자를 강조한 예이다.

然而兵破於陳涉, 地奪於劉氏者, 何也? 『漢書·賈山傳』

그러하였지만 군대는 진섭에게 부서지고 땅은 유씨에게 빼앗긴 것은 뭡니까(무엇 때문입니까)?

勞心者治人, 勞力者治於人. 『孟子·滕文公上』

마음으로 애쓰면 남을 다스리고 힘으로 애쓰면 남에게 다스림을 받는다.

'治於人' 중의 '於'를 수동 표지의 전치사로 여겨왔었는데 그렇지 않다. 이곳의 '於'는 단지 강조의 표지일 뿐 수동 표지가 아니다. 문맥과 어조(語調)에 의해 수동 의미가 전달된다.

3) 동사 '被'·'見'·'爲'·'受'·'取'·'蒙'·'賜' 등이 동사성의 단어를 목적어로 취한 경우

이들 동사는 각각의 의미에 의해 뒤따르는 동사성 목적어가 수동의 내용임을 명확하게 준다. 본시 '입다(당하다), 되다, 보다, 받다, 취하다, 입다, 내려 받다' 등의 의미가 뒤에 오는 이것들의 목적아가 뜻하는 행위를 당함(입음)을 나타내게 된다.

國一日被攻, 雖欲事秦 不可得也. 『戰國策·齊策』
나라가 어느 날 침공을 입으면(→ 당하면) 비록 (그때 가서) 진나라를 섬기고자 하여도 그럴 수가 없습니다.

隨之見伐 不自量力也. 『左傳·僖公二十年』
그를 따라 정벌을 만나는(→ 당하는) 것은 스스로 힘을 헤아리지 못해서입니다.

信而見疑 忠而被謗 能無怨乎? 『史記·屈原列傳』
미더운데도 의심하는 것을 보고(만나고, → 당하고, 받고) 충성스러운데도 비방을 입는다면(→ 당한다면, 받는다면) 원망이 없을 수 있겠습니까?

然而厚者爲戮, 薄者見疑 『韓非子·說難』
그러한데도 심각한 경우에는 살육되고 가벼운 경우에는 의심을 만난다(→ 받는다, 당한다).

若信者亦已爲禽矣. 『史記·淮陰侯列傳』
한신 같은 사람 역시 이미 사로잡히게 되었다(사로잡인 것[사로잡힘]이 되었다, → 사로잡혔다).

假令僕伏法受誅, 若九牛無一毛, 與螻蟻何以異? 『司馬遷·報任安書』
가정하여(← 거짓으로) 저로 하여금 법에 복종하여 죽임을 받게(→ 당하게) 한다면[← 당하게 한다고 합시다], 아홉 마리의 소에서 한 터럭이 없어지는 것과 같을 것이니, 땅강아지나 개미와 더불어 (비교하여) 무엇으로(→ 어떻게) 다르겠습니까?

聖人非所與熙也, 寡人反取病焉. 『晏子春秋·內篇雜下』

성인은 더불어 희롱할 바가 아니다. 과인이 반대로 그에게 괴롭힘을 받았다.

慕進者蒙榮, 違意者被戮. 『後漢書·臧洪傳』

흠모하여 나아가면 영예를 입었고(← 뒤집어썼고) 뜻을 거스르면 살육을 입었다(→ 당했다).

實孝而賜死 誠忠而被誅. 『論衡·感虛篇』

진실로 효순하나 죽음을 내려 받았고 참으로 충성스러우나 주살을 입었다(→ 당했다).

동사 '被'·'見'·'爲'는 동사성 목적어 외에 이것의 뒤에 강조의 기능을 하는 어기조사 '於(于)'와 함께 행위자를 목적어로 동반하기도 한다.

萬乘之國被圍於趙. 『戰國策·齊策』

만승의 나라가 조나라에게 포위함(→ 포위 하는 일)을 입었다(→ 포위를 당했다).

有間晏子見疑於景公. 『晏子春秋·內篇雜下』

얼마(시간 간격이) 있다가 안자가 경공에게 의심함을 보았다(→ 받았다).

吾長見笑於大方之家. 『莊子·秋水』

나는 큰 도를 아는 사람들에게 길이 비웃어지는 것을 보게(→ 비웃음을 당하게) 될 것이다.

胥之父兄爲僇於楚. 『史記·吳太伯世家』

오자서의 아버지와 형은 초나라 사람들에게 도륙 당하게 되었다.

4) '被'·'爲'가 주술구를 목적어로 취한 경우

亮子被蘇峻害. 『世說新語·方正』

양자는 소준이 살해함(소준이 해침)을 입었다(→ 소준에게 살해당했다).

身死國亡 爲天下笑. 『戰國策·秦策』

몸은 죽고 나라는 망하여 천하가 비웃는 것(꼴)이 되었다.

上笑曰: 多多益善, 何爲我禽? 『史記·淮陰侯列傳』

임금이 웃으며 말했다. 많으면 많을수록 더 좋은데 뭐로(→ 무엇 때문에) 내가 사로잡음이(사로잡은 것이) 되었소(→ 나에게 사로 잡혔소)?

5) '爲'가 주술구 사이에 조사 '所'를 쓴 목적어를 취한 경우

爲魚鼈所食. 『莊子 · 盜跖』

물고기와 자라가 먹은 바가(바의 것이) 되었다(→ 물고기와 자라에게 먹혔다).

世子申生爲驪姬所譖. 『禮記 · 檀弓』

세자 신생은 여희가 참소한 바가 되었다(→ 여희에게 참소당했다).

楚遂削弱 爲秦所輕. 『戰國策 · 秦策』

초나라가 마침내 깎이고 약해지자 진나라가 가벼이 여기는 바가 되었다(→ 진나라에게 가벼이 여겨졌다).

다음 예는 '所' 뒤의 술어가 목적어를 내포한 경우이다.

數爲小吏黠人所見侵奪. 『前後漢文卷二十三. 班彪: 復護羌校尉疏』

여러 차례 하급 관리와 교활한 사람들이 침탈을 보인 바의 대상)가 되었다(→ ~에게 침탈당했다).

다음 예는 주어가 없이 '所+동사'만이 '爲'의 목적어로 쓰인 경우이다.

請以劍舞因擊沛公於坐殺之. 不者 若屬皆且爲所虜. 『史記 · 項羽本紀』

검을 사용해서 춤을 추다가 이어서 (그) 자리에서 패공을 쳐서 그를 죽이시오. 그렇지 않으면 당신들 무리는 다 장차 (그가) 포로로 삼는 바가(그의 포로가) 될 것이오.

다음은 '所'를 쓴 주술구 중의 주어를 강조하는 '之'가 추가된 경우이다.

有制人者, 有爲人之所制者. 『管子 · 樞言』
남을 제압하는 경우가 있고, 남이 제압하는 바가 되는[→ 남에게 제압당하는] 경우가
있다.

‘爲’의 후속 성분이 어떠한 구조 형식의 것이든 ‘爲’의 목적어가 됨을
알 수 있다.

고대중국어에 ‘태(態, voice)’라는 어법 범주를 설정할 수 없는 이유는
이상의 예에서와 같이 수동 의미가 전달되기 때문에다. 고대중국어와는
달리 영어에서는 능동 형식을 변환하여 수동을 나타내는 전용의 형식
‘be+pp’가 있기 때문에 능동태(能動態)와 수동태(受動態)라는 어법 범주
를 설정할 수가 있다. 고대중국어에 수동을 나타내는 어법 표지가 없는
것은 성(性) · 수(數) · 인칭(人稱) · 격(格) · 시제(時制) · 상(相) · 급(級) 등
의 어법 표지가 없는 것과 평행하다. 그래서 고대중국어를 고립어적인
언어라고 할 수 있는 것이다.

8. 판단을 나타내는 문장의 술어

술어가 명사 또는 명사성의 구인 경우 주어를 판단하는 의미를 나타
낸다. 이를 흔히 판단문이라고 한다. 기본 문형에서는 명사술어문에 속
한다. 그러나 판단을 나타내는 데 명사나 명사성의 구만 쓰이는 것이 아
님에 주의하여야 한다. 개별 품사성이 없다고 보면 되는데 의미상 · 관
념상으로 나누게 되므로 이러한 설명을 부가하게 된다.

또 ‘是’(이다)나 ‘爲’(되다[이다])가 술어가 되고 이것이 목적어를 취하
는 문장도 판단을 나타내므로 판단문에 포함된다. 이 경우는 기본 문형

이 동사술어문에 속한다.

▸ 명사성 술어가 판단의 내용인 경우

夫子聖人也. 『莊子·德充符』
선생님은 성인이시다.

夫管子天下之才也. 『國語·齊語』
대저 관자는 천하의 인재이다.

廉頗者趙之良將也. 『史記·廉頗藺相如列傳』
염파는 조나라의 좋은 장군이다.

此則寡人之罪也. 『孟子·公孫丑下』
이것은 곧 과인의 죄입니다.

孟嘗君怪之曰: 此誰也? 『戰國策·齊策』
맹상군이 그를 괴이하게 여겨 말했다. 이는 누굽니까?

天下者高祖天下. 『史記·魏其武安侯列傳』
천하는 고조의 천하이다.

農天下之本. 『史記·孝文本紀』
농사는 천하의 근본이다.

▸ '是'·'爲'가 술어로 쓰여 판단을 나타내는 경우

此是何种也? 『韓非子·外儲說左上』
이것이 무슨 종자인가?

此必是豫讓也. 『史記·刺客列傳』
이 사람은 필시 예양이다.

孰爲夫子? 『論語·微子』
어느 분이 선생님 되십니까?

기본 문형으로는 동사술어문·형용사술어문 또는 주술술어문일지라
도 문장 전체가 판단성을 띠는 경우들이 있다.

▸ 동사성 술어가 쓰여 판단을 나타내는 경우

君子務本. 『論語·學而』

군자는 근본에 힘쓴다.

臣恐强秦之爲漁父也. 『戰國策·燕策』

신은 강한 진나라가 어부가 될까(→ 어부지리를 할까) 두렵습니다.

不好犯上而好作亂者未之有也.

위를 범하기 좋아하지 않는데도 혼란 짓기를 좋아하는 경우는 아직 있지 아니하였다.

吾矛之利於物無不陷也. 『韓非子·難一』

내 창의 날카로움은(내 창이 날카롭기는) 사물에 대해서 뚫지 못하는 것이 없다.

▸ 형용사성 술어가 쓰여 판단을 나타내는 경우

水土異也. 『晏子春秋·內篇雜下』

수토(풍토)가 달라서입니다.

管仲之器小哉! 『論語·八佾』

관중의 그릇은 작구나!

君美甚. 『戰國·齊策』

당신이 잘생긴 것이 훨씬 더합니다(→ 당신이 훨씬 잘생기셨습니다).

秦王之國危於累卵. 『史記·范雎蔡澤列傳』

진왕의 나라는 누란보다 위험합니다.

▸ 주술 술어가 쓰여 판단을 나타내는 경우

大上 下知有之. 楚簡本『老子』

큰 위(윗사람)는 아래(아랫사람)가 그가 있다는 것만 아는 것이다.

君子之交 淡若水. 『莊子 · 山木』

군자의 사귐은 담담하기가 물과 같다.

是 仁義用於古而不用於今也. 『韓非子 · 五蠹』

이는 인과 의가 옛날에는 쓰였으나 오늘날에는 쓰이지 않는 것이다.

▸ 기타 구 또는 절의 혼합인 경우

氷水爲之而寒於水. 『荀子 · 勸學』

얼음은 물이 그것이 되었지만 물보다 차갑다.

此天之亡我 非戰之罪也. 『史記 · 項羽本紀』

이는 하늘이 나를 망하게 하는 것이지 전쟁의 죄가 아니다.

故不登高山不知天之高也 不臨深溪不知地之厚也. 『荀子 · 勸學』

까닭에 높은 산에 오르지 않고는 하늘이 높다는 것을 알지 못하고 깊은 계곡에 임하지 않고는 땅이 두텁다는 것을 알지 못한다.

不違農時, 穀不可勝食也. 『孟子 · 梁惠王上』

농사 때를 어기지 않으면 곡식은 이루 다 먹어낼(← 먹기를 이겨낼) 수가 없습니다.

聖人非所與熙也, 寡人反取病焉. 『晏子春秋 · 內篇雜下』

성인은 더불어 희롱할 바가 아니다. 과인이 반대로 괴롭힘을 받았다.

판단문이라는 것이 문장 형식에 의해 분류한 어법적 개념이 아님을 알 수 있다. 문장 전체의 의미상의 성격으로 볼 때 동사술어는 보통 서술성의 문장을 구성하며, 형용사술어는 묘사성의 문장을 구성한다. 판단성 · 서술성 · 묘사성은 술어뿐만 아니라 다른 어휘와 결합이 형성하는 문맥에 의해 나타난다. 따라서 술어에 의거하여 판단문 · 묘사문 · 서술문 등으로 나누는 것은 어법상 의미가 없다.

이유를 나타내는 문맥임이 분명한 경우에는 판단의 어기를 나타내는

'也'가 특히 중요한 요소임을 알 수 있다. 화자의 판단의 어기가 부가되기 때문에 의미상 판단문에 속한다.

水土異也. 『晏子春秋·內篇雜下』
수토(풍토)가 달라서입니다.

孔子罕稱命 蓋難言之也. 『史記·外戚世家』
공자가 명을 드물게 일컬은 것은 아마도 그것을 말하기 어려워서였을 것이다.

吾所以爲此者 以先國家之急而後私讎也. 『史記·廉頗藺相如列傳』
내가 이렇게 하는 바는 국가의 위급함을 우선시하고 사사로운 원한 관계를 뒤로함으로써 입니다.

名尊地廣以至王者何故? 戰勝者也. 『商君書·畵策』
이름은 높아지고 땅은 넓어져서 왕(왕의 지위)에 이르는 것은 무슨 까닭입니까? 싸워 이겨서입니다.

9. 술어부분의 연접과 목적어

하나의 주어에 둘 이상의 술어 부분이 따르는 경우도 적지 않다. 하나의 주어에 두 개의 술어가 따르면서 첫 번째 술어가 수반하는 목적어와 두 번째 술어 사이에 의미상 주술 관계가 성립할 때, 앞 술어의 목적어가 뒤에 오는 술어의 주어를 겸한다고 하여 겸어(兼語)라는 문장 성분명을 부여하고 이러한 형식의 문장을 겸어식(兼語式) 문장이라고 부른다.

두 술어 부분이 연접되지만 앞 술어가 목적어를 수반하지 않거나 목적어를 수반하더라도 뒤 술어와 의미상의 주술 관계가 성립하지 않으면 연동식(連動式) 문장이라고 불러 구별하고 있다.

■ 겸어식

단문, 복문 중의 절, 구 등에서 모두 겸어식 구성을 볼 수 있다.

魏安釐王 使 將軍晉鄙 救趙. 『戰國策·趙策』

위나라의 안리왕이 장군 진비를 시켜서(진비로 하여금) 조나라를 구원하게 하였다.

余 命 女 生子, 名虞, 余與之唐. 『史記·晉世家』

내 (너의) 여자에게 명하여 자식을 낳게 하고 이름을 우(虞)라 할 것이며, 내 그에게 당을 (唐의 땅을) 주리라.

(∨)使 奕秋 誨二人奕. 『孟子·告子上』

혁추로 하여금 두 사람에게 바둑을 가르치게 하다.

(∨)使 其 喜怒哉! 『列子·黃帝』

그것들로 하여금 좋아하게도 하고 화내게도 하였도다!

是 助 王 養其民也, 何以至今不業也? 『戰國策·齊策』

이는 왕을 도와 그 백성을 기르게 해 주는 것인데, 무엇을 가지고(→ 무엇 때문에) 오늘에 이르기까지 업으로 삼지 않으십니까?

위의 문장들은 의미 맥락에 의해 설정한 겸어식이라는 관점보다 통사 구조의 면에서 달리 이해할 수 있다. '將軍晉鄙+救趙'·'王+養其民' 등의 주술구조를 각각 '使'·'助'의 목적어로 보는 것이다. 이에 따라 풀이하면, '장군 진비가 조나라를 구원할 것을(구원하도록) 시키다'·'왕이 그 백성을 기르는 것을(기르도록) 돕다'가 된다.

다음 예는 뒤 술어의 의미상의 주어가 없는 경우이다. 겸어식이라는 문형의 설정 방식에 의거하여 보면, 문장의 목적어가 생략되어 있는 것처럼 보인다. 그러나 통사 구조를 위와 같이 보면 더 자연스럽다.

扶蘇以數諫故 上 使 (∨) 外將兵. 『史記·陳涉世家』

부소가 자주 간한 까닭으로 임금이 (그로 하여금) 밖에서 군대를 거느리게 했다.

[* 扶蘇를 가리키는 '之' 또는 '其'를 보충해 넣을 수 있음]

今殺相如 終不能得璧也而 絶秦趙之歡, 不如因而厚遇之 使 (∨) 歸趙.

『史記·廉頗藺相如列傳』

지금 상여를 죽이면 끝내 옥을 얻을 수 없으며 진나라와 조나라 간의 좋은 관계를 끊게 되니, 이에 따라 그를 후하게 대우하여 (그로 하여금=그를) 조나라로 돌아가게 함만 같지 못합니다.

[* 相如를 가리키는 '之' 또는 '其'를 보충해 넣을 수 있음]

'겸어'의 생략이라고 보지 않고 '外將兵', '歸趙'를 있는 그대로 보면 우선 '使'의 목적어로 볼 수 있다. 즉, '밖에서 군대를 거느릴 것을(→거느리도록) 시키다', '조나라로 돌아갈 것을 시키다(돌아가게끔 하다)'로 풀이된다.

다른 하나의 분석 방법은 술어1과 술어2를 모두 맨 앞 주어에 종속되는 행위로 보는 것이다. '魏安釐王(주어)+使將軍晉鄙(술부1)+救趙(술부2)'를 가지고 설명하면, '使'(술어1)와 '救'(술어2)가 뜻하는 행위는 모두 '魏安釐王'에 귀속된다. '救'라는 행위를 직접 하는 것은 '將軍晉鄙'이지만 '시켜서 구원하게 하다'는 행위는 모두 주어를 설명한다. 이렇게 보면 연동식과 마찬가지로 통사 구조상으로는 술어의 연접일 뿐이다. 고대중국어에서 동사에는 사동과 사동이 아닌 경우의 구별이 없다. '救'는 '구원하다'·'구원하게 하다'는 의미를 모두 전달할 수 있기 때문이다. '使+外將兵'과 '使+歸趙'도 이와 같은 방법으로 보면, 각각 '시켜서 밖(외지)에서 군대를 거느리게 하다'와 '시켜서 조나라로 돌아가게 하다'가 된다.

다음 예 중의 술어1에 해당하는 '有'·'謂'는 '使'(시키다)·'助'(도와서 ~

하게 하다)와 같은 사역의 뜻을 갖지 않지만 겸어식을 설정한 방식으로
이해하면 역시 겸어식에 해당한다. 술어2는 명사인 경우도 있다.

> 仲子生而 有 文 在其手.『左傳·隱公元年』
> 중자는 나면서 그의 손에 무늬를 가지고 있었다.
>
> 一心以爲 有 鴻鵠 將至 思援弓繳而射之.『孟子·告子上』
> 한쪽 마음은 (가지고서) 큰기러기나 고니가 있어가지고 장차 이르리라고 생각하여 활의
> 주살을 당겨서 그것을 쏘아 맞힐 것을 생각하다.
>
> (∨)謂 其臺 曰靈臺 謂 其沼 曰靈沼.『孟子·梁惠王上』
> 그 누대를 일러 영대라 하고 그 못을 일러 영소라 하였다.
>
> 邦君之妻 君 稱 之 曰夫人 夫人自 稱 曰 小童 邦人 稱 之 曰君夫人.
> 『論語·季氏』
> 나라 임금의 아내는, 임금은 그를 일컬어 부인이라 부르고, 부인은 스스로 일컬어 소동
> 이라 부르며, 나라 사람들은 그를 일컬어 군부인이라 부른다.
>
> 何如, 斯可 謂 之 士矣?『論語·子罕』
> 무엇과 같이 하면(→ 어떻게 하면) 이에 그를 士라고 이를 수 있게 됩니까?

■ 연동식

연동식(連動式)은 겸어식이 아닌 술어의 연접이라고 보면 된다. 술어
의 뒤에 목적어나 보어가 있고 없음과는 상관이 없다. 통사상 '술어1'과
'술어2' 간의 의미 관계는 연합 관계와 수식 관계가 다 있다.

▶ 술어1의 뒤에 목적어가 없는 경우

> 陳余 起 如廁.『史記·張耳陳余列傳』
> 진여가 일어나 측간으로 갔다.
>
> 項王則夜 起 飮帳中.『史記·項羽本紀』
> 항왕은 곧 밤에 일어나 막장 안에서 술을 마셨다.

▶ 술어1의 뒤에 목적어가 있는 경우

項莊 拔劍 起舞, 項伯亦 拔劍 起舞. 『史記·項羽本紀』

항장이 검을 뽑고 일어나 춤을 추자 항백도 역시 검을 뽑고 일어나 춤을 추었다.

子路從而後遇丈人, (∨) 以杖 荷蓧. 『論語·微子』

자로가 쫓아가서 뒤에 노인을 만났는데, (그 노인은) 지팡이를 사용해서 삼태기를 메고 있었다.

▶ 연접된 술어 사이에 조사나 부사가 있는 경우

(∨)虛而不屈 動而愈出. 楚簡本『老子』

(우리 몸의 하늘과 땅 사이는) 비어있으면서 다하지 않으며 움직일수록 더 나온다(→ 기운이 더 세게 나온다).

果而弗伐 果而弗驕 果而弗矜. 是謂果而不强. 楚簡本『老子』

이루고도 공으로 여기지 아니하며, 이루고도 교만하지 아니하며, 이루고도 자랑스러워 하지 않는다. 이것을 일러 이루되 억지로 하지 않는다고 하는 것이다.

傭者笑而應. 『史記·陳涉世家』

머슴이 웃으면서 대답했다.

予旣烹而食之. 『孟子·萬章上』

내가 이미 그것을 삶아서 먹었다.

是鳥也 海運則將徙於南冥. 南明者天池也. 『莊子·逍遙遊』

이 새는 바다로 운행하여 곧 장차 남명으로 옮겨가게 된다. 남명이란 하늘의 못이다.

▶ 다른 동사의 목적어로 쓰인 연동식

君之危若朝露, 尚將欲延年益壽乎? 『史記·商君列傳』

당신이 위태롭기는 아침 이슬과 같은데도 오히려[아직도] 장차 나이를 늘리고 수명을 더하기를 바라시렵니까?

10. 생략 · 도치

1) 생략

문장 성분이 다 갖추어진 형식을 기준삼아 보면 구조상 빠져 있는 단어가 있는 것으로 여겨지는 경우가 있다. 일반적으로 앞 또는 뒤에 나오거나, 화자와 청자가 서로 알고 있거나, 언어 환경상 밝히기 곤란한 경우 등이다. 이를 생략이라고 한다.

(1) 단어의 생략

① 주어의 생략

其身不正, (∨)雖令, (∨)不從. 『史記 · 李將軍列傳』

그 몸이 바르지 않으면, {{명령자가}} 비록 명령할지라도, {{명령을 받는 자가}} 따르지 않는다.

(∨)使子路反見之, (∨)至, 則(∨)行矣. 『論語 · 微子』

{공자께서} 자로를 시켜서 되돌아가 그를 만나보게 하였으나, {자로가} 이르자(도달하자) 곧 {그 사람은} 가버렸다(→ 가버리고 없었다).

子路從而後遇丈人, (∨)以杖荷蓧. 『論語 · 微子』

자로가 쫓아가서 뒤에 노인을 만났는데, {그 노인은} 지팡이를 사용해서 삼태기를 메고 있었다.

고대중국어에서 주어는 빈번하게 생략된다. 알고 있는 것이거나 일반적인 것이면 생략되는 것이 보통이다. 문맥을 잘 살펴야 한다.

고대중국어는 또 평서문과 명령문의 형식이 같다. 권유 · 명령 · 금지 등의 문맥을 지닌다고 볼 수 있는지의 여부는 문맥에 의해 판단한다. 문장 형식상으로는 평서문으로 표현하므로 사실을 판단하는 투로 중립적으로 말하는 것이 된다.

(ⓐ)不患人之不己知 患(ⓑ)不知人也. 『論語·學而』
{군자는} 남이 자기를 알아주지 않음을 걱정하지 않으며 {자기가} 남을 알아주지[알지]
못함을 걱정하는 것이다.

(ⓐ)에는 '君子' 같은 주어가 생략되었으며, (ⓑ)에는 주술구의 주어
'己'가 생략되었다고 볼 수 있다. '~한다(~하는 것이다), ~하지 않는다(~
하지 않는 것이다)'와 '~하라, 하지 말라'의 형식이 따로 있지 않다. 표현
이 중립적이라고 할 수 있다.

다만, 권유·명령·금지 등의 문맥을 지니는 경우에는 행위의 주체가
나타나지 않은 경우가 많아서 이것을 평서문과 구별되는 표지로 여길
수 있을 것 같지만, 일반 평서문에서도 생략되는 경우가 많으므로 분류
기준으로 삼기 곤란하다.

② 술어의 생략

一鼓作氣, 再(∨)而衰, 三(∨)而竭. [鼓]『左傳·莊公十年』
한 번 북을 치면 기세가 만들어지는데, 두 번이면(두 번 {북을 치면}) (→ 두 번 북을
쳐도 응전하지 않으면 기세가) 약해지고, 세 번이면(세 번 {북을 치면}) (→ 세 번 북을
쳐도 응전하지 않으면 기세가) 다해버린다.

季文子三思而後行. 子聞之曰: 再(∨)斯可矣. [思]『論語·公冶長』
계문자는 세 번 생각한 뒤에 행동하였다. 선생님께서 그것을 들으시고 말씀하셨다. 두
번이면 {생각하면} 이것으로(이에, 곧) 된다.

(棄甲曳兵而走. ……) 直不(∨)百步耳, 是亦走也. [走]『孟子·梁惠王上』
(갑옷을 버리고 무기를 끌면서 달아납니다. ……) 단지 백 보를 {달아나지} 않고 말았
지(→ 않았을 따름이지) 이 역시 달아난 것입니다.

三人行, 必有我師焉. 擇其善者而從之 (∨)其不善者而改之. [澤]

『論語・述而』

세 사람이 가면, 반드시 거기에 나의 스승이 있다. 그 잘하는 것(사람, 행동)을 택해서 그것을 따르고 그 잘하지 못하는 것(사람, 행동)을 {택해서} 그것을 고치는 것이다.

목적어가 생략된 것인지 술어가 생략된 것인지를 확정하기 어려운 경우가 있다.

躬自厚(∨)而薄責於人 則遠怨矣. 『論語・衛靈公』

* 목적어의 생략으로 보는 경우 :
몸소 스스로에게는 {책망을} 두텁게 하고 남에게는 책망을 얇게[박하게] 하면 곧 원망이 멀어지게 된다.

* 술어의 생략으로 보는 경우 :
몸소 스스로에게는 두텁게 {책망}하고 남에게는 얇게 책망하면 곧 원망이 멀어지게 된다.

‘厚’의 목적어로서 ‘責’이 생략된 경우로 보아도 통하고, 술어로서 ‘責’이 생략되었다고 보아도 통한다. 그런데 술어의 생략으로 보면 수식구조에서 부사어인 ‘厚’만 남는 것이 된다. 이를 중심어의 생략이라고 여기기도 하나, 목적어의 생략으로 여기는 것이 더 나을 듯하다.

형태 표지나 형태의 변화가 없는 언어이기 때문에 동일한 어휘가 같은 어순으로 배열될지라도 문맥에 따라 통사 관계가 다를 수 있어서 이러한 문제가 발생한다.

다음 예도 술어의 생략으로 보아 온 예인데 생각해 볼 점이 있다.

國人莫敢言 道路以目(∨). 『國語・周語上』

나라 사람들이 말을 감히 하는 일이 없이 도로에서 눈을 썼다(써서 했다).

子路宿於石門. 晨門曰: 奚自(∨)? 子路曰: 自孔氏(∨). 『論語·憲問』
자로가 석문에서 묵었다. 새벽 문지기가 말했다. 어디로부터(에서) 오는 거요(→ 어디로부터요?)? 자로가 말했다. 공씨 댁으로부터(에서) 옵니다(→ 부터입니다).

각각 '言'과 '來'가 생략되었다고 보는 이유는 '以'와 '自'를 전치사로 여겨서였다. 그런데 '以'와 '自'는 동사이다. '以目'은 '눈으로 말했다'는 뜻을 '눈을 써서 했다'로 표현한 것이다. 그러므로 술어 '言'이 생략되었다고 보지 않는다. '以'가 곧 술어이다.

'奚自'는 의문대사가 목적어로 쓰여 '목적어+술어'의 어순을 취하였다. 한국어의 경우처럼 '어디로부터요?'라고 말하지 못할 법은 없지만 '自'를 동사로 여긴다. '~부터 하다'를 뜻하므로 문맥에 따라 '~부터 시작하다'·'~부터 오다' 등으로 구체화하여 풀이할 수 있다. 이 역시 술어의 생략이 아니라고 본다. '自'가 술어이다.

③ 目的語의 省略

顏淵季路侍(∨). 子曰: 盍各言爾志? [之(대사)←孔子]『論語·公冶長』
안연과 계로가 {공자를, 선생님을} 모시고 있었다. 선생님께서 말씀하셨다. 어찌하여 각기 너희들의 뜻을 말하지 않느냐?

人皆有兄弟, 我獨亡(∨). [之(대사)←兄弟]『論語·顏淵』
남들에게는 모두 형제가 있는데 나만 홀로 {형제가} 없다.

▶ 겸어식을 인정한다면 '겸어'도 첫 번째 술어의 목적어가 되므로 생략되면 목적어의 생략이라고 할 수 있다. 다른 방식으로 통사 구조를 이해할 수도 있음은 앞에서 설명한 바와 같다.

扶蘇以數諫故 上使(∨)外將兵. [之(또는 其)←扶蘇] 『史記·陳涉世家』
부소가 자주 간한 까닭으로 임금이 {그로 하여금} 밖에서 군대를 거느리게 했다.

今殺相如 終不能得璧也而 絶秦趙之歡, 不如因而厚遇之 使(∨)歸趙.
[之(또는 其)←相如] 『史記·廉頗藺相如列傳』
지금 상여를 죽이면 끝내 옥을 얻을 수가 없으며 진나라와 조나라 간의 좋은 관계를 끊게 되니, 이에 따라 그를 후하게 대우하여 {그로 하여금} 조나라로 돌아가게 함만 같지 못합니다.

(2) 구의 생략

今殺相如 終不能得璧也而 絶秦趙之歡, (∨)不如因而厚遇之 使歸趙.
『史記·廉頗藺相如列傳』

문맥상 주어인 '今殺相如'가 생략되었다고 할 수 있는 경우이다.

■ 한 단어가 생략되었다고 볼 수도 있고 둘 이상의 단어가 생략되었다고 볼 수도 있는 경우

殺人以挺與(∨)刃 有以異乎? 『孟子·梁惠王上』
사람을 죽임에 몽둥이를 사용하는 것은 칼과({사람을 죽임에} 칼을 {사용하는 것과}) 더불어 비교하면 (가지고서) 다를 것이 있습니까?

'以'와 '與'는 동사이다. '以刃'으로 말할 수 있는 것에서 '以'가 생략되었다고 볼 수도 있고, '殺人以刃'으로 말할 수 있는 것에서 '殺人以'가 생략되었다고 볼 수도 있다.

생략을 말할 때 주의할 점이 있다. "[非其鬼而祭之] 諂也, [見義不爲] 無勇也."(『論語·爲政』)를 예로 들기로 한다. [ ] 안의 것을 주어로 보면

"그(자기의) 귀신이 아닌데 그에게 제사 지내는 것은 아첨이며, (우리가) 의로움을 보고도 행하지 않는 것은 용기가 없는 것이다."가 된다. 그런 데 다음과 같이 구두를 떼고 생략의 관점에서 보면 문장의 구조가 달라 져서 복잡한 구성이 된다.

> (∨)非其鬼而, (∨)祭之, (∨)諂也, (∨)見義不爲, (∨)無勇也.
> (제사 지낼 대상이)[주어] 그(자기의) 귀신이 아닌데, (제사지내는 사람이)[주어] 그에게 제 사 지낸다면, (그것은)[주어] 아첨이며, (우리가)[주어] 의로움을 보고도 행하지 않는다면, (그것은)[주어] 용기가 없는 것이다.

고대중국어는 형태 표지가 없는 언어이기 때문에 보기에 따라 다르게 볼 수 있는 경우들이 있다. 주로 휴지를 어디에서 두느냐에 따라 달라진다.

2) 도치

고대중국어의 통사 분석을 위해 설정한 기본 어순은 '주어+술어'·'술 어+목적어'·'술어+보어'이고, 주어·목적어·술어 앞에 수식어인 관형 어나 부사어가 놓이는 것이다. 이 가운데 '주어+술어'는 '술어+주어' 로 '술어+목적어'는 '목적어+술어'의 어순을 취할 때가 있다. 이를 어순 의 도치(倒置)라고 한다. 도치되는 이유는 기본적으로 화자가 강조하고 자 하는 말을 먼저 하는 데 있다. 문맥 또는 문장 안에서 그러한 도치의 조건을 찾아낼 수 있다.

■ 술어+주어

▶ 감탄문의 경우 감탄의 내용인 술어가 주어 앞에 오는 경우가 있다.

大哉! 堯之爲君也. 『論語·泰伯』

크시도다! 요의 임금 되심은.

▶의문문에서 의문의 내용인 술어가 주어 앞에 오는 경우가 있다.

宜乎? 百姓之謂我愛也. 『孟子·梁惠王上』

마땅하겠지요? 백성들이 내가 아낀다고 이르는 것이.

誰與? 哭者. 『禮記·檀弓』

누구요? 우는 사람이.

何哉?! 爾所謂達者. 『論語·顔淵』

무엇입니까?! 당신이 '達(도달한다)'이라고 이르는 바는.

■ 목적어+술어

▶'誰'·'何'·'孰'·'奚'·'安'·'惡' 등의 의문대사(의문사)는 의문의 소재이므로 강조되어 술어의 앞에 오는 것이 보통이다.

吾誰敢怨? 『左傳·昭公二十七年』

내가 누구를 감히 원망하겠소?

孟嘗君曰: 客何好? 『戰國策·齊四』

맹상군이 말했다. 객은 무엇을 좋아하십니까?

盜者孰謂? 謂陽虎也. 『公羊傳·定公八年』

도적이란 어느 누구를 이릅니까? 양호를 이릅니다.

王問: 何以知之? 『史記·廉頗藺相如列傳』

왕이 물었다. 무엇을 가지고(→어떻게) 그것을 알았는가?

何由知吾可也? 『孟子·梁惠王上』

무엇을 통해서 내가 할 수 있다는 것을 아셨소?

客有問季子曰: 奚以知舜之能也?『呂氏春秋·有度』

손님이 계자에게 물어 말했다. 무엇을 가지고 순이 능하다는 것을 아셨습니까?

沛公安在?『史記·項羽本紀』

패공은 어디 계시오?

居惡在? 仁是也. 路惡在? 義是也.『孟子·盡心上』

거처는 어디에 있겠습니까? 인이 그것입니다. 길은 어디에 있겠습니까? 의가 그것입니다.

▶ '不'·'未'·'莫'·'無'·'毋' 등 부정의 뜻을 갖는 말이 쓰임과 동시에 대사가 목적어가 되는 경우에도 목적어가 술어 앞으로 도치된다.

君子病無能焉 不病人之不己知也.『論語·衛靈公』

군자는 능력이 없는 것(잘함이 없음, 잘함이 없는 것)을 괴로워하지 남이 자기를 알아주지 않는 것을 괴로워하지 않는 것이다.

吾非不諫也而, 不吾聽也.『史記·李斯列傳』

내가 간하지 않은 것이 아니라 내 말을 듣지 않았다.

我未見力不足者. 蓋有之矣, 我未之見也.『論語·里仁』

나는 아직 힘이 부족한 경우를 보지 못했다. 아마도 그것이(그런 경우가) 있겠지만, 나는 아직 그것을 보지 못했다.

不好犯上而 好作亂者 未之有也.『論語·學而』

위를 범하기 좋아하지 않는데도 혼란 짓기를 좋아하는 경우는 아직 있지 아니하였다.

民莫之令而自均安. 楚簡本『老子』

백성은(사람마다) 그것(기운)에 명령하는 일이 없어도 저절로 고루 편안해 진다.

所謂誠其意者毋自欺也.『禮記·大學』

이른바 그 뜻을 정성되게 한다는 것은 스스로를 속이는 일이 없는 것이다.(이른바 그 뜻을 정성되게 하는 사람은 스스로를 속이는 일이 없다.)

● 위에서 설명한 바와 같은 조건이 없지만 강조하고자 하는 목적어를 술어의 앞으로 도치하는 경우에는 '之'·'是'·'焉'·'斯'·'爲'·'來' 등이 사용된다고 여겨왔던 예들이 있다.

吾以子爲異之問, 曾由與求之問? 『論語·先進』
나는 당신께서 다른 사람을 물으시리라 생각했는데 어찌 중유(仲由)에 염구(冉求)를 더불어 물으시는지요?

余雖與晉出入, 余唯利是視. 『左傳·成公十三年』
나는 비록 진나라와 더불어 출입하지만, 나는 오직 이익만을 봅니다(→ 중시합니다).

앞의 조사 '之'의 항에서 설명하였듯이 의미상으로는 뒤에 오는 술어의 목적어라고 할 수 있지만, 구조상으로 '○+之(기타 조사)+○'은 '주어+之(기타 조사)+술어'의 구조이다. '之'를 비롯하여 '是'·'焉'·'斯'·'爲'·'來' 등이 강조의 어기조사로 쓰이기는 하였지만 도치되었음을 나타내는 도치격(倒置格)의 구조조사라고 할 수는 없다.

이에 맞추어 위 예에 해당 부분을 풀이하면 '~ 仲由에 冉求가 더불어 물어지는지요?', '~ 이익만(이) 보입니다.'가 된다.

■ 도치로 볼 수 없는 '以'의 쓰임

● '以'의 앞에 명사나 대사가 오는 경우를 통상 '以'를 전치사로 여김과 동시에 '以+목적어'의 어순이 '목적어+以'로 도치되었다고 설명해 왔다.

그러나 앞의 '以'항에서 설명하였듯이 '以'는 동사이다. 그리고 도치가 아니라 '以'의 일반적인 쓰임으로서 바로 앞에 나와 있는 '以'의 의미상의 목적어를 다시 받아서 쓸 필요가 없는 형식이라고 보는 것이 옳다.

其有不合者, 仰而思之 夜以繼日. 『孟子 · 離婁下』

거 부합되지 않는 것이 있으면 우러러 그것을 생각하여 밤 그것으로{← (그것을) 써서}
낮을 이었다(→ 밤낮을 가리지 않았다).

楚戰士無不一以當十. 『史記 · 項羽本紀』

초나라 전사들은 하나 그것을 가지고{← (그것을) 써서}(→ 하나로) 열을 당해내지 않음
이 없다.

擧世皆濁, 我獨淸, 衆人皆醉, 我獨醒. 是以見放. 『屈原 · 漁父辭』

온 세상이 다 흐린데 나 홀로 맑고, 뭇 사람들이 다 취해 있는데 나 홀로 깨어 있소.
이것 그것으로{← (이것 그것을) 써서}(→ 이로써, 그래서) 추방을 보았소(만났소)(→ 추
방당했소).

'以'의 앞에 위와 같이 의미상의 명사나 대사가 오지 않고 다른 단어
(單語)나 구(句)가 와도 구조 형식은 같다.

秦王大喜 傳以示美人及左右. 『史記 · 廉頗藺相如列傳』

진왕이 크게 기뻐하며 (벽옥을) 전하여(건네어) 그래가지고{← 그렇게 함을 써서} 미인들
에게 보여주고 좌우 신하들에게까지 미치게 했다.

倚柱以笑 箕踞以罵. 『史記 · 刺客列傳』

기둥에 의지하여 그래가지고{← 그렇게 함을 써서} 비웃고, 키(챙이)처럼 쪼그리고 앉아
그래가지고{← 그렇게 함을 써서} 욕을 했다.

虜魏太子申以歸. 『史記 · 孫子吳起列傳』

위나라의 태자 신을 사로잡아서 그래가지고{← 그렇게 함을 써서} 돌아왔다.

위의 예는 수식 관계를 나타내는 접속사라고 설명해 온 예들이다. 그
러나 앞의 예와 문장 구조상 아무런 차이가 없다. '以' 앞에 오는 단어의
품사나 어법 단위의 크기가 다르다는 이유로 앞의 것은 도치이고 뒤의
것은 접속사라는 설명은 전혀 어법적이지 못하다. 굳이 도치를 주장한
다면 '以' 앞에 오는 말이 길건 짧건 도치라야 한다. 그러나 '以'의 전체

쓰임을 보면 그렇지 않다. 다음 예를 통하여 쉽게 이해할 수 있다.

無以, 則王乎? 『孟子 · 梁惠王上』
쓸 것(→ 써서 이야기할 것)[← 왕과 제가 이야기함에 쓸 것]이 없으시다면, 곧 왕 노릇 하는 것은요?(→ 왕 노릇 하는 것은 어떻겠습니까?)

不學詩 無以言. 『論語 · 季氏』
시를 배우지 않으면 써서(가지고서) 말을 할 것이 없다.

行有餘力則以學文. 『論語 · 學而』
실행하고 남은 힘이 있거든 곧 (그것을) 써서(→ 그것으로) 글을 배운다(→ 배우라).

叟不遠千里而來, 亦將有以利吾國乎? 『孟子 · 梁惠王上』
노인장께서 천 리를 멀다 여기지 않으시고 오셨으니, 역시 장차 (노인장의 다스리는 법을) 써서(가지고서) 우리나라를 이롭게 함이(→ 이롭게 할 것이) 있겠군요?

‘以’는 위의 예에서 알 수 있듯이 단독으로 목적어를 취하지 않은 채 다른 말의 목적어가 되기도 하고(문맥상 의미상의 목적어를 인지할 수 있음), 바로 다른 술어에 이어져서 수식 관계를 갖기도 한다. 도치나 수식 관계를 나타내는 접속 기능을 갖는 것이 아니라 ‘以’의 바로 앞에 의미상의 목적어가 쓰이지 않은 것이다. 쓰지 않아도 알 수 있는 목적어는 다른 동사들도 흔히 생략한다. 그러므로 굳이 ‘以’의 목적어를 찾는다면 목적어의 생략에 해당한다. ‘以’나 ‘與’ 등은 목적어를 취하지 않은 경우가 특히 많다. 어느 경우에나 의미상의 동사로 일관된다.

11. 복문

1) 단문과 복문의 정의

문장의 성립 요건은 주어부분과 술어부분의 결합이다. 주어나 술어가 생략되는 경우도 있고 한쪽 구성 부분을 채울 수 없는 문장도 있지만, 대부분 '주어부분(주어)+술어부분(술어)'을 형식 요건으로 삼는다. 고대 중국어에서는 '주어부분(주어)+술어부분(술어)'의 구성 형식을 갖추고 있지만 구(句)의 역할(기능)을 하기도 하므로 주의하여야 한다.

하나의 '주어부분(주어)+술어부분(술어)'으로 문장이 완성되는 경우를 단문(單文, =단구[單句])이라 하고, 둘 이상이 연접되어 문장이 완성되는 경우를 복문(複文, =복구[複句])이라고 한다.

주의할 점은 고대중국어에는 '주어부분(주어)+술어부분(술어)' 형식이 구가 되든 문장을 이루든 양자를 구분하게 해주는 형식 표지 또는 단어 형태의 변화가 없고, 주어가 생략되는 경우가 많다. 그래서 단문과 복문을 가르는 기준이 저마다 다르다.

그래서 주어가 바뀌면서 '주어부분(주어)+술어부분(술어)'이 반복되면 복구로 여기고, 주어가 바뀌지 않고 술어부분이 동일 주어를 설명하고 있을 때는 술어 간의 의미 관계가 어떠하든 단문이라고 여기는 기준을 사용하여 단문과 복문을 구별하기로 한다. 문장의 길이와는 관계가 없다.

■ 단문

始皇 悅. 『史記·秦始皇本紀』
始皇이 기뻐하였다.

王 授璧. 『史記·廉頗藺相如列傳』
왕이 옥을 주었다.

王 賜晏子酒. 『晏子春秋·內篇雜下』
안자에게 술을 내렸다.

趙氏 求救於齊. 『戰國策·趙策』
趙나라가 齊나라에 구원을 청했다.

名尊地廣以至王者 何故? 『商君書·畫策』
이름은 높아지고 땅은 넓어져서 왕(왕의 지위)에 이르는 것은 무슨 까닭입니까?

陳余 擊走常山王張耳. 『史記·張丞相列傳』
진여가 상산왕 장이를 쳐서(공격하여) 달아나게(패주케) 하였다.

太甲 顚覆湯之典刑. 『孟子·萬章上』
태갑이 탕왕의 전장과 형법을 넘어뜨려 엎어버렸다.

太后之色 少解. 『戰國策·趙策』
太后의 안색이 다소 풀렸다.

魏 安釐王使將軍晉鄙救趙. 『戰國策·趙策』
위나라의 안리왕이 장군 진비를 시켜서(진비로 하여금) 조나라를 구원하게 하였다.

楚人 謂乳穀謂虎於菟. 『左傳·宣公四年』
초나라 사람들은 젖을 '穀(누)'라 이르고 호랑이를 '於菟(오도)'라고 이른다.

水土 異也. 『晏子春秋·內篇雜下』
수토(풍토)가 달라서입니다.

沛公 黙然. 『史記·項羽本紀』
패공이 잠자코(묵묵히) 있었다.

秦王之國 危於累卵. 『史記·范雎蔡澤列傳』
진왕의 나라는 누란보다 위험합니다.

其爲人也 堅中而廉外少欲而多信. 『韓非子·十過』
그 사람됨이 중심은 견고하고 밖은 청렴하며, 욕심은 적고 미더움이 많다.

夫子 聖人也. 『莊子·德充符』

선생님은 성인이시다.

農 天下之本. 『史記·孝文本紀』

농사는 천하의 근본이다.

此 則寡人之罪也. 『孟子·公孫丑下』

이것은 곧 과인의 죄입니다.

回也 非助我者也. 『論語·先進』

안회(顏回)는 [말이지] 나를 돕는 것이 아니다.

君子之交 淡若水. 『莊子·山木』

군자의 사귐은 담담하기가 물과 같다.

氷 水爲之而寒於水. 『荀子·勸學』

얼음은 물이 그것이 되었지만 물보다 차갑다.

北山愚公者 年且九十面山而居. 『列子·湯問』

북산의 우공은 나이가 장차 90인데 산을 마주 대하고 살았다.

鄙賤之人 不知將軍寬之至此也. 『史記·廉頗藺相如列傳』

비천한 사람이(제가) 장군께서 그놈을(저를) 관용하신 것이 여기까지 이르렀다는 것을 알지 못했습니다.

國人望君 如望慈父母焉. 『左傳·哀公十六年』

나라 사람들이 임금을 우러러보는 것이 자애로운 부모를 우러러보는 것과 같다.

天下苦秦 久矣. 『史記·陳涉世家』

천하가 진나라에게 괴로움을 당한 것이(당한 지가) 오래되었다.

臣聞 昔湯武以百里昌桀紂以天下亡. 『戰國策·楚策』

臣은(저는) 옛날 탕왕과 무왕은 백리를 가지고도 창성하였으나 걸왕과 주왕은 천하를 가지고도 망했다고 들었습니다.

曾子 以斯言告於子游. 『禮記·檀弓』

증자가 이 말을 (가지고서) 자유에게 알렸다.

楚人 爲小門于大門之側而延晏子. 『晏子春秋·內篇雜下』
초나라 사람들이 대문 옆에 작은 문을 만들어서 안자를 맞이하였다.

橘 生淮南則爲橘生于淮北則爲枳. 『晏子春秋·內篇雜下』
귤은 회수의 남쪽에서 자라면 곧 귤이 되지만 회수의 북쪽에서 자라면 곧 탱자가 된다.

是 仁義用於古而不用於今也. 『韓非子·五蠹』
이는 인과 의가 옛날에는 쓰였으나 오늘날에는 쓰이지 않은 것이다.

是 使民養生喪死無憾也. 『孟子·梁惠王上』
이것이 백성들로 하여금 산 사람을 부양하고 죽은 사람을 장사지냄에 유감이 없게 하는 것입니다.

■ 복문

本 立而, 道 生. 『論語·學而』
근본이 서야, 길이 생긴다.

襄子 至橋, 馬 驚. 『史記·刺客列傳』
양자가 다리에 이르자, 말이 놀랐다.

趙太后 新用事, 秦 急攻之. 『戰國策·趙策』
조나라의 태후가 새로 섭정하자, 진나라가 급히 조나라를 공격하였다.

往者不可諫, 來者猶可追. 『論語·微子』
간 것은 탓할 수 없고, 올 것은 아직 좇아 갈 수 있다.

夫子知之矣, 我則不知. 『左傳·昭公十年』
선생님이 그걸 아시고, 나는 곧 알지 못합니다.

昔者吾舅死於虎, 吾夫又死焉, 今吾子又死焉. 『禮記·檀弓下』
접때 저의 시아버지가 호랑이한테 죽임을 당했고, 저의 남편이 또 그것한테 죽임을 당했는데, 이제 저의 아들이 또 그것한테 죽임을 당했습니다.

人 固有一死, 或 重於泰山, 或 輕於鴻毛. 『司馬遷·報任安書』
사람에게는 본디 한 번의 죽음이 있는데, 어떤 것은 태산보다도 무겁고 어떤 것은 기러기 털보다도 가볍다.

聖人 非所與熙也, 寡人 反取病焉. 『晏子春秋·內篇雜下』

성인은 더불어 희롱할 바가 아니다. 과인이 반대로 그에게 괴롭힘을 받았다(당했다).

(∨) 直不(∨)百步耳, 是 亦走也. 『孟子·梁惠王上』

단지 백 보를 달아나지 않고 말았지(→ 않았을 따름이지), 이 역시 달아난 것입니다.

子路 從而後遇丈人, (∨) 以杖荷蓧. 『論語·微子』

자로가 쫓아가서 뒤에 노인을 만났는데, {그 노인은} 지팡이를 사용해서 삼태기를 메고 있었다.

使子路反見之, (∨) 至, 則(∨) 行矣. 『論語·微子』

자로를 시켜서 되돌아가 그를 만나보게 하였으나, {자로가} 이르자(도달하자), 곧 {그 사람은} 가버렸다(→ 가버리고 없었다).

● 앞에서 하나의 주어 뒤에 오는 술어가 여럿인 경우도 단문으로 취급해야 함을 말했다. 각 술어 부분 간에는 여러 가지 문맥 관계가 있으며 술어 앞에 부사어가 놓일 수도 있고 술어부분 사이에 어기조사가 놓일 수도 있다.

於是項伯 復夜去 至軍中 具以沛公言報項王. 『史記·項羽本紀』

그리하여 항백이 다시 밤에 가서 군영에 이르러 패공의 말을 [가지고] 항왕에게 다 보고하였다.

君子 尊賢而容衆 嘉善而矜不能. 『論語·子張』

군자는 어진 이를 존중하고 뭇사람을 포용하며 잘하는 것을 기리고 못하는 것을 불쌍히 여긴다.

(∨) 不患人之不己知 患不知人也. 『論語·學而』

남이 자기를 알아주지 않음을 걱정하지 않으며 [자기가] 남을 알아주[알지] 못함을 걱정하는 것이다.

嬰最不肖 故直使楚矣. 『晏子春秋·內篇雜下』

영이(내가) 가장 못났소. 까닭에 단지(겨우) 楚나라에만 사신으로 오게 되었소.

相如 雖駑獨 畏廉將軍哉?!『史記·廉頗藺相如列傳』

내[相如]가 비록 노둔하나 유독 염 장군을 두려워하겠소?!

趙惠文王十六年廉頗 爲趙將 伐齊 大破之 取陽晉 拜爲上卿 以勇氣聞 於諸侯.『史記·廉頗藺相如列傳』

조 나라 혜문왕 16년에 염파는 조나라의 장군이 되어 제나라를 쳐서 (그것을) 크게 쳐부수어 양진을 취하고 상경에 제수되었으며 용기로써 제후들에게 알려졌다.

弟子 入則孝出則悌 謹而信 汎愛衆而親仁 行有餘力則以學文.

『論語·學而』

제자들은 들어가서는 곧 효도하고 나가서는 곧 공경하며 삼가 미더움을 사고(신뢰받고) 널리 뭇사람을 사랑하되 어진 사람을 가까이 하는 것이다(하라). 실행하고 남은 힘이 있으면 곧 그것으로 글을 배우는 것이다(배우라).

(∨) 非不說子之道 力不足也.[說=悅]『論語·雍也』

(저는) 선생님의 도를 좋아하지 않는 것이 아니라, 힘이 부족합니다.

(∨) 一鼓作氣 再(∨)而衰 三(∨)而竭.『左傳·莊公十年』

[적군이] 한 번 북을 치면 기세가 만들어지는데, 두 번이면(→ 두 번 북을 치면)[→ 두 번 북을 쳐도 응전하지 않으면 기세가] 약해지고, 세 번이면(세 번 북을 치면)[→ 세 번 북을 쳐도 응전하지 않으면 기세가] 다해버린다.

2) 복문의 분류와 문맥 관계 표현상의 특징

고대중국어에는 단어를 연결하건 구를 연결하건 복문 중의 절을 연결하건 영어에서와 같은 접속사가 없다. 따라서 전후 관계는 기본적으로 실사류의 의미를 통한 문맥에 의해 파지된다. 단어가 지니는 의미 때문에 접속사로 오인할 수 있는 단어들이 있으나, 이것들은 다른 실사로서 부사어로 쓰인 경우이다.

접속 관계를 전담하는 형태 표지가 없고, 사람마다 단문의 범위에 대한 견해가 다름으로 인하여 복문의 종류를 나누는 방식도 여러 가지였다. 접속사가 있는 언어에서의 분류와 각자가 설정한 논리 관계에 대한 인식의 차이에서 비롯된 결과이다.

이 책에서는 이러한 논리 맥락을 크게 다섯 가지로 설정한다. 병렬식·선후식·전환식·인과식·조건식이 그것이다. 각 유형 내에서 더 자세히 나누어 볼 수 있다. 그러나 특별한 어법적인 의의는 없다. 문맥에 의한 판단이기 때문이다.

지금까지의 구분은 크게 연합복문(=연합복구[聯合複句])과 수식복문(=편정복구[偏正複句])으로 나누고 그 아래에서 세분하는 것이었다. '수식 관계'라는 이름으로 포괄하는 관계는 서양 언어에서 종속관계로 분류되는 모든 관계이다. 연합과 접속을 분간하게 해주는 전문 접속사에 의해서가 아니라, 복문을 구성하는 두 절에 대한 논리적인 인식에 의거하여 구분하기 때문에 연합과 수식 간의 경계가 모호한 경우가 적지 않다. 예를 들면, "鳥則擇木, 木豈能擇鳥?"(『左傳·哀公十一年』)는 "새가 곧 나무를 택하는 것이지, 나무가 어찌 새를 택할 수 있겠습니까?(⇒나무가 새를 택하는 것이 아니다)"를 뜻하여 보통 연합 관계로 볼 수 있는데, '새가 곧 나무를 택하는 것이므로' 등으로 인식하면 수식 관계가 된다. "夫子知之矣, 我則不知."(『左傳·昭公十年』)의 경우는 "선생님이 그걸 아시고 나는 곧 알지 못합니다."로 풀이하면 연합 관계에 들고, "선생님은 그걸 아시지만, 나는 곧 알지 못합니다."로 보면 수식 관계가 된다. 갈래를 나누면 나눌수록, 단문과 복문 분별상의 혼란까지 겹쳐서 가닥을 추리기 어려운 경우가 적지 않다.

(1) 병렬식

병렬식은 등립형·대비형·선택형·점층형 등으로 나누어 볼 수 있

다. 병렬식은 두 절의 의미 관계가 주종 관계가 아니면서 대체로 대등한
관계를 보이는 경우이다. 각 형 상호 간의 구별이 어려운 경우들이 적지
않다. 등립형과 대비형의 구분도 사실 애매하다. 선택형과 점층형도 크
게 보면 병렬식에 포함시킬 수 있다. 관념상의 구별이기 때문이다. 다만
선택형과 점층형의 문장에는 이러한 문맥 관계를 알게 해 주는 단어가
부가되는 경우가 있는데 특히 점층형이 그러하다. 이들 단어는 접속사
는 아니다.

> 罪莫厚乎甚欲, 咎莫憯乎欲得, 禍莫大乎不知足. 楚簡本『老子』
> 죄는 욕심이 지나친 것보다 무거운 것이 없고, 허물은 얻기를 바라는 것보다 참담한 것
> 이 없으며, 화는 만족할 줄을 모르는 것보다 큰 것이 없다.

> 合抱之木作於毫末, 九成之臺作於累土, 百仞之高始於足下.
>
> 楚簡本『老子』
> (두 팔을) 합쳐서 품을 만한 나무도 터럭 끝만 한 데서부터 만들어지고, 아홉 겹(층)의
> 누대(누각)도 쌓은 흙에서부터 만들어지며, 백 길의 높이도 발밑에서 시작된다.

> 伯牙善鼓琴, 鍾子期善聽. 『列子 · 湯問』
> 백아는 거문고 타기를(연주를) 잘했으며, 종자기는 듣기를 잘했다.

> 論至德者不和于俗, 成大功者不謀于衆. 『史記 · 商君列傳』
> 지극한 덕을 논하는 자는 세속에 부화하지 않으며, 큰 공을 이룬 자는 대중과 일을 꾀하
> 지 않는다.[4]

> 昔者吾舅死於虎, 吾夫又死焉, 今吾子又死焉. 『禮記 · 檀弓下』
> 접때 저의 시아버지가 호랑이한테 죽임을 당했고, 저의 남편이 또 그것한테 죽임을 당했

---

4) '者'는 어기조사이다. 고대중국어에서 '論+至德', '成+大功' 같은 술목구조는 얼마든
   지 사람 또는 사물 및 어떠한 사실을 뜻할 수가 있다. 이에 따라 '지극한 덕을 논하는
   사람', '큰 공을 이룬 사람'으로 풀이하면 각각 절의 주어가 되어 전체 문장은 복문이
   된다. 그러나 '지극한 덕을 논함에는', '큰 공을 이룸에는'으로 풀이하면 생략된 일반인
   주어에 대해 모두 술어의 일부가 되어 단문이 된다.

는데, 이제 저의 아들이 또 그것한테 죽임을 당했습니다.

老而無妻曰鰥, 老而無夫曰寡, 老而無子曰獨, 幼而無父曰孤.

『孟子·梁惠王下』

늙어서 아내가 없는 것은 환이라 하고, 늙어서 남편이 없는 것은 과라고 하며, 늙어서 자식이 없는 것은 독이라 하며, 어려서 아비가 없는 것은 고라 합니다.

夫功者難成而易敗, 時者難得而易失也. 『史記·淮陰侯列傳』

대저 공이란 이루기는 어려워도 그르치기는 쉬우며, 때란 얻기는 어려워도 잃기는 쉽다.

富貴者驕人乎, 且貧賤者驕人乎? 『史記·魏世家』

부귀하면(부귀한 사람이) 남에게 교만합니까? 또(또는) 빈천하면(빈천한 사람이) 남에게 교만합니까?

蔓草有不可除, 況君之寵弟乎? 『左傳·隱公元年』

덩굴풀도 제거할 수 없는 것이 있는데, 하물며 임금의 총애하는 아우는요?

且庸人尚羞之, 況於將相乎? 『史記·廉頗藺相如傳』

또 용렬한 사람도 오히려 그것을 부끄러워하는데, 하물며 장군이나 재상은요?

부사 '且', 동사 '意' 등이 두 절 사이에 쓰이면 선택형임을 알기가 쉽고, 부사 '況'이 쓰이면 점층의 관계가 분명해진다.

(2) 선후식

주종 관계가 아니면서 행위나 상황이 시간적으로 선후 순서 관계가 있는 경우이다. 이 역시 의미상의 관계에 대한 인식이기 때문에 수식(주종) 관계의 다른 식과 구분이 어려운 경우도 있고 겹치는 경우도 있다.

趙太后新用事, 秦急攻之. 『戰國策·趙策』

趙나라 태후가 새로 섭정하자 秦나라가 급히 그(그 나라)를 공격하였다.

怠慢忘身, 災禍乃作. 『荀子·勸學』

태만은 몸을 잊게(망치게) 하여, 재화(재앙과 화)가 곧 생긴다.

扁鵲已逃去, 桓候遂死. 『史記·扁鵲倉公列傳』

편작은 이미 달아나 버렸는데, 환이 기다리다가 마침내 죽었다.[5]

歲寒, 然後知松栢之後雕也. 『論語·子罕』

한 해가 추워져서, 그렇게 된 뒤라야 송백이 뒤(나중)에 시든다는 것을 안다.

令初下, 群臣進諫, 門庭若市. 『戰國策·齊策』

명(명령)이 처음 내려지자, 뭇 신하들이 나아가 간언하여, 대문과 뜰이 저자(시장) 같았다.

(3) 전환식

병렬식이나 선후식과 구별되는 전환의 관계가 모호한 경우들이 있다. 약한 전환 관계일수록 그러하다. 강한 전환은 역접이라는 말로 설명하기도 한다. 전환식에는 양보 관계도 포함된다.

三軍可奪帥也, 匹夫不可奪志也. 『論語·子罕』

3군은 장수를 뺏을 수 있어도(있으나), 필부는(필부라도) 뜻을 빼앗을 수 없다.

使子路反見之, 至, 則行矣. 『論語·微子』

자로로 하여금 되돌아가 그를 만나게 하였으나(하였는데), 이르자(도달하자) 곧 가버렸다 (→ 가버리고 없었다).

吾數諫王, 王不用, 吾今見吳之亡矣. 『史記·伍子胥列傳』

내가 왕에게 자주 간언했으나 왕이 (내 간언을) 쓰지(→ 받아들이지, 듣지) 않아서 내가 오늘 오나라가 망하는 것을 보게 되었다.

諸將易得耳, 至如信, 國士無雙. 『史記·淮陰侯列傳』

여러 장군들은 얻기가 쉽고야 말지만(→ 쉬울 따름이지만), 한신 같은 사람에 이르러서

---

5) "편작은 이미 달아나 버렸으나, 환이(은) 기다리다가 마침내 죽었다."로 보면 역시 수식 관계의 전환식에 해당한다.

는, 국사에 짝할 사람이 없습니다.

周勃厚重少文, 然安劉氏者必勃也. 『史記 · 高帝本紀』

주발은 돈후하고 무거우며 글(배운 것)이 적다. 그러하지만 유씨의 나라를 안정시키는 것은[안정시킬 사람의] 반드시 발일 것입니다.

人不知而, 不慍 不亦君子乎? 『論語 · 學而』

남이 알아주지 않지만(않아도) 성내지 않는다면, 또한 군자답지 않겠는가?

今大臣雖欲爲變, 百姓弗爲使, 其黨寧能專一邪? 『史記 · 孝文本紀』

지금 대신들이 비록 변화되기를 바라나, 백성들은 시키게(부리게) 되지 못할 것이다. 그 무리들이 어찌 전일할(한 뜻으로 따를) 수 있겠는가?

雖使五尺童子適市, 莫之或欺. 『孟子 · 滕文公上』

비록 5척의 동자를 시켜서 저자에 가게 한다고 할지라도 혹간에(혹시라도) 그를 속일 것이 없었다.

縱江東父老憐而王我, 我何面目見之? 『史記 · 項羽本紀』

비록 강동의 부로들이 나를 불쌍히 여겨 왕으로 삼는다 할지라도, 내가 무슨 면목으로 그들을 보겠는가?

일반적으로 전환식임을 나타내는 말이 쓰이지 않음을 알 수 있다. 특히 역접 관계는 그러하다. '然'은 동사로서 이것이 쓰이면 역접 관계를 나타내는 경우가 많지만 그렇지 않은 경우도 있다. 역시 문맥이다. 부사 '雖' · '縱' 등은 그것이 지니는 의미에 의해서 당연히 양보 관계임을 알게 해 주는데, 반드시 써야만 양보 관계가 성립하는 것은 아니다. 이것들이 부가되면 의미가 관계가 더욱 분명해질 따름이다.

(4) 인과식

두 절 사이에 의미상 원인과 결과의 관계가 성립하는 경우이다. 원인을 나타내는 절이 앞에 오는 경우가 많으며 결과가 앞에 나오는 경우도 있다. 인과식에서도 단문과 복문을 구별하는 문제와 절의 수를 산정하는 문제가 발견되기도 한다.

古之善爲士者必微妙玄達, 深不可識. <small>楚簡本『老子』</small>
옛날에 장부 노릇을 잘하는 사람은 반드시 미묘함(마음자리, 心地)에 현달했으므로 (그) 깊이를 알 수가 없었다.

家富良馬, 其子好騎. <small>『淮南子 · 人間訓』</small>
집에 좋은 말이 많아서, 그의 아들이 타기를 좋아했다.

天下樂進而弗詁以其不爭也, 故天下莫能與之爭. <small>楚簡本『老子』</small>
天下가(세상 사람들이) 즐거이 (그를) 나아가게 하면서도(→ 밀어주면서도) 잔소리 하지 않는 것은 그가 다투지 않음을 가지고서이다. 까닭에 천하에 그와 더불어서 다툴 수 있는 사람이 없다.

是時齊有孟嘗, 魏有信陵, 楚有春申, 故爭相傾以待士.

<small>『史記 · 平原君虞卿列傳』</small>

이때 제나라에는 맹상군이 있었고, 위나라에는 신릉군이 있었으며, 초나라에는 춘신군이 있었다. 까닭에 다투어 그래 가지고 서로 힘을 기울여 선비를 대우하였다.

夫趙彊而燕弱而, 君幸於趙王, 故燕王欲結於君. <small>『史記 · 廉頗藺相如列傳』</small>
대저 조나라는 강하고 연나라는 약한데 당신이 조왕에게 총애를 받습니다. 까닭에 연나라 왕이 당신과 결탁하고자 하는 것입니다.

其志潔, 故其稱物芳. <small>『史記 · 屈原列傳』</small>
그의 뜻이 고결하다. 까닭에 그가 사물을 일컫는 것도 향기롭다.

其言不讓, 是故哂之. <small>『論語 · 先進』</small>
그의 말이 겸손하지 않았다. 이런 까닭으로 그를 비웃었다.

人人皆以我爲好士, 然, 故士至. <small>『荀子 · 大略』</small>
사람마다 내가(나를) 장부를 좋아한다고 여긴다. 그렇다. 까닭에 장부들이 이른다(모여든다).

결과를 나타내는 뒤의 절 앞에 명사 '故'가 놓이는 경우가 많다. 부사어로 쓰였다. '是故'가 오는 경우도 있다. 이것들이 지니는 의미로 인하여 문맥 관계가 더욱 분명해 진다. '是+故'는 구이지 하나의 단어가 아니다. 다음 예의 '何+故'도 '是+故'와 같은 구조이다.

何故深思高居自令放爲?『屈原·漁父辭』
무슨 까닭에 깊이 생각하고 고고하게 처신하여 스스로를 추방당하게 하였소?

또 한 가지 주의할 점은 복문 중의 한 절로 볼 것이냐 독립된 단문으로 볼 것이냐 하는 점이다. 특히 '故'·'是故' 등이 올 때는 앞부분에서 하나의 문장이 종결되고 이것들로 시작되는 부분을 단문으로 여겨도 상관이 없다.

다음은 논리상 뒤의 절이 판단의 원인이 되고 앞의 절이 그 결과를 판단하는 복문으로 볼 수 있다.

陛下用群臣如積薪耳, 後來者居上.『史記·汲黯列傳』
폐하께서 뭇 신하를 쓰시는(등용하시는) 것은 땔나무를 쌓는 것과 같고야 말아서(같을 따름이어서), 뒤에 온 사람이 위에 있습니다.

복문이라면 위의 풀이가 적합할 것이다. 그러나 '…… 땔나무를 쌓는 것과 같고야 맙니다(같을 따름입니다).'로 풀이하여 끊으면 두 개의 단문이 된다.

다른 관계를 보이는 문장에서도 왕왕 발생하는 문제이다.

丘也聞有國有家者 不患寡而不均 不患貧而患不安, 蓋均無貧 和無寡安無傾.『論語·季氏』

구는(나는) 나라가 있고 가정이 있는 사람은 적은 것을(적을까를) 걱정하지 않고 고르지 못한 것을(고르지 못할까를) 걱정하며 가난한 것을 걱정하지 않고 편안치 못한 것을 걱정한다고 들었는데, (이는) 아마도(대체로) 고르게 하면 탐하는 일이 없고 조화를 이루면 적다고 생각하는 일이 없으며 편안하게 하면 기우는(치우치는) 일이 없어서일 것입니다.

沛公居山東時貪於財貨好美姬 今入關 財物無所取 婦女無所幸, 此其志不在小. 『史記·項羽本紀』

패공이 산동에 있을 때는 재물에 욕심을 부리고 예쁜 계집을 좋아했다가, 지금 관에(관문에) 들어와서는 재물은 취한 바가(것이) 없고 부녀는 총애하는 바가(사람이) 없는데, 이는 그의 뜻이 작은 데 있지 않아서이다.

위 두 문장은 술어부분이 여러 개이지만, 주어가 바뀌지 않으면 복수 술어로 간주하는 원칙에 따라 두 개의 절로 구성된 복문이라고 할 수 있다. 풀이를 이에 맞추어서 해 두었다. 그런데 각각 끊어서 '…… 들었습니다.'와 '…… 바가 없었다.'로 풀이하면 두 개의 단문이 되어 버린다. 어법적 형태 표지에 의한 것이 아니라 문맥에 의해 나누므로 자의적일 수밖에 없는 부분이다.

(5) 조건식

관념상 조건과 가정으로 나누어 볼 수는 있지만 역시 다른 접속 표지에 의해 구별되는 것이 아니므로 묶어 둔다.

絶知棄辯, 民利百倍. 楚簡本『老子』

앎을 끊고 언변을 버리면 백성의 이로움이 백배가 된다.

夫天下多忌諱而, 民彌叛. 楚簡本『老子』

대저 천하에 꺼리고 기피할 것이 많으면 백성들이 두루 배반한다(→ 지키지 못한다).

必以長安君爲質, 兵乃出. 『戰國策·趙策』

반드시 장안군을 인질로 삼아야 군대가 바로 나올 것입니다.

本立而, 道生. 『論語·學而』

근본이 서야(서면), 길(도)이 생긴다.

有朋自遠方來, 不亦樂乎? 『論語·學而』

친구가 있어서 먼 곳으로부터 온다면(→ 먼 곳에서 오는 친구가 있다면), 또한 즐겁지 않겠는가?

愼終追遠, 民德歸厚矣. 『論語·學而』

마침(장례)을 신중하게 하고 먼 조상을 추념하여 제사 지내면, 백성들의 덕이 두터운 데로 돌아가게 된다.

不殺二子, 憂必及君. 『左傳·成公十七年』

두 아들을 죽이지 않으면, 우환이 반드시 군께 미칠 것입니다.

城不入, 臣請完璧歸趙. 『史記·廉頗藺相如列傳』

성이 (우리 조나라의 수중에) 들어오지 않으면 신이 삼가 옥을 온전하게 하여 조나라로 돌아오게 하겠습니다.

조건식도 역시 접속 표지가 필요조건이 아님을 알 수 있다.[6]

○ 위에서 든 항목들 외에 시간식(時間式)을 따로 세우기도 하지만 통사상의 형식에 의한 것이 아니라 관념에 의한 구별이기 때문에 모호하다. 다음 예가 그것이다.

令初下, 群臣進諫, 門庭若市. 『戰國策·齊策』

명(명령)이 처음 내려지자, 뭇 신하들이 나아가 간언하여, 대문과 뜰이 저자(시장) 같았다.

---

6) "萬取千焉千取百焉不爲不多矣, (∨)苟爲後義而先利 不奪不饜." (『孟子·梁惠王上』)(만에서 천을 취하고 천에서 백을 취하는 것이 많지 않음이 되지 않지만, 만약에 의롭게 하는 것을 뒤로 하고 이롭게 하는 것을 앞세운다면 빼앗지 않고는 만족하지 못합니다.) 복문의 뒤 절에서 두 번째 술어부분에 해당하는 '不奪不饜'은 다른 표지 없이 자연스럽게 조건(가정) 관계가 성립하는 것을 알 수 있다. 이처럼 구 내부의 관계이건 절 간의 관계이건 관계를 나타내는 접속 표지가 없는 것이 고대중국어의 특징이다.

初平王之東遷也, 辛有適伊川. 『左傳·僖公二十二年』

처음 평왕이 동천하자, 신유는 이천으로 갔다.

이를 시간 관계를 나타낸다고 보아왔던 것은 접속사를 써서 절을 구성하는 영어 같은 경우에 비추어서 생각해낸 관념인 것 같다. 각각 '내려졌을 때'와 '동천했을 때'로 여겨 시간식으로 나눈 것이다. 그러나 그러한 표지는 없고 문맥상 꼭 시간이라고 할 수도 없다. 선후식에 넣으면 된다.

ㅇ 또, 총괄한 부분에 이어 그 내용을 분술(分述)한다고 여겨 총분식(總分式)을 설정하기도 한다. 다음 예가 그것이다.

殽有二陵焉, 其南陵夏后皋之墓也, 其北陵文王之所辟風雨也.

『左傳·僖公三十二年』

효(지명)에 두 능이 있는데, 그 남쪽 능은 하후고(夏后皋)의 묘며, 그 북쪽 능은 문왕이 비바람을 피했던 곳이다.

접속 표지에 의거한 것이 아니기 때문에 총괄하는 관계에 있는 앞 절은 끊어서 단문으로 처리해도 무방하다. 즉, "殽有二陵焉."처럼 구두점을 부여하여 떼는 것이다. 복문으로 여긴다면 병렬식에 넣어도 무방하다.

■ 절과 절의 관계이건 구와 구의 관계이건 위의 여러 관계들이 혼합되어 나타나는 경우도 적지 않다.

其在民上也, 民弗厚也, 其在民前也, 民弗害也. 楚簡本『老子』

그가 백성의 위에 있어도 백성이 (그를) 무겁다 여기지 않으며, 그가 백성의 앞에 있어도 백성은 해롭다 여기지 않는다.

위 예는 앞의 두 절 사이도 양보 관계의 전환식이고 뒤의 두 절 사이도 같은 전환식이며, 앞의 두 절과 뒤의 두 절 간의 관계는 병렬식이다.

視之, 不足見, 聽之, 不足聞而, 不可旣也. 楚簡本『老子』
그것을 보려 해도, 잘 보이지 않고, 그것을 들으려 해도, 잘 보이지 않지만, 다할 수가 없다.

위의 예 중에도 전환식과 연합식의 관계가 섞여 있음을 알 수 있다.

國一日被攻, 雖欲事秦 不可得也. 『戰國策·齊策』
나라가 어느 날 침공을 입으면(→ 당하면) 비록 (그때 가서) 진나라를 섬기고자 하여도 그럴 수가 없습니다.

위 예의 경우 두 절 사이에는 조건(가정) 관계가 성립하며, 뒤의 절 안에서는 첫 번째 술어부분과 두 번째 술어부분 사이에 양보 관계가 있는 전환식이 성립한다.

雖有天下易生之物也, 一日暴之十日寒之, 未有能生者也. 『孟子告子上』
비록 천하에 자라기 쉬운 것이 있을지라도, 하루 볕을 쪼이고 열흘 차갑게 하면, 자랄 수 있는 것이 아직은 없다.

위의 예는 3개의 절로 구성된 문장으로서 앞 두 절 사이에는 양보 관계의 전환식이 먼저 성립되고, 가운데 절과 마지막 절 사이에는 조건(가정) 관계가 성립한다.

舉世皆濁, 我獨淸, 衆人皆醉, 我獨醒, 是以見放. 『屈原·漁父辭』
온 세상이 다 흐린데(흐리나) 나만 홀로 맑고, 뭇 사람이 다 취해 있는데(있으나) 나만
홀로 깨어 있소. 이에 그것으로(→ 그래서) 추방을 보았소(→ 당했소).

위 문장을 하나의 복문으로 간주하면 앞의 네 절은 두 절씩 전환식
관계에 있고, 두 절과 두 절 사이는 병렬식 관계이며, 앞 네 절과 다섯
번째 절 사이에는 인과식이 성립한다. 그러나 앞의 네 절만 하나의 복문
으로 삼고 마지막 절은 끊어 내어 단문으로 볼 수도 있다.

彊本而節用, 則天下不能貧, 養備而動時, 則天不能病, 循道而不貳, 則
天不能禍. 『荀子·天論』
근본을 강화시켜서 씀씀이를 아끼면 곧 천하가 가난해 질 수 없으며, 준비된 것을 길러
서 제때에 움직이면 곧 하늘이 병들게 하지 못하며, 도를 따르고 두 가지로 하지 않으면
곧 하늘이 화를 입히지 못한다.

위의 예는 6개의 절로 구성된 문장이다. 둘씩 조건(가정)식 관계를 가
지며, 둘씩 묶어서 세 부분 간에는 병렬식이 성립한다. 둘씩 묶어 끊어
서 세 문장으로 볼 수도 있다.

風至 苕折 卵破 子死 巢非不完也 所繫者然也. 『荀子·勸學』
바람이 이르러 풀이 꺾이고 알이 부서져서 (태어날) 새끼가 죽는 것은 둥지가 완전하지
않아서가 아니라 매어단 바가 그러해서이다.

고대중국어는 접속 표지가 없는 언어이기 때문에 위 문장을 분석하는
방식도 사람에 따라 다를 수 있다.
'風至 苕折 卵破 子死'는 주어부분이고, '巢非不完'과 '所繫者然'는 술
어부분이다. '風至 苕折 卵破 子死'는 독립시키면 구조상 '風至(주어+술

어), 苕折(주어+술어), 卵破(주어+술어), 子死(주어+술어)'가 되어 4개의 절로 구성된 문장이 될 수 있다. 그러나 이 문장에서는 '巢非不完 所繫者 然'이 설명하는 대상인 주어부분으로서 구의 지위를 갖는다. 구와 절을 분별하게 해주는 형태 표지는 없다. '巢+非不完'과 '所繫者+然'은 모두 주술술어이다. 이 두 개의 주술구가 연합되어 전체 술어부분을 구성하고 있는 것이다. 따라서 전체는 단문이다. 단문과 복문의 경계는 문장의 길이에 있지 않다. 그런데 이에 대한 분석은 저마다 다르다. 단어와 단어, 구와 구, 절과 절 사이의 통사 관계가 개별 단어의 의미와 문맥에 있는데 이러한 사실을 바르게 이해하지 못한 때문이다. 저마다 기준을 달리하고 자의적인 판단에 의해 통사 관계를 설명해 왔다.

V. 독해 연습

1. 『論語』抄

■ 學而時習之(『論語·學而』)

子曰: 學而時習之[1] 不[2]亦說[3]乎[4]? 有[5]朋自[6]遠方來, 不亦樂乎? 人不知而[7], 不慍 不亦君子乎?

배워서 그것을 때로(때때로) 익히면 또한(역시) 기쁘지 않겠는가? 벗이 있어가지고[→ 벗이] 먼 곳으로부터 (시작해서) 온다면 또한 즐겁지 않겠는가? 사람들이(남이) 알아주지 않아도 성내지(노여워하지) 않는다면 또한 군자답지 않겠는가(군자가 아니겠는가)?

◆ 주석

1) 之(1): 한국어 '그'로 대표삼아 번역할 수 있는 말이다. 품사 분류상 대사(代詞)에 속한다. 사람·사물·일을 가리지 않고 모두 대신할 수 있다. 명사성 어휘나 다른 대사와 마찬가지로 단수 복수의 구별이 없다. 문맥에서 살펴내면 된

다. 앞에 나오거나 뒤에 나오거나, 앞뒤에 나오지 않더라도 화자의 의중에 있으면 쓴다. 대부분 목적어의 자리에 온다. 여기서는 '學'하고 '習'할 대상인 '그 무엇'을 대신하여 가리킨다. 때로는 마치 목적어의 자리만 채우고 있는 것 같아서 번역하기 곤란할 때도 있다. 이런 경우 우리말의 매끄러움을 위해 이것의 번역을 생략하기도 한다.

또 가리키는 내용이 없이 소리만 빌려 썼다고 볼 수 있는 '조사(助詞)'의 경우[之(2)]와 구별하기 어려운 경우도 있다. '之'라는 대사의 소리를 빌려 강조의 어기를 나타내기 때문이다. 가리키는 내용이 있고 없음에 따라 구별할 수밖에 없다.

2) 不: 한문에서 대표적인 부정어는 '不', '非', '未'이다.

① '不'(불, 부)과 '非'(비)의 차이: '非'는 판단이고 그 나머지는 '不'이 나타낸다고 여기면 된다. '非' 뒤에는 명사성의 어구만 오는 것이 아니라 모든 어구가 다 온다. 그래서 뒤에 오는 단어의 품사에 의해서 '非'와 '不'의 차이를 말할 수는 없다. '非'는 '~이 아니다'이고, 나머지 부정은 모두 '不'이 나타낸다고 보면 대체로 맞다. '不'은 '~한다, ~하다' 등 한국어의 동사·형용사가 나타내는 성질의 술어 앞에 온다. 일반적으로 '弗'(불)은 '不'보다 어세가 강하다고 보며, '非'는 '匪'로도 나타나는데 음이 같아서이다.

둘 다 성질상 영어의 'not'이나 한국어의 '안(아니), 못'과는 사뭇 다르다. 이것들의 품사를 부사로 여기고 있는데, 동사·형용사성이 강하다. 사실 부사어

가 아니라 술어로 보는 어법상의 설명도 가능하다. '非'의 경우 특히 잘 드러난다. '是'[옳다, 이다 / 이것(그것)이다]에 상대되어 '非'는 '틀리다(그르다), 아니다'의 의미를 지니고 있다. '아니다'[→ '아니라고 하다']는 한국어에서 술어가 되는 성분이다. '非'는 형용사성 내지 동사성이 확인되는 단어이다.

'不'은 뒤의 말을 부정하므로 전체 부정인지 부분 부정인지는 놓이는 위치에 따라 판단하면 된다.

② '未'는 '아직은 ~하지 않다'를 대표삼아 이해하면 된다. 시간적으로 과거를 뜻하는 것이 아니라 과거·현재·미래를 막론하고 그 시점까지는 아직 그런 일이 발생하지 않음을 나타낼 따름이다. 사실상 겸양의 뜻을 내포하고 있는 부정어이다. '不'은 단정이라면 '未'는 그렇지 않기 때문이다.

③ 그 밖에 '否'가 있다. '否'는 보통 '不+○'으로 여겨진다. 예컨대 '可不可'는 '可否'로 말할 수 있다.

④ '無'는 부사가 아니다. '有'에 대응된다. 그래서 때로는 '不有'로 나타나기도 한다. 한국어에서 '있다'와 '없다'가 짝이 되는 것과 흡사하다. 언제나 의미상 동사성이 중심인 단어이다. 그러므로 그 뒤에 오는 말은 항상 목적어로 간주된다. 이와 뜻이 같은 부류로 '莫(막), 勿(물), 毋(무), 靡(미), 亡(망), 罔(망)' 등이 있다. '無'와 같은 관점에서 이해하면 된다.

3) 說(열): 여기서는 '悅'을 뜻한다. '悅'과 字形이 비슷하여 빌려 쓴 경우이다. '說' 字에는 '설'(말하다), '열'(기쁘다, 기뻐하다), '세'(유세[遊說]하다) 등 세 가지 독

음이 있다.

4) 乎: 대표적인 의문(疑問) 조사이다. 일반 의문문(의문대사가 있는 경우, 의문대사가 없는 경우 모두 포함)을 비롯하여 반어(反語) 의문문, 그리고 추측성의 의문문에 이르기까지 두루 쓰인다. 이들 간의 어조의 차이는 글자를 통해서는 확인할 길이 없다. 문맥에 의해 판단한다.

5) 有[술어] + ○ + 다른 술어: 말의 순서를 보면 '○'이 있고 그것이 '~한다(하다)'는 말이 이어진다. '有朋自遠方來'는 글자 그대로 '벗이 있어가지고[→ 벗이] 먼 곳으로부터 (시작해서) 오다'인데, 우리말로는 다소 어색한 경우가 많기 때문에 '有'를 번역하지 않고 보통 '○가 ~한다(하다)' 식으로 번역한다. '벗이 먼 곳으로부터 (시작해서) 오다'가 된다. '○'이 특정의 것이 아니므로 아예 '어떤 ○이 ~한다(하다)'와 같이 번역해도 되는 경우가 있다. 그러나 문장의 구조에 맞게 첫 번째의 것을 기준 삼아야 한다.

6) 自: 지금까지 '전치사(前置詞; 개사[介詞])'로 여겨 왔다. 시작점을 나타내는 '~부터'를 뜻한다는 것이다. 영어의 'from'에 대응시키고 있으나 옳지 않다. '至' 같은 것에 대해서도 '~까지'를 뜻하며 영어의 'to'에 대응된다고 생각해 온 것 같다. 그러나 '至'는 '이르다'이다. 뒷말이 이어지면 '~까지(로, 에) 이르다'가 된다. 이 어구가 다른 말 앞에 오면 수식어가

되므로 '까지(로, 에)'로만 번역해도 되므로 착각한 것 같다. '自~至~'라면 '~로부터(에서) 시작해서 ~까지(에) 이르다'를 뜻한다. 그러므로 굳이 '自'·'至' 등의 품사를 정한다면 동사에 가깝다. 이것이 이끄는 말이 뒷말을 수식할 경우 번역상 우리말로 '시작하다'나 '이르다'를 붙여 해석하면 말이 어색하여 '~부터(에서) ~까지'라고만 할 따름이지 이것들이 전치사여서 그런 것이 아니다. 요컨대 동사일 때와 전치사일 때로 나뉘어 두 가지 품사를 갖는 것이 아니다. 고대중국어에는 전치사가 없다.

7) 而: 앞 말을 강조하는 어기조사이다. 여러 가지 문맥 관계 사이에 두루 쓰인다. 즉, 연합관계와 수식관계로 압축할 수 있는 여러 가지 관계를 나타내는 문맥 사이에 두루 쓰인다. 지금까지 이것의 품사를 접속사(接續詞; 연사[連詞])라고 하여 영어의 'and'·'but'을 비롯하여 여러 접속사에 대응시켰으나 있을 수 없는 일이다. '그리고', '그러나'를 포함하여 각종 관계를 '而'가 나타내는 것이 아니라 관계는 전후 문맥일 따름이다. 특히 '而'가 상이한 여러 가지 접속 기능을 한다고 하는 것은 언어의 실제에 부합되지 않는다. 어느 경우이건 '而'는 앞 말을 강조하는 어기를 지닌다. 그래서 특별한 경우가 아니면 앞 말에 붙여 읽어야 한다.[=대체로 휴지가 '而'의 뒤에 있다고 할 수 있다.] '而'는 조사이다.

■ 爲仁之本(『論語·學而』)

有子[1]曰: 其爲人[2]也[3]孝弟[4]而好[5]犯上者 鮮矣. 不好犯上而 好作亂者[6] 未之有[7]也. 君子務本. 本立而, 道生. 孝弟也者[8] 其爲仁之本與[9]!

유자가 말했다. 그 사람됨이 효성스럽고 우애스러운(공손한)데도 위(윗사람)를 범하기 좋아하는 경우(사람)는 드물다(적다). 위를 범하기 좋아하지 않는데도 난을 짓기(혼란을 만들기) 좋아하는 경우는 아직 [그런 경우가(또는 사람이)] 있지 않았다. 군자는 근본에 힘을 쓴다. 근본이 서야(서면) 길이 생긴다. 효성스럽고(효도와) 우애스러움(우애)[→ 공손함]은 (아 거) 인을 행(실천)하는 근본이로다(근본일진저)!

◆ 주석

1) 有子: 공자의 제자. 성은 有, 이름은 若, 魯나라 사람.

2) 其爲人: '爲+人'은 술목(述目) 구조이다. '사람이 되다'를 뜻한다. 여기에서는 주어로 쓰였으므로 우리말로는 '사람(이) 됨'으로 추스르게 된다. 고대중국어에서는 본시 '되다'·'됨'과 같은 동사성·명사성의 구별이 없음을 알 수 있다. 그러므로 한국어로의 번역은 문맥에 따르면 된다.

이를 쉽게 확인할 수 있는 예는 많다. '好學'(배우기를 좋아하다 → 배우기를 좋아하는 사람) '知己'(자기를 알아주다 → 자기를 알아주는 사람) 등이 그것이다. 결코 '好學人'이니, '好學者'니 하지 않는다. '好學', '知己'만으로 충분한 것이다. 다른 말이 부가된다면 다른 뜻이 보태진다고 여기면 된다. 수식구조의 경

우도 마찬가지이다. '先生'(먼저 태어나다 → 먼저 태어난 사람[손윗사람], 선생)이 그 예이다. 주술구조도 그렇다. '人食'(사람이 먹다 → 사람이 먹는 것)이 그 예이다.

'其'(1)는 대사이다. '爲人'을 지시한다. 한국어로는 이것 역시 '之'와 마찬가지로 '그'로 대표로 삼아 번역한다. 사람·사물·일을 가리지 않고 지칭하는 점은 같으나, '之'와는 쓰임에 기본적인 차이가 있다. 대사 '其'는 '其(관형어)+중심어(=피수식어)' 형식으로 쓰이거나 '其(주어)+술어'의 관계 중에 주로 쓰인다. '其' 역시 똑같은 소리로 말하나 이것이 대신하여 가리키는 내용이 없는 경우가 있다. 이 경우는 대사로 여기지 않고 강조의 기능을 하는 조사[其(2)]로 여기고 있다. 그러나 대사로 규정하고 그것의

쓰임이 이러하다고 말해도 된다. 따로 조사라는 품사를 부여하지 않을 수도 있다는 말이다. 이 경우는 우리말에서 '아거, 다름 아니고 거'에 상당하는 어기를 지닌다고 보면 된다. 이는 문장 성분상 관형어나 주어가 되지 못하는 경우에 해당한다.

3) 也: 어기 조사. 문중에 놓이면 앞말에 대해 판단한다는 어기를 나타낸다. 명사성의 말 뒤에만 놓이는 것이 아니라 성질이 다른 여러 가지 말 뒤에 온다. 한국어의 구어에서 '~은(는, 이, 가)'로 표현되는 말 뒤에 온다면 '~은(는, 이, 가) 말이야(말이지, 요)' 정도의 어감을 갖는 것이 될 것이다.

4) 弟: 여기서는 '悌'를 뜻한다. 처음에는 '아우'와 '우애하다(우애스럽다), 공경하다'를 모두 '弟' 하나로 표기하였다.

모든 문자의 기본 기능은 말소리를 나타내는 부호라는 데 있다. 한자도 마찬가지이다. 음소문자를 사용하지 않았을 뿐, 모든 한자는 기본적으로 음을 나타내는 부호이다. 그래서 고문에서는 뜻에 차이가 있더라도 음이 같거나 비슷하면 같은 글자로 쓴 경우가 많다. 舍=捨, 文=紋, 非=誹, 與(조사)=歟 / 知=智, 道=導 등이 그것이다. 뒤의 글자처럼 편방을 붙여서 구별하게 된 것은 한참 뒤의 일이다. 물론 이 가운데는 뜻이 아직 분화되지 않아 하나의(같은) 의미로 통했기 때문인 경우도 포함된다. '非'가 이의 대표적인 예이다. '非'는 본시 '아니다, 그르다, 그르다고 하다(여기다), 그름(틀림)' 등으로 새길 수 있는 의미를 하나로 가지고 있는 단어이다. 그런데 뒷날 '그르다고 하다(여기다)'에 해당하는 경우는 '誹'로 서서 구별하였다. 즉, '비방하다(←그르다고 하다)'는 뜻이 분화되어 나온 것이라고 할 수 있다.

5) 好: 고문에서 實詞류는 일반적으로 품사를 나눌 수 없다. 문장 안에서 보면 명사·동사·형용사 등의 성질을 모두 가지는 것이 확인되므로, 복합된 한 덩어리로서의 성질을 갖는다고 할 수 있다. 그러나 일부 단어들은 어느 시기부터 품사의 관점에서 보아 성질을 달리 할 때 발음을 달리하였음을 알게 하는 문헌의 기록들이 있다. 이는 주로 후대에 성조(聲調: 平聲, 上聲, 去聲, 入聲으로 구분되는 四聲)로 정착된 음성상의 표지에 의해 구별되었다. 상고시대에는 성조가 아니었으나 어느 시기에 성조로 전환되었다고 보는 견해가 타당하다.

'好'가 上聲이면 '좋다'(형용사), 去聲이면 '좋아하다'(동사)를 뜻하는 것이 그것이다.

다른 예:

雨: 上聲 → 비, 去聲 → 비가(를) 내리다.

衣: 平聲 → 옷, 去聲 → 옷을 입다.

數: 去聲 → 수, 上聲 → 수를 세다.

6) 者: 앞 말을 강조하는 어기조사이다.

7) 未之有: 긍정문일 때는 '有+之'로서 '술어+목적어' 어순을 취하지만, 목적어가 대사이면서 술어 앞에 부정어 '未'가 있음으로 인하여 '목적어+술어' 어순인 '之+有'로 도치되었다.

8) 也者: 어기조사의 연용이다. '也'는 판단을 나타내며, '者'는 앞부분을 강조하는 기능을 한다.

9) 其爲仁之本與: '爲+仁'은 '술어+목적어' 구조이다. 이것이 다시 '本'을 수식

하는 관형어로 쓰였다. '爲仁之本'은 주어 '孝弟'를 설명하는 명사성 술어부분이다.

'其'는 '아 거' 정도로 풀이해 볼 수 있는 어기조사이다. '之, 焉'과 같이 본래 대사(代詞)이지만 용례상 지시하는 내용이 없는 경우에는 모두 강조의 어기조사로 여긴다. 이곳의 '之'도 어기조사이다. 앞말을 강조한다.

'與'는 의문성과 감탄성을 함께 지닌 어기조사이다. 후대에는 어기조사인 경우 '歟'로 표기하였다.

■ 吾日三省(『論語·學而』)

曾子[1]曰: 吾日三省[2]吾身. 爲[3]人謀而不忠乎[4]? 與[5]朋友交而不信乎? 傳不習乎?

증자가 말했다. 나는 날마다 세 가지로 내 몸을 살핀다. 남(사람)을 위하여 일을 꾀함에 정성스러웠는가? 친구들과 더불어 사귐에(교제함에) 미덥지 않았는가? 전해 받은(배운) 것은 익히지 않았는가?

◆ 주석

1) 曾子: 성은 曾(증), 이름은 參(삼), 字는 子輿(자여). 孔子의 제자.
2) 日三省: '日'과 '三'은 술어인 '省'을 수식하는 부사어로 쓰였다.
3) 爲: 去聲으로 발음될 때는 '위하다' 또는 '때문이다'를 뜻한다. 영어의 'for'에 대응하여 전치사로 여겨왔으나 옳지 않다. 허사(虛詞)가 아니라 실사(實詞)이다. 동사성의 단어이다.
4) 乎: 의문을 나타내는 조사. 여기서는 반어(反語) 의문문에 쓰였다.
5) 與: 앞의 '爲'와 마찬가지로 동사성 단어이다. '더불다, 더불어 하다'를 뜻하며 무엇을 더불어 하는지는 문맥에 있다.

2. 『晏子春秋』抄

■ 水土異也(『晏子春秋·內篇雜下』)

晏子將使楚. 楚王聞之 謂左右曰[1]: 晏嬰齊之習辭者也[2]. 今方來, 吾欲辱之何以[3]也? 左右對曰: 爲[4]其來也, 臣請[5]縛一人過王而行[6]. 王曰: 何爲[7]者也? 對曰: 齊人也. 王曰: 何坐[8]? 曰: 坐盜.

晏子至, 楚王賜晏子酒[9], 酒酣, 吏二[10]縛一人詣王. 王曰: 縛者曷爲者也? 對曰: 齊人也 坐盜.

王視晏子曰: 齊人固善[11]盜乎[12]?

晏子避席對曰: 嬰聞之[13] 橘生淮南則爲橘 生于[14]淮北則爲枳, 葉徒相似, 其實味不同. 所以然[15]者何? 水土異也.[16] 今民生長于齊不盜 入楚則盜 得無[17]楚之水土使民善盜耶[18]?

王笑曰: 聖人非所與熙[19]也, 寡人反[20]取病焉[21].

안자가 장차 초나라로 사신 가게(초나라에 사신으로 가게) 되었다. 초나라 왕이 그것을 듣고, 좌우(좌우의 신하들)에 말했다. "안영은 제나라의 말을 잘하는 사람이오. 이제 바야흐로 그가 오게 되오. 내가 그를 욕보이고 싶은데 무엇을 가지고 해야 하겠소(무엇을 써서 하는 것이 좋겠소)[→ 무슨 방법을 써야 하겠소][⇒ 어떻게 하는 것이 좋겠소]?"

좌우가(신하들이) 대답하여 말했다. "그가 오게 되면 신들이 청하여[←삼가, 청컨대] 한 사람을 묶어 왕(앞)을 지나서 가게 하겠습니다. 왕께서 무엇하는 사람(놈)이냐고 하시면, 대답하여 제나라 사람이라고 할 것이며, 왕께서 무슨 죄를 지었느냐고 하시면, 도적 죄를 지었다고 하겠습니다."

안자가 이르자 초나라 왕이 안자에게 술을 내렸다[→ 술을 대접하였다]. 술이 얼큰해지자 관리 둘이 한 사람을 묶어 가지고 왕 앞에 이르렀다. 왕이 "묶인 자는 무엇 하는 사람인가?"라고 하자, 대답하여 "제나라 사람으로(인데) 도적 죄를 지었습니다."라고 하였다.

왕이 안자를 보고 말했다. "제나라 사람은 본디 도적질을 잘 합니까?"
안자가 자리를 피하며 대답하여 말했다. "영이(제가) [그것을] 듣건대(저는 그렇게 들었습니다), 귤이 회수의 남쪽에서 자라면 곧 귤이 되지만 회수의 북쪽에서 자라면 곧 탱자가 된다고 합니다. 잎사귀만 서로 비슷할 뿐, 그(그것들의) 열매와 맛[또는 '열매 맛']은 같지 않습니다. 그렇게 되는 바(의 까닭)는 무엇일까요(입니까)? 수토(풍토)가 달라서이지요. 이제 백성이 제나라에서 나고 자라면 도적질을 하지 않는데 초나라에 들어오면 곧 도적질을 하게 되는 데는 초나라의 수토가 백성들로 하여금 도적질을 잘하게 하는 경우가 없을 수 있겠는지요?"
왕이 웃으면서 말했다. "성인은 더불어 희롱할 바가 아니로다. 과인이 반대로 그에게 괴롭힘을 받았다(당했다)."

◆ 주석

1) 謂左右曰: '謂'·'問' 등의 말 뒤에는 이처럼 '曰'이 따르는 경우가 많다. 대상을 밝혀 말할 때는 '左右'처럼 '謂'·'問' 뒤에 둔다. 뒤의 '對曰'은 대상을 말하지 않은 경우이다.

2) 也: 판단을 나타내는 어기조사이다. 쓰지 않아도 문장이 성립하지만 쓰게 되면 화자의 판단이 그러하다는 것을 강조하게 된다.

3) 何以: '以'는 동사이다. '쓰다, 써서 하다'를 뜻하므로 '무엇(→ 무슨 방법)을 쓸까요?, 무엇을 써서 할까요?'를 뜻한다. 목적어가 의문대사이므로 '以' 앞으로 도치되었다.

4) 爲: '되다'를 뜻하는 동사이다. '爲其來'는 '그가 오게 되다'를 뜻한다. '其來'는 '爲'의 목적어이다.

5) 請: 부사가 아니고 동사이다. 상대방의 승낙이 필요 없지만 존대의 표시로 '청하여'라는 말을 쓴 것이다. 한국어로는 이 풀이가 어색하므로 '삼가' 등으로 번역한다. 동사 그 자체로서 부사어로 쓰인 것이다. '幸'(다행스럽다 → 다행히도)·'竊'(훔치다, 몰래하다 → 몰래, 삼가)·'辱'(욕되다 →욕되게도) 등의 겸양어도 마찬가지이다.

6) 過王而行: 문맥상 '過'(지나게 하다)와 '行'(가게 하다)은~ 이른바 사동(使動)에 해당한다. 합쳐서 '(왕 앞을) 지나서 가게 하다'를 뜻한다.

7) 何爲: 앞의 '何以'처럼 의문대사가 목적어로 쓰일 때 술어와 목적어의 어순이 도치된 예이다. '무엇을 하느냐, 무엇을 하는 사람'을 나타낸다. 뒤에서는 글쓴

이가 '曷爲'로 바꿔 썼다. '何'와 '曷'은 같은 뜻이다.

8) 何坐: 역시 술어와 목적어가 도치된 예이다. '坐'는 '죄입다, 죄받다'를 뜻한다. '何坐'는 '무엇을 죄입었느냐? → 무슨 죄를 지었느냐'를 뜻한다. '坐盜'는 '도둑(도적) 죄를 입다 → 도둑 죄를 짓다'가 된다.

9) 楚王賜晏子酒: '晏子'와 '酒'라는 두 개의 목적어가 쓰인 예이다.

10) 吏二: '관리 둘(두 사람)'을 뜻한다. 동격 관계의 연합구조이다. '二吏'는 수식 구조로서 '두(두 사람의) 관리'가 된다.

11) 善: '잘하다'를 뜻한다. 동사성 단어가 뒤에 오면 대부분 이 뜻으로 쓰인다. 뒤에 오는 말은 '善'의 목적어가 된다.

12) 乎: 가장 많이 보이는 대표적인 의문조사이다. '乎'는 비교적 솔직·단순한 성질을 띤다. 같은 의문 조사로서 '耶(邪)'는 놀람과 동시에 상대방의 동의를 바라는 색채를 띤다. '與(歟)'는 감탄의 색채를 아울러 지닌다. '與(歟)'는 감탄성의 어기를 겸하므로 감탄문에도 쓰인다.

13) 之: 대사이다. '聞'의 목적어가 길기 때문에 '之'를 써서 미리 지칭하고 나서 그 내용을 뒤에 말하는 방식이다. '之'와 바로 뒤에 오는 말은 동격 관계이다. 이에 따라 '聞之'의 풀이도 '그것을'에 대한 번역은 생략하고 '듣건대 ⋯⋯라고 합니다' 식으로 하면 된다.

14) 橘生淮南則爲橘 生于淮北則爲枳: 앞 구의 목적어 앞에는 '于'를 쓰지 않고 뒤의 구에만 썼다. 정상적인 사람은 기후가 맞지 않은 '淮北'에 귤을 심지 않으므로 강조하기 위해서 쓴 것이다.

15) 所以然: '所'자 구조이다. '以'와 '然'은 동사이다. '써서(가지고서) 그러하다(그렇게 되다)'를 뜻한다. '가지고서 그렇게 된 바'가 문맥상 까닭(이유)을 나타내므로 '그렇게 된 까닭(이유)'이라고 의역할 수 있는 것이다.

16) 水土異也: '也'는 판단을 나타내므로 문맥이 이유를 나타내는 경우가 많다. 한국어로는 '수토(풍토)가 달라서이다'라고 풀이해도 이유를 나타내지만 그렇지 못한 언어로 번역한다면 '수토가 다르기 때문이다'에 해당하는 번역어를 취하게 될 것이다. '水土異也'가 다른 문맥에 쓰이면 '수토가 다르다'라고만 번역해야 할 것이다.

17) 得無: 보통 '得無'를 하나의 단어로 여겨 문맥에 따라 여러 가지 뜻이 있는 것처럼 설명해 왔다. 그러나 그렇지 않다. 두 단어로서 문장의 구조를 바르게 이해하면 '得'과 '無' 각각의 본의에 따라 해결된다. '楚之水土使民善盜'가 '無'의 목적어이고 '無+楚之水土使民善盜'는 다시 '得'의 목적어가 되는 구조이다. 이런 형식의 문장은 고대중국어에 흔하다. '楚之水土+使+民+善盜'는 이른바 겸어식(兼語式)에 해당한다.

그러므로 '得無楚之水土使民善盜'는 '초나라의 수토가 백성들로 하여금 도적질을 잘하게 하는 경우가(함이) 없음을 얻다(→ 이루다, 그럴 수 있다)'를 뜻한다. 한국어에 맞추어 다듬으면 '초나라의 수토가 백성들로 하여금 도적질을 잘하게 하는 경우가 없을 수 있다'가 된다. '乎'가 붙어 의문문이 되었으니 '초나라의 수토가 백성들로 하여금 도적질을 잘하게 하는 경우가 없을 수 있겠는지요?'가 되는 것이다.

18) 耶(邪): '耶(邪)'는 놀람과 동시에 상대 방의 동의를 바라는 색채를 띤다.

19) 所與熙: 앞의 '所以然'과 똑같은 구조 이다.

20) 反: 문맥을 취하여 보통 부사로 여기 고 '반대로, 거꾸로' 등으로 풀이한다. 그러나 '반대로 하다, 거꾸로 하다'는 뜻 이 바뀌지 않았다. 똑같은 형태로 쓰인 다. 한국어처럼 동사와 부사로 나눌 수 있는 근거가 없다는 말이다. 뜻이 바뀌 지 않았으므로 동사성 의미인 '반대로

하다, 거꾸로 하다'가 문장 성분상 부사 어로 쓰였을 뿐이라고 보면 된다. 동사 또는 형용사와 부사의 경계를 나누고자 할 때 발생하는 혼란의 한 예이다.

21) 焉: 문장의 끝에 쓰였지만 가리키는 대 상이 찾아지므로 대사(代詞)로 여긴다. '晏子'를 가리킨다. 강조의 어기조사로 보아도 문맥이 통한다. 그래서 왕왕 대 사인지 조사인지를 정하기 어려운 경우 가 있는데, 가리키는 내용을 찾을 수 있 으면 대사로 보는 수밖에 없다.

3. 『孟子』抄

■ 專心致志(『孟子 · 告子上』)

孟子曰: 無或乎[1]王之[2]不[3]智也. 雖有天下易[4]生之物[5]也, 一日暴之 十日寒之, 未[6]有能生者[7]也. 吾見亦罕矣[8], 吾退而[9], 寒之者至矣, 吾如有萌焉[10]何[11]哉?!

今夫[12]奕之爲數[13]小數也. 不專心致志 則[14]不得也. 奕秋通國[15]之善[16]奕者也. 使[17]奕秋誨二人奕.[18] 其一人專心致志 惟奕秋之爲聽[19], 一人雖聽之一心以[20]爲有鴻鵠將至[21]思援弓繳[22]而射[23]之 雖[24]與[25]之俱學 弗[26]若之矣. 爲是其智弗若[27]與? 曰: 非[28]然也.

맹자가[내가] 말했다. 왕이 지혜롭지 못한 것을 이상하게 생각할 것이 없 겠지요? 비록 천하에(의) 자라기 쉬운[→잘 자라는] 것이 있을지라도, 그것 을 하루는 볕에 쪼이고 열흘은 차갑게 해서는(한다면), 잘 자랄 수 있는 것 이 아직 없습니다. 내가 [왕을] 만나는(알현하는) 일[→내가 만남] 또한 드물 어졌고, 내가 물러나고 나면, 그를 차갑게 하는 자가(사람이) 이르게 될 것

이니, 내가(나에게는) 그에게 싹[→왕 노릇 할 소지]이 있는 것과 같은 것이 무엇이겠습니까[→무슨 소용이겠습니까]?! [⇒그에게 싹이 있은들 내가 어떻게 하겠습니까?!]

　이제 저 바둑의 수라는 것은 작은 수이지만, 마음을 오로지 하고 생각(뜻)을 다하지 않으면 되지 않는 것입니다(얻지[이루지] 못하는 것입니다). 奕秋는 나라(전국)를 통하여[→온 나라의(에서)] 바둑을 [가장] 잘 두는[←바둑 두기를 잘하는/바둑을 잘하는] 사람입니다. 혁추로 하여금 두 사람에게 바둑을 가르치게 합니다[→가르치게 한다고 합시다]. 그 [가운데] 한 사람은 마음을 오로지하고 생각을 다하여 오직 혁추의 말만이 듣는 것이 되는데[→말만을 듣는데], 한 사람은 비록 그의 말을 듣기는 하나 한쪽 마음으로는 홍곡(큰기러기나 고니)이 곧 이르리라 여겨서(여기고)[←홍곡이 있어 가지고 곧 이르리라(오리라) 여겨서] 활의 주살을 당겨 그것을 쏘아 맞힐 것을 생각한다면, 비록 그와 함께 배울지라도 그와 [똑]같지 못하게 됩니다. 이것이 그의 지혜가 같지 못한 것이 되겠습니까?[→같지 못한 것이겠습니까? →같지 못해서이겠습니까? ⇒같지 못하기 때문이겠습니까?] [내] 말하건대, 그러해서가(그러한 것이) 아닙니다.

◆ 주석

1) 乎: '無或乎王之不智也' 중의 '乎'도 어기조사이다. 文末에 놓이는 경우와 기능이 같다. 여기에서도 의문의 어기를 나타낸다. 술어 '或'(=惑)의 뒤에 놓였지만, 역시 '의아하게 생각할(의혹할) 것이 없는데 의아하게 생각하다니?' 정도의 의문 어기를 그대로 지닌 채로 술목구조인 '或乎+王之不智'가 다시 '無'의 목적어로 쓰인 것이다. '無'의 목적어가 되어 있기 때문에 한국어로 '乎'의 의문성을 살려내어 번역하기가 쉽지 않

다. 즉, '乎'가 없는 문장과 마찬가지로 그냥 '왕이 지혜롭지 못한 것을 의아하게 생각할 것이 없다.'로 번역하게 된다. 그러나 '乎'의 기능을 살려 번역하는 방법이 전혀 없지는 않다. "왕이 지혜롭지 못한 것을 이상하게 생각할 것이 없겠지요?"라고 하면 된다.

2) 之: 종래 관형어 뒤에 오는 경우와 '주술'구조의 주어 뒤에 놓이는 '之'를 구조조사라 하고, 명사구를 만드는 표지로 여겨왔으나, 이 책에서는 '之'에 의해서

명사성의 구가 되고 안 되는 것이 아님을 밝혔다. 조사 '之'는 언제나 공통된 어기조사이다. 따라서 '王+不智' 사이의 주술 관계는 소멸되지 않는다. '之'가 쓰이지 않는 '주술구'도 얼마든지 다른 술어의 주어나 목적어가 될 수 있기 때문이다. '왕이 지혜롭지 못함(않음)'과 '왕의 지혜롭지 못함'을 구별하는 표지는 고대중국어에 없다.

3) 不: '不'은 대표적인 부정어이다. '非'·'未' 같은 다른 부정어와 함께 부정 부사로 규정하고 있는 종래의 견해를 따랐다. 그런데 '동사'로 볼 수도 있다. 한국어의 '아니하다, 않다'·'못하다'를 참고하면 이해가 될 것이다.

4) 易(이): 쉽다.

5) 天下易生之物: 다음과 같은 분석이 가능하다. 형태 표지가 없고 품사성도 두드러지지 않은 언어이기 때문에 크게 다음 두 가지로 나누어 볼 수 있다.

A: 天下(관형어1)+易生(관형어2)+[之]+物: 천하의 자라기 쉬운[→잘 자라는] 사물(것)

{易(술어)+生(목적어)}(=관형어)+[之]+物

• 술목구조: 형용사+목적어=多才, 寡言, 富馬 / 易老, 難成.

* 易+[於]言, 難+[於]行: 조사 '於'는 '言'·'行'을 강조함.

능원동사 또는 능원형용사+일반동사(목적어)= 欲○, 願○, 能○, 可○, 足○, 宜○, 肯○ 등.

B: 天下(부사어)+易+生+[之]+物: 천하에[에서] 자라기 쉬운 사물

{天下(부사어)+易(술어)+生(목적어)}(=관형어)+[之]+物

6) 未: '未'는 시간에 관계없이 '아직까지는 ~하지 않다[~한 일(함)이 없다]'를 뜻하여 완곡의 의미를 지닌다.

7) 者: 놓이는 위치가 文中이건 文末이건 모두 어기조사이다. 앞말을 추스르는 성질을 지니므로 대사(代詞)의 성질을 함께 지닌 조사라고 말할 수도 있다.

'구조조사'로서의 기능을 인정하지 않는 주된 이유는 이렇다. 동사·형용사 및 동사·형용사 중심의 句가 의미상 명사성을 띤다고 여겨지는 주어·목적어가 되는 경우에도 어법적인 표지를 필요 조건으로 하지 않아서이다. 能生(者)·寒之(者)·善奕(者) 등에서 '者'가 없이 '能生'·'寒之'·'善奕'만으로도 '잘 자라는 것'·'그것을 차갑게 하는 것'·'바둑을 잘 두는 사람'을 나타낸다. 요컨대 '者' 앞에 놓이는 단어나 구의 의미상의 품사성에 관계없이 일관되게 어기조사이다. 다시 말하면, '者'가 있음으로 해서 '~하는 것(사람, 경우)'이 되는 것이 아니라, 이것이 없이도 앞의 단어나 구가 '~하는 것(사람, 경우)'을 뜻한다.

8) 吾見亦罕矣: "내가 만나는 것 또한 드물게 되었다." 어기조사 '矣'의 기능이 '변화'를 나타내는 데 있음을 알게 하는 문맥이 뚜렷하게 보인다.

9) 而: 앞말을 강조하는 일종의 어기조사이다. 접속사가 아니다.

10) 焉: '焉'은 '之'와 기본 의미는 같으나 '之'보다 어세가 강한 代詞이다. 앞의 '王'을 받는다. '有萌焉'은 '술어+목적어1+목적어2'의 구조이다. '그에게 싹이 있다(싹이 그에게 있다)'를 뜻한다. '焉'을 '於(于)+之'로 풀이한 것은 중대한 착오이다. '於(于)'를 전치사로 여기고

'전치사+之'라고 한 발상이 어디에서 비롯되었는지 모르겠다. 전적으로 후대의 언어와 영문법적 사고에 짝 맞춘 기이한 어법 기술임을 보인다. '於(于)'는 전치사가 아니라 조사이다.

11) '吾如有萌焉何'에 대한 종래의 견해는 '如何'가 특수한 단어라는 것이다. 句로 여기는 사람도 있는데, 句로서 다른 목적어를 취한다고 설명하게 되므로 말 자체가 성립하지 않는다. '술목'식의 단어로 여기고 '무엇과 같다[→ 어떠하다], 무엇과 같이 하다[→ 어떻게 하다]'를 뜻하며 이것이 다른 목적어를 취하면 '如何' 사이로 들어가서 '如+목적어+何'가 된다는 식으로 설명해 왔다. 그러나 이것은 억지이다.

'吾如有萌焉何'의 '如有萌焉何'는 이렇게 분석된다. '有萌焉'은 '如'의 목적어이다. '그에게 싹(왕 노릇 할 수 있는 소지)이 있는 것과 같다'를 뜻한다. '何'는 '如有萌焉'의 술어이다. 그래서 '如有萌焉[주어]+何[술어]'는 '그에게 싹이 있는 것과 같음[같은 것, 같은 경우]이 무엇이겠는가(뭔가 → 무슨 소용인가?)'를 뜻한다. '吾'는 '如有萌焉何'의 전체 주어이다. "낸들(내게, 내가) 그에게 싹이 있는 것과 같음[같은 것, 같은 경우]이 무엇이겠는가[뭔가 → 무슨 소용인가]?"를 뜻한다. "~을 어떻게 하겠는가?"로 번역하는 것은 문맥상 결과적으로 그렇게 이해되는 것이지 '如何'라는 단어의 의미가 그러한 것은 아니다. 종래의 고대중국어 어법 서술에는 파악된 뜻을 정해 놓고 이것에 어법 규칙을 짜 맞춘 예가 너무나 많다. '如+○+何'는 어느 경우이건 이와 같은 공식(구조)으로 온전하게 이해할 수 있다.

단, 이 문장에서의 '吾'는 문맥과 단어의 위치에 의해 부사어로 보는 견해가 있을 수 있다.

12) 今夫: '今夫'를 복합사로 보지 않는다. '今'은 여기에서 꼭 '지금'이라는 시간을 나타내는 것이 아니고 허두로 쓰인다. 명사류 어휘 가운데 이러한 쓰임을 갖는 것들이 다소 있다.

'夫'는 발어의 조사이다. 代詞로 보고 그것의 활용이라고 말할 수도 있다. 대사의 허화로 조사가 되었다고 여기는 '之'·'其'·'焉' 등의 '대사 : 허사'의 경계도 마찬가지이다. 이런 관점으로 본다면 '今'도 일종의 조사로 간주할 수 있는 여지가 있게 된다.

13) 爲數: '爲'는 '하다'류에 속하는 '되다'[← ~라고 하다]를 뜻한다. '수가 되다 → 수가 됨 → 수라는 것'.

'奕之+爲數'(바둑이 수가 됨, 바둑의 수가 됨)[→ 바둑의 수라는 것]의 결합도 '王之+不智' 결합의 성격과 같다.

14) 則(즉): '則'은 부사이다. 접속사로 보지 않는다. '곧' 또는 '바로'에 상당하는 부사로서 조건(가정)을 비롯한 여러 가지 의미 관계는 문맥이다.

15) 通國: '通國'은 '나라를 통틀다(나라를 통틀어서)'를 뜻하는 술목구조이다. 결과적으로 '온 나라(전국)'을 뜻하는데, 이것을 가지고 '通'의 뜻이 '全'과 같은 '온'이라고 하는 것은 궁색한 풀이이다. 여기에서의 '通'은 여전히 '통하다, 관통하다' 하나의 뜻으로 일관된다.

16) 善: '善'의 목적어는 명사성·동사성을 가리지 않는다. '奕'을 '바둑'이라고만 볼 수 없고, '바둑을 두다'로 여길 수 있

는 종합성을 지닌다. '善盜'도 마찬가지
이다. 보통 '盜'를 동사로 여겨 '도적질
하기(도적질)를 잘하다'로 생각하나, 이
역시 명사성의 '도적질(도적 행위)'과 동
사성의 '도적질을 하다'로 나눌 수 있는
자질이 단어 자체에는 없다.

17) 使: 위와 같은 문맥에 쓰인 '使'는 『孟
子』에 단 한 번 나온다. 이것을 가지고
가정(조건)을 나타내는 접속사라고들
하였다. '使'는 여전히 실사로서 의미상
의 동사이다. '(시키다, [시켜서, 하여
금] ~하게 하다'일 따름이며, '~한다면'
은 자의적으로 파악한 문맥이다. 상고
의 고대중국어에는 조건(가정) 표시 전
용의 단어도 없다. '혁추로 하여금 두 사
람에게 바둑을 가르치게 하다'를 뜻하
며, 문맥이 '~가르치게 하였다고 하자'
내지 '~ 가르치게 한다면'일 따름이다.
다른 문맥도 마찬가지이다. 평서문과
명령문의 형식에도 차이가 없다. 양자
가 중립이다. 시제도 없다. 문맥에 따라
과거·현재·미래 등을 인지할 수 있을
뿐이다. '使'가 접속사라면 왜 수많은 이
런 문맥에 한 번밖에 나타나지 않았을
까? 생각해 볼 일이다.

'使'와 함께 가정(조건)을 나타내는 접
속사로 분류해 왔던 '如'·'若' 등도 모
두 동사이다. '如+~'는 술목구조로서
언제나 '~와 같다(같이[처럼] 하다)'를
뜻하는데, '~할 것 같으면[← ~한다면]'
의 가정·조건의 문맥에 많이 나타날 따
름이다. 그래서 '如'·'若'은 주로 주어
뒤에 놓는다. 이는 특히 이것들이 접속
사성을 갖지 않음을 의미하는 쓰임이라
고 여긴다. 어느 경우이건 뒷부분을 목
적어로 취하는 구조이다.

18) '使奕秋誨二人奕'은 이른바 兼語式이
다. '使+奕秋'는 '술+목', '奕秋+誨二人
奕'은 의미상 '주+술' 관계이다. 뒤의 술
어에는 두 개의 목적어 '二人'과 '奕'이
있다. '奕秋'가 앞 술어 '使'의 목적어와
뒤 술어 '誨'의 의미상의 주어를 겸하므
로 '겸어[兼語]'라고 한다. '혁추로 하여
금[혁추를 시켜서] 두 사람에게 바둑을
가르치게 하다'를 뜻한다.

19) 惟奕秋之爲聽: '之'는 강조의 어기조
사이다. 보통 전치된 목적어를 강조하
는 예로 보아왔었다. '聽'의 의미상의 목
적어로 여겨지기 때문이다. '奕秋之爲
聽'이 '혁추를[→ 혁추의 말을] 듣다'를
뜻해서이다.

'爲'는 무엇인가? 이곳의 '爲'에 대해
서는 종래 의견이 많았다. 필자는 전에
'爲'가 단독으로 '之'처럼 전치된 목적어
를 강조하는 조사로도 쓰이므로 두 개의
조사 '之'와 '爲'를 연용하여 '奕秋'를 더
욱 더 강조한다고 생각하였다. 그런데
'之'의 일관된 기능을 연구한 결과, 수식
어의 뒤·주어의 뒤·전치되었다고 여
겨지는 의미상의 목적어 뒤 등 어디에
놓이더라도 기능에 차이가 없이 강조라
는 오직 하나의 어기를 나타냄을 알게
되었다. 많은 경우 '주술' 관계의 주어
뒤에 오는 경우와 '의미상의 목적어+술
어'의 경우를 한 가지 통사 관계로 여길
수 있음도 발견하였다. 즉, '목+술'을
'주+술'로 여기면, 문맥상 의미가 '수동'
이 된다는 차이만 있게 된다. 그래서 '奕
秋之爲聽'에 대하여 '혁추의 말을 듣다'
로만 생각했던 것을, '爲'를 동사로 보아
'爲+聽'(술목)은 '듣는 것이 되다'이고
'奕秋'가 '爲聽'의 주어가 됨으로써 '奕

秋之爲聽'은 '혁추의 말이 듣는 것[듣는 대상]이 되다'를 뜻한다고 여기게 되었다. 동사 하나만 있어도 의미가 통해질 듯한 문장에서 '爲'가 앞에 첨가되어 '술목'구조를 형성하는 '예들이 적지 않기 때문이다. 예컨대 '美之爲美'의 '爲美'는 '爲'가 형용사를 목적어로 받아 '아름답게 되다[→아름다운 것이 되다, 아름다움이 되다]'를 뜻한다. 부사 '惟(=唯)'가 더해져서 '惟奕秋之爲聽'은 '오직 혁추의 말만이 듣는 것이 되다'로서 결국 '오직 혁추의 말만을 듣다'를 뜻하게 된다고 여기게 되었다.

'奕秋之+爲聽'은 위에서 말한 대로 '爲'를 동사로 보는 한, 주술구가 된다. '爲'가 없는 '奕秋之+聽'은 형식상 주술구(혁추의 말이 들어지다[수동])로 볼 수도 있고, 술목구의 도치인 '목+술' 형식(혁추의 말을 듣다)으로 여길 수도 있다. 그러나 '之'의 일관된 기능에 따르면, 통사구조는 주술구로 보는 것이 합당하다고 할 수 있다.

20) 以: '以'는 언제나 동사이다. 통상 그것이 이끌 수 있는 의미상의 목적어를 쓰지 않는 것이 특징이다. 여기에서와 같이 다른 술어 앞에 오면 부사어가 된다.

21) 一心以爲有鴻鵠將至: 이곳의 '爲'의 뜻도 '하다'로 통합된다. '~라고 하다'의 문맥이다. 문맥을 더 분명하게 하면 '~라고 여기다(생각하다)'가 되는 것이다. 그래서 '以爲'는 '가지고서[써서] ~라고 여기다'를 뜻하게 된다. 이 시기에는 '以爲'가 아직 두 단어였다고 여긴다. '以爲'가 항상 이런 문맥만 갖추는 것은 아니다. '爲'의 목적어가 뜻하는 의미에 따라 달라짐에 유의하여야 한다. 예를 들

면, '以木爲舟'(나무로 배를 만들다[←하다])에서 '以'의 목적어가 생략된 형태는 '以爲舟'가 된다. 이 경우는 문맥에 따라 '가지고서 배를 만들다'가 된다. 그러므로 '以爲'를 한 단어로 보아서는 안 된다.

'爲'의 목적어가 되는 '有+鴻鵠+[將(부사어)]+至'는 겸어식[兼語式]이다. '有+鴻鵠'(홍곡이 있다)은 '술목구조', '鴻鵠+[將]+至'(홍곡이 장차 이른다)는 의미상 '주술구조'가 되어 '鴻鵠'이 목적어와 주어를 겸하는 '兼語'가 된다. '홍곡이 있어 가지고 장차 이르다[→장차 이를 홍곡이 있다]'를 뜻한다.

22) 弓繳(궁작): '繳'은 '주살'이다. '弓繳'을 수식구조로 보면, '활의 주살'이 되고, 연합구조로 보면, '활과 주살'이 된다. 수식구조와 연합구조의 경계를 가리기 어려운 예가 된다.

23) 射(석): '쏘아 맞히다'를 뜻할 때는 독음을 '석'으로 읽는다.

24) 雖: '雖'(비록)도 부사이다. '縱'도 비슷한 의미의 부사로 간주한다. 접속사로 여기지 않는다.

25) 與: '與'도 실사로서 의미상의 동사이다. '~와 더불다, ~와 더불어 [~을] 하다'를 뜻한다. 문맥에 따라 '무엇'을 하는가는 다르다. 고대중국어 동사류 단어 의미는 이처럼 종합성(포괄성)이 두드러지는 경우가 많다. 앞의 '爲'('하다'류를 포괄함)도 그렇고, '得'('얻다[이루다, 달성하다 →~할 수 있다]'를 포괄함) 같은 것이 대표적이다. '與'의 경우 비교의 문맥에서는 '더불어 비교하다'가 되는 것이다. 결코 비교의 전치사가 아니다. '與'의 뜻은 하나로 관통한다.

영어의 'with'(전치사)·'and'(접속사)에 대응시켜 품사를 설정함으로써 고대 중국어 단어의 성격을 누더기로 만들어 버렸다. 동사로서도 다수의 뜻을 가지고, 전치사·접속사로까지 두루 쓰이는 언어가 있을 수 있겠는가? 더구나 형태도 결여되어 있고 형태 변화도 없이 쓰이는 대표적인 고립어가 이런 다수의 품사와 의미를 갖는다면 언어 사용자들이 어떻게 의사소통을 할 수 있겠는가? 종래 동사·전치사·접속사 등을 겸한다고 설명해온 단어들이 다 그렇다.

위에서 말한 대로 '與'는 동사로서 '與之'는 '그와 더불다, 그와 더불어 하다'를 뜻한다. 부사어가 되므로 '그와 더불어[→그와]'로 번역되는 것이다.

이 책에서는 전치사의 존재를 인정하지 않는다. 따라서 보어는 앞 술어에 동사성·형용사성의 단어가 이어져 결과를 보충 설명하는 경우만 있다. 종래 전치사[介詞]의 존재를 인정한 어법서에서는 '전치사구'(전치사+목적어)[개빈사조(介賓詞組)]가 술어 뒤에 놓이면 '보어', 앞에 놓이면 '부사어'라는 틀을 마련했었다.

26) 弗: '弗'은 '不'보다 부정의 강도가 강하다는 데 의견을 같이한다. 문맥상 이 글에서도 잘 나타나 있다.

27) 爲+是其智弗若: 여기서의 '爲'도 '하다'류의 '되다[← ~라고 하다]'를 뜻하는 동사이다. '爲+是其智弗若'은 '술+목'구조이다. '是+其智弗若'은 '주+술'구조이다. '이것이 그의 지혜가 [똑]같지 못함이다'가 된다.['其智弗若'은 주어 '是'에 대한 主述술어이다.] 그래서 '爲+是其智弗若'은 '이것이 그의 지혜가 [똑]

같지 못함이 되다'를 뜻하며, 의문의 어기조사 '與(歟)'가 의문문을 만들어 '爲+是其智弗若與?'는 '이것이 그의 지혜가 [똑]같지 못함이 되겠는가?'를 뜻한다. '~ 되기 때문인가?'는 문맥일 따름이다.

그러므로 '爲'는 'because'에 대응되는 접속사도 아니고 'for'나 'because of'의 의미에 상당하는 전치사도 아니다. '爲'를 이처럼 이유를 나타내는 접속사로 보면 종속접속사절이 술어가 된다는 해괴한 어법까지 있게 된다. 전치사로 보면 전치사구가 술어가 되는 기이한 기술이 된다. '以'의 용례에 이런 것이 더 흔하게 보인다. 모두 실사로서 의미상의 동사이다.

28) 非: '非'는 뒤에 오는 말이 어떠한 형식(각종의 단어 및 구)의 것이더라도 '그러한 것이 아님'을 나타낸다. 즉, 부정 판단이다. 이 점이 '不'·'弗'과의 차이점이다.

'是'(옳다, 그렇다, 이다[← 이것이다, 이렇다])와 상대될 때는 '非'(그르다[틀리다], 아니다)를 형용사로 여기고 있다. '그르다고(틀렸다고) 하다(여기다)'를 뜻하면 동사라고 한다. 이 경우는 '그르다고 하다=비방하다'의 등식이 성립한다. 훗날 '誹'로 분화된다.

그런데 단순히 부정어로 여기든, '그르다[틀리다], 아니다'로 여기든, '그르다고(틀렸다고) 하다(여기다)'로 여기든 뜻이 하나로 관통됨을 알 수 있다. '有'가 실사로서 의미상의 동사이며, 이에 상대되는 '無'도 실사로서 의미상의 동사인 것처럼, '是'와 상대되는 '非'도 실사류(동사 내지 형용사)로 여길 수 있다. 의미상의 품사를 형용사와 동사 및 부사로 나누고 있으나 어법적으로 하등의 의미가 없다. '동사·형용사·부사' 또는 '동사·형용사'(부사성을 부정할 경우)의 성질을 아울러 갖는 그 무엇으로 이름을 붙이는 것이 가장 적합하다. 그래서 지금까지의 고대중국어 품사 분류는 의미상의 분류이자 방편적인 것이라고 한 것이다.

4. 魚父辭(屈原)

屈原旣放 遊於江潭 行吟澤畔 顔色憔悴 形容枯槁, 漁父見而問之曰: 子非三閭大夫與? 何故至於斯? 屈原曰: 擧世皆濁, 我獨淸, 衆人皆醉, 我獨醒. 是以見[1)]放.

漁父曰: 聖人不凝滯於[2)]物而 能與世推移. 世人皆濁, 何[3)]不淈其泥而 揚其波? 衆人皆醉, 何不餔其糟而 歠其醨? 何故深思高擧 自令放爲[4)]?

屈原曰: 吾聞之 新沐者必彈冠 新浴者必振衣. 安[5)]能以身之察察 受物之汶汶者乎? 寧赴湘流 葬於江魚之腹中 安能以皓皓之白而 蒙世俗之塵埃乎?

漁父莞爾而笑 鼓枻而[6)]去. 乃歌曰: 滄浪之水淸兮[7)] 可以濯吾纓, 滄浪之水濁兮 可以濯吾足. 遂去不復與言.

굴원이(내가) 이미 추방되어 강이나 못[또는 '강 가']에서 노닐고 못 가를 다니며 읊조리는데 안색[얼굴 빛]이 파리하고 몸과 얼굴이 바짝 말라(여위어) 있었다. 어부가 보고서 그[나, 굴원]에게 물어 말했다. "당신은 삼려대부가 아니시오? 무슨 까닭으로 이곳에(까지) 이르셨소? 굴원이(내가) 말했다. "온 세상이[← 세상을 다 들어서](→ 온 세상 사람이) 다 흐린데 나 홀로 맑고, 뭇 사람들이 다 취해 있는데 나 홀로 깨어 있(었)소. 이것으로[→ 이에, 그래서] 추방(추방당함)을 보았소(→ 추방당했소)."

어부가 말했다. "성인은 외물에 엉키거나 막히지 않고(얽매이지 않고) 세상과 더불어 (미루어) 나아가고 옮길 수[→ 변해갈 수]있다오. 세상 사람들이다 흐린데 뭐로[→무엇 때문에] 그 진흙탕을 휘저으며 그 물결을 들치지(일으키지) 않으시오? 뭇 사람들이 다 취해 있는데 뭐로 술지게미를 먹으며 그 찌끼술을 들이마시지 않으시오? 무슨 까닭에 깊이 생각하고 높이(고고하게) 거동(행동)하여 스스로 추방당하게 하셨소?" 굴원이(내가) 말했다. "내가 듣건대,[나는 이렇게 들었소.] 새로 머리를 감으면(감은 사람은) 반드시 관(모자)을 털고(털어 쓰고) 새로 몸을 씻으면 반드시 옷을 턴다고(털어 입는다고) 합니다. 어디[→어찌] 몸의 깨끗하디깨끗함을 가지고(깨끗함을 가지고) 사물(외물)의 더럽디더러움을(더러움을) 받을(받아들일) 수 있겠소? 차라리 상수(湘江)의 흐르는 물에 나아가 강 고기의 배 안(뱃속)에서 장사지내질지언정 어디 맑디맑은(희고 깨끗한) 하양(흰 몸)으로 세속의 티끌을 뒤집어쓰겠소?"

어부가 빙그레 웃고는 노를 두드리며 가면서 곧 노래를 불렀다. "창랑[漢水의 하류의 이름]의 물이 맑으면 그것으로 내 갓끈을 씻을 수 있고, 창랑의 물이 흐리면 그것으로 내 발을 씻을 수 있지." 마침내 가버리고 다시는 더불어 말하지 않았다.

◆ 주석

1) 見放: '放'(추방하다, 추방당하다)은 '見'(보다, 만나다)의 목적어이다. '추방함(추방당함)을 보다(만나다)'로서 문맥상 '추방당하다'를 뜻하게 된다.
2) 於: '凝滯於物' 중의 '於'는 앞의 '遊於江潭'·'至於斯'와 뒤의 '葬於江魚之腹中' 중에 쓰인 '於'와 마찬가지로 목적어의 의미와는 상관없이 모두 목적어를 강조하는 어기조사이다.
3) 何: 의문대사로서 반어 의문문에 쓰였다. 반어 의문문에 쓰인 '何'(뭐로, →어찌)를 어기부사(語氣副詞)로 여기는 것

은 잘못이다.
4) 爲: 드물게 보이는 의문 어기조사이다.
5) 安: 의문대사이다. 반어 의문문에 쓰인 '安'(어디, →어찌)을 어기부사(語氣副詞)로 여기는 것도 잘못이다.
6) 而: 이 글에 나오는 '而'도 모두 앞 말을 강조하는 어기조사이다. '而' 전후의 말 사이에는 여러 가지 의미 관계가 두루 있다. 관계의 차이를 나타내 주는 접속 표지, 즉 접속사가 아니다.
7) 兮: 감탄조사이다. 주로 시문(詩文)에 쓰이며 楚辭(초사)에 가장 많이 보인다.

참고문헌

『詩經』·『書經』·『禮記』·『楚辭』·『老子』·『論語』·『國語』·『戰國策』·『晏子春秋』·『孟子』·『莊子』·『春秋左氏傳』·『春秋穀梁傳』·『春秋公羊傳』·『史記』·『漢書』·『後漢書』 등 先秦·兩漢 문헌 및 譯註本.

『廣韻』·『集韻』·『康熙字典』 등 韻書 및 字典.

『辭源』, 商務印書館, 北京, 1989.

漢語大詞典編輯委員會, 『漢語大詞典』, 上海, 漢語大詞典出版社, 2001.

鄭　奠 外, 『古漢語語法學資料彙編』, 臺北, 文海出版社, 1972.

王維賢 主編, 『語法學詞典』, 浙江, 浙江敎育出版社, 1992.

中國社會科學院語言硏究所, 『古代漢語虛詞詞典』, 北京, 商務印書館, 2001.

王海棻·趙長才·黃珊·吳可穎 共編, 『古代漢語虛詞詞典』, 北京大學出版社, 1996.

楊伯峻, 『古漢語虛詞』, 北京, 中華書局, 2000.

馬建忠, 『馬氏文通』(1898), 北京, 商務印書館, 2004.

＿＿＿, 『馬氏文通讀本』, 呂叔湘·王海棻編, 上海, 上海敎育出版社, 1986.

王　力, 『中國古文法』, 山西, 山西人民出版社, 1985.

楊伯峻, 『文言文法』, 香港, 中華書局 香港分局, 1982(1987).

廖序東, 『文言語法分析』, 上海, 上海敎育出版, 1981.

許仰民, 『古代漢語語法新編』, 開封, 河南大學出版社, 2001.

李　林, 『古代漢語語法分析』, 北京, 中國社會科學出版社, 1996.

程湘淸主編, 『先秦漢語硏究』, 濟南, 山東敎育出社, 1992.

＿＿＿＿, 『兩漢漢語硏究』, 濟南, 山東育出版社, 1985.

易孟醇, 『先秦語法』, 長沙, 湖南敎育出版社, 1989.

殷國光, 『呂氏春秋詞類硏究』, 華夏出版社, 1997.

崔立斌, 『孟子詞類硏究』, 河南, 河南大學出版社, 2004.

黃　珊, 『荀子虛詞硏究』, 河南, 河南大學出版社, 2005.

葛佳才, 『東漢副詞系統硏究』, 長沙, 岳麓書社, 2005.

楊伯峻·何樂士, 『古漢語語法及其發展』, 北京, 語文出版社, 1992.

孫良明, 『古代漢語語法變化硏究』, 北京, 語文出版社, 1994.

王　力, 『漢語語法史』, 濟南, 山東敎育出版, 1990.

邵敬敏, 『漢語語法學史稿』, 上海, 上海敎育出版社, 1991.

人民敎育出版社中學語文室, 『中學敎學語法系統提要(試用)』, 北京, 人民敎育出版
  社, 1984.
張　斌·范開泰, 『現代漢語虛詞硏究綜述』, 安徽敎育出版社, 2002.
許　璧, 『中國古代語法』, 서울, 新雅社, 1997.
鄭張尙芳, 『上古音系』, 上海, 上海敎育出版社, 2003.
조성식, 『영어학사전』, 서울, 신아사, 1990.
윤석례, 「『孟子』複音節詞 硏究」, 전남대학교 대학원 중어중문학과 박사학위
  논문, 2002.
朴相領, 「『史記』副詞語 語彙의 品詞論的 硏究」, 전남대학교 대학원 중어중문
  학과 박사학위논문, 2006.
安孝淨, 「古代漢語 '以'의 품사와 의미에 대한 연구 – 품사·의미상의 일관성을
  중심으로-」, 서울대학교 대학원 석사학위논문, 2016.
안기섭, 「古代漢語 被動義 전달체계와 관련 詞의 詞性」, 『中國語文學論集』 제
  15호, 2000.10.
_____, 「古代漢語 助動詞 不在에 관한 연구」, 『中國語文學論集』 제36호, 2006.2.
안기섭·정성임·박상령, 「古代漢語 문장성분과 품사에 관한 논의(1)」, 『中國
  人文科學』 제32집, 2006.6.
안기섭·정성임, 「現代漢語 '能願動詞'의 성격에 관한 考察」, 『中國言語研究』
  제22집, 2006.6.
_____, 「先秦·兩漢의 품사 체계 新論 – 품사 분류의 한계와 효용을
  중심으로」, 『中國學硏究』 제37집, 2006.9.
_____, 「古代漢語 '乃·則·且'의 副詞性」, 『中國語文學』 제48집, 2006.12.
_____, 「古代漢語 '술어+목적어'의 의미 유형 기술에 관한 성찰」,
  『中國人文科學』 제37집, 2007.12.
안기섭, 「古代漢語 助詞 '之'의 機能에 관한 新論」, 『中國人文科學』 제40집,
  2008.2.
_____, 「古代漢語 實詞類 품사 분류의 非文法性에 관하여 –名詞·動詞·形容
  詞를 중심으로」, 『中國人文科學』 제43집, 2009.12.
_____, 「古代漢語 '於(于)'의 介詞性에 대한 의문 – 先秦·兩漢 시기를 중심으
  로」, 『中國人文科學』 제50집, 2012.4.
안기섭·김은희, 「古代漢語 '而'의 連詞性에 대한 의문 – 先秦·兩漢 시기를 중
  심으로-」, 『中國人文科學』 제51집, 2012.8.
안기섭, 「古代漢語 '者'의 構造[結構]助詞性에 대한 의문 – 先秦·兩漢 시기의

기본 통사 형식에 근거하여」, 『中國言語硏究』 제42집, 2012.10.

안기섭, 「古代漢語 '焉'의 풀이에 대한 一考察 – 先秦·兩漢 시기를 중심으로」, 『中國語文學』 제61집, 2012.12.

安奇燮·尹錫禮, 「『顔氏家訓』 音辭篇의 南北音 차이와 어법상의 의의 – 惡·甫/ 父·焉·邪·敗 등 어음 辨證을 중심으로」, 『중국학연구』 제64집, 2013.6.

안기섭·정성임, 「古代漢語 '與'의 전치사·접속사 기능에 대한 의문」, 『中國人 文科學』 제56집, 2014.4.

_____, 「古代漢語 '及·至'의 전치사·접속사 기능에 대한 의문」, 『中 國人文科學』 제57집, 2014.8.

안기섭, 「古代漢語 '如'의 쓰임과 품사에 대하여 – 의미와 통사 특징을 중심 으로」, 『中國人文科學』 제58집, 2014.12.

_____, 「古代漢語 '爲'의 품사 부여와 기능 분별에 대한 의문 – 平聲의 접속 사, 전치사 부여와 去聲의 전치사 부여를 중심으로」, 『중국학연구』 제71 집, 2015.2.

_____, 「古代漢語 '已'의 품사별 의미항에 대한 몇 가지 의문 – 副詞의 의미 항·助詞(語氣詞)의 인정 여부를 중심으로」, 『中國人文科學』 제59집, 2015.4.

_____, 「古代漢語 조사 '也'의 기능에 대한 새로운 접근」, 『中國人文科學』 제 60집, 2015.8.

안기섭·정성임·김은희, 「古代漢語 '與'·'以'의 목적어 생략의 특징과 품사 및 의미에 관하여」, 『中國人文科學』 제62집, 2016.4.

안기섭(安奇燮)

한국외국어대학교 중국어과 문학사
전남대학교 대학원 중어중문학과 문학석사·박사
현재 전남대학교 중어중문학과 교수
고대·현대의 漢語(중국어) 음운 및 어법 연구

• 주요 저술
『中國語"兒"[ㄹ]音史 研究』(역)
『新體系 漢文法大要-先秦·兩漢 시기』(저)
『남녀노소 모두의 千字文 쉽게 읽기』(역해)
『왜?』(저)
『楚簡本 老子-언어 그 자체·배경·문맥·비유』(역해)

이 책은 2017년도 한국연구재단 대학 인문역량 강화사업(CORE) 지원에 의해 출판되었음.
This study was financially supported by Initiative for College of Humanities'
Research and Education of National Research Foundation of Korea, 2017

簡明 新體系 漢文法

2018년 12월 10일 초판 1쇄 펴냄

지은이 안기섭
발행인 김흥국
발행처 보고사

책임편집 김하놀
표지디자인 오동준

등록 1990년 12월 13일 제6-0429호
주소 경기도 파주시 회동길 337-15 보고사 2층
전화 031-955-9797(대표), 02-922-5120~1(편집),
   02-922-2246(영업)
팩스 02-922-6990
메일 kanapub3@naver.com / bogosabooks@naver.com
http://www.bogosabooks.co.kr

ISBN 979-11-5516-743-4 93720

정가 28,000원